本著作系国家社科基金重大项目"文学理论中国范式研究"（19ZDA266）阶段性成果

中国马克思主义
文论特色性研究

高 楠 著

人民出版社

目　录

下　编

前　言

　　20 世纪 80 年代以来，中国的社会生活、社会文化格局、社会意识均发生天翻地覆的变化。社会文化实践呈现出前所未有的活跃态势。文艺功能诉求、文艺价值体系、文艺审美标准、文艺创作态势、文艺接受趋向、文艺批评形态，都表现出社会转型期特有的变化。各种文艺现象纷至沓来，各种问题相继提出并亟待求解。与此同时，各种西方理论潮水般涌入。一方面是亟待求解的文艺问题；另一方面是提供了巨大选择空间的多元化理论来源，这是时下中国拥有的时代状况。在这一文学理论学科发生重要变化的历史进程中，曾在这一学科建设中发挥支柱性甚至权威性作用的马克思主义文论，当然备受关注，它置身于反思、爬梳、重读、重构的历史境遇。在这一历史境遇中，中国文学理论界认同着一个重要的理论事实，即近百年来由中国学者在中国的历史进程中所进行的马克思主义文论读解、研究、阐释，并使之转化为实践，在其一般性及特征性上，都具有突出的中国色彩，这乃是苏俄马克思主义文论、西方马克思主义文论无可取代的中国马克思主义文论。这是一个意义重大的理论主体性发现，随着这一发现，中国马克思主义文论作为研究对象与课题，便获得了重要的学术意义。

中国马克思主义文艺理论，当课题性地提出这一命题时，它就不仅是中国学者置身其中对之建构着的理论体系，更是一种当下活跃地展开着的学术现象。对它进行现象的分析与研究，探寻它得以建构的历史原因与种种建构的历史与现实根据，确定它发展的阶段性的本质特征及各发展阶段的关系，分析它体系的构成及各构成间的内在联系，对其中马克思主义文论重要命题进行举要式理论探索，并对现实研究状况本身予以评析，这都成为蕴含深刻的理论问题。中国马克思主义文论之所以是"中国"的，必有中国传统文化的作用，中国文化和文论传统与中国马克思主义文论精神在哪些方面具有一体性，这也是需要予探究的重点。

具体地说，本书对于中国马克思主义文艺理论特色性研究，主要从以下几方面展开。

一、对中国马克思主义文论发展进行历史性描述与理论阐释

中国马克思主义文论的建构与发展是一个错综复杂的历史过程，其复杂性在于它从一开始便不是一些理论研究者出于单纯的理论兴趣所进行的理论引进与研究，它与中国的政治、经济、军事、文化、社会状况密切地联系在一起，它的作用与反作用都远远地越出文学理论这一狭窄的学科范畴，而成为从文论之端引发的文化学、政治学、社会学、哲学、伦理学等。这种情况，为中国马克思主义文论的历史性研究带来诸多困难，它使得这一研究不仅是脉络性的，而且必须复归这一脉络得以发生的历史性的综合语境。

中国马克思主义文论在 20 世纪初的中国得以建构，是当时中国的一

种综合性的历史选择。它与当时的国势衰败有关，与当时的传统处境有关，与旨在启蒙与救亡的新文化运动有关，自然也与当时国人的文学旨趣有关。倘若不从举国之历史境遇反观中国马克思主义文论的发展脉络，也就无法把握这一脉络。

中国马克思主义文论是综合性的历史选择结果，又离不开历史性建构。在这个历史过程中，传统参与了这一过程并以其现实形态实现着这一历史必然性。此处将重点分析 20 世纪初至今百年来五次历史发展的关键时期（20 世纪初的启蒙救亡、20 世纪中期的抗日救亡与解放、新中国成立至新时期的政治一体化、20 世纪 80 年代新时期社会转型、21 世纪新时代全面展开的现代化建设）的建构状况。

二、对中国文论传统在中国马克思主义文论建构中的作用探究

党的十八大以来，中国特色社会主义建设，以其社会实践的特色性推动着中国特色社会主义理论研究，建构有中国特色的马克思主义文艺理论，也因此成为重要的理论课题。这一课题面临三个关键性问题，即如何汲取西方各种思想理论的营养，在马克思主义思想体系中加以整合，以不断壮大马克思主义文论体系；如何积极地投入现实文艺实践，在具有时代意义的现实文艺问题的求解中，指导现实文艺实践并求得文论体系的建构；如何解决中国文论的历史传统和当下中国文论的马克思主义建构的有关问题。前两个问题新时期以来一直有学者在潜心思索，认真求解。相比之下，对第三个问题的思索、求证、阐释，则显得薄弱，尤其见于这样几个问题：（1）中国文论传统与当下建构的中国马克

思主义文论精神是一体的还是二元分立的甚至是对立的，抑或前者只是后者的研究对象；（2）如果中国文论传统与中国马克思主义文论精神具有一体性，这一体性是怎样的一体性，或者说，是如何体现的一体性；（3）中国文论传统在中国马克思主义文论的建构中发挥了怎样的作用。由于对上述问题近乎普遍性的疏忽，致使中国马克思主义文论发展性研究，在一些很重要的问题上受到局限。此前，马克思主义文论研究有一种倾向，即很少在中国文论传统中拓展思路，未能更好地把文论传统有机地构入当下文论研究，这就使当下中国马克思主义文论建构成为没有传统根据的亦即无根的建构。

　　本书以中国化的马克思主义理论为出发点与旨归，以现有马克思主义文论成果为基础，以"中国特色"的分析与研究为重点，阐释、论证构成"中国特色"的中国文化和文论传统的根据，通过对中国文论传统精神实质、文化内涵、思维方式的特征性分析，指认构入中国马克思主义文论的传统因素。与此同时，在中国马克思主义文论建构与传统活跃形态的内在联系中，思索二者的一体化性质，找出后者对前者的延伸与生发意义，指认在中国传统文化与文论的作用下，中国马克思主义文论形成的注重理论与实践相结合的"尚用"、关注政治、张扬社会群体意识等"中国化"特色——正是在文论传统的现实形态中，当代中国马克思主义文论建构获得了传统的支持。本书还以中国马克思主义文论的经典形态——毛泽东思想为个案，分析中国文化传统的精神实质，如循道、明理、知行合一的尚用、劝教人伦、体悟人生等对毛泽东形成其文学思想的影响，并用以考察中国传统文化对中国接受马克思主义文论思想时施以影响的情况。

三、对既有中国马克思主义文论进行体系性研究

马克思主义文艺理论的体系性问题是本书的重心性问题，发展性研究、传统性研究，不仅都在体系性研究中展开，而且在体系性研究中获得各自的体系性。这种体系性体现为马克思主义文艺理论在中国建构的历史必然性与实践必然性。中国马克思主义文论体系，是不同时代中国马克思主义文论研究者，立足于马克思主义的基本理论，结合当时的社会生活实践与文学实践，共同建构的理论成果，这是集体智慧的结晶。它具有三个重要的历史特点，即以马克思主义认识论、唯物史观与文学观念为理论基础，以不同历史阶段的社会实践与文学实践为建构根据，以中国特色为总体特征。在这三个历史特点的阐发中，本书认为，在 20 世纪的中国革命实践中，中国形成了有中国特色的马克思主义文论体系。本书对这一文论体系的实质性与构成性进行分析，概括出中国马克思主义文论体系的理论基石在于唯物论、实践理性、辩证思维、历史意识。这四个要点在文艺实践的求解把握中，在不断地批判、汲取各种思想理论成果中，综合地发挥着理论体系建构的功能。在中国马克思主义文论体系结构的概述中，本书又特别强调了四个要点，即中国马克思主义文艺理论的唯物史观的基本原理、中国马克思主义文艺理论的文艺本质、中国马克思主义文艺理论的文艺价值论以及中国马克思主义文艺理论创作方法论。可以说，这四个要点，是中国马克思主义文艺理论百年建构的整体性梳理，经由这一梳理，不同历史时期的文论研究，都从理论系统的角度获得了分类的根据与理论评析的根据。

四、对经典马克思主义文论的重读及对经典马克思主义文论 代表性研究的阐释

重读是接近经典作家、进入经典思维的必由之路。每一个实践问题的面对，用经典理论进行求解都离不开相应经典理论的重读。这是理论语境与实践语境的疏浚，是两者谋面的语境重建；这也是理论针对性及理论转用路径的实践性确定与确认，因为经典理论并非为后来的实践所量身打造，针对性转用是理论与实践时空阻隔的打通。这些，都需要实践性重读解决。不仅如此，不同的民族历史状况与时代状况，又为经典重读提供着具有某种紧迫性与压迫力的综合性的语境需要、精神需要，乃至理论需求，这类需要要求以经典理论为实践指导思想的理论基础的不同民族、时代的马克思主义理论研究，拿出具有一定总体意义的理论解答，这当然更需要经典理论的重读。对总体性重读的重要性与不可或缺性，阿尔都塞在阐释马克思主义哲学批判的和革命的实践理论属性时说："马克思主义者懂得，一切策略必定建立在战略的基础上，而一切战略必定建立在理论的基础上。"[1] 马克思主义理论的实践性，决定它理论地指导实践时，也必然实践地重读经典理论。

本书对不同历史时期的经典重读进行了代表性分析，根据时代差异，考虑历史过程的延续性与转折性，将代表性分析分为两个阶段：第一阶段，即 20 世纪上半叶至 20 世纪 80 年代。这个阶段，马克思主义文艺理

---

① ［法］路易·阿尔都塞：《保卫马克思》，顾良译，商务印书馆 2006 年版，第 239 页。

论的政治建构集中于既有理论及理论理解的历史延续性，发挥着经典理论的批判性与革命性的理论特点，针对的是中国革命实践与政治斗争实践中文艺领域的问题，具有渐进的、在当下合理性中而不是批判性中回望先前合理性的中国式的理论转换特征。这一阶段本书选取了冯雪峰、周扬、朱光潜、蒋孔阳四位代表性人物，冯雪峰与周扬为中国马克思主义文论政治一体化的体系性梳理作出了贡献，朱光潜与蒋孔阳的美学文艺理论——后来划入文艺美学，虽然更注重文艺的美学研究，不再有浓重的政治色彩，但前几十年形成的革命与政治批判的氛围，仍然在他们的美学文艺理论研究中保有延续性影响。同时，四位代表性人物的理论研究，围绕此前合理并具有延续合理性的马克思主义理论展开，代表性地体现着马克思主义文艺理论研究的时代特色与理论特色。第二个阶段，即 20 世纪 80 年代以后，选择了钱中文、童庆炳、陆贵山、王向峰四位代表性人物，他们都是在这个阶段很充分地体现着历史延续性，又同样体现着社会的历史转型性的人物，他们各有自己理论研究的重点与特点，都在马克思主义文艺理论领域具有重要影响。通过对以上两个阶段学术成果的特征性研究，希望能展示出一个中国马克思主义文艺理论的研究趋向。当然，不仅这些代表性人物有专章研究，本书其他章节也共同致力于这种特色性研究趋向的揭示。

　　本书也设置了对经典理论的重读性章节。所选择的重读要点，有三点依据：一是先前研究中缺乏深入或存在误读的经典理论，如马克思在对《济金根》的分析与批评中强调的文学基点、马克思《1844 年经济学哲学手稿》中的人学思想、马克思提出的不平衡理论等；二是文艺理论几十年中实际存在的理论需要，但这类需要却没有在理论研究中引起重视的经典理论问题，如理论与实践、具体与抽象相互转换的中介范畴问题等；三是理论研究的倾向性问题，如对大众文化语境的负面效应的理论批判问题，以及经典理论研究不同程度地疏离于实践的问题等。根据上述三点依据，本书展开经典作家代表性文章所坚持的批判理性与批判精神研究。

对新时代社会主义特色的马克思主义文艺理论建构，由于各方面研究正在展开，理论成果尚待沉淀，因此本书只进行了要点性的研究趋向分析，这是一个有待认真求解的重大理论问题。

上　编

|第一章| 中国马克思主义文论的创构与发展

一、中国马克思主义文论的历史构成

如果说一个理论体系的建构是起于这一体系得以生成的最初的奠基性理论，那么，中国马克思主义文艺理论的建构之始应在20世纪30年代初，以1930年1月1日出版的《萌芽月刊》第1卷第1期上登出《艺术形成之社会的前提条件》为标志。此文为马克思《〈政治经济学批判〉导言》的节译。此后，便陆续有马克思主义文艺理论的单篇论文或专书的翻译，也陆续有了真正以此理论为根基的中国文艺理论论述的发表。正是经由这篇译文，中国马克思主义文艺理论的早期建构者们得知了马克思对于艺术的经济基础的分析和对于它的意识形态性质的确认。也正是这样的分析与确认，奠定了中国马克思主义文艺理论的唯物史观及文艺的社会功能的基本观念，此后中国马克思主义文艺理论的建构与发展便循此而行。而此前的一些关于革命文学的理论阐述与争论，也在这文艺的唯物史观及文艺的社会功能论中找到了自己的根基。

中国马克思主义文艺理论的奠基有着中国革命与中国革命文艺实践的

前导，并且也有了一定的马克思主义理论的准备。1919 年 9 月，《新青年》第六卷第五号登出了李大钊的《我的马克思主义观》（上篇），其中包含有《〈政治经济学批判〉导言》及《共产党宣言》中的几段文字，这几段文字讲的也正是经济基础与上层建筑、社会的物质形态与意识形态的关系。不过当时这些转译自河上肇的经典文字不在于指导中国革命文艺实践，也不在于建构中国革命文艺理论，而是在于直接地有益于当时的中国革命。译文的更为直接的目的则在于为李大钊的著名论文《我的马克思主义观》（上篇）确定理论根据。在这篇论文中，作者全面地介绍了马克思主义学说的唯物史观、政治经济学和科学社会主义这三个组成部分，并且得出一个对于后来的中国马克思主义文艺理论建构具有重要意义的结论，即"阶级竞争说恰如一条金线"，把这三大组成部分"从根本上联络起来"。半年后，李大钊写了一篇《什么是新文学》的短文，主要是对当时文学创作中的倾向性进行提要式批评，没有更多的理论阐述。李大钊的这类著译活动主要是译介性的，当时社会文学实践的理论针对性尚不集中，行文着重阐发的理论问题，也不能简单地划入文学理论问题，因此，将其视为中国马克思主义文艺理论奠基的前导更为合适。

至于"五四"后、奠基前的中国革命与革命文艺实践，则可以用风起云涌、此起彼伏、潮起潮落来形容。这期间发生了中国共产党成立、北伐战争、大革命失败等一系列重大历史事件，马克思主义在中国复杂的文化启蒙与政治救亡实践中经受着巨大的考验。启蒙与救亡的时代课题、民族课题迫在眉睫，为此而艰难拓进的中国革命文学在压抑与彷徨中，在探索与征战中集结队伍。1917 年 10 月俄国社会主义革命的胜利，对于那一时代的中国革命文艺队伍来说，成为马克思主义对中国救亡有效性的有力证明；而当时的苏俄文学也就成为中国革命作家们马克思主义实践的榜样。

20 年代末发生于革命文学队伍内部的、持续三年之久的无产阶级文学的论争，更使大家切身地感受到对马克思主义理论的饥渴。鲁迅当时便道出了这样的企盼之音——"希望有切实的人，肯译几部世界上已有定评的关于唯物史观的书……那么，论争起来，可以省说许多话。"①

这便是千呼万唤始出来。中国马克思主义文艺理论正奠基于中国革命与中国革命文学实践迫切需求的时刻，它应中国无产阶级革命需要而生，它的坐胎便不是起于什么纯然的理论兴趣。对此，中国早期马克思主义文艺理论家瞿秋白在稍后的一篇文章中就曾明确指出，翻译介绍马克思主义文艺论著，是为学习"马克思主义对文艺现象的观念方法"，而这样的学习又不仅在于"解释和估量文艺现象"，更在于求得"文艺运动和斗争的方法"。② 此后，中国马克思主义文艺理论便在中国革命与中国文艺的斗争实践中开始了它的不断的系统建构。

纵观中国马克思主义文艺理论长达近百年的建构历程，其历史构成大体可分为五个部分。

（一）在不同文学流派的斗争中，以及对文艺活动的现实指导中，不是以系统的组织形式而是以流派论辩方式建构的马克思主义文艺理论

这种建构集中于 20 世纪 30 年代至 1942 年毛泽东《在延安文艺座谈会上的讲话》发表之前。此处所谓非系统组织形式的建构，是相对后来在

---

① 《鲁迅全集》第四卷，人民文学出版社 1981 年版，第 127 页。
② 鲁迅编：《海上述林》上卷，瞿秋白译，四川人民出版社 1983 年版，第 239 页。

共产党人系统组织的政治活动中进行的马克思主义的文论建构而言，而且，这绝不是说这一阶段的马克思主义文艺理论与政治斗争无关。这一阶段的政治救亡属性是马克思主义文艺理论的本质属性，是它建构展开的基本指向。非系统组织形式的建构，主要是就建构方式而言，是指这一阶段的建构主要不是以政治组织的方式进行，尽管有共产党人在积极地发挥着政治影响，但它主要是在不同文学流派与文学理论流派的争鸣中所进行的理论建构。左翼作家联盟，是当时这一建构的主体。国民党对于"左联"的一再围剿，不断地强化马克思主义文艺理论建构的政治色彩和它的战斗的政治功能。但尽管如此，理论建构的方式主要还是取非政治组织的团体或流派的争鸣方式，这也与当时这种建构集中发生在国统区有直接关系。如30年代同"新月派"、"民族主义文学"、"自由人"及"第三种人"的辩论与争鸣，就都是在无产阶级未取得领导权的国统区进行的论辩与争鸣，对于争鸣对手不可能使用政治手段。这种政治的却又是以非系统的政治组织形式进行的理论建构方式使得这一阶段的马克思主义文艺理论具有突出的论战风格，锋芒针对论辩对手的立论或驳论，并且字里行间透着争取那些并未参战的他者的努力。明确这一阶段的论战风格很重要，因为它在很大程度上规定着此阶段理论建构的特点。就现实性而言，此阶段的马克思主义文艺论述具有突出的现实战斗性和马克思主义的要领式的宣传鼓动性，它体现着迅速出击的战斗的实践理性，对宣传马克思主义文艺思想和指导当时的革命文艺实践，具有重要的历史意义。但另一方面，论战的需要，使当时一些文艺理论观点的提出，不求理论的严密性与系统性，有从马克思、列宁那里拿来只言片语，语录式地进行现实对照与发挥的倾向，并且有时为了论战需求而简单地作出结论。这便形成了当时抓住几条基本原理，力求明晰、快捷、有力地行文并且富于激情的理论特点。

对此，在当时马克思主义文艺理论建构中发挥重要作用的周扬，五十年后反思他当时写的很重要的三篇文论文章①时说："在当时的具体历史条件下，'自由人'与'第三种人'的理论和所作所为是有害的，我们对他们的批判是及时的，完全应该的，有意义的。自然，由于当时环境的特殊，总的历史条件的限制，在今天看来，这三篇文章中的某些话有不尽确切之处。"②

（二）在民主根据地无产阶级革命政权领导下，为使革命文艺成为无产阶级的政治斗争工具而政治地建构的马克思主义文艺理论

敌后抗日民主根据地的建立与发展，吸引了一批批革命文艺工作者，"到延安去"成为他们当时最为响亮并最有感召力的口号。敌后抗日民主根据地也确实为战斗的革命文艺与马克思主义文艺理论的发展提供了最为适宜的环境。延安是中共中央的所在地，中共中央又最为坚实地承担着对于中华民族进行政治救亡的历史使命，中国共产党的革命指导思想更是以马克思列宁主义为其理论基础。这使得中国马克思主义文艺理论归入延安的政治救亡的革命潮流便是归入家园。而当时延安以毛泽东为首的中共中央正面临中华民族生死存亡的政治斗争局势，这样，无论是中国马克思主义文艺理论的革命的战斗本质，还是救亡图存的政治斗争需要，都使得革命的政治斗争工具的属性历史必然地为当时以延安为活动中心的中国革命文艺和中国马克思主义文艺理论所获得。这是历史的赋予。

----

① 此三篇文章为《到底是谁不要真理，不要文艺?》、《自由人文学理论检讨》和《文学的真实性》，载《周扬文集》第一卷，人民文学出版社 1984 年版，第 26—41 页。

② 《周扬文集》第一卷，人民文学出版社 1984 年版，第 40 页。

为工农兵服务，为无产阶级政治服务，是坚持唯物史观和文艺的意识形态论的中国马克思主义文艺理论此一阶段所面临的具有核心意义的理论问题。这一理论问题被马克思主义政治家毛泽东于《在延安文艺座谈会上的讲话》中做了明确而且充分的阐释。由革命领袖、无产阶级政治家进行这样的阐释，这本身就证明革命文艺与马克思主义文艺理论建设已经被政治地划为伟大的革命事业。

从《在延安文艺座谈会上的讲话》发表到中华人民共和国成立，这段时间，中国马克思主义文艺理论完全按照《在延安文艺座谈会上的讲话》提供的理论思路展开。这一思路的理论出发点是革命文艺的无产阶级政治工具论，其理论根据：一是马克思恩格斯唯物史观的阶级斗争学说以及他们以理论为武器热情地投入革命斗争的实践，二是列宁有关文学事业应当成为革命的"齿轮和螺丝钉"的观点。基于这样的政治需要与理论出发点，毛泽东根据当时革命文艺队伍的实际情况首先提出一个文艺为什么人的问题，这是因为文艺要成为得力的政治工具，首先当然要弄清楚掌握和使用这一工具的政治主体是谁，这"是一个根本的问题，原则的问题"，并据此得出文艺为工农兵服务的结论。继之，就是如何去服务，"用同志们的话来说，就是：努力于提高呢，还是努力于普及呢？"在这里，毛泽东所援引的理论根据并不是马克思等经典大师有关艺术规律或艺术特性的论述，而是唯物论的反映论。由此追溯文学艺术的源泉在于人民群众。在对普及与提高的辩证关系作出分析，得出"所以在目前条件下，普及工作的任务更为迫切"的结论之后，为使所论述的革命文艺问题更引起政治上的重视，毛泽东把文艺属性问题更加政治化地纳入到党内关系与党外关系中来，得出"文艺是从属于政治的，但反转来给予伟大的影响于政治"的结论。他明确指出，"任何阶级社会中的任何阶级，总是以政治标准放在第一位，以艺术标准放在第二位的。"①

在这一阶段，像上阶段那样的非政治的争鸣式的理论建构很少再有，起码在敌后抗日民主根据地乃至后来的解放区是如此。理论建构基本上展开于认真地学习、落实《在延安文艺座谈会上的讲话》精神，及遵循着这一思路的理论阐发。比如1944年周扬为他编的《马克思主义与文艺》所写的序言，由于把马克思、列宁、高尔基、鲁迅的有关理论或言论融会贯通地用于阐发《在延安文艺座谈会上的讲话》的基本观点，因此受到毛泽东的赞扬："此篇看了，写得很好。你把文艺理论上几个主要问题作了一个简明的历史叙述，借以证实我们今天的方针是正确的，这一点很有益处……"② 显然，毛泽东的这一赞扬也是取的政治标准。对于这一阶段理论建构的特点加以概括，则可称之为中国马克思主义的政治文艺理论。

（三）继续革命的无产阶级专政时期，为使文艺继续为政治服务而建构的马克思主义文艺理论

自1949年中华人民共和国成立至70年代"文化大革命"结束，这几十年间发生在中国大地上的各种名目的"左"的问题，大多被称为政治斗争，甚至被认为是革命阶级对反革命阶级的斗争，因此才有"以阶级斗争为纲"的说法，才有"阶级斗争一抓就灵"的说法。但以马克思主义唯

---

① 有关《在延安文艺座谈会上的讲话》引文，见《毛泽东选集》第三卷，人民出版社1967年版，第804—834页。

② 毛泽东：《给周扬的信》，转引自《马克思、恩格斯美学思想论集》，人民文学出版社1983年版，第1页。

物史观看这几十年，既然物质生活的生产方式制约着整个社会生活、政治生活和精神生活的过程，不是人们的意识决定人们的存在；相反，是人们的社会存在决定人们的意识，那么，举国上下广大民众、干部、知识分子都在相同的"物质生活的生产方式"中同心同德地进行社会主义经济建设，如何在其内部却产生出成为"纲"的举国上下的阶级斗争亦即政治斗争呢？1981年，党的第二个历史决议指出：在剥削阶级作为阶级消灭以后，"阶级斗争还将在一定范围内长期存在，在某种条件下还有可能激化。"阶级斗争已不再是社会的主要矛盾，而是局限在一定范围内。因此，根据唯物史观，无法为新中国成立后的阶级斗争找到确然的、举国的"物质生活的生产方式"根据，即是说，在中国几十年中发生的那一系列重大的政治斗争是缺乏唯物史观第一性的客观根据的。这是在一种决定民族命运的革命战争时代已经结束，仍然被过度强调的"左"的主张。这种主张在一段时间里被提升为党和国家的政治管理思想。这样，政治斗争也就成了一种极左的斗争。而且这种斗争时时处处都在，树欲静而风不止。极左政治自然不同于上一建构阶段的救亡政治或者与国民党反动派间的阶级斗争政治，极左政治斗争对象的客观性难以确定。但这样的政治斗争却丝毫不含糊地要求文艺参与进来，并且据此去进行相应的文艺理论建构。这样的建构貌似沿用着《在延安文艺座谈会上的讲话》的理论思想，却将其片面化和极端化了。只是这样一来情况便出现了翻转，先前反映客观实践的马克思主义文艺理论此时变成了极端抽象的马克思主义文艺理论，极端抽象的马克思主义文艺理论又要现实客观地寻求和确定斗争目标并形成斗争理论，理论地说，便主要是在理论的字面上做文章，从极左化的斗争现实出发，到经典著作中去寻章摘句，然后注经式的阐释，使之成为现实斗争的理论武器。经由这样的寻章摘句与注经式的阐释，文艺理论便或者成为简单的政治阐释，或者成为批判的棍棒。而这种情况无疑指导着文艺实践走向概念化、主观理想化、虚假化。这种情形的极致，便是"文化大革命"的战斗的文艺批判、文艺禁绝、文艺虚无主义。

毫无疑问，极左的文艺理论由于违背了马克思主义唯物史观，似乎不该再称为马克思主义文艺理论，尽管所有这类理论出于政治的需要都不厌其烦地使用马克思主义的理论词句并一再申明自己的马克思主义性质。但作为中国马克思主义文艺理论的建构史，却还是要将其包括进来的，就像写党史不能排除历史上的那些机会主义路线一样，它能提供很多令今后马克思主义文艺理论建构反思与借鉴的东西。

不过，这里还应该指明的是，对于极左政治建构的这一阶段的文艺理论，不能持虚无主义态度，因为几乎所有真诚的文艺理论研究者当时都不可能看出这是什么极左政治，他们是在真诚而且认真地研究马克思主义，他们是在一丝不苟地著述他们的理论观点。而且，很多研究者并没有投身政治斗争，他们中的不少人其实是被斗争的对象。在极端艰难的条件下，他们愈加认真地研究马克思主义文艺理论。看一看学贯中西的朱光潜先生在其文艺理论与美学论文中极为真诚的自我批判，再读读他在晚年重病缠身的情况下写就的马克思《1844年经济学哲学手稿》的片段序言和学习札记，那真是催人泪下的老老实实的努力。正是经由这样一些真诚的马克思主义文艺理论研究者在极为困难的生存状况中的潜心研究，才有了我们在新时期对于马克思主义文艺理论的较为系统的了解，才获得了几部较为系统的马克思主义文艺理论著作，才有了对典型、现实主义、神话、悲剧等马克思主义文论范畴的较为深入的接受。这一代学者困境中的努力及努力成果是功载史册的。

（四）新时期社会转型过程中，多元建构的马克思主义文艺理论

新时期这一说法已被多方运用。对新时期的时间划分文学与文学理论界有两种说法：一是以政治地宣布"文革"结束为起点，至 20 世纪末，然后续之以新世纪文学或文学理论；二是对新时期的起点与上述看法相同，但认为新世纪以来至党的十八大召开的那段时间，基本时代精神没有大的变化，因此新时期的提法应该延续到党的十八大召开之前。本书认为新时期作为一个历史阶段，自然是有时间节点的，精神的延续不能取代时间的阶段性，本书认为，新时期应是中国以改革开放国策确立为标志的社会转型的启动期，即 20 世纪 70 年代末（"文革"结束）至 20 世纪 90 年代，其间有二十年跨度。因此，从新时期开始至 2012 年党的十八大召开，中国特色社会主义建设由此进入新时代这段历史时期，用"新时期以来"的说法更为确切。

1977—1979 年间，中国文坛相继发生了两件事：一是 1977 年 8 月中国共产党第十一次全国代表大会宣告"文革"已经结束，新时期到来；二是 1979 年 10 月第四次全国文代会提出文艺民主问题，文学迎来多元化发展的春天。

被紧束在极左政治中多年的中国文艺理论要整体性地从极左政治的紧束中解脱出来。这样一个具有划时代意义的转变，必然有其社会物质性变革的根据，简要地说，即经济变革的根据。这样的根据随着中国改革开放富国政策的实施，已然在很短的时间内确然地产生出来，经济体制的改革，市场经济的逐渐走向繁荣，转变着人们的日常生活观念。人们开始考虑需要改变自己的人生价值取向了。而这一时期的巨大经济变革的真正到来又极大地得力于观念形态的反作用，这反作用便是党中央确定的解放思

想、实事求是的思想路线对于此前"左"倾错误的否定。这样，由变革着的经济基础与转变着的意识形态的彼此间的辩证作用，人们日常的精神形态与行为形态也都日益明显地发生了变化。这种变化的一个突出社会体现，就是人的个性及能动性的强烈唤起。有学者称此为人的启蒙时代的再次到来。有的学者则由此想到五四精神："一切都令人想起五四时代。人的启蒙，人的觉醒，人道主义，人性复归……，都围绕着感性血肉的个体从作为理性异化的神的践踏蹂躏下要求解放出来的主题旋转。"[①] 此时，极左政治的枷锁不需要更多的理论批判便已现实地崩毁，使现实生活各个方面都极左政治化的时代迅速地成为历史。

开拓了新时期进而又顺应新时期，邓小平代表党中央宣布用"文艺为人民服务、为社会主义服务"代替"文艺为政治服务"。这一宣布实际上是归还了中国马克思主义文艺理论的历史唯物论的基础。至此，中国马克思主义文艺理论便开始了多元建构期。

所谓多元建构，即研究者们在坚持物质实践的、人民大众的唯物史观的基础上，在"文艺为人民服务、为社会主义服务"的基本观念中，对世界当代的多种思想体系、理论观点进行合于中国马克思主义文艺理论建构需要的采撷、梳理与整合。同时，又不仅从传统的文艺理论研究视角，而且从当下活跃的又与文艺理论相关的其他学科视角，如经济学的视角，文化学的视角、语言学的视角、社会学的视角、心理学的视角等去分析与阐释文艺理论的一些重要问题。还不仅如此，不少学者更热情地着手于中国古代文论遗产的深入研究，从中发掘与马克思主义文学理论建构有价值的东西。

---

① 李泽厚：《中国现代思想史论》，东方出版社 1987 年版，第 255 页。

中国马克思主义文艺理论在新时期建构中所关注的重要理论问题有文艺与政治的关系问题、文艺的人道主义问题、马克思主义实践观与文艺的意识形态性问题、文艺主体性问题、文艺的历史批评与现实批评标准问题、文论的话语建构问题、古代文论的现代转换问题、文艺本质与文艺规律问题、文艺的创作与接受心理问题、文艺的时代性与主旋律问题、西方文论的中国文学理论转化问题等。为使这些问题的研究合于马克思主义系统性，对于经典马列文论及相关理论的研究，也在政治解束的状况下更具有学术意义地展开，如对于《1844 年经济学哲学手稿》的研究，对于恩格斯的美学与历史批评的研究，对于艺术生产理论的研究，对于现实主义、真实性、典型、悲剧的研究等。这些问题先前也大部分在政治色彩笼罩下被研究与阐释过，此时则更平和也更学术意味地展开。对新时期文艺理论的这种多元建构，还须强调一句的是，中国马克思主义文艺理论的根基马克思主义唯物史观，是由其创始人广泛地吸收当时所可能吸收的众多学科成果与理论成果而确立的。这从根本上规定了中国马克思主义文艺理论的巨大的综合性与包容性，把它限定在若干观念的框框里，不合于它的唯物史观的根本。多元建构，是它的总体性的发展趋向。

（五）新时代由多元建构转入特色建构的中国马克思主义文艺理论

由新时期至新时代，这是中国社会转型的一个重要历史过程。在这个过程中坚持走中国特色社会主义道路由新时期的宏观设计到有步骤地实施与展开，经历了一个探索、过坎、爬坡的艰难过程，一山更比一山高的旅程一直在脚下。这期间，市场经济逐渐繁荣起来，大众文化以其几乎无所不在的整体性渗透到人们日常生活的方方面面。科技水平不断提高，社会主义建设的总体水平也不断提高，与之相应，国家富裕起来，民族振兴起来，国防强大起来，中国人民的获得感、自豪感达到前所未有的程度。在这样的历史进程中，中国迎来了社会主义特色发展的新时代。

建设中国特色的社会主义，这是政治决策者多年一贯的主张，也是多年一贯的实践性坚持。党的十八大把这种坚持强调得更加鲜明，实施得更加自觉，这使得特色性建设不仅是在路上，而且是在走过的路上树起了一座座地标。

随着中国特色社会主义理论作为重大理论问题提出，中国马克思主义理论建构也更为自觉地向特色性研究与建构凝聚，突出马克思主义文艺理论的中国特色，建构有中国特色的马克思主义文艺理论，正在系统性地展开。这种展开具有如下要点：

（1）由对于马克思主义文艺理论的多元研究向特色凝聚。新时期以来的一段时间里，中国马克思主义文艺理论走向一条多元展开的路径，西方马克思主义文论研究、现代性马克思主义文论研究、生态马克思主义文论研究、美学马克思主义文论研究、语言学马克思主义文论研究、实践论马克思主义文论研究、后现代马克思主义文论研究等，都取得了一定的研究成果。这些成果打破了多年的注经式研究及主客观二元论研究的单一思路，使文论研究充满活力，即便是经典文本重读及基本范畴与命题的重释，也充满了盎然新意。不过，总体来说，这类多元性研究在铺张开来的同时，尚缺乏一种凝聚的力量，这是一种不与所导入的西方多元理论相混淆的中国性或中国化研究的力量，即是说，使中国的马克思主义文艺理论研究在总体上体现出一种中国气势、中国风格、中国的思维方式及问题性求解。而 2014 年以来不断自觉地展开的特色性研究，正释放着这样的力量。它并非否定多元化研究，而是使多元化研究向着中国特色凝聚，由此建构中国特色的马克思主义文艺理论。

（2）由多向性解构转为特色性建构。西方解构主义的代表性学者德里达不断申明他所说的解构同时就是建构。从解构理论总是在解构中建构来说，这是对的。但是对其他理论，解构与建构在时段上往往是有先后的。这其实就是通常说的破与立的关系。破中有立，是因破而立，随破而立，是对应性的，而立，除与所破相对的立，还需要多向量、多层次的立，这就需要专立。在一段时间里，马克思主义文论研究做了不少对既有理论的解构工作，对教条论的解构、对庸俗实用论的解构、对本质化的现实主义的解构、对刻板化的主体性的解构等。这些解构之获，对于马克思主义文艺理论建设功不可没。没有这类解构就不会有马克思主义文艺理论今天的发展。随之而来的，则是特色研究的建构。文学功能问题、文学构成问题、文学价值观问题、文学实践问题、文学的文化自信问题、文学的人民性问题，其中也包括文学与政治关系这类传统问题，都需要在更高的视点与更广阔的视域中展开，都需要将之放入新时代中国特色社会主义建设的伟大实践及理论研究中进行，这方面的建构成果近年来已不断涌现。

（3）由文艺与政治关系的一般性研究转入文艺与党和人民的重要事业与重要战线的研究。这个关系问题，在前些年大众文化兴起，艺术商品化，对西方思想与西方文论缺少接受的主体性的情况下，在研究上有所松解也有所混乱，其理论体现就是马克思主义批判锋芒的钝化及批判敏感度的降低。习近平 2014 年 10 月 15 日《在文艺工作座谈会上的讲话》中指出："伟大事业需要伟大精神。实现这个伟大事业，文艺的作用不可替代，文艺工作者大有可为。"这个讲话是对毛泽东《在延安文艺座谈会上的讲话》的思想延续，及在新时代状况及伟大事业发展状况下的创新发展，其中，对文艺的人民性的坚持与强调，是两个讲话一以贯之的思想。文艺的人民性的坚持与强调，对中国马克思主义文艺理论的特色性建设进行了有力指导。"人民"，作为马克思主义一贯坚持的核心范畴，它的历史创造性，现实实践性，美好生活需求的创新动力性，都使之成为一个基元性的文艺理论母题。对这一母题的研究，越来越受到中国马克思文艺理论界的高度关注。

（4）由文学的对象性研究转入中国文学的文化自信研究。中国文学的文化自信，是中华民族成员对母体文化坚持自信的重要方面。文化自信是一种文化立场、文化态度。这不是一般的他者观望立场与态度，也不是一般的认知评价态度，而是构入母体文化中，与母体文化血肉相连，亲力亲为的立场与态度。中国文学的文化自信，又是对自信的构入性文化对象的体验性的选择态度，是把那些唤起自信的东西从它们所存身的文化整体中发现、选择、提升、组合。不同的立场与态度，会有不同的发现、选择、提升与组合，因此也就会有不同的中国文学的形象式样态呈现出来。这是一个深刻的理论问题，它涉及民族文化史、民族文学史，及民族文化、民族文学相互关系的理论与实践的相结合的研究。此外，作为新时代文化自信坚持的重要的马克思主义文艺理论课题，有大量的唤起中国文学的文化自信、生发中国文学的文化自信以及强化中国文学的文化自信的文学成果、文学活动、文学现象进行研究。这既是中华民族母体文化的研究又是中华民族母体文学的研究，这本身就是中国特色的研究，中国马克思主义文艺理论的中国特色也在这种研究中得以建构。

二、中国早期马克思主义文论的创构与发展

从 20 世纪 20—30 年代马克思主义文论为中国文学界所接受，至毛泽东的《在延安文艺座谈会上的讲话》发表，中国马克思主义文论经历了从接受、与中国革命实践相结合的吸纳与发展到定型于毛泽东文艺思想的过程，中国马克思主义文论创构与发展最初的这一阶段，就带有鲜明的"中国化"特色。

（一）中国马克思主义文论初创

中国文学界传播和接受马克思主义文艺思想肇始于 20 世纪 20—30 年代。20 年代末和 30 年代初以"左联"为中心的中国无产阶级革命文学运动，旗帜鲜明地把宣传马克思主义文艺思想作为文学运动的重要任务，马克思主义文论经激情澎湃的革命青年和早期共产党人的介绍、翻译，迅速传入中国文艺界，并迅速成为中国文论建设的指导性纲领。中国现代文论在经过了"五四"与中国文论传统决裂，经过了"五四"之后与涌进来的形形色色的外国文论思潮与思想体系的较量，终于找到了理论基石，中国马克思主义文论的大厦得以创建。

1. 中国早期对马克思主义文艺理论的介绍与翻译

中国马克思主义文论的初创，得益于中国早期对马克思主义文艺理论的介绍与翻译。

瞿秋白是最早倡导革命文学的中国共产党人之一，也是最早介绍马克

思主义文艺思想的中国共产党人之一。他从俄文原版翻译、介绍马克思主义经典作家的主要理论著作，根据苏联共产主义学院出版的《文学遗产》1、2期的材料，编译了《现实——马克思主义文艺论文集》，为阐释马克思和恩格斯文艺思想撰写了《马克思恩格斯和文学上的现实主义》、《恩格斯和文学上的机械论》、《文艺理论家普列汉诺夫》，为介绍列宁在《党的组织与党的文学》提出的文学的党性和文学应为千万劳苦大众服务的文学主张，发表了《普洛大众文艺的现实问题》、《文艺的自由与文学家的不自由》等。瞿秋白翻译、介绍、论证的这些马克思主义经典文学思想，涉及文学与生活的关系、文学的大众化、现实主义创作原则、文学批评实践等问题。介绍经典的同时，他结合中国现实社会与文学创作的实际，进行了与中国文艺实践相联系的阐释，为中国化的马克思文学理论的建设做了奠基性的贡献。为中国马克思主义文论创构作出贡献的早期共产党人还有邓中夏、恽代英、萧楚女等，他们倡导革命文学，积极传播马克思主义文艺思想，如萧楚女运用马克思经济基础与上层建筑的关系理论观照艺术创作，强调艺术是生活的反映，批判"艺术至上"、"为艺术而艺术"的观点。

　　20世纪20年代末30年代初革命文学的倡导者们是中国马克思主义文论创构的主力军。1928年创造社与太阳社倡导无产阶级革命文学时，就热情宣传马克思主义文艺思想，1930年"左联"成立，更是将传播马克思主义文艺思想作为首要任务，鲁迅、冯雪峰、冯乃超、朱镜我、林伯修等都投入过相当多的精力介绍、翻译马克思主义文艺理论。鲁迅翻译了普列汉诺夫的《艺术论》，卢那察尔斯基的《艺术论》、《文艺与批评》，并且翻译介绍了《苏俄文艺政策》；冯雪峰翻译了普列汉诺夫的《艺术与社会生活》，卢那察尔斯基的《艺术之社会的基础》；冯乃超翻译了普列汉诺夫与列宁论托尔斯泰等人的论文集《艺术与革命》；朱镜我翻译了卢那察尔斯基的《关于马克思主义文艺批评底任务之大纲》。无产阶级革命文学倡导者们对马克思主义文艺思想的接受与传播，最初是以介绍和翻译普列汉诺夫和卢那察尔斯基关于马克思主义文艺理论著作为主的。普列汉诺夫和卢那察尔斯基都是俄国杰出的马克思主义理论家，他们以马克思和恩格斯、列宁著作为依据，结合俄国文学创作，论及了艺术与社会主义、艺术与阶级、艺术与生活、艺术创作，以及批评规律、艺术与人类文化遗产等问题。他们的观点在中国革命文学倡导者们的介绍与翻译中，很快为中国文论界所接受，成为中国马克思主义文论创构的基础理论。中国马克思主义文论在创构之初就表现出了向苏俄学习的特点。

2. 中国马克思主义文论体系在争论中初创

"五四"之后的二十多年中，中国文论界的重要话题便是如何对待与接受马克思主义，并构建中国马克思主义文论体系。这一重要话题的形成与当时的中国革命密切相关，或者说，是当时的中国革命形势要求中国文论界在革命进程中承担时代责任，而一群血气方刚、以救国图强为大业的文论界人士则自觉承担起这一责任。这又与中国的知识分子传统分不开。中国知识分子的传统之路一是为官一是为文，而为官为文不管程度如何，又都抱有忧国忧民的天下意识，这是世代承续的正统意识、主流意识。"五四"之后的动乱时代，一批有为之士为救国图强读书，留学，投身革命，所长之事便是为文。而这文，又传统地与文学活动关系密切，所以在需要精神救治的革命时代，文学活动便自然为当时的知识分子所普遍关注并热情投入。随着思想理论进入建构活跃期，文学的理论思考及其争论格外活跃起来。而这种活跃，说到底，是革命催发的活跃，是为了革命的活跃，革命的理论需要便理所当然地成为文论建构的需要。出于这一需要，中国最初的马克思主义者形成对于马克思主义学说的初步理解。这种理解不是体系性的，而是具有明显的革命实用色彩。

　　20世纪20年代末至40年代初，文论界围绕"革命文学"展开激烈争论，这一争论基本上是在马克思主义以及号称马克思主义文艺理论与非马克思主义文艺理论的对峙中展开，前者基于自己对马克思主义的理解，阐述观点，组织论证话语。太阳社的代表人物钱杏邨，明确提出文艺批评必须"应用 Maxism 的社会学的分析的方法"。而他所理解的这一方法，便是革命文学是政治的、斗争的，批评家也须是政治的、斗争的。由此，他强调文学批评应该先把握住这一阶段的特征，要"担负起他们的对于这种革命文艺运动的责任，对于资产阶级文艺不断的加以抨击，根本上消灭他们的力量"。[①] 把文艺批评置于尖锐的阶级对立之上，并因此极端化地突出文艺批评的政治属性，这不合于当时中国文学及文学批评的实际，当时的文学及文学理论更多的还是一种民族拯救及人文启蒙。同时，这也是对马克思主义阶级斗争理论与文论思想的简单化理解。这种理解的片面性及简单化在当时是群体性的，它成为此后很长一段时间文艺批评政治极端化的根据。

　　另有一些坚持马克思主义文艺批评的人，如茅盾、冯雪峰、胡风等，从不同于前者的角度理解马克思主义文艺批评，并对前者的政治极端化予以抵制。如冯雪峰，虽然他的政治立场同样坚定，但他更注重文艺与时代和社会潮流的关系，在《社会的作家论·题引》中，主张依据社会潮流阐明作者思想与其作品的构成，并批判这社会潮流与作品倾向之真实与否，

---

　　① 　钱杏邨：《批评与建设》，《太阳月刊》第 5 期，1928 年 5 月 1 日。

才是马克思主义批评家的特质。显然，这一理解更合于马克思主义历史与社会批评的思路。几十年中，在如何理解马克思主义文艺思想方面不断地展开争论，这一争论的实质不是一般的学习与领会，而是如何使马克思主义中国化。

3. 苏俄文论的体系性导入

十月革命以前，日本是社会主义思潮和马克思主义学说被介绍到中国来的一条主要渠道。1917 年 10 月，社会主义革命在俄国取得胜利，极大地激励了中国革命志士，他们从中看到中国革命的方向，深刻认识到马克思主义指导革命实践的力量。在文论界，热衷于马克思主义文论建构的人士，把苏俄文艺理论与文艺批评看作是千真万确的马克思主义真理，对其学习与实践，并结合当时中国文艺实际做体系性导入。

苏俄马克思主义文论的体系性突出体现在对理论问题的系统性提出与阐发，强调相关理论问题的内在逻辑联系，对于问题进行逻辑论证与表述，以及对于理论范畴的逻辑设定与展开。对苏俄文论的系统学习与实践性运用，使当时中国的马克思主义文论学者受到理论思考与体系性表述的训练。当时的代表性人物，如周扬、茅盾、冯雪峰、胡风、瞿秋白等，都先后在马克思主义文论的体系性上呈现出自己的特点。如周扬，他的革命党人的身份，他对于马克思主义文艺理论，尤其是当时苏联文艺理论的钻研，使他获得无产阶级革命文学领导人的地位。这期间，他的文论著述的突出特点，就是努力靠近他所承袭的苏俄文论的社会政治学的理论体系，并将之贯彻到他的一系列文论著述中。比较有代表性的是 30 年代中期他与胡风就文艺典型问题发生的一场论战。在这场论战中，双方都超越了文学作品的具体剖析及阐释，旨在系统建构现实主义典型论，系统的理论主张成为表述的主旨所在，对《阿Q正传》、《子夜》等作品的阐释则仅是理论的佐证。再如茅盾，30年代，他的文论文章分为两类，一是对创作现状及作家作品的评论，一是创作理论。这两类文章虽然都坚持着同样的马克思主义认识论与阶级斗争学说的理论基础，却并未形成理论观点的结构体系与方法的系统性，正如有学者所说："他那种初创时期的带有某种杂论性的批评观念，如同那个时期的整个文学界一样，还没有形成更加系统的批评方法。"[①] 而此后十年，随着他对苏俄文论的更多研究，系统的理论意识越来越突出，一批系统性很强的著述相继推出，他由此成为文艺批评界的代表人物。

经由苏俄马克思主义文论，中国的马克思主义文论除了理论的系统意识的增强，在理论体系的建构方面，也是成果丰厚。这一时期的苏论中化，使中国马克思主义文论体系得以成型，并作为历史的阶段性成果，在此后多年得以坚持。这一时期苏俄文论在中国的理论体系化有如下特点：

（1）与中国革命需要相结合。20世纪30—40年代，是苏俄革命理论中国化的代表性时期。中国共产党作为中国革命的领导力量，以苏联社会主义道路为中国的革命取向，以苏联的社会主义理论为中国的革命理论规范，也以苏联文论为中国马克思主义文论的根据。近二十年中，革命队伍内部的各种风波、争论、斗争，都与这一取向、规范及根据密切相关。不过，这一阶段的一个更重要的问题，便是在苏论中化过程中，中国革命自身的问题始终以其紧迫性与严峻性而被置于主体位置。苏联文论对中国革命文艺发展及文论建构发挥着主导作用，而后者则从自己的实际情况出

---

① 周海波：《中国现代文学批评史论》，上海人民出版社2002年版，第206页。

发，现实地、实用地，因此也是有条件地接受前者指导。对这样一个接受过程，如有的学者所说，当时的接受是选择性的，"更注重的是理论的实用性和意识形态的意义，而不是包括俄罗斯文化精神在内的全部苏联文艺理论"，并且，当苏联的这种被选择的文论与中国的革命实际相矛盾时，总体上说被坚持的是中国革命的实际需要与实际状况，而不是前者的照搬与套用。因此，"当民族主体性和意识形态要求与追随对象发生分歧时，疏离与反目就会成为新的选择。而事实也是如此，我们正是经历了对苏联文艺学的接受、对抗、选择的全过程"。[①]

（2）突出的政治色彩。客观地说，中国文论的主体性建构与中国革命实践相结合，突出政治色彩并不是唯一的路途。革命需求是多方面的，革命内容也是多方面的，政治只是其中的一种需求、一个方面，尽管这是一个具有主导性的需求及方面。其他方面，如经济的、伦理的、社会的、文化的、艺术的、宗教的等，都可以成为革命文艺学建构的取向。但实际上，在那个时期，中国马克思主义文论的核心属性便是政治属性，以至于后来的研究者们普遍称之为政治文艺学。当时的政治取向集中体现为阶级斗争取向，代表历史进步性的革命领导阶级是无产阶级，无产阶级的阶级利益、无产阶级的思想感情、无产阶级的革命要求，便成为当时无产阶级革命文学及文论的价值尺度与批评标准。苏联文学及文论，出于当时革命斗争与社会主义建设的需要，高扬无产阶级革命的旗帜，所坚持的正是无产阶级革命文学及文论的价值尺度与批评标准，它确认马克思主义历史论与阶级论为理论基础，并在文论领域围绕活跃而且成

---

① 孟繁华：《中国 20 世纪文艺学学术史》第三部，中国社会科学出版社 2007 年版，第 52—53 页。

果丰硕的文学实践作系统的理论展开，文艺学的意识形态属性问题、现实主义创作方法问题、文艺的服务对象问题等，成为核心的理论问题，而这类问题又共同凝聚为文艺及文论的政治属性。当时的中国革命文论正与苏联文论的政治属性相契合，于是，自身的政治需求与苏联文论的政治属性便有了同化的根据，中国革命文论便在这种同化中取利苏联文论的政治资源，并因此突出了中国马克思主义文论的政治色彩。如瞿秋白，是30年代左翼文坛的重量级人物，也是最热衷于提倡向苏俄学习的人物，他把苏联文论的政治属性转化到中国革命文论中来，因此成为中国文学批评政治化的代表。如有的学者所说："瞿秋白文学批评的基本思路，就是以阶级斗争为主，以创作是否描写了工农群众的生活为标准，对作品的思想内容进行批评；其文体特点，则是社会学与政治学论文的结合体，或者说，瞿秋白文学批评主要是借批评文学来展开他的有关政治思想的阐发，而批评注意力并不在于文学本身。"① 这一概括，切合瞿秋白文学批评的实际，而瞿秋白的文学批评，又正是当时革命文论突出政治色彩的代表性体现。

（3）重要文论命题的确立。20世纪30—40年代，中国马克思主义文艺理论已形成了一套核心命题。这套核心命题成为理论体系的支撑，不断地引发争论、思考，由此进行理论的体系建构。这类命题包括文艺的意识形态性、文艺的阶级性、大众文艺、现实主义、典型、文艺批评标准、文学的民族性、创作自由、作家责任等。这些理论命题的提出并展开广泛讨论与阐释，所依凭的既有理论主要是当时的苏俄文艺理论，其现实根据则是当时的中国革命及革命文艺实践。如冯雪峰在文艺的阶级

---

① 周海波：《中国现代文学批评史论》，上海人民出版社2002年版，第154页。

属性的论争中，一方面依据苏俄文论的阶级论主张，将之奉为天经地义的马克思主义；一方面又紧密地联系当时中国的文学实际与理论实际，明确地提出"常识的阶级性，是明明白白的，然而文学，倘加以研究，它底阶级性也就同样地明白"①。瞿秋白坚持文艺的政治属性这一命题，其论证思路与冯雪峰一样，也是在理论上依凭苏俄文论同时又紧密联系当时中国文论界的实际，使这一命题在现实批判中展开。为此，他批判钱杏邨的文艺批评时说他不是正确的马克思主义的批评。但同时又肯定他始终有一个优点，"就是他总还是一个竭力要想替新兴阶级服务的小资产阶级知识分子"②。这种在现实批判中运用苏俄文论阐释理论命题的做法，在当时中国的革命文论界形成一种风气，即政治话语占据主流地位的文艺批评的政治化。这也是当时苏论中化的特征性趋向，这种趋向一直延续到20世纪60年代。

（二）抗日救亡和解放时期的中国马克思主义文论思想

从1937年卢沟桥事变爆发到1949年中华人民共和国成立，中国经历了抗日战争与解放战争两个战争阶段。在那个特殊年代，中华民族处于生死存亡以及光明与黑暗前途选择的关键时刻，民族救亡和解放成为时代的主题。战时特殊的政治文化语境，使这一时期的中国马克思主义文论建构也带有那个时代的特征，这就是文学的民族化、大众化问题更被鲜明地提出并逐渐成为中国马克思主义文艺理论的中心话语。马克思主义文论与中

---

① 《冯雪峰论文集》（上），人民文学出版社1981年版，第26页。
② 瞿秋白：《文艺的自由和文学家的不自由》，《现代》第1卷第6期，1932年10月1日。

国革命实践相结合，形成那一时期中国马克思主义文论的"中国化"特色。

抗日救亡时期中国马克思主义文艺思想主要表现在如下几个方面。

1. 强调文学的革命功利性与政治宣传性

文学服务于抗战是文学的最高原则，这一观点得到了当时坚持马克思主义文艺思想的文论家们的普遍认可。中华全国文艺界抗敌协会成立，《新华日报》发表社论指出："由于敌人的冒险深入，战争已普遍于全个中国……文艺工作者再不应该也再不可能局守于所谓'艺术之宫'，徘徊于狭窄的知识分子的小圈子中，无论阶级、集团、世界观、艺术方法论如何不同的作家，已必须而必然地要接触到血赤淋漓的生活的现实，只有向这现实中深入进去，才有民族的出路也是文艺的出路。"[1] 中华全国文艺界抗敌协会在"发起旨趣"中强调："团结起来，象前线的将士用他们的枪一样，用我们的笔，来发动民众，捍卫祖国，粉碎寇敌，争取胜利。民族的命运，也将是文艺的命运。"[2] 接受马克思主义的文学理论家们坚定地相信文学具有打击敌人、推动革命的作用，他们说："我们相信，我们的文艺的力量定会随着我们的枪炮一齐打到敌人身上，定会与前线上的杀声一同引起全世界的义愤与钦仰。最辛酸、最悲壮、最有实效、最不自私的文艺，就是我们最伟大的文艺。……我们相信文艺是政府与民众间的桥梁。"[3] 革命功利主义文学观密切联系于现实，从民族救亡角度拉近了政治与文学的距离。

文学能够服务于抗战，文学的抗日救亡的革命功利性能够实现，在于

---

① 《新华日报》1938 年 3 月 27 日。

② 《文艺月刊·战时特刊》第 9 期，1938 年 4 月 1 日。

③ 《文艺月刊·战时特刊》第 9 期，1938 年 4 月 1 日。

文学具有政治宣传功能，当时很多文学理论家都认同文学的这一宣传效应。毛泽东、周恩来、林伯渠、徐特立、成仿吾、艾思奇、周扬作为鲁迅艺术学院的发起人，在《鲁迅艺术学院创立缘起》中强调指出了文艺的宣传功能："艺术——戏剧、音乐、美术、文学是宣传鼓动与组织群众最有力的武器。艺术工作者——这是对于目前抗战不可缺少的力量。"① 夏衍在与郭沫若、老舍、张申府、潘梓年、臧云远、郁达夫、吴奚如、北鸥共同撰写的《抗战以来文艺的展望》中也肯定了文艺的政治宣传效应："抗战以来，'文艺'的定义和观感都改变了，文艺再不是少数人和文化人自赏的东西，而变成了组织和教育大众的工具。"②

2.进一步张扬大众化的文学主张

早在五四新文学兴起之时，文学的大众化就为左翼作家所倡导，此后在中国现代文学思想发展的历程中，一直没有间断过对此问题的探索。抗战爆发，文学的大众化问题，再度成为文学理论界的热点话题，中国马克思主义文学理论家们纷纷著文阐述大众化的文学主张，文学的大众化问题在抗战的炮火声中呈现了迫切性、时代性的特征。《新华日报》在为中华全国文艺界抗敌协会成立大会所做的社论中，将文艺大众化问题鲜明地提出："文艺大众化的问题，提出到现在已经有相当长的历史，但到今日为止，无论在理论上在实践上，不可讳言地还只有局部的成就……而现在，仅仅就文艺运动的本身来说，也是达到了一个新的阶段。由于敌人的冒险深入，战争已普遍于全个中国……这个新的阶段，也正是大众化问题有可

---

① 鲁迅研究室编：《鲁迅研究资料》第 2 辑，文物出版社 1977 年版，第 3 页。
② 《自由中国》第 2 号，1938 年 5 月 10 日。

能尽量展开与彻底解决的阶段。"① 文学要服务于"救亡"，文学要在"救亡"中发挥作用，就要成为宣传大众、组织大众、教育大众的有力武器，而要达到这个目的，文学就不能居守于所谓"艺术之宫"，文学就非大众化不可，这是时代之所需。以群在《关于抗战文艺活动》一文中迫切地呼唤："现在，面对着这样紧张的局势，我们应该严肃地提出：'大众化'是一切文艺工作的总原则，所有的文艺工作者都必须沿着'大众化'的路线进行，在文艺工作的范围内，应该没有非大众化的文艺工作，更没有反大众化的文艺工作，因而，'大众化'也就不成为'特殊'的工作了——这正说明着大众文艺和非大众文艺之间的界限的消失。"② 一些文学理论家认为，在抗战的今天，文艺大众化问题，已由以前的理论阶段而逐渐向实行的路途上试步、迈进。

在抗日救亡时期文学非走大众化道路不可的共识下，文学理论家们探讨了如何实现文学大众化的问题。中华全国文艺界抗敌协会在成立大会上，提出"文章下乡"、"文章入伍"口号，1941 年老舍以"文章下乡，文章入伍"为题，总结了几年来这两个口号的提出对于推进文学的大众化发展的作用。"文协"还指出了解决文艺大众化问题不可或缺的两个途径：一是作家须与大众密切接近，生活于大众之中，了解大众，配合大众；一是从大众中产生出作家来，这需要既成的作家从大众中去识拔。有的文学理论家主张发展"战壕文学"、"乡村文学"（潘梓年），"速写通讯"（北鸥），有的文学理论家提倡"把握事件的文艺性与文艺的事件性"联系的创作方法（北鸥）。也有的文学理论家从"文学形式"视角思考实现大众化问题，

---

① 《新华日报》1938 年 3 月 27 日。

② 《文艺阵地》第 1 卷第 2 期，1938 年 5 月 1 日。

提出发现新形式、利用旧形式等看法。从文学大众化问题再一次被鲜明提出到"文章下乡"、"文章入伍"口号的具体实施，在抗战救亡时期，文学大众化问题无论在理论上还是在实践上都有了新拓展。

3. 文学的民族化问题被更鲜明地提出

文学的民族化与文学的大众化是相辅相成的两个文学理论问题。文学的大众化要求文学的民族化，文学的民族化又能促进文学的大众化发展，或者可以说，文学的大众化发展到一定阶段必然要求文学的民族化，越是民族的，越是大众的。抗战救亡时期，要求文学大众化，也由于民族意识的觉醒、高扬，文学民族化问题必然引起重视。于是，文学的民族化成为这一时期马克思主义文学理论建设与文学创作实践的一个追求。如周扬在《我们的态度》一文中指出："一个落后的国家接受先进国家的文化的影响，是非常自然而且必要的；我们过去的错失是因此而漠视了自己民族固有的文化。在文艺大众化，旧形式利用的问题上所碰到的主观的困难就是从对中国旧有文化的那一贯冷淡和不屑去研究的态度而来的。这个态度必须改变。我们要在对世界文化的关心中养成对自己民族文化的特别亲切的关心和爱好，要在自己民族历史文化的基础上去吸取世界文化的精华。国际主义也必须通过民族化的形式来表现。"①

文学民族化的理论实现于创作实践，便表现为对"民族形式"的重视与利用。抗战期间，对"民族形式"发掘与利用的呼声比以往任何时期都强烈与急迫，文学家们的民族解放意识促进了中国现代文学向传统的"民族形式"的复归。呼唤利用民族旧形式，从某种意义上说，是相对于五四

---

① 周扬：《我们的态度》，《文艺战线》创刊号，1939年2月16日。

新文学存在着的"欧化"问题而言的。因此，文学理论界展开了如何认识新文学"欧化"问题、如何看待"利用旧形式"问题的热烈争论。

在抗日救亡时期，也有一些作家从艺术规律、艺术创作的视角提出一些似乎与"救亡"相悖的文学主张。由于大多数文艺工作者处于抗战救亡的亢奋之中，这些主张一提出就遭到了坚持马克思主义文艺思想的文论家的驳斥与否定。这些主张主要有梁实秋的所谓的"与抗战无关论"、沈从文的"文学超功利观"、施蛰存的"文学贫困论"。

1938 年 12 月 1 日，梁实秋在《中央日报》副刊上发表了《编者的话》，其中一段话立即引起了强烈反响，这段话是："现在抗战高于一切，所以有人一下笔就忘不了抗战。我的意见稍微不同。与抗战有关的材料，我们最为欢迎，但是与抗战无关的材料，只要真实流畅，也是好的，不必勉强把抗战截搭上去。至于空洞的'抗战八股'，那是对谁都没有益处的。"[①] 孔罗荪率先在《大公报》上发表了《与抗战无关》一文，将梁实秋视为鼓吹文学"与抗战无关"论者，之后宋之的、老舍、巴人等多人批判了梁实秋所谓的"与抗战无关"论。此后梁实秋在中国现代文学史上便被"定论"为"与抗战无关"论的鼓吹者，直至 1986 年柯灵在《文汇报》上发表《现代散文放谈——借此评议梁实秋与"抗战无关论"》一文，指出对梁实秋的那段话应给予"完整的理解"，"把这段话中的一句孤立起来，演绎为'抗战无关论'或'要求无关抗战的文学'，要不是只看字，不免有曲解的嫌疑"。[②] 柯灵的观点，得到了 80 年代末现代文学研究者的支持和赞同，梁实秋不再被认作抗战文学的反对者。

---

① 梁实秋：《编者的话》，《中央日报》副刊《平明》1938 年 12 月 1 日。

② 柯灵：《现代散文放谈——借此评议梁实秋与"抗战无关论"》，《文汇报》1986 年 10 月 13 日。

　　沈从文 1939 年 1 月发表《一般或特殊》，1942 年 10 月发表《文学运动的重造》，在这两篇文章中，他都表现了文学是超功利的文学观。在《一般或特殊》中，他提出两类文化人：一类是"会宣传正在用笔战斗"的文化人；一类是"远离'宣传'空气，远离'文化人'身份，同时也远离了那种战争的浪漫情绪"的文化人。他更赞赏后一种文化人，认为这后一种文化人"从表面看来，都缺少对于战争的装点性，缺少英雄性，然而他们工作却相同，却真正贴近战争。目的只有一个，对于中华民族的优劣，作更深的探讨，更亲切的体认，便于另一时用文字来说明它，保护它。他们不在当前的成功，因缘际会一变而为统治者或指导者，部长或参政员。只重在尽职，尽一个中国国民身当国家存亡忧患之际所能尽的本分。他们在沉默中所需要的坚忍毅力，和最前线的士兵品德完全一致。这种人和'文化人'比起来，在当前是个'少数'"。他说："中华民族想要抬头做人，似乎先还得一些人肯埋头做事。"① 在《文学运动的重造》中，他说文学运动"受商业与政治两种势力的分割与玷污"，呼吁"有远见的政治家，或有良心的文艺理论家，批评家，作家，能不能给'文学'一种较新的态度。这个新的态度是能努力把它从'商场'和官场解放出来，再度成为'学术'一部门"。② 施蛰存 1942 年著文《文学之贫困》，指责现代文人低能，历史、哲学、政治，以及其他一切人文科学很少知道，与古代、外国相比，现代文学出现贫困的现象，他说："即使在这个贫困的纯文学圈子里，也还显现着一种贫困之贫困的现象。抗战以来，我们到底有了多少纯文学作品？你也许会说：我们至少有了不少的诗歌和剧本。是的，我也读过了不少的

---

① 沈从文：《一般或特殊》，《今日论坛》第 1 卷第 4 期，1939 年 1 月 22 日。
② 沈从文：《文学运动的重造》，《文艺先锋》第 1 卷第 4 期，1942 年 10 月 25 日。

诗歌和剧本，但是如果我们把田间先生式的诗歌和文明戏式的话剧算作是抗战文学的收获，纵然数量不少，也还是贫困得可怜的。"[①] 沈从文、施蛰存的这些文学观点，在那个激越的年代显然是不合时宜的，因此也遭到了郭沫若、杨华、巴人、陈白尘等人的驳斥。

今天我们客观地分析梁实秋、沈从文、施蛰存的一些文学主张，会看到这些主张中有关艺术的真知灼见，也会看到他们作为艺术家关注、盼望中国艺术发展的拳拳之心，但是他们的这些主张在那个年代，在那高扬文学战斗性、功利性的时代，在那怀着强烈的"忧患意识"的文学家们正在刀与血的现实中奋战的情景下，他们因此受到主张马克思主义文论思想的文学家与文论家的批判，也便是自然的事。

（三）民主根据地的文艺思想争鸣

抗战时期，中国共产党领导下的以陕甘宁边区为中心的抗日民主根据地（在解放战争中扩大为解放区），实行的是新民主主义的政治制度，它特殊的政治文化背景，造就了富有特色的解放区马克思主义文学理论建设现象。全民族抗战爆发，很多文艺工作者怀揣马克思主义的信仰，以神圣的使命感与庄严姿态奔赴民主根据地，他们自觉地充任无产阶级"战士"与"文人"的双重角色，满腔热忱地投入民主根据地的文学建设。我们可以把民主根据地的马克思主义文学理论建设以 1942 年延安文艺座谈会召开为时间界限，划分为两个时段。1942 年延安文艺座谈会召开以前，延安文艺界政治气氛较为宽松，从不同政治文化背景走到延安来的文化人，

---

①　施蛰存：《文学之贫困》，《文艺先锋》第 1 卷第 3 期，1942 年 11 月 10 日。

他们所带来的不同文学观还未被权威的文学思想统一起来，加之文学家们参与现实、参与政治的意识十分强烈，因而出现了在民族救亡共识下的文学观点的自由阐发现象。有阐发便有争鸣，这阶段的马克思主义文学理论建设便表现为在文学思想争鸣中发展。1942年延安文艺界整风运动，毛泽东发表《在延安文艺座谈会上的讲话》，将文学创作、文学理论纳入政治规范的轨道，为民主根据地文学发展作了定位，争鸣基本结束。此后的延安时期直至新中国成立后至新时期以前，中国马克思主义文艺理论建设一直将毛泽东的这一讲话作为文艺政策的纲领式文件。

处于抗战图存时代背景下的民主根据地的文学思想争鸣，带有鲜明的实践理性特征，争论的内容都是围绕着文艺与现实斗争的关系及如何为现实斗争服务等问题展开的。这时期的文艺争鸣主要表现在普及与提高、歌颂与暴露、文学与政治的关系等问题上。

1. 关于普及与提高

普及与提高问题的提出，针对的是当时延安文艺界存在的看重名著佳作、注重纯艺术修养的倾向。这种倾向主要表现为两个方面：一是演大戏、演洋戏成风。从1939年到1942年延安文艺座谈会召开之前，在延安舞台上先后演出了大型话剧《团圆》、《大雷雨》、《日出》、《雷雨》、《钦差大臣》、《蜕变》、《阿Q正传》、《李秀成之死》、《铁甲列车》、《带枪的人》、《中秋》、《悭吝人》、《伪君子》、《北京人》、《抓壮丁》、《新木马计》等，京剧《打渔杀家》、《四进士》、《法门寺》、《奇双会》、《武家坡》、《群英会》、《空城计》、《宋江》、《玉堂春》、《六月雪》、《梅龙镇》等，这些名著连同服装、舞台灯、布景等艺术处理形式，在过去很少见到。二是1938年4月10日在延安成立的鲁迅艺术学院，存在"关门提高"的现象。"鲁艺"开办之初，设有戏剧、音乐、美术三个系，学习时间为九个月。这九个月，先在校学习三个月，再到前线抗日根据地或部队实习三个月，然后再回校继续学习三个月。这样的办学方式，适应实际斗争的需要。但在1940年至1941年间，"鲁艺"增设文学系，学制延长为三年，第一年学基础知识，后两年进行专门化教学，以向古典名作和大师学习为主。延安文艺界存在这种倾向表现了一些文艺工作者的思想倾向及文学主张，一些文艺工作者的确认为自己负有提高大众文化艺术水准、传播艺术精品的重责，他们希望"提高大众的文化水准到不但能识字且能欣赏相当高级的艺术作品"①。这种倾向与当时如火如荼的抗日救亡斗争的确存有反差。毛泽东首先意识到这一点，他看那些大戏的演出从未说过赞扬的话，而每一次看"庆祝十月革命"的节目，都给予肯定的评价和高度的重视。毛泽东对名作大戏与表现革命内容的演出显示的截然不同的态度，表明了他对此问题的看重与思想倾向。此后，坚持马克思主义文艺思想的文论家们也开始重视这一问题，并就普及与提高问题展开理论探讨，如在"鲁艺"担任领导工作的张庚、周扬对"鲁艺"重提高、轻普及的做法进行了反思，在"鲁艺"任教的周立波、严文井也都对自己与农民为邻却远离农民、在深宅大院高谈阔论的做法进行过自检。延安文艺界接受了毛泽东的批评，就普及与提高问题达成共识，赞同"提高和普及一定要并行"②。

2. 关于歌颂与暴露

歌颂与暴露问题的争鸣在延安文艺界展开得较为激烈，也更具有理

---

① 何其芳：《论文学上的民族形式》，《文艺战线》第1卷第5号，1939年11月16日。

② 萧军：《对于当前文艺诸问题底我见》，《解放日报》1942年5月14日。

论色彩。在抗战初期，中国文艺界就展开过歌颂与暴露的论争。茅盾于1937 年 7 月在《抗战文艺》上发表文章，提出抗战文艺不能只歌颂光明，也应该暴露黑暗，认为只写光明有严重的局限性。那时暴露的对象是国民党反动、腐朽的政府，所以虽有来自各方的不同的意见，但左翼作家仍认同文学作品的暴露与讽刺的功能，并确有像《华威先生》这样一批成就较高的以暴露讽刺为主的作品产生。在民主根据地延安，文学描述的对象改变了，它面对的是新兴的红色政权，文学还要不要讽刺和暴露，如何讽刺和暴露，这是延安马克思主义文艺工作者所面临的一个新的文艺理论问题。一些文学家根据艺术的规律提出，"从来的文艺作品都是写光明和黑暗并重，一半对一半"[1]，即使在进步的地方，在有了初步民主的延安，文学也应该发挥批评和针砭的作用。丁玲说："中国所有的几千年来的根深蒂固的封建恶习，是不容易铲除的，而所谓进步的地方，又非从天而降，它与中国的旧社会是相联结着的。而我们却只说在这里是不宜于写杂文的，这里只应反映民主的生活，伟大的建设。陶醉于小的成功，讳疾忌医，虽然可以说是人之常情，但却只是懒惰和怯弱。"[2]艾青认为文学创作应尊重作家的真实感受，他说："作家并不是百灵鸟，也不是专门唱歌娱乐人的歌伎。他们的竭尽心血的作品，是通过他们的心的搏动而完成的。他不能欺瞒他的感情去写一篇东西，他只知道根据自己的世界观去看事物，去描写事物，去批判事物。在他创作的时候，就只求忠实于他的情感，因为不这样，他的作品就成了虚伪的，没有生命的。希望作家能把癣疥写成花朵，把脓包写成蓓蕾的人，是最没有出息

---

① 《毛泽东选集》第三卷，人民出版社 1967 年版，第 828 页。
② 丁玲：《我们需要杂文》，《解放日报》1941 年 10 月 23 日。

的人。"① 罗烽希望文艺成为"一把使人战栗，同时也使人喜悦的短剑"。王实味则更鲜明地提出："大胆地但适当地揭破一切肮脏和黑暗，清洗它们，这与歌颂光明同样重要，甚至更重要。"② 当时延安的文学创作实践也体现了这些作家的理论主张，如《文艺》杂志发表了一些针砭时弊的作品，墙报《轻骑队》也刊登了一些批评和暴露的短文。

　　在延安文艺界整风时，歌颂与暴露的问题被鲜明地提出。毛泽东很关注文艺界关于"暴露"的一些主张与做法，在延安文艺座谈会上就此专门提出自己的见解。一些坚持马克思主义理论的文艺理论工作者也从新的视角重新认识这一问题，如艾青在《我对于目前文艺上几个问题的意见》中说："'边区也有黑暗'是一种夸张的说法。……边区是有一些'小缺点'，但这些'小缺点'大家都看得清——是在太阳光里的破窗纸一样看得明晰的东西！这些窗纸今天破了，明天涂上新的！……我们需要'自我批判'，需要'自我教育'。需要批评，批评'自私'，批评'懒惰'，批评'小贪污'；但我们更需要鼓励，鼓励'进步'，鼓励'发展'，鼓励'战斗'，鼓励'同心同德'。"③ 曾在 1941 年著文《文学与生活漫谈》、主张延安应当"创作自由"、欢迎作家批评的周扬，在 1942 年 7 月写就的《王实味的文艺观与我们的文艺观》一文也认为："革命的艺术作品，不论它的题材内容是甚么，它的基本精神却应该是永远向人们启示光明的。我们一方面必须向过去的一切优秀的古典的现实主义作家学习，然而另一方面却必须在根本精神上和他们区别。我们必须摆脱他们那只注意写消极现象，否定多于肯定的传统。"他还提醒一些作家、批评家不要对新鲜事物失去感觉，提倡作家多

---

① 艾青：《了解作家，尊重作家》，《解放日报》1942 年 3 月 11 日。

② 王实味：《政治家·艺术家》，《谷雨》第 1 卷第 4 期，1942 年 3 月 15 日。

③ 艾青：《我对于目前文艺上几个问题的意见》，《解放日报》1942 年 5 月 15 日。

写光明。①

3. 关于文学与政治的关系

在中国马克思主义文论建构中，文学与政治的关系一直是被关注着的。不同的历史时期、不同的政治文化背景，对文学与政治关系的理解、阐释也有不同的侧重。在民主根据地延安，文学与政治关系的问题再次成为马克思主义文论建设的焦点问题，文学界也就此展开了争论，这次争论涉及两个问题：一是文学的"地位"问题；一是文学家的社会角色问题。就第一个问题来说，延安文艺界当时存在"主张文学的真实性与独立性"的倾向。② 如艾青在为《文艺》百期纪念而写的文章中说："作家创造了自由写作之外，不要求其他的特权。他们用生命去拥护民主政治的理由之一，就因为民主政治能保障他们的艺术创作的独立的精神。因为只有给艺术自由独立的精神，艺术才能对社会改革的事业起推进的作用。"③ 就第二个问题来说，当时很多作家认为他们和政治家一样，承担着抗战图存的重任，一直走在革命队伍的最前锋，是劳苦大众的引路人，"是一个民族或一个阶级的感觉器官，思想神经，或是智慧的瞳孔"④。当时，一些倾向用现实主义手法写"暴露"文学的作家就是基于这种认识。

就这两个问题最鲜明、最尖锐亮明自己观点的是王实味，他在《政治家·艺术家》中说："我们底革命事业有两方面：改造社会制度和改造

---

① 周扬：《王实味的文艺观与我们的文艺观》，《解放日报》1942 年 7 月 28—29 日。
② 钱理群等：《中国现代文学三十年》，北京大学出版社 1998 年版，第 465 页。
③ 艾青：《了解作家，尊重作家》，《解放日报》1942 年 3 月 11 日。
④ 艾青：《了解作家，尊重作家》，《解放日报》1942 年 3 月 11 日。

人——人底灵魂。政治家，是革命的战略策略家，是革命力量底团结、组织、推动和领导者，他底任务偏重于改造社会制度。艺术家，是'灵魂底工程师'，他底任务偏重于改造人的灵魂（心、精神、意识——在这里是一个东西）。人的灵魂中的肮脏黑暗，乃是社会制度底不合理所产生；在社会制度没有根本改造以前，人底灵魂底根本改造是不可能的。社会制度底改造过程，也就是人底灵魂底改造过程，前者为后者扩展领域，后者使前者加速完成。政治家底工作与艺术家底工作是相辅相依的。"他呼吁艺术家："更好地肩负起改造灵魂底伟大任务罢，首先针对着我们自己和我们底阵营进行工作；特别是在中国，人底灵魂改造对社会制度改造有更大的反作用；它不仅决定革命底成败，也关系革命事业底成败。"① 王实味的论述将政治与艺术视为引导中国革命的两套马车，并驾齐驱，相辅相依，将艺术家的责任、作用、社会角色提高到与政治家相同的地位。王实味的这些观点引起高层的重视，在延安文艺界整风时，王实味被作为托派分子受到批判②，杨维哲（《从〈政治家·艺术家〉说到文艺》）、金灿然（《读实味同志的〈政治家·艺术家〉后》）、范文澜（《论王实味的思想意识》）、蔡天心（《政治家与艺术家》）、丁玲（《文艺界对王实味应有的态度及反省》）、周文（《从鲁迅的杂文谈到实味》）、艾青（《现实不容许歪曲》）、罗迈（《论中央研究院的思想论战》）、周扬（《王实味的文艺观与我们的文艺观》）等文艺工作者撰文批判王实味。文艺与政治关系的上述两个问题，在批判王实味乃至一些作家表现出的相同的思想倾向中，被进一步加以论证，论证的观点统一于毛泽东的《在延安文艺座谈会上的讲话》所阐

---

① 王实味：《政治家·艺术家》，《谷雨》第 1 卷第 4 期，1942 年 3 月 15 日。
② 王实味 1947 年 7 月在战争环境中被处决，1991 年 2 月 7 日平反昭雪。

发的思想。如周扬认为：王实味"把艺术与政治分开而且对立起来。他不但丝毫没有艺术服从政治的观念，而且给了政治应受艺术指导的相反的暗示。王实味为政治家和艺术家规定了分工：'政治家的任务是改造社会制度，指挥革命的物质力量；艺术家则是改造人的灵魂，激发革命的精神力量；由于任务不同，前者对事看重，后者对人求全。'这个机械的分工论之不能成立。"他论证了文艺与政治的关系，明确指出："文艺服从于政治，就是服从于政治的目的"，"文艺的特殊性并不能作为文艺可以离开政治任务，艺术家可以和政治乃至政治家疏远的一种遁辞"，并非"只有文艺才具有改造人的灵魂的魔力"。[①] 他还提到了艺术家转变立场，向工农兵学习，改造思想的必要性。

民主根据地的文艺思想争鸣，在延安文艺界整风后获得统一。争鸣的内容构成中国马克思主义文论的建设内容，争鸣的结果最后统一于毛泽东的《在延安文艺座谈会上的讲话》，五六十年代的中国马克思文艺思想的建设与发展，基本上是沿着《在延安文艺座谈会上的讲话》文艺思想轨道前行。

（四）毛泽东《在延安文艺座谈会上的讲话》

正式发表于 1943 年 10 月 19 日《解放日报》上的毛泽东《在延安文艺座谈会上的讲话》（以下简称《讲话》），是重要的中国化的马克思主义文艺理论著作。毛泽东将马克思主义文艺理论和中国新文学的理论与实践相结合，全面地总结了"五四"以来中国革命文艺运动的历史经验，对延

---

① 周扬：《王实味的文艺观与我们的文艺观》，《解放日报》1942 年 7 月 28—29 日。

安整风中提出的许多问题做了系统的、结论式的论述，提出了对中国马克思主义文论建设带有指导性、纲领性意义的见解。《讲话》形成的毛泽东文艺思想对中国相当一段时间的马克思主义文论发展起着决定性的框定作用。

《讲话》首先提出了文艺为什么人的问题。文艺为什么人的问题是判定文艺阶级属性的尺度，是断定文艺是否是马克思主义的标准。毛泽东明确指出，与资产阶级的文艺不同，马克思主义的文艺是为人民大众服务的。毛泽东说："什么是人民大众呢？最广大的人民，占全人口百分之九十以上的人民，是工人、农民、兵士和城市小资产阶级。所以我们的文艺，第一是为工人的，这是领导革命的阶级。第二是为农民的，他们是革命中最广大最坚决的同盟军。第三是为武装起来了的工人农民即八路军、新四军和其他人民武装队伍的，这是革命战争的主力。第四是为城市小资产阶级劳动群众和知识分子的，他们也是革命的同盟者，他们是能够长期地和我们合作的。这四种人，就是中华民族的最大部分，就是最广大的人民大众。"这就是毛泽东指出的文艺的工农兵方向问题。

文艺的为人民大众服务的问题，是马克思主义者特别是列宁所着重解决的问题。毛泽东再次提起，并作为"根本的问题，原则的问题"提起，根据的是当时延安文学界的论争。梁实秋等一类人倡导文学的超阶级性，在毛泽东看来这是资产阶级的文艺主张。毛泽东认为要真正解决这个问题，文艺工作者"就必须站在无产阶级的立场上，而不能站在小资产阶级的立场上"。他针对一些文艺工作者"把自己的作品当做小资产阶级的自我表现来创作"的情况说："这些同志的立足点还是在小资产阶级知识分子方面，或者换句文雅的话说，他们的灵魂深处还是一个小资产阶级知识分子的王国。"因此，这对于小资产阶级出身的作家来说，首先就有一个阶级立场和思想感情的改造问题。他强调"要彻底地解决这个问题，非有十年八年的长时间不可。但是时间无论怎样长，我们却必须解决它，必须明确地彻底地解决它。我们的文艺工作者一定要完成这个任务，一定要把立足点移过来，一定要在深入工农兵群众、深入实际斗争的过程中，在学习马克思主义和学习社会的过程中，逐渐地移过来，移到工农兵这方面来，移到无产阶级这方面来。只有这样，我们才能有真正为工农兵的文艺，真正无产阶级的文艺。"毛泽东关于文艺工作者即文学创作主体的立场转变问题、思想改造问题的强调和论证，成为中国马克思主义文论的重要内容，以后文学创作主体的立场问题，文学创作主体为文学接受客体——工农兵服务的问题，一直是中国马克思主义文艺理论高度关注的问题。

在为什么人服务的问题明确了的基础上，毛泽东论证了文学的任务是努力于提高还是努力于普及这一关涉文学功能的重大问题。毛泽东明确指出："我们的文艺，既然基本上是为工农兵，那末所谓普及，也就是向工农兵普及，所谓提高，也就是从工农兵提高。"那么用什么东西向他们普及呢？"用封建地主阶级所需要、所便于接受的东西吗？用资产阶级所需要、所便于接受的东西吗？用小资产阶级知识分子所需要、所便于接受的东西吗？都不行，只有用工农兵自己所需要、所便于接受的东西。"那么从什么基础上去提高呢？"从封建阶级的基础吗？从资产阶级的基础吗？从小资产阶级知识分子的基础吗？都不是，只能是从工农兵群众的基础上去提高。也不是把工农兵提到封建阶级、资产阶级、小资产阶级知识分子的'高度'去，而是沿着工农兵自己前进的方向去提高，沿着无产阶级前进的方向去提高，而这里也就提出了学习工农兵的任务。只有从工农兵出发，我们对于普及和提高才能有正确的了解，也才能找到普及和提高的正确关系。""我们的提高，是在普及基础上的提高；我们的普及，是在提高指导下的普及。"毛泽东的这一系列阐释，其实根本问题还是工农兵的立场问题，他为中国文艺工作者的创作内容指明了一个为工农兵服务的方向，这成为后来中国马克思主义文论坚持地衡量文学作品是否是无产阶级作品的价值尺度。

《讲话》还论述了党的文艺工作和党的整个工作的关系问题，给革命文艺以整个革命事业的"齿轮和螺丝钉"的进一步的功能定位。毛泽东指出："在现在世界上，一切文化或文学艺术都是属于一定的阶级，属于一定的政治路线的。为艺术的艺术，超阶级的艺术，和政治并行或互相独立的艺术，实际上是不存在的。无产阶级的文学艺术是无产阶级整个革命事业的一部分，如同列宁所说，是整个革命机器中的'齿轮和螺丝钉'。"他强调说："因此，党的文艺工作，在党的整个革命工作中的位置，是确定了的，摆好了的；是服从党在一定革命时期内所规定的革命任务的。反对这种摆法，一定要走到二元论或多元论，而其实质就像托洛茨基那样：'政治——马克思主义的，艺术——资产阶级的。'"他表明态度："我们不赞成把文艺的重要性过分强调到错误的程度，但也不赞成把文艺的重要性估计不足。文艺是从属于政治的，但又反转来给予伟大的影响于政治。革命文艺是整个革命事业的一部分，是齿轮和螺丝钉，和别的更重要的部分比较起来，自然有轻重缓急第一第二之分，但它是对于整个机器不可缺少的齿轮和螺丝钉，对于整个革命事业不可缺少的一部分。如果连最广义最普通的文学艺术也没有，那革命运动就不能进行，就不能胜利。"对于"政治"，他解释说："我们所说的文艺服从于政治，这政治是指阶级的政治、群众的政治，不是所谓少数政治家的政治。……正因为这样，我们的文艺的政治性和真实性才能够完全一致。不认识这一点，把无产阶级的政治和政治家庸俗化，是不对的。"毛泽东的文学艺术的"齿轮和螺丝钉"说，为中国文艺的政治化倾向和后来的中国马克思主义政治一体化文论建构确定了理论基础。

对于文艺批评的标准问题，毛泽东在《讲话》中也进行了论证。理论联系实际的针对性论证，这是文艺的方向问题、功能问题、功能的政治定位问题的文艺的标准化。毛泽东说："文艺批评有两个标准，一个是政治标准，一个是艺术标准。"这两者的关系是："政治并不等于艺术，一般的宇宙观也并不等于艺术创作和艺术批评的方法。我们不但否认抽象的绝对不变的政治标准，也否认抽象的绝对不变的艺术标准，各个阶级社会中的各个阶级都有不同的政治标准和不同的艺术标准。但是任何阶级社会中的任何阶级，总是以政治标准放在第一位，以艺术标准放在第二位。""我们的要求则是政治和艺术的统一，内容和形式的统一，革命的政治内容和尽可能完美的艺术形式的统一。缺乏艺术性的艺术品，无论政治上怎样进步，也是没有力量的。因此，我们既反对政治观点错误的艺术品，也反对只有正确的政治观点而没有艺术力量的所谓'标语口号式'的倾向。我们应该进行文艺问题上的两条战线斗争。"毛泽东的这些论证是符合马克思主义文艺思想基本原理的，在对政治标准强调的前提下强调艺术标准的不可或缺，体现出他辩证唯物主义的思维方式。在政治高于一切的年代，毛泽东的这些论述最被突出地强调并在后来的文学批评实践一再行之有效的是"政治标准第一，艺术标准第二"的批评原则，中国马克思主义文艺理论在一段时间内也以此为对文艺作品衡定的标准。

此外，《讲话》还谈到了文艺与生活的关系问题、文艺界的统一战线问题、文艺的歌颂与暴露问题、表现人性问题、文艺与传统问题、文艺与外国文学作品的关系问题等。这些问题是上述重要问题，也可以说是政治性问题在文艺层面的深化、细化与具体化。对这些问题，毛泽东都针对中国革命实践和文学、文论发展的现实提出了看法，这些看法构成了中国马克思主义文论长期的建设内容。

《讲话》在中国现代思想史和文学史上具有里程碑的意义，无论在解放区时期还是中华人民共和国成立以后，《讲话》一直是中国共产党制定文艺政策、指导文艺运动的根本方针之一，它不仅构成中国马克思主义文论的重要内容，也是中国马克思主义文论确立的基础和指导性纲领。

三、中国马克思主义文论新中国成立后三十年发展状况

从中华人民共和国诞生至 20 世纪 70 年代"文化大革命"结束，中国马克思主义文艺理论走着一条政治一体化的路径，这种情况由当时治理国家的政治理念所决定，这是一种战时政治的延续性思维。这一阶段，文学的政治属性被强化为第一位属性，文学及文学理论的各种倾向问题都被纳入政治视野，获得政治阐释与政治规定。在各种政治运动中被审视与建构，是这一时期文论建构的基本形态。在这个过程中，苏联文学理论发挥了重要的参照作用。对苏联文论的接受，始终是中国马克思主义文论的主体性接受，是合于中国时代实践状况的接受。

（一）政治一体化文论建构

中华人民共和国成立之后，中国文艺理论以毛泽东 1942 年《在延安文艺座谈会上的讲话》为标志，形成了一套革命"公寓式"的理论体系，

即大家为了一个共同的革命目标集聚而来，虽然各有不同的研究领域与实践领域，因此成为左邻右舍、彼此交往沟通、虽有意见差异，但并无异己。这套理论体系的突出特点是文艺理论的政治化。即便是文艺规律的研究也通常取政治视角，并接受政治的审视。蔡仪于1943年出版的《新艺术论》，为这种政治化的文艺理论转换提供了模式。

作为文艺政治化旗帜的《在延安文艺座谈会上的讲话》在政治一体化文论建构中发挥了极为重要的引导、匡正、深化的作用。毛泽东是非凡的政治家，又是风格豪放的诗人，他深谙政治之道又不乏文艺的实践理性，他更是一位伟大的马克思主义理论家与实践家，这使他在政治、文艺与马克思主义理论三个方面为20世纪文艺理论的第二次转换发挥了他人无可取代的巨大作用。《在延安文艺座谈会上的讲话》蕴含着新中国成立后中国马克思主义文艺理论构建的许多内容，文艺源泉、文艺功能、文艺批评标准、文艺内容与形式、文艺的主体条件、文艺的创作方法、文艺理论的理论根据等一系列重要问题都在《讲话》中作了确定的解答或者规定。《讲话》发表时的政治需要是生死存亡的需要，毛泽东在当时出于这种需要提出的文艺政治化要求具有不容否定的历史合理性。也正是基于这种合理性，《讲话》的文艺政治化方向才对具体的文艺学实践起到了有力而且有效的指导作用。这是文艺的被动政治化，是不得不为之的政治化。中华人民共和国成立之后，文艺及文艺理论全方位的、多层次的展开就不再具有生死存亡的被动性，而成为一种主动的、自觉的建构与发展，它依附于加强人民民主专政的社会政治要求，并在"政治挂帅"、"以阶级斗争为纲"的时代任务中实现着更为充分的政治化。此时文艺理论政治化的基本取向与基本特征，决定了一直被中国的马克思主义者政治地导入并在政治斗争、阶级斗争实践中不断理解的马克思主义理所当然地成为文艺理论的理论基础。新中国成立后中国文艺理论只有一家也只能有一家，即马克思主义文艺理论。尽管当时一些建构马克思主义文艺理论的学者所理解的马克思主义是机械的、教条的。

这种主动建构的政治一体化文论，相对于此前被动的政治化文论在体系性、方法性、逻辑性及实践性方面，都体现出特征性差异，因此，相对于初建期的第一次马克思主义的中国转换，可以称之为第二次转换。

以实现与坚持毛泽东文艺思想领导为突出特点的一体化文论，始终与政治生活保持高度一体性，始终是政治生活重要的有机组成部分。为政治服务是这种一体化文论的重要属性。它的根基于政治的意识形态属性，以及它所研究的以自由想象为本质特征的文学实践——尽管这种自由想象在长久的政治生活中被不断束缚与规约，都使它成为政治生活的敏感区域。这一区域所以敏感是因为即便是被不断束缚与规约的想象，文艺想象的自由性仍然以想象主体的个体与想象的形象独创性体现出来，各种非政治因素流露的可能性显然要大于其他社会生活领域；而文学作品广泛传播的性质，使其中或存的非政治因素的影响显然也要大于其他方面可能产生的影响。因此，一体化文论便在政治方面承担着文学活动的监测调控的责任，这构成它的批评功能，也是它密切融入政治生活的特点。几次重要的政治运动由相应的文学批评发端或助势，进而形成全国规模，证明着这种一体化文论的政治特点。

新中国成立后新时期以前中国马克思主义文论的基本特点在于：

其一，明显的政治化倾向。这种倾向突出地表现为政治标准成为文艺理论所强调的对于文艺的首要标准，同时这也是文艺理论建构的标准。从这样的标准出发，政治角度成为文艺理论探入文艺规律的基本角度。文艺理论政治化的理论根据是意识形态论与阶级斗争论。

其二，唯物论之认识论的哲学基础。此时中国马克思主义文论的特点在于马克思主义理论基础的文艺理论确定，而在这种确定中马克思主义唯物论的认识论又成为基础的基础即哲学基础，它成为衡量文艺理论或观点是否合于马克思主义的试金石。对于文艺理论或观点首要的划分便是唯物与唯心的划分，继之便是据此进行的政治排队。此时文论界普遍接受的生活源泉说、文艺起源说、文艺形象说、文艺典型说、文艺价值说、创作方法论等都据此而生发。这种影响的一个突出表现，就是在各学术领域，研究者们都争相套用唯物论与唯心论的模式，一定要把研究对象切分为唯物主义或唯心主义，并且以唯物主义为进步、革命的一方，而各种学术研究、各种学术观点的提出，也一定要设法合于唯物主义的规定，并为自己贴上唯物主义的标签，如五六十年代的美学大讨论，朱光潜、蔡仪、李泽厚、高尔泰、蒋孔阳等美学家争相以"唯物"为自己的理论正名，并争相指责对方理论是"非唯物论"或"假唯物论"。

其三，逻辑两分的方法论。逻辑两分法成为第二次转换中文艺理论建构的基本方法，几乎各个文艺理论的基本问题都要经由两分法的分解与剖析，并且都要经由两分法的检验。如唯物与唯心、经济基础与上层建筑、个别与一般、具体与抽象、偶然与必然、现象与本质、形式与内容等。

新中国成立后中国马克思主义文艺理论主要代表理论家有周扬、蔡仪、朱光潜、以群、霍松林、茅盾等。此时的中国马克思主义文论经由当时的各种政治运动、政治手段而有效地引导、发展了全国的文艺实践，先后出现了一批肃反文学、合作化文学、反右文学、"大跃进"文学、历史题材的革命斗争文学、无产阶级专政下继续革命的文学（反"走资派"文学）等等。

这一阶段的政治一体化文论的革命强迫性于 1976 年以"四人帮"垮台为标志而政治地松解，但作为理论形态、作为思维方式及价值取向，它延续的时间要长久得多。对这一阶段也包括中国现代时期中国马克思主义文论建构进行反思，我们会看到，此一时期的文艺理论，无论是主动建构还是被动建构，都有一个根本性问题，即它的革命属性问题。它因革命获得理论建构的契机与动力，因革命而繁荣发展，又因革命本身的历史意义而获得历史意义，这都不容否定。不过，作为文艺理论体系，它的坚定的反传统的革命起因，它的现时的政治目的，以及后来非历史情境的政治取向，又使它一开始便存有理论根基的不足。

首先，是它的根基问题，中国马克思主义文论酝酿于反传统的时代情境，并直接投身于反传统的理论战斗，这使它不是从传统的根基上发展起来，而是逃避传统、否定传统。堪称革命文学奠基者之一的陈独秀，在他极富感染力与战斗力的文论文章《文学革命论》中，代表那个时代明确地向中国文学传统宣战，并将此称为革新政治的必然之举，他大声疾呼："际兹文学革新之时代，凡属贵族文学、古典文学、山林文学，均在排斥之列。以何理由而排斥此三种文学耶？曰，贵族文学，藻饰依他，失独立自尊之气象也。古典文学，铺张堆砌，失抒情写实之旨也。山林文学，深晦艰涩，自以为名山著述，于其群之大多数无所裨益也。……吾国文学界豪杰之士，有自负为中国之雨果、左拉、歌德、霍普特曼、狄更斯、王尔德者乎？有不顾迂儒之毁誉，明目张胆以与十八妖魔宣战者乎？予愿拖四十二生的大炮，为之前驱。"① 这类檄文，在发动新文化运动的当时，确

---

① 陈独秀：《文学革命论》，载《中华文学评论百年精华》，人民文学出版社 2002年版，第 30—31 页。

实令人振奋，但对于理论体系的奠基，则埋下了失根的种子。此后数十年，中国的文学文论遗产，长期处于被批判的境地，文论古不如今，中不如西的论调不绝于耳。

其次，体系严整的马克思主义理论不是一次性引入中国的，断断续续引入的马克思主义理论又被根据革命的需要进行了现实性的阐释与运用，革命文艺理论正是以这样的阐释与运用为其理论根据及理性指导。如文艺理论的意识形态属性、文艺的政治功能、三为方向、现实主义创作原则、内容与形式关系、文艺批评标准等，这类文艺理论基本问题的提出与理论阐发都离不开当时革命或继续革命的语境，是顺应革命语境的理论话语。可以肯定的是，马克思主义经典作家都不是文艺理论家，他们都没有关于文艺理论的系统理论。中国文艺理论界的马克思主义文艺理论体系，其体系性得之于革命文艺理论的阐释。这一体系的合理性离不开它得以生成的革命的阐释语境，革命阐释语境的历史性消失，理论话语的体系性根据就不复存在。

最后，政治的文学批评体系，走向极端，就会偏离马克思主义文艺理论的轨道。应该说，中国文学的政治批评是无产阶级政治大业不可或缺的组成部分，它不断地接受政治领导、调控与纠偏，由此在几十年时间里形成一套完整而严密的体系。这套体系以唯物论的认识论为哲学根基，以无产阶级意识形态理论与阶级斗争学说为理论生成点，以真实论、典型论为理论支柱，以为无产阶级政治服务作为基本价值取向。这套体系在新中国成立之前，在民族救亡和解放的政治语境中有着确定的历史合理性。新中国成立之后，政治斗争的现实普遍意义在全国人民同心同德地进行社会主义建设的热潮中日益客观地淡化。这使得那套政治的文学批评体系不再具有先前那种普遍性的语境根据。它在六七十年代得以维系，靠的是主观、人为的政治语境营造。这种靠政治权威话语所营造的政治价值，作为文学批评，在错误的政治导向下，也就走向了马克思主义文学批评思想的反面，不属于我们这里所说的马克思主义文学的政治批评了。

（二）对苏联文论的"中国式"吸纳

在中国政治一体化文论建构中，苏联文学与文论发挥了重要作用。其间的决定性原因当然还是政治的。走俄国人的道路，曾经是早期中国共产党人的梦想；其后，苏联人的社会主义实践又被看作是成功典范。对待苏联道路、苏联经验的态度在相当长一段时间里被视为重要的政治态度。对于苏联文论的虔诚学习，包括对苏联文论主流力量所充分肯定的19世纪俄国革命民主主义批评家别林斯基、车尔尼雪夫斯基、杜勃罗留波夫文论的学习，在新中国成立后的十几年时间里显示出空前热情，新中国成立初期短短几年时间，就有上千种苏联文学作品介绍进来，在中国读者中形成苏联文学阅读热潮。各种形式的苏联文学读书会、交流会，在政府机关、工厂、学校举办，苏联文学中的一些英雄人物的名字成为广大中国读者熟悉的名字，他们的事迹广为流传，甚至他们的一些言论、书信、日记，也在中国读者中传抄，在朗诵会上朗诵。这些作品所传达的革命英雄主义、爱国主义、奉献与牺牲精神，以及在爱情、友谊、社会交往中体现的道德情操等，都在广大中国读者中留下了深刻印象，其影响程度如有些人所说，是参与塑造了新中国的年轻一代。在文化方面，如有学者撰文所说，从1950年到1962年的十二年间，中国翻译出版苏联文艺理论、美学教材及有关著作11种，翻译出版普列汉诺夫、列宁、斯大林、高尔基、卢那察尔斯基等文学艺术的著作7种。1955年，苏联学者毕达可夫在北京大学开设文艺理论研究生班，传授苏联社会主义文艺理论，培育了中国文艺理论教学和研究的骨干力量。"所有这些，都对当代中国文艺学产生了直接而深远的影响。甚至可以说，一直到今天，还没有任何一个国家的文艺学像苏联文艺学那样，给我们留下如此不能磨灭的深刻记忆。"①

在那个高度政治化的时代，中国意识形态领域能对苏联主流理论包括文学与文论如此充分地放开并积极接受，其原因除多年一贯的革命效仿与追随以及对于其社会主义建设的典范性信赖，还有其深层接受根据。

其一，中国革命与建设在指导思想的理论基础方面对于苏联的认同。早期坚持"走俄国人的道路"时，中国共产党便已确定了革命指导思想的马克思主义理论基础，这一理论基础在列宁和斯大林结合俄国革命实际及苏联社会主义建设实际所作的进一步阐发中，获得指导实践的现实理论意义及现实理论形态。这套理论的历史唯物主义立场、阶级斗争学说、对于资本主义的深刻批判态度、对于社会发展规律的精辟分析以及对于共产主义理想的设定与阐发等，由于切合当时中国革命实际，被中国共产党人确定为指导中国革命的理论基础，而且通过中国革命的胜利，有力地验证了这一理论体系的真理价值。因此，对于苏联的奠定在共同的马克思主义理论基础上的历史性认同，使中国当时在意识形态方面对苏联的亲和，获有理论形态的历史根据。

其二，中国革命在领导权问题上与苏联的一致。中国共产党根据中国国情，几经挫折，确定了具有中国特色的新民主主义革命理论，并以此指

---

① 孟繁华：《中国 20 世纪文艺学学术史》第三部，中国社会科学出版社 2007 年版，第 52 页。

导中国革命。这套理论强调了中国革命道路与俄国革命道路的不同，但在革命领导权与革命动力以及革命目的方面，则接受苏联的主张与革命实践经验，即坚持无产阶级领导，以工农为劳动力量的主体，以及建立无产阶级领导的、有各民主党派参加的联合政府。这种一致性，形成同一阵营的意识，因此形成对于苏联的接受主动性与积极性。

其三，鉴于以上两点，当中国革命与建设经验不足时，对于苏联经验的借鉴就体现出更为直接与切近的意义。苏联的政治生活、经济生活以及多种社会实践，由于理论基础、政权性质、社会制度等重要方面与中国具有很多一致性。因此，前者的一些做法与经验，也包括教训，对于后者的取鉴可能性与可行性，相对不具有上述一致性的国家就大得多，也直接得多。因此，在需要经验的时候更多地向苏联学习，这是有效的策略选择。事实也是如此，"在全国解放初期，我们全没有管理经验，所以第一个五年计划期间，只能照抄苏联的办法"①。经验的取鉴，增强了对于当时苏联的信赖，作为信赖的惯性，一段时期在意识形态领域对于苏联的亲和性接受也就顺理成章。

不过，如有的学者所说："中共领导人从来没有采取照搬苏联经验的立场"。"这不仅与毛泽东对中国革命道路的独特性的理解、强调民族主体性相关，同时也与同苏联关系中的痛苦教训相关"。② 因此，即使在苏联文学与文论对中国文论界影响最全面、最深刻的那段时间，中国马克思主义文论建设的中化机制仍然发挥作用，苏联文论的接受仍然是中国化的接

---

① 孟繁华：《中国 20 世纪文艺学学术史》第三部，中国社会科学出版社 2007 年版，第 53 页。

② ［美］R. 麦克法夸尔、费正清编：《剑桥中华人民共和国史（1949—1965 年）》，中国社会科学出版社 1990 年版，第 66、65 页。

受。这主要体现在以下几点。

1. 根据中国政治一体化文论体系构建的需要，从苏联文论选择性地摄取营养

苏联文论继承俄国文论传统，不仅有较强的思辨色彩，以对研究对象的本质关注及对其构成要素的思辨性分解与剖析形成自己的理论特点，而且苏联文论与苏俄文学实践保持密切联系，其文学批评在理论与实践之间发挥极其活跃的中介转换功能，保证着苏联文论面对文学实践的开放性及因此获得的理论丰富性。19世纪中叶活跃一时的自然派、斯拉夫派、西欧派，其后的虚无主义、反虚无主义，还有根基派、民粹派、颓废派等，它们不仅有各自旗帜鲜明的理论观点，而且都有各自的文学实践及有相应影响的代表性作家。这类理论与实践直接构成苏联文学与文论的传统资源。与苏联文学与文论关系更为切近的有：20世纪初兴盛一时的俄国象征派，它受西方现代主义影响，作品涉及诗歌、小说及文学领域，拥有一批影响较大的作家与理论家，十月革命后，它仍然活跃，其中代表人物勃留索夫和勃洛克站在革命立场书写赞颂革命的文学作品，影响一时，被纳入革命文学阵营。阿克梅主义，是20世纪初形成的现代主义诗歌流派，一直延续到十月革命以后，它的为艺术而艺术的创作原则，在后来的苏联文论中被不断提及，包括被肯定性地阐发。俄国未来派，以其高高在上的姿态与标新立异的主张而引人关注，在十月革命后仍然活跃了十多年，其代表人物马雅可夫斯基由未来主义的"艺术左翼战线"转入"拉普"，成为革命文学阵营的一员。构成主义，形成于1923年，主张以"建设的观点"对待艺术，鼓吹"苏维埃的西欧主义"，提倡"词的重负荷化"，提倡"从题材的基本意义成分"假定题材构成的逻辑方法，构成主义的一批中坚坚定不移地卷入苏维埃文学历史洪流。俄国形式主义，是产生世界影响的文学批评流派，主张把文学从各种社会关系中独立出来，就文学本身思考文学，它把研究对象确定为诗歌语言、作品结构及其手法。形式主义学派的理论观点曾在苏联文论界引起一场规模浩大的讨论，后来，形式主义移往国外，成为 30 年代布拉格学派和 50 年代巴黎结构主义思潮的理论起源。在苏联文学及文论中影响达数十年的"无冲突"论，在理论与实践上都获得广泛应和，尽管它的初衷不排除对于苏联社会制度的歌功颂德，认为苏联社会制度是各种历史矛盾的终极解决，但它也确实在现实主义权威话语中树起了反现实主义矛盾冲突论的旗帜。"非英雄化"是苏联文论界 50 年代由一些有影响的文化学者提出的又一种对现实主义具有否定意义的主张，其基本理论主张是文学人物应是理想的而非现实的，应是民众的而非英雄的等。

从以上概述不难看出，苏联文论在从传统走向现代的历史过程中不断地体现出流派丛生、思维多元的特点，其中，更多地从俄国革命、民主主义运动中汲取营养，并且不断被进行权威阐发的现实主义——社会主义现实主义，也是在与其他流派的讨论、争论中发展起来的。即是说，现实主义在苏联文论中的理论作用，既不是既定的，也不是唯一的。然而，在中国一体化文论建构中，苏联文论作为根基性理论资源之一，而被中国文论进行主体性吸纳的，则是被强化甚至在很大程度上被唯一化了的现实主义主张，并被提升为与政治态度直接相关，或者说，就是政治态度的文论体现的创作原则。1953 年，这是中国政治一体化文论建构的奠基时期，冯雪峰、周扬等作为一体化文论的权威发言人，便高举来自于苏联文论的现实主义大旗。如周扬明确指出："社会主义现实主义，现在已成为全世界一切进步作家的旗帜，中国人民的文学正是在这个旗帜之下前进。正如中国新民主主义革命是无产阶级社会主义世界革命的组成部分一样，中国人民的文学也是世界社会主义现实主义文学的组成部分。"① 同年，第二次全国文代会正式确认以社会主义现实主义作为中国文艺界创作和批评的最高准则。

对于苏联文论中现实主义主张的"最高准则"性的选择，主要不在于苏联文论提供了什么，而在于中国马克思主义文论建设在当时政治一体化的时代状况下对于苏联文论需要什么，基于自身需要的选择才是主动的主体性选择。苏联的构成主义、形式主义、未来主义、象征主义等有重要理论价值的资源被滤除——这些资源在 20 世纪末及新世纪的文论建构中被重新发现与关注。现实主义在当时被强化为"最高准则"，这不是生吞活剥的照搬、教条主义的袭用，而是当时政治追随中的能动的"中化"。

2. 基于当时中国国情的苏联文论阐释

任何理论阐释都是语境性的。理论阐释语境不仅是外部的具有时代特点的各种情形——如生活情形、道德情形、经济情形、理论情形等的周围规定性，而且它也是一种内部规定性，这是一种需求、动机、目的、经验结构、理论结构等的综合规定性，它是外部规定性经由阐释主体内部接受的一种内化。而且，外部总是内在接受的外部规定，内在接受又总是外部规定的接受。理论阐释在这样的内外综合作用中发生，被阐释的理论便不再是阐释前的理论，而是被阐释主体转化的理论。马克思主义的中国化如此，苏联文论的中国化也是如此。

---

① 《周扬文集》第二卷，人民文学出版社 1985 年版，第 182 页。

　　新中国成立的最初几年，中国与苏联的关系在总体上被确定为学生与老师的关系，前者对于后者的追随与学习体现在各个领域。中国马克思主义文论建设对于苏联文论自然也不例外，因此谈到那段时间前者对于后者的理论接受一般都是强调认同、照搬，后期进行的评价则是教条主义。其实，即便在当时那种状况下，追随也好、认同也好，理论阐释的语境性仍然在发挥作用。而且，当时的追随、认同，又是中国与苏联在很多方面，在一些原则问题上不断产生矛盾的追随与认同，彼此的矛盾造成亲疏关系的变化，这也语境性地体现在苏联文论的接受性阐释中。新中国成立初期即已确立的政治协商政体，社会主义改造中对于私人资本的公私合营态度，对于知识分子基于尊重的团结态度，对不同阶级、阶层爱国人士的接受情怀，以及为数不少的敌对势力的反攻、破坏，有待解放的地区，抗美援朝的情势等，都使得新生的共和国与同时期苏联斯大林执政末期的高度集权的严峻政治形成明显不同的文论语境。因此，当苏联文论从自己的政治语境和文学实践出发，不断确立与强化社会主义现实主义的文论地位时，中国文学尚处于新民主主义文学时期，还谈不上反映社会主义社会的生活内容。为此，当时中国文论界的代表人物冯雪峰使用了"无产阶级现实主义"的概念，并用这一概念去阐释苏联的社会主义现实主义，进而在互释中明确"无产阶级现实主义"内涵。而他当时用以阐释社会主义现实主义的无产阶级现实主义，又是建立在中国本土文学实践的基础上，其中不乏对中国古典现实主义和西方批判现实主义的理解，而其理论根据又主要是毛泽东《新民主主义论》和《在延安文艺座谈会上的讲话》。对此，冯雪峰表述了这样一重意思，即中国的无产阶级现实主义在其传统、实践及理论根据方面，都有别于苏联的社会主义现实主义。尽管在同一篇文章中，冯雪峰又指出无产阶级现实主义与社会主义现实主义的深层一致性。其他文论代表人物，如周扬、邵荃麟等在阐释社会主义现实主义时，也都强调从中国的实际情况出发，同中国的文艺传统相结合。当时，对中国文论及文学实践最有指导意义的社会主义现实主义阐释，是周恩来在第二次全国文代会所作的政治报告。在该报告中，周恩来把社会主义现实主义纳入中国"五四"以来的革命实践与文艺实践，纳入中华民族新文化的建构历史，并强调文艺战线的统一战线，他进而指出："从延安文艺座谈会以后到新民主主义革命胜利，这个主流是明确起来了；从胜利以后到现在，应该更明确了。因为我们国家的建设是从新民主主义逐步过渡到社会主义，所以社会主义现实主义的文艺应该更发展更深刻。"① 这样，社会主义现实主义这一苏联文论中的基本概念，在周恩来的阐释中便充分中国化了。而且，根据中国当时的政治语境，周恩来针对苏联社会主义现实主义强调矛盾斗争，反对理想化的权威提法，明确提出："今天文艺创作的重点应该放在歌颂方面"，"应该把人物定得理想一点"。并特别指出："革命的现实主义和革命的理想主义结合起来，就是社会主义现实主义。"②

因此可以说，与当时中国政治生活联系密切的中国文论，在追随及学习苏联文论的过程中，即便一些基本理论主张是取于后者，但对这些理论主张的阐释与理解，则是语境性的，具有自己的语境特点，是中国的理解与阐释。

3. 苏联文论接受中基于中国时政需要的主体性整合

由于缺乏社会主义革命与建设的经验，一段时间里，中国对于苏联

---

① 《周恩来论文艺》，人民文学出版社 1979 年版，第 52 页。
② 《周恩来论文艺》，人民文学出版社 1979 年版，第 53 页。

经验的借鉴与追随体现出较高热情，不同程度的盲目性与教条主义在所难免。尽管如此，由于两个国家历史传统及现实状况的巨大差异，使彼此面临的现实问题，亟待解决的现实矛盾，以及处理问题解决矛盾的思路与方法都各有不同，体现在时政上就是同少异多，同中有异。比如堪称中苏关系蜜月期的 50 年代，最初几年，苏联在斯大林高度集权的治理下，政治格局严整，政治空气冷峻，社会各领域的管理日趋稳定及政治模式化。这种时局状况体现在文学及文论活动中，则是政治性与意识形态性被有力地突出与强调，领袖的个人意志被有效地转化为党和国家的意志。在这样的时局状况中，苏联文艺界对于文学的意识形态性及政治性的高度关注，对于社会主义现实主义的阐释，都围绕官方长远及当时的政治目标而展开，讨论及争论的主导力量明显倾向于这个方面。而这时，中国处于新中国成立初期，百废待兴，巩固政权、安定局面、扩大胜利、赢得民心，这既是当时的政治任务，又具有不容置疑的策略性，对于资本家的罩着温情面纱的改造与对于敌对势力的毫不留情的镇压，体现出进城后共产党人的政治灵活性。处于这样的时局，虽然中国文论秉承苏联文论的政治工具论而坚持为政治服务的方向，但更强调文艺的颂德功效与理想色彩。

　　1953 年以后，苏联政治生活随着斯大林时代的结束而开始转向温和，既有的政治格局与政治秩序开始松动，非斯大林意志的党内声音开始活跃。虽然斯大林的影响及先前那套政治模式仍在党的主导力量的坚持下得以延续，但苏联文艺及文论界的春天气息还是显示出来。这种气息的显示整体体现于西蒙诺夫在苏联第二次作家代表大会上作的补充报告，及这一报告对社会主义现实主义这一概念的修改意见竟被大会通过的《苏联作家协会章程》所采纳。这一修改的理论意义在于把历史具体性从社会主义现实主义中抽取出去，而只保留其中的真实性，社会主义现实主义便在真实性上向传统现实主义回归，社会主义的限定因此弱化或说虚化。与苏联这段时间不同，中国随着政治批判运动的相继发起，政治空气经过新中国胜利的欢乐气氛而在人们日常生活中严峻起来。从批《武训传》开始，中国文艺界直接成为政治运动的敏感地带。这样的时政使当时中国马克思主义文论建设并没有在苏联文论的春天气息中百花盛开。这种情况体现在中国文论界对待社会主义现实主义的态度上，则是更强调文学的斗争性，要求作家深刻地揭露生活中的矛盾，要真正看到阶级的本质，"真正看到本质之后，作家就是一个社会主义现实主义者了"①。

1957 年前后，苏联时政又严峻起来，这是斯大林时代结束后经过短暂调整而形成的政治态势，它体现出意识形态的稳定的延续性。当时，第二次作家代表大会初起的春风吹活了苏联文论界的各种不同主张，批判个人崇拜，反对教条主义，反对理想人物，否定社会主义现实主义的公式化、标准化等，越来越形成广泛影响，并且与趋向严峻的时政形成冲突。终于，在 1959 年苏联第三次作家代表大会上，被视为苏联文艺界官方立场或主流观点的表达者之一的苏尔科夫做了《苏联文学在共产主义建设中的任务》的报告，对有违官方意志的各种说法及各种对于社会主义现实主义不符合官方意志的评介给予严肃批判。大会重新恢复被第二次作家代表大会删改的社会主义现实主义概念。这样的一次由暖而寒的变化，并没有在中国文论界引起相应反响，甚至与之相反，中国文论界不仅春风微拂，而且春意盎然。"双百"方针于 1956 年提出；1958 年，

① 《周扬文集》第二卷，人民文学出版社 1985 年版，第 198 页。

周扬传达了毛泽东提出的"两结合"创作方法。不管后来又发生了怎样的变化，当时这种由上而下的春风送暖，确实给中国文艺界及文论界带来了些许自由与解放，话题有所拓宽，思路有所开阔，一些别开生面的文学批评与文论著述也应运而生。如秦兆阳的《现实主义——广阔的道路》，突破对现实主义与政治关系的一贯理解，强调更应重视世界观与创作方法、形象思维与逻辑思维的有机结合，应把这一有机结合统一到艺术真实性的创作中来。钱谷融发表《论"文学是人学"》，探讨文学与人的关系，尽管这种提法在当时情况下只能接着高尔基说，但相对于一贯强调的文学的政治决定论，人的强调自然就有一种离叛味道，在季摩菲耶夫的《文学原理》尚被中国文论界视为经典的情境下，钱谷融就季摩菲耶夫把人的描写由文学本体位置降为工具位置提出质疑，这需要的不仅是学术勇气，更要有政治勇气，这政治勇气的唤起，又自然与当时政治对于文艺的有所宽松分不开。巴人发表于1957年的《论人情》，是人之于文学的本体位置在人性人情方面的深入探讨，也是对于政治藩篱的冲越。对当时文化界的松动情境，童庆炳在三十年后评价说："在当时几乎是'以政治代替文化'的背景下，他们思考触及了文学自身的规律，显得难能可贵。"① 孟繁华对当时政治的些微宽松所带来的文学活跃，评价得更为坦率："'作家'的人数1957年还不足一千人，1958年猛增到了二十万人以上。两结合的提出，使这一时代更像是一出充满了'浪漫'色调的闹剧。"②

---

① 童庆炳、许明、顾祖钊主编：《新中国文学理论50年》，安徽大学出版社2000年版，第5页。

② 孟繁华：《中国20世纪文艺学学术史》第三部，中国社会科学出版社2007年版，第75页。

造成那段时间中国马克思主义文论建设与苏联文论界明显不同步的原因，仍然是中国文论界接受苏联文论时，必然发生的中国时政需要的主体性整合在起作用。当时的中国时政，正被一种夸大了的胜利与成功的体验所冲击，人的主观能动性的力量在这样的冲击中被放大，转化为不受约束也包括不受政治约束的激情。当然，这类激情无论是理性唤起者还是有效的激发者都是政治决策者的努力，因此实质上这是政治激情，并进而形成规模巨大的政治行为，产生后果明显的政治效应，但它与1958年之前的一段时间奠基于阶级斗争及人民民主专政理性的政治思路及其动作毕竟多了激情因素，这里有政治现实与政治理想的冲突，战时政治的延续性思维与经济建设的现实思维的冲突。在这样的冲突中，理想的激情被权力性地高扬，并成为一段时间席卷全国的狂潮。在这种情况下，浪漫主义作为创作原则，被推到与现实主义齐肩并要求二者结合的高度，从根本上说这其实不是文学自身的而是文学对于政治的回应，它具有强烈的中国时政色彩。正是在这样的时政色彩中，中国马克思主义文论建设面对苏联文论界不合中国时宜的变化，并不是盲目跟动与跟进，而是择其相合者而用之，而释之，并且这阐释已有了中国的合于自己时政的文论理解与接受。而对于那些不合中国时政的东西，尽管此前在另外阶段因其相合而被中国文论吸收，此时苏联文论又将其重申或重提，中国文论此时从时政需要出发，也对之不取甚至予以否定。此外，此时的时政还体现出另外的功能，这对于中国马克思主义文论建构更为重要，即根据时政需要，组织自己的资源，从自己的资源中提取合于时政的中国文化。如对于浪漫主义，中国文论界就认真坚持着合于中国时政又合于中国文艺实践现实的理论构建。1958年，郭沫若在他的产生了重要影响的论文中通过分析毛泽东的《蝶恋花》，细致入微地解释浪漫主义的意蕴，并指出毛泽东诗词就是革命现实主义与革命浪漫主义结合的"绝对典范"。[①]当时中国文论界的权威阐释人周扬，从中国新民歌中发掘浪漫主义的现实生活源泉，将之进行理论提升，从想象、理想、经验、实践的角度对浪漫主义进行阐发，在此基础上找出浪漫主义与现实主义的内在联系，再归返新民歌创作，得出结论说，"这就是民歌中革命的现实主义和革命的浪漫主义结合的根据"[②]。诗人贺敬之则从新诗的发展过程对资产阶级、小资产阶级浪漫主义与革命浪漫主义进行区分，进而阐释革命浪漫主义概念，如孟繁华所概括："他发现，革命的浪漫主义必须含有下列要素。必须有理想。革命的理想主义是革命的浪漫主义的基础；必须是共产主义者的无限广阔的襟怀，必须是集体主义者，是集体主义的英雄主义，不能满足于一般的所谓'写真实'的方法。"[③]

通过上述分析不难看到，虽然 20 世纪 50 年代，苏联文论对中国马克思主义文论建设具有几乎是决定性的影响，但这种影响的决定性也是通过中国文论接受的主体性实现的。苏联文论当时对中国文论的决定性是由中国文论的主体性决定的，在接受苏联文论的过程中，选择性也好，阐释性也好，接受的时政需要也好，也都是主体性的，中国马克思主义文论在接受苏联文论的过程中始终发挥着主体性，这里需要注重的不是有没有主体性及何时有主体性，而是主体性以何种形态一直坚持不断并得以实现。

---

① 郭沫若：《浪漫主义和现实主义》，《红旗》1958 年第 3 期。

② 周扬：《新民歌开拓了诗歌的新道路》，《红旗》1958 年第 1 期。

③ 孟繁华：《中国 20 世纪文艺学学术史》第三部，中国社会科学出版社 2007 年版，第 76 页。

四、中国马克思主义文论新时期转型形态要点

20 世纪 80 年代以后，中国马克思主义文论建设进入了一个新的历史时期。伴随着改革开放的春风，中国文论界也迎来了思想解放的春天，打破了政治一体化束缚的中国马克思主义文论，开始走向多元建构的时期。这一时期中国马克思主义文论建设主要表现为：对中国马克思主义文论建设的历史进行反思，对文艺与政治的关系重新审视，对马克思主义文论原典进行去政治化的解读，将马克思主义关于文艺自身规律的理论作为理论主体进行研究，对中国当代马克思主义文艺学的建设与发展展开构想等。钱中文、童庆炳、陆贵山、杜书瀛、顾祖钊、王向峰、曾庆元等中国学人都以重建中国马克思主义文论的热情参与了这场重建活动，并取得了一定意义的理论成果。中国马克思主义文论在大规模转型的文学实践中进入了一个解构与重构的时代。

（一）政治标准不再被强调为第一标准

自毛泽东 1942 年《在延安文艺座谈会上的讲话》郑重指出"任何阶级社会中的任何阶级，总是以政治标准放在第一位，以艺术标准放在第二位"之后，中国革命的文学批评的政治基调与政治功用就被历史地确定了。它使得此后几十年中国文学批评牢牢地被定位为文学的政治批评，中国的马克思主义文论建设自然也在这样的框架中进行。

1978 年，邓小平代表党中央正式宣布用"文艺为人民服务、为社会主义服务"代替"文艺为政治服务"，文学批评的政治语境消解了，政治

权威话语撤离了批评的权威话语位置，文学的政治批评尽管仍然保留其体系的严整性和它批评的体系性话语，但政治一体化的批评语境却不再被强调，政治话语的权威意味也日渐淡化。政治批评权威性的消解主要在于作为文学批评第一标准的政治标准不再被强调为第一标准，它回归于其他标准之中，尽管它仍然是重要标准。

标准根植于价值观念，它因此属于理性范畴，也因此才获得实际运用的稳定性。稳定性保证主体面对截然不同的对象却可以求得等水平与等主体性的运用。文学批评所根据的价值观念是文学的价值观念，它离不开文学是什么，人民、社会乃至历史需要文学干什么及文学在何种程度上满足这类需要这样一些根本问题。马克思关于价值与价值观念的论述在众说纷纭的价值学说中具有经典意义。马克思认为，"'价值'这个普遍的概念是从人们对待满足他们需要的外界物的关系中产生的"[①]，"是人们所利用的并表现了对人有用或使人愉快等等的属性"[②]。"实际上是表示物为人存在"[③]。据此理解文学价值，则文学价值来自文学与人的相互关系。这里面有三个要素，即文学、文学接受者，以及文学与文学接受者建立起价值关系的现实社会环境。这三个要素相互作用，每一个要素的变化都受到这种价值关系的制约并且都会使价值关系发生改变，从而改变着文学价值。文学价值观念则是这种价值关系的精神形态。从作为根基的价值观念来分析当下的文学批评标准，很显然，制约着文学价值关系的现实社会环境，其中的政治主导性正在经济建设热潮中主动地淡化。在政治主导性淡化的社会环境中，文学缺失了先前的第一标准，而接受文学的人们也走出了以

---

① 《马克思恩格斯全集》第 19 卷，人民出版社 1963 年版，第 406 页。

② 《马克思恩格斯全集》第 26 卷，人民出版社 1972 年版，第 139 页。

③ 《马克思恩格斯全集》第 26 卷，人民出版社 1972 年版，第 326 页。

政治为主导的生活氛围，这导致文学价值关系的全方位的变化。这一变化的根本原因和基本特征，如前所述，是政治标准不再高居"第一"的位置，首位标准因此而缺失。政治第一的文学价值观念或文学价值体系，随着这"第一"的隐退而不可避免地解构——这是价值关系中心位置的某种程度的拆解。

当然，政治标准从文学批评的首位标准隐退，这不是对于政治标准的否定，政治标准仍然是文学批评的重要标准，它仍然组织着文学的政治批评话语，仍然衡定着文学的政治价值。这是因为即使在当下市场经济发展的热潮中，在文学商品属性日益被看重与发挥的状况下，文学与政治也仍然有着千丝万缕的联系。活跃于西方文坛的当代美国著名批评家希利斯·米勒，在论及目前全球化进程中的文学时，也不止一次地涉及文学与政治的关系。可以肯定地说，这种关系不会因市场经济的发展或科技的发展而被简单地取消。既然如此，文学的政治批评也就仍然有它的意义。因此，上面所说的退隐，只是政治标准在当代中国马克思主义文论建设领域从第一标准的退隐。政治标准从第一标准退隐，中国马克思主义文论建设开始了自己新的历史阶段。

在新时期文学批评中，从先前首位退下来的政治标准闪身于旁侧，它以现实生活中政治关系的现存合理性保存着自己的存在，并且不时地发表它的批评话语。但空缺了首位者的批评标准现实，与先前并没有首位者的批评标准现实并不是一回事。曾经有过必然留下有过的痕迹，这痕迹留在坚持马克思主义文艺思想的批评主体的心中，影响着它的文本解读与新的话语组织。并且，那已然解构的批评体系，那些被拆解的散片也仍然以一定的心理结构的方式存在。心理结构的被拆解，对于那一代批评主体，要比批评体系的现实拆解艰难得多也久远得多。政治标准从第一标准位置上隐退，但它的现实合理性依然坚实地存在，它所留下的"第一把交椅"，此后的众多批评不会有哪一位能够或者敢于像当年它那样权威地坐上去。它的影响依然存在，并且可以随时随地发挥重要作用。

中国文学的新时期社会转型的政治批评大体有如下方面。

1. 对于文学的政治批评的持续热情与关注

文学的政治批评一统天下几十年，稳定的批评体系早已转化为一代批评者稳定的批评心理结构。政治的第一标准位置虽然不再标举，却仍心理模式地发挥着作用。对于《废都》、《白鹿原》的批评，对于主旋律电视的批评，对于文学商业化、市场化的批评等，文学的政治批评都显示着它极大的活力。在 20 世纪末召开的"1999 世纪之交：文论、文化与社会学术研讨会"上，有学者仍然十分肯定地指认"文学理论的可能突破之处在于'意识形态批评'，文学理论的技术层面或内在语言层面的研究固然重要，但这些仍掩盖不住现实的精神需求紧迫性"。① 这里的"意识形态批评"其实是政治批评的变语，这种看法在世纪末文学理论的精英聚会中被以毫不含糊的语气提出，虽不再有先前的政治普遍性，却有相当的代表性。

2. 对于文学的政治批评的思想理论体系的习惯性延用

新时期以来，虽然批评主体不再运用或较少运用先前的政治批评话语，不再进行政治批评判断，但政治批评的思想理论体系却仍然以其体系性规定着批评主体思维，使批评主体在政治第一标准不在场情况下本质地

---

① 郦因素：《文学理论：留给二十一世纪的话题——1999 世纪之交：文论、文化与社会学术研讨会综述》，《文学评论》1999 年第 4 期。

求得政治标准的在场（比如就政治批评的思想体系而言，它坚持社会发展的历史逻辑，强调对历史必然性的认知与揭示，并且高扬依循历史逻辑去把握历史必然性的社会理性或历史理性，这里有唯物史观的根基）。这种情况是新时期社会转型的政治批评的一个特征性表现。它一方面使文学批评从单调的政治批评话语中解放出来，甚至可以在一定程度上满足对于先前过激的政治批评的逆反心理；另一方面，它又不进行体系的批驳或者背离，而是相对于整个新的政治批评语境，积极地进行体系的适应性调整，融入新的时代精神。它在能指变动中实现着既有所指，并充实着这一所指。还是以"1999 世纪之交：文论、文化与社会学术研讨会"为例。在这次文论界的精英聚会中，中国人民大学的陆贵山教授旗帜鲜明的发言，便有代表性地体现了这种批评倾向。他认为："非历史的人文精神，人文情感和人文关爱纯属一种虚假的人文观念。应当消除各式各样的阻碍历史发展和社会进步的狭隘的鄙俗的人文惰性，剪去反对历史逻辑和社会理性的庸人的辫子。探寻和追求变革时代的社会理性和人文情感的和谐，尽可能地克服和防止两者所出现的反常的悖立和畸变，是应当努力争取的社会理性和人文情感相统一的理想状态。"① 这里的"社会理性和人文情感相统一的理想状态"，便是既有政治批评的思想理论体系向新的时代精神的延展与调整。

3. 以先前政治批评思想体系为反衬的非政治批评构建

非政治批评见于多元的、文化的、结构的、解构的、符号的、心理

---

① 郦因素：《文学理论：留给二十一世纪的话题——1999 世纪之交：文论、文化与社会学术研讨会综述》，《文学评论》1999 年第 4 期。

的、比较的等批评，它们都可以是非政治批评。这里所说以政治批评思想体系为反衬，是就建构方式而言，并不是先前思想体系的否定，而只是一些基本范畴的反向推展，但对被反向推展的原范畴却并不提及，避而不谈，或有意绕开。这样，在建构中，虽然既有的体系和范畴并不露面，但在这建构着的体系、范畴中，则潜隐着被反向推展的体系、范畴原型。如政治价值的强调被反向推展为艺术价值的强调，社会性被反向推展为个人性，客体性被反向推展为主体性，理性被反向推展为感性，历史理性被反向推展为人文精神——"首要问题是必须区分开文学家与政治家在面对历史理性与人文精神矛盾时的不同价值态度，从而认为文学理论应该更侧重于人文精神，而不是什么历史理性。"[①] 这里有着一种思维的两极互逆推衍效应。这一特征主要的不是体现在哪一种具体的批评体系或批评话语的建构中，而是不同程度地体现在几乎所有各种新的批评体系或话语的建构中。

（二）现实主义的拆解与转用

新时期以来中国文学实践的一个重要变化是由现实主义的主元性创作与接受，转入多元化的文学创作与接受，这样的一个重要的实践转换，使一贯密切地与社会实践结合的马克思主义文学理论陷入整体性困境。对马克思主义文论具有体系支撑意义的现实主义文学实践在各个方面都被解析与弱化，而新的文学实践因素，甚至是先前它所否定的实践因素，如主观

---

① 屈雅君主编：《新时期文学批评模式研究》，陕西人民教育出版社 1997 年版，第9—10 页。

真实、个性表现等，却又以巨大的活力从实践中释放出来，有待它研究、批评与评价。如何用马克思主义去统合这些新的东西，如何在这样的变化中开辟现实主义新的理论建构路径，这是中国马克思主义文论无法回避的时代课题。

1. 此种真实与他种真实

马克思主义倡导的现实主义的核心问题是真实性，这也是其他现实主义的核心问题。一部优秀的现实主义作品，关键是要真实地反映生活，做到真实地反映生活，则政治标准就能在其中实现，艺术标准也能在其中实现，写作者作为艺术家的职业要求——深刻地认识生活、艺术地再现生活，也能在作品的真实性中获证。因此，现实主义真实性是一个蕴含着现实主义文学理论要点的综合性标准，在其中，文学本质、文学属性、文学功用、文学构成、文学批评标准、文学创作方法、文学创作条件等理论问题均各就其位，并获得理论彰显。

马克思主义倡导的现实主义真实性的哲学根基长时间被坚持为马克思主义认识论。它以现实社会生活的物质存在性亦即客观物质性为第一性根据，文学写作实践是第一性根据的正确反映及艺术表述。在第一性命题中，确认现实生活有其不以人的意志为转移的本质、规律、历史必然性，正是这本质、规律、历史必然性决定着时代与历史的发展，而不是第二性的意识决定这一发展。因此所谓真实，就在于是否准确地把握并揭示了生活的本质、规律及历史必然性。与之相应，就有了一套理论上系统化——主要是现实主义文学实践的理论概括——的创作方法论。

在这样的马克思主义倡导的现实主义方法体系中，从细节到人物到环境再到人物与环境的关系及各方面与历史的关系，其中现实生活都是真实性的标准。但这里有一个问题，即这一标准如何确认，以何种形态确认，由谁来确认，这是现实主义写作实践无法绕开的问题。这一方法体系的理论困境在于作为第一性的客观现实生活与作为第二性的文学，在其真实与否的标准上怎样建立起可供操作的依据，即是说，构成真实性的客观生活的本质、规律、历史必然性，指认其确是生活的本质、规律、历史必然性的指认权属于谁。他当然不是写作者，也不是阅读者。指认只能是批评者在具体的文学作品批评中依据各方面材料所进行的个人指认——具体批评只能以个人形式发生，而当指认只能是个人指认时，真实性标准也就有主观设定之嫌。由此，现实主义所尽力守护的生活的客观性便在真实性批评中面临沦落为主观标准的危险。

与坚持多年的现实主义的此种真实相对，新世纪前后，中国文坛的一些探索者在对现实主义主流话语的突围中，探索着不同于马克思主义倡导的现实主义真实的他种真实。他种真实概括地说，便是与客观真实相对应的主观真实。此处说对应而不说对立，是因为他种真实亦即主观真实，并不截然排斥客观真实。说到底，客观真实的判断运作，其实也是主观运作，就像客观真理的主观运作一样。

主观真实性，与现实主义的客观真实性一样，也同样离不开细节、人物、环境、环境关系等要素，并且也同样是通过这些要素来表现。二者的不同，实质地说不在于表现的材料因素，而在于表现的材料因素的性质。现实主义的客观真实性，用于体现客观真实性的材料因素，力求使自己获得某种象征意义的客观性。尽管这客观性并不可靠，但写作者总有一种自我主观否定的责任感与使命感，他尽力使他的材料因素栖居于具有象征意义的客观性中。主观真实性，用于体现主观真实性的材料因素，则力求获得写作者的主观根据，它们被写作者的主观理解、体验与感受所浸泡、所选择、所变形、所组合，从而成为写作者的主观性表现。而实际上，任何主观性表现，只要不是特别地强调与客观性表现的差异，则都是一种具有一定的客观普遍性的主观性，或者，是一种主观的客观普遍性。见于主观的生存真实或生存的主观真实就是这样的一种真实。"体验就是生存构成。在体验中主体向对象敞开并收伏对象，使对象成为主体构成部分；同样，在体验中对象也向主体敞开，邀请主体融入，使主体成为对象的构成部分；主体与对象在体验中隐没各自的界限和定性。"①在这里，具有客观普遍性的主观真实、生存真实、体验真实，其实是一回事。

如果说现实主义客观真实满足的是接受者认识生活的需求，则追求主观真实的作品所满足的便是接受者认识自我的需求。自我总是在生活中，是在生活的现实关系中行动着的自我，自我的任何行动都离不开自我的生活理解、体验及感受，因此认识生活及现实生活关系中行动的自我，便是认识自我的生活理解、体验及感受。主观真实的作品，真实地表现了写作者的生活理解、体验及感受，接受者通过作品的主观真实，也就知道了主观真实的理解、体验及感受是怎么回事，从而认识主观真实的自我。而认识了主观真实的自我，也就认识了由众多主观真实的自我构成的人生现实与历史。由此说，追求主观真实的作品，与追求客观真实的现实主义作品一样，也具有认识现实与历史的价值。

对现实主义析解、转用及主观真实的文学探索，马克思主义文论反应相对淡漠，离开了前些年无时不在的政治主导性它没有很快地形成对于这种转型中文学实践的适应性与关注性。不过，不适应、不关注，也是中国

---

① 高楠：《别一种真实——艺术的生存体验》，《思想战线》2005 年第 2 期。

马克思主义文论的一种时代状况，尽管这种状况与它曾有过的历史地位相比不免有些尴尬。

2. 典型人物与人物典型

现实主义的数额巨大的不动产，便是一大批文学史上光彩照人的典型人物，以及围绕典型人物展开的理论论述。关于典型人物，马克思主义文论一个核心性标准便是普遍性与个性的有机统一。概括地说，现实主义文学中，具体情境的普遍性、具体情境与个性人物相互作用的普遍性、具体情境变化发展的社会现实普遍性，及这种变化发展的历史普遍性，共同体现在人物的个性生成与展现中，就有了普遍性与个性相统一的典型人物标准。这是一个在写作与批评中均被长期坚持的标准。

然而，20世纪末叶以来，尤其是社会主义市场经济体制确立以来，这种为中国马克思主义文论研究者所熟知、所痴迷的普遍性叙事或宏大叙事，作为超越性地把握生活与阐释生活的生存姿态与生存方式，却被置于解构境地。这种解构的直接操作或显形操作是一些研究者的理论所为，实际上，这是利益直接性在现实生活中越来越突出，越来越大众化，众人越来越要求切近于物、融于物的时潮在起作用。对于普遍性叙事的解构不仅是技术性的或叙事技巧、叙事视角性的，更是写作者的普遍的身份状态与身份感。超越才能发现并展示普遍，就像登高才能远眺。超越身份或超越位置的群体性失落，即失落在日常现实，沉落于琐事之中。对此，吴秀明分析说："现实主义精神贫血其实正反映了作家创作主体的贫血。诚如大家所说，最近几年在滚滚商潮和西方后现代主义的双重夹击下，我们有些作家放弃了现实主义经典作家所惯有的改造社会的巨大热情，也缺乏现代主义先锋作家所独擅的抵抗平庸批判流俗的勇气，而是受'新写实小说'

的负面影响，过于粘着现实，对种种社会'怪现状'则漠然处之，有的甚至回避价值判断，表现了浓重的虚无与媚俗倾向。"① 这可以看作是马克思主义文论研究面对文学的普遍性解构及超越性缺失所作出的反应。于此前后的钱中文、童庆炳的新理性精神建构的理论呼吁与视野开阔的论证，审美意识形态论的马克思主义文论主张，都表明马克思主义文论正在很多理论研究的理论迷惘中，凝聚着新的时代性。现实主义与普遍性真实密切相关，普遍真实又相关着超越，超越的文学身份坚持着现实主义的普遍真实。当文学的超越身份消解时，现实主义普遍真实的解构便随之而来。普遍性叙事的理论解构不过是随顺了这一时潮而已。而典型人物标准的不同程度的解构，也就成为受现实主义影响的新时期社会转型以来文学写作的一种新的现实规定。这种规定普遍地体现为新时期社会转型以来文学人物塑造中普遍性模糊与普遍性不再被作为标准而坚持，人物形象塑造出现了由典型人物向人物典型的转换。

个性在人物塑造中因失去了原有的普遍性追求与普遍性依托，成为写作者的主观设定。写作者进行人物的个性设定与个性展开，不再考虑或较少考虑个性的普遍性价值，接受者也越来越习惯于不再从普遍性方面去通过人物形象获得现实生活认识与启示。这是写作中人物个性设置的解束，写作者获得了巨大的个性写作自由。写作者的个性自由成为人物个性设置的自由。

在典型问题上，中国马克思主义文艺理论面临一个理论挑战，即典型中不强调普遍性的个性典型，是否是合于马克思主义文论的典型，这涉及

---

① 吴秀明：《转型时期的中国当代文学思潮》，浙江大学出版社 2001 年版，第 103—104 页。

文学认识论、政治论、真实论、倾向论等一系列理论问题。根据恩格斯就《城市姑娘》论及典型人物与典型环境的关系，可知依恩格斯的意思，没有体现出典型人物与典型环境相互作用的社会普遍性的作品人物，也同样可以是典型的。如果这种理解不错，那么，那些不具有社会普遍性的却合于主观普遍性的个性人物，也可以达到典型高度。对这类人物，可以相对于典型人物而称为人物典型。

此处须强调的是，这样谈论客观普遍性与主观普遍性，并不是指认新时期社会转型以来文学写作或文学接受与批评，具有明显的主客分立的二元论倾向，这只是相对现实主义典型论的解构。把其实早已存在但却较少予以理论关注的他种真实即主观真实作进一步的理论确认，进行主客观对应性的阐释，这只是为了明理，而非为了对立。而且如前所述，时下是客观普遍性标准的模糊期与不再坚持期，主观普遍性标准也处于这样的时期。大家都在模糊地探索，又何谈确定的分立？有别但不分立，这应该是文学发展的常态，也是中国马克思主义文论在重构中需要理论求解的问题。

（三）文学功能论解构

在中国马克思主义文论的建构中，文学的政治功能、认识功能、教育功能、审美功能等功能属性一直被强调着。在民族危亡的时代，文学的这些功能被发挥到极致；新中国成立后，文学的这些功能也在政治一体化文论中被政治地强调，文学被政治地发挥着上述功能，文学功能论构成中国马克思主义文论建设的内容。然而，文学功能在跨世纪前后发生了重要变化，人们先前求助于文学的，此时不再求助，此前没有求助的，此时却求助不已。就拿文学的商品性或消费性来说，此前由于文学出版物同时被称作是革命的精神食粮，因此它顺理成章地被视为与商品性格格不入。20 世纪 80 年代以来，在市场经济作用下，文学的商品属性多方面地显现出来，文学的商品功能也就被理论地重视起来并不断地得到阐发。

文学的功能论解构集中在如下方面。

1. 文学的政治功能解构

这一解构的要点是使文学由政治工具转为自律，进而又转入大众趣味权力的随顺者。这涉及文学的三个身份，即政治身份、艺术身份、市场身份，同时也标示着文学发展的三个阶段，即为政治服务阶段、文学自律阶段及文学商品化阶段。文学功能论在文学的这种功能转变中解构既有，建构新有，在解构与建构的交替中，文学理论的政治功能论表现出摇摆不定或忽此忽彼。这种情况见于文学现象研究，便是中国坚持马克思主义文艺思想的理论家对新时期社会转型以来文学与政治相关的身份认证、评价标准、发展期待的时有混乱，或难以深入地展开研究。张炯在 20 世纪末文艺理论界的一次重要的全国学术会议上，针对当时文学政治功能理论理解的混乱，撰文指出："新时期以来，我们纠正了上述有所偏颇的认识，批判了'工具'论，不再提文艺从属于政治和为政治服务，并对文艺是否是上层建筑意识形态的问题展开了广泛的论辩。而这之后，又出现了一种说法，即所谓'文学归位'说，认为文学就是文学，非文学的一切包括政治、法律、道德、宗教、哲学等等都与它无干，文学艺术的任务就是满足人们的审美需要；文学艺术不属于社会的上层建筑意识形态；因而文学不但必须疏离政治、远离政治，而且应该消解道德、消解一切思想；研究文学就应该只研究文学的文本形式。"① 张炯当时指出的这种文学远离政治的倾向，在新世纪以来的文学写作中表现得更加明显，中国马克思主义文艺理论对此在一段时间里未予关注，当然也没有更深刻的解答。但有一个事实却不难确认，即远离了政治的文学并没有回归自身，而是在自身停留了片刻便归入到喧闹的市场中去了。

2. 文学的认识功能解构

在 20 世纪，文学的认识功能始终被中国马克思主义文论倡导的现实主义强调着。这一标准的主导性在 20 世纪 80 年代初有所动摇，至 90 年代已不再被作为主导性标准而坚持。这期间对于主导性标准的解构，主要不是以理论否定的方式进行，而是逐渐淡化，是不进行理论批判的冷处理。这种冷处理的解构方式决定着现实主义真实性余力犹存，它在很多文学写作中仍被坚持，并且，由于运用现实主义创作方法的一代作家确实功底深厚，著作坚实，加之 20 世纪 80 年代他们宝刀未老，德高望重，这使他们及他们的现实主义作品成为后来的写作者及理论研究者须小心翼翼对待的一块磐石，可以绕过它，但它仍然坚实地存在，并不断地产生影响。

进入新世纪，情况有了很大变化。首先，已然掌控了文坛不少领地的大众趣味对现实主义的真实价值已缺乏接受期待；其次，一向支持现实主义创作并对现实主义创作特别地予以意识形态关注与调控的政治话语，新世纪以来进一步从此前的权威位置淡化，从掌握——调控——引导，到静

---

①　张炯：《对文学新思潮的某些理论思考》，载钱中文、李衍柱主编：《文艺理论：面向新世纪》，山东人民出版社 1997 年版，第 125 页。

观及个别情况的批评点拨；最后，活跃于 20 世纪 50 年代末至 80 年代的一批实力雄厚的现实主义作家，已很少再拿出有传统意义的现实主义本质认知及反映这一认知的作品。作品的匮乏，成为现实主义衰落的直接现实。

还有，现实文坛活跃的写作者们，多属于 20 世纪 80 年代后步入文坛者，而那段时间，正是传统现实主义承"文革"灾难的余波而遭受质疑与拆解的时间，先锋派极富感召力的寻找文学自主性从而自救的呼喊与写作实践，为这批文坛活跃者在非现实主义领域大开眼界、大展宏图，提供了实践条件。因此，这批活跃者的现实写作，已很少有现实主义真实性认知或认知真实的内在束缚，他们在无须较真现实主义认知为何物的情况下，即便偶尔地写出了一些有现实主义认知价值的东西，也并不是完全的自觉。

以上原因集聚成一般有力地解构现实主义的力量，而首当其冲的便是现实主义真实性的认知价值，而且这种强而有力的解构终于在新世纪初瞄准了真正的解构目标——现实主义文学经典。这一解构的核心问题，便是见于现实主义文学经典的文学的认知价值与认知功能。

3. 文学的教育功能解构

在新时期以前，中国马克思主义文论坚持的文学的教育功能主要体现为道德教育功能，从道德角度教育阅读者忠于党、热爱社会主义祖国，克服小我服从大我，克己奉公，为共产主义事业奋斗。文学因此成为几十年间人们的道德摇篮。新时期以来，随着大规模社会转型的发生，此前的道德观念的根基发生了变化。面对道德混乱，作为施教的文学写作者并不比文学接受的受教育者更具有道德引导的身份。

文学教育功能的客观弱化，使中国马克思主义文学理论的教育功能论难以坚持，它不得不面对现实调整自己，它或者对不同程度的道德混乱的现实发几声谴责，或者对道德教育问题予以沉默，或者转而为在混乱中建构的新道德——相对于此前道德而言亦即非道德而呐喊。但总体说，文学的教育功能问题是跨世纪前后文学理论界缺乏深入研究的问题。这也是中国马克思主义文论在跨世纪前后这段时间里自我解构、自我调整，转入新构的一段徘徊里程。

文学教育功能的淡化甚至丧失，在当下中国文坛还有一个特殊的情况，即不在少数的一批文学写作者教育身份的自我放弃——文学写作者放弃了精英身份而随顺大众趣味，他们也就放弃了对众人施教的资格，他们不再认为有这样的资格，也不再认为有这样的能力，即使写了些寓教于乐的东西，也是乐字当先，教字可去。他们在插科打诨、说学逗唱中说着那些施教的话，接受者也在娱乐中听着这些话，赏着这些话，但说、听、赏的指向在于娱乐，而不在施教与受教。

至于政治地干预文学施教，在跨世纪的文学生活中已很难见到，这是政治成熟的表现还是政治放任的表现，有待政治地评说。但不管怎么说，文学并不施教的现实与众人并不关心也不接受文学施教的现实，使政治家对文学施教功能的期求也常常消融于对文学自律性的尊重之中。

以上种种，体现着以往中国马克思主义文论倡导的文学教育功能的现实衰退、现实淡化、现实弃置，这种现实状况见于现实文学的解构性运作，则体现为对曾发挥过重要教育作用，并至今有重要影响的文学经典，尤其是红色经典的解构。这种解构的直接动机，当然还是为了给并不施教的现实文学写作更畅然地随顺大众趣味去障，而求得如此做的理所当然。

4.审美功能解构

在新时期之前旷日持久的文学实践中，文学不断地汲取营养于战斗的生活，形成一套崇高的审美趣味，歌颂光明、歌颂进取、歌颂胜利、歌颂英雄。在这样的歌颂中是非分明，美丑各异，是对于非，美对于丑，均战而胜之。文学因此成为当时时代精神的缩影，对文学审美功能的强调，也是中国马克思主义文论建设的内容。新时期社会转型以来，现实生活的精神超越性被利益的直接实现所取代，生活进入现实利益就是现实生活的阶段。利益把利益追逐者紧紧地捆绑于物，使他们成为物的工具并沦为物。在这个过程中，物之外的奋斗，超越于物之我的奋斗，都逐渐变得不合时宜，崇高性在现实生活中很快便失去了精神引领与精神超越的力量，而与之相应的则是生活艺术化。

生活艺术化，一是指艺术直接地化入生活，取消了与生活的距离，艺术即日常生活，从而艺术的超越性与提领性被否定了；二是指生活越来越强调形式，越来越注重视觉关系，越来越追求见于形式的感性愉悦，在这一点上，不是艺术化入生活，而是生活化入艺术，各种生活形式直接获取艺术样式。这种情况正如费瑟斯通所描述的："随着消费文化中艺术作用的扩张，以及具有独特声望结构与生活方式的孤傲艺术（enclaved art）的解体，艺术风格开始模糊不清了，符号等级结构也因此开始消解。这需要用一种多元主义的态度来对待各种不同的品味，对待文化的消解分化过程，其瓦解了区分高雅文化与大众文化的基础。"① 与之相应，种种与视觉形式密切相关的产业发展起来，这类产业拼命地吮吸各方面的创造力，并拼命汲取可供汲取的各方面的精华，使自己迅速地壮大起来，成为热门行业。经由这类产业，生活使自己成功地艺术化，而艺术也就成功地沦为生

---

① ［英］迈克·费瑟斯通：《消费文化与后现代主义》，刘精明译，译林出版社2000年版，第37页。

活。这样的去崇高与去艺术的生活现实，无情地破碎着多年来形成的中国马克思主义文论者倡导的文学审美趣味，生活的直接形态及对于生活的直感，也便经由述写而直接成为文学。时下，即便不错的文学作品，也不拒绝生活的直接形态的直接涌入。

现实生活及现实生活与文学关系的这种实在状况，使文学理论的审美论被迫进行自我解构，崇高、悲剧、超功利、距离、陌生化等这类在文学审美论中曾经举足轻重的范畴或概念，都已蜕去灿烂的外衣，成为赤裸的贫儿。大众审美趣味，则以其巨大的量的优势，在现实生活中获有象征性权力，它使生活艺术化成为一条普遍的审美规则，而这样的可以规定艺术的生活又是非超越性的物的生活，是利益直接化的生活。文学审美化的生活解构，使它丧失了对于现实生活的审美引导与提升的力量，它对于生活及艺术的审美阐释，或者依然故我却只能自守孤独，或者随顺大众审美趣味的平浅与时俗，却因此获得众人拥戴。

文学审美功能的变化与分化，作为文学实践的现实形态，理所当然地是中国马克思主义文论面临的现实理论问题。社会转型期的重要特点是社会理性包括道德理性、审美理性的重构。道德标准、审美标准在新的生活发展中，作为既有理性标准，正是有待变革的标准，对于它们的变革，对于变革中出现的种种既有理性标准的情况，如何进行合于马克思主义的判断与批评，并由此建构新的马克思主义文论标准，这是中国马克思主义文论的现实课题。

5. 文学写作模式解构

由于认知功能与教育功能的解构，中国马克思文论倡导的实现认知与教育功能的写作经验与写作手法已经不同程度地削弱或失去了功能根据。

以实现认知与教育功能为目的写作，集中体现为以主要人物为中心的写作模式。这种写作模式把实现着认知功能或教育功能的重要人物置于中心位置，他承载着展示现实揭示历史的文学使命，与之相关的各种作品要素均围绕主要人物设置与安排，如其他人物、情节、环境、修辞、议论等。主要人物与其他作品要素的关系是主从关系，是衬托与被衬托、反衬与被反衬、突出与被突出关系。在这样的主从关系中，文学作品成为一个由主要人物引发开来的有机整体，这一有机整体越是严密，越是一招一式、一词一句均能纳入主要人物引发开来的性格脉络、情节脉络，则作品选材与结构越是成功。而主要人物又是某种认知理念或道德理念的体现，写作经验要求这类主要人物在被创作过程中不能预先地理念化，也不能按理念需要展开，而是要性格化地设计与展开。至于这性格的来处，则在于生活提炼，这是一个典型化过程。不过，当主要人物被纳入文学批评系统，他们又必须能够理念化，必须成为本质、规律或历史必然性的体现。在这样的创作模式中，文学写作与文学批评在观念中统一，观念又在生活的本质、规律、历史必然性中统一。而这观念又只能源于生活并检验于生活。由此，就有了一个四级递进的核心模式，即生活—主要人物性格—观念—生活。围绕这四级递进的核心模式，再以生活经验及生活观念为根据，进行外缘性建构，便形成作品的主从结构及承载于主从结构的认知或教育主旨。

这样一套写作模式，在大家的共循中普遍化。这套写作模式有着难以统一的内在矛盾，即主要人物性格与主要人物性格所代表或所呈现的观念的矛盾。人物性格不是观念又必须暗合于观念。而这样的观念其实又不过是一种主观认定的观念。这是因为文学所依凭的生活并不是按照某种确定的观念展开的线型过程——"支配历史过程的并不是一种'铁'的规律，必然因素与几乎命定的发展趋向，而是充满了偶然因素的，多变的，有多种可能性的，而人在行动中的共同历史合力造成了历史和后来结果与一般面貌"①。尽管当时的写作者与批评者都不同程度地知晓这对难以统一的矛盾，因此双方都一再告诫避免概念化，但认知与教育功能的政治强迫，又使大家都很难免于概念化。

这套文学写作模式在革命战争时代和新中国成立初期不少红色经典中被具体地运用与发挥。本来，新时期以来文学写作可以不顾这种文学写作模式，任其活跃，任其沉默，或任其在活跃中转化。然而，由于运用与实现着这套写作模式的文学经典的存在，由于文学经典研究与重读在 20 世纪末又进入活跃期——这与 20 世纪末文学在市场经济与全球化冲击中民族主体性意识的得以强化分不开，由于在大学教学中这套写作模式仍被着重讲授，更由于在世纪末文学炒作时潮中，经典一时间成为电视改编的热点，因此也带动起文学经典热读。这些原因共同使运用与实现上述文学写作模式的经典，对新时期社会转型以来文学写作的自由形成无可回避的现实压抑。这一压抑在文学批评与文学理论界感受得更为深切，这是因为这套文学写作模式的理论形态一直没有受到真正意义的理论解构，它在很多理论批评与研究中仍然活跃。

新世纪以来，当随顺大众趣味的新时期社会转型以来文学写作急于证明自己的身份与价值时，当孤独的私人写作试图探索出路时，当那些孤傲的高雅文学的探索者试图重举先锋派旗帜时，那套在经典中、在理论研究中仍有活力的文学写作模式，就以其很强大的现实否定性，阻止着这类自

---

① 何西来、杜书瀛主编：《新时期文学与道德》，山东教育出版社 1999 年版，第 154—155 页。

证、这类探索、这类旧旗新举。以现实时代语境为依凭的新时期社会转型以来文学写作及为其阐释的理论批评与理论研究，当然不能容忍头上高悬的这把达摩克利斯之剑，于是旨在解构既有文学写作模式的经典解构就在所难免。

文学写作模式是文学实践的重要方面，它构成文学实践的展开样式。在这一样式背后，则关涉中国马克思主义文论多年坚持并阐发的各种理论问题。文学功能问题自不必说，文学的意识形态属性、文学的批评标准、文学风格与流派、文学文本创作、文学文本构成、文学语言、文学形式、文学接受与传播等，无不与文学写作模式相关，面对文学写作模式的巨大变化，如何保持马克思主义文学理论的实践性、创新性，这是中国马克思主义文论已然蹚入的实践之流，但它的理论成果还正在孕育之中。

随着新时代中国特色马克思主义文艺理论建构时代的到来，新的理论研究的问题群展示出来，它们以强大的召唤力与凝聚力，把文论建构者们召唤与凝聚起来，并且以理论创新的强大动力激励着文论建构者们的理论创新激情。新时代的社会实践为理论创新提供着无尽的现实源泉，历史也因此充满新绿。如何通过马克思主义文艺理论的中国文学与中国文化的特色性研究，进行特色性的理论凝聚与理论阐释，如何在此前偏重于理论解构研究的基础上适时地转入特色性的理论建构，如何面对新的意义重大的理论问题进行深入思考，如对习近平《在文艺工作座谈会上的讲话》进行深入理解与理论阐发，把握其中的马克思主义精神实质，对文学的人民性问题进行马克思主义的理论思考，对于中国文学的文化自信问题，进行创新性求解，这都是时代对于中国特色马克思主义文艺理论研究的期待，也是中国特色马克思主义理论建构的历史与时代契机。

| 第二章 | 中国马克思主义文论传统根基的转化性生成

一、中国马克思主义文论的民族传统根基

尽管中国马克思主义文论的建设起源于对中国传统文化的决裂与批判，但中国传统文化仍然通过中国马克思主义文论建设者发挥着作用。在中国马克思主义文论创建初期，这种作用并不表现为对传统文化内容的承继与借鉴，因为这恰恰是当时中国马克思主义文论建设者们要断然决裂与批判的。但千百年来中国传统文化铸就的中国人的人格养成、思维模式、价值取向等，即使在当时也对中国马克思主义文论建设有着不可低估的作用，中国马克思主义文论"中国特色"的形成，与中国传统文化的作用有着难以割断的联系。

传统是家园又是魂魄。每个生存者都是有家园的，这是他所出生的故土。在家园中常常会形成家园的忘却，这导致家园中的家园缺失。当人在家园中生存时，家园即构成他的生存，生存很容易在生存中消隐，就像身体在身体中消隐一样，这里没有对象化的发生，因此也难以形成对对象的经验体验。家园体验最常见于出离家园或家园变易之时。出离家园导致家

园对象化，家园成为主体的非现实生存的他者，但同时，它又在记忆中构入现实生存，这时的家园便是主体的现实生存的他者——它是主体的记忆中的现实生存，因此它融入主体的体验；它又是主体的非现实生存的他者，因此它唤起主体的对象性思悟。思乡或思家总会比居乡或居家有更多的情味、更绵长的思绪。传统家园也是这样。我们居于传统之中，反倒不能更多地体味传统，而当传统变易，或由于某些原因使我得以出离传统时，如站在虚拟他者的立场上进行传统反观，置身于当下变易之中反思传统，传统就会获得家园性显现，它就成为可感可思可忆可悟的家园对象。近年来在全球化语境中，在传统因多方面的汲纳而进入活跃的变易期的时代状况中，时人既获得了虚拟他者的身份，又有了变易中反思的条件，传统问题及传统的家园性质问题便成为时代问题。

传统又是生存的魂魄，它是生存的随形附体，它激发生存智慧，活跃生存的生机与活力，并制导各种生存行为。马林诺夫斯基所发现的民族生存的文化密码，马丁·霍利斯所揭示的生存的文化模式，冯·皮尔森所说的民族生存的文化规则，等等，都是在说这种随形附体、规定生存的传统的性质及作用。从魂魄而言，传统永远不是他者，它无可出离，它就是生存本身。然而当下，大量西方的东西趁着中国国门大开的机遇，举着科技共享、利益共享的全球化旗帜浩荡涌入之时，不少人却产生了一种可以非传统地生存的幻觉，并在这样的幻觉作用下不断地进行着出离传统生存的努力。这当然是无所着落的努力，因为所有这类努力也都理所当然地以传统生存为其前提，并且直接构入传统生存。这类努力不过是以非传统生存的方式实现着各自的传统生存，它们传统地生存着但又迷失了传统生存，大量的精力与宝贵的生存时光在既迷失又生存的虚幻状态中悄然流失。

无论如何，传统都既是家园又是现实生存的魂魄。在传统之于生存的这一基本定性的规定下，显现着中国马克思主义文论建设的传统根据。

马克思历史唯物主义是尊重历史的。种族生存的历史文化结构或历史文化模式，根源于远古种族祖先的生存环境，又在无数文化事件及文化事件过程的相互作用中逐渐结构化或模式化，用马克思与恩格斯的话说，这是历史合力的必然结果。一切历史偶然都被融合于这一必然性中，并不断地分享这一必然性。这包括中国马克思主义文论的建设。这样的历史文化结构、模式及使之如此结构化或模式化的历史文化，潜隐于种族的世代生活之中，随时地具体化为种族不断延续的社会实践，催生各种行为、习俗、知识、话语，以及各种各样的物化成果。正是这种历史延续的历史文化结构、模式或者合力，在古人那里，内化为他们的心理结构，规定着他们那样去说。而在今天，它又内化为我们的心理结构，规定着我们这样来说。它的延续性、融合性、创生性，世世代代地规定着它的种族成员的种族身份，并规定着他们的世界与世界生成。这，就是传统，也就是传统之存在，它现身为我们的现实生存。中国的文化传统滥觞于黄河流域，定型于原始农业，活跃于宗法血缘关系，体验于天人合一，完善于人伦理性，体验、尚用、生化、中和、流转、浑融、重礼、守仁、修身、齐家、治国等等，构成这套文论传统的精神内涵。

中国传统文化历史地生成中国传统文论，中国传统文论又历史地贯通古今。它的思维方式、它的言论根据、它的审美趣味、它的文艺理解，以及它的言辞表述，都使它相对西方而自成一统，这一统便正是它的体系所在。这一体系的稳定性，自身调整的功能和对外同化的功能，以及在不同时代语境中的生成功能，作为体系定性都为西方各种思想体系所难以比拟。正是这一文论体系，规定着数千年中国文论思想的形成与发展，这自然也包括中国马克思主义文论的形成与发展，并规定着对于后来不断涌人的异域文论思想的选择性汲取。20世纪初，在启蒙救亡的艰难境况中，中国学人所以特殊地敏感于西方的叔本华、尼采、克罗齐等人的学说，所以能倾心接受马克思主义理论体系，就在于它们或者在体验性上、或者在尚用性上、或者在流转创生性上、或者在有机整体性上与中国文化传统及文论传统有着很大的相通性。至于20世纪50年代至70年代一统全国的唯政治论的文艺理论，表面看来是对于传统的离经叛道，其实，它的政治伦理体验、权威信仰、功利意识等，又都是传统的变式，是扭曲的传统，这也可以看作是生发于传统文艺思想体系的特定历史状况下的应激效应。

那么，能够生成"中国特色"的马克思主义文论的中国传统文化主要表现为什么呢？概括地说，这便是中国文化的人伦特质。

特质这一概念，就其系统性意义来说，首见于人格心理学家阿尔波特的人格理论。阿尔波特确认人格是一个具有相对完整性、统一性与独立性的结构。人格结构是一个动态系统，它反应刺激并产生行为与思想，对人格结构予以组织从而使之形成的便是特质。文化学的研究成果证明，文化也正是一套系统结构，这一系统结构的动态运作恰似人格结构的反应刺激、规约行为。所不同的是人格结构制约着、组织着个体思想与行为，文化结构则制约着、组织着这一文化结构中人的群体性行为、社会化行为。文化学家们早就注意到不同民族文化结构的形成与发生作用有不同的深层规定，他们或将这深层规定称为"种性"，或称为"文化基元"。而从功能与同构角度说，借人格的特质概念用于文化似乎更为贴切。文化特质是整个文化系统的一种深隐不显的程序。它历史地规定具有这一特质的文化的展开与发展，它是文化的主体定性；它同化异质文化，当异质文化足够强大时便将自身程序性向着异质文化的作用做出相应调整；它的现实功能在于组构文化发展的动力系统，并为文化的现实发展予以深层次定向。而构成中国文化特质的，是商周时代便已形成的一套人伦模式，这一模式经由后来儒家理论与实践的强化日趋定型。这一模式在中国文化发展中体现出巨大的活力，它导引着中国古代文化在整体性上进行人伦模式的充分展开，使它在这一方向上细密地分化和多系统地网络化，并历史地推衍出一个严整的自上而下的以帝王意志为文化展开动力，以三纲五常为人伦网络关系准则，以科举制为帝王意志的政体理性，以天人合一的浑融体验为人伦理性的思维特征，以农业经济为文化本体的根基。这一文化本体历经两千年不散不灭，充分证明这一文化的人伦特质的同化功能已达到超常的程度。中国马克思主义文论建设受制于文化母体的这一人伦特质，它以此为"根"，进行着自己的历史转换与发展。

作为中国文艺之根的中国人伦文化特质，对于中国马克思主义文论的生成与发展表现出如下规定性。

（一）人伦本体性

中国文化之最突出点，在于它的人伦本体性。所谓人伦本体性，即把人与人之间的关系置于核心位置，这既是文化展开的出发点，也是文化发展的归依。以人伦关系为问题的核心和以人为问题的核心不是一回事。固然，人在人伦关系中，但在之中并非就为其是。通常理解，人在人伦关系之中并构成人伦关系，不过，着眼于人并以人的自由肯定为前提去探究构成人的人伦关系，与着眼于人伦关系，以人伦关系的现实性关注为前提去探究与规约构成人伦关系的人，这两点之间差距甚大。以人伦关系为核心，关系得以维持必以部分地剥夺人的个性自由为前提，人的文化个性自由的实现程度只能以人伦关系状况为条件，并以不否定人伦关系为前提。这种人伦本性特征概括地说，就是强调人伦关系的历史与现实时代的中心性。

中国传统文化中突出的人伦性质，可以说是体验的现世化。对此，杜威在对比东西方思想差异时，便敏锐地发现了。他说："东方思想更切实更健全，西方思想更抽象更属智理的。譬如五伦，君臣、父子、夫妇、兄弟、朋友，都是健全的、确定的、切实的、天然的人生关系。人人都有父、有子、有夫妇昆弟，人人都是一国的臣民或君长，人人都有朋友。所以东方的圣人就规定五伦的德律，教人怎样做君臣，做父子夫妇兄弟朋友。"①杜威从他的实证哲学角度对中国现实尚用的人伦传统情有独钟，证明了中国基于体验的人伦思想在其当下现实性上，对西方思辨传统确有调和纠正的力量，这是中国与西方可以对话交流的重要方面。梁漱溟从他深厚的传统修养中也深刻地体悟到中国人重视现实人伦关系而没有走西方宗教之路有其必然性，这必然性就在于体验的现实之感与现实之思，孔子强调了这种必然性并历史地引导了这种必然性："他总是教人自己省察，自己用心去想，养成你自己的辨别力。尤其要当心你自己容易错误，而勿甘心于错误。儒教没有什么教条给人；有之，便是教人反省自求一条而已。除了信赖人自己的理性，不再信赖其他。"自我省察、自我辨别、自我信赖，这须有深厚的自我体验功夫，孔子引导后世所发扬的就是这种功夫。经由这种功夫，梁漱溟说，中国不是以宗教整合社会，而是"以伦理组织社会"。②

在体验中建构与发展的中国文论，充分地发挥着关注人伦、劝教人伦的功能，并把这种明显地不同于西方文论的功能不断地实现于尚用传统中。也可以换句话说，中国文论的人伦功能是实现于尚用的人伦功能，中

---

① 杜威：《五大演讲》，转引自沙莲香主编：《中国民族性》（一），中国人民大学出版社 1989 年版，第 93 页。

② 梁漱溟：《中国文化要义》，上海人民出版社 2011 年版，第 110 页。

国文论的尚用传统则是实现于人伦功能的传统。

中国文论尚用的人伦功能主要表现为人伦关怀。

人伦关怀，这是传统文论对于文艺功能的历史规定，也是传统文论的体验根据与批评根据。人伦关怀，是对于现实生活中人与人之间相互关系的关注、关切、关心，也是对这种相互关系中的人的生存状况的关注、关切与关心。这与西方的人本主义不是一回事，人本主义强调人的中心位置和人的个性实现，而并不注意甚至拒斥人生活其中或个性实现其中的人与人的相互关系、社会关系。当然，人伦关怀是一个历史范畴，它的意蕴随历史发展而变化。这个变化体现着传统的历史扬弃的特点。以人伦关系为核心的中国封建礼教，把维护以宗法血缘关系为根基的封建社会秩序视为天经地义，人被紧束于这样的秩序网络中，一切生存合理性都以秩序网络的规定为前提。礼是这样规定的，孝、悌、仁、义等封建纲常也是这样规定的。"五四"反传统，反封建礼教，反的就是那套封建纲常对人的紧束。把人伦关系与人的生存统一起来，在重视人伦关系中不失对人的个性生存的重视，这可以看作是时代进步的结果。

人伦功能成为中国文论的传统功能，人伦关怀成为中国文论的母题式关怀，最初可见于礼由乐生的史料。对此，中国台湾学者徐复观在《中国艺术精神》中列专章阐释。他的一个重要观点是："礼乐并重，并把乐安放在礼的上位，认定乐才是一个人格完成的境界，这是孔子立教的宗旨。"① 孔子论礼乐，释《诗经》，谈"诗言志"，说诗的"兴观群怨"，为儒家文论思想奠定了坚实的人伦根基。而对与儒家出现时间差不多的道家，不少学者至今仍对之作与儒家重人伦的入世说相对立的自然说读解。

---

① 徐复观：《中国艺术精神》，春风文艺出版社 1987 年版，第 4 页。

老庄热衷于谈自然不假，但他们为什么谈自然？所谈的是什么自然？试图通过谈自然解决什么问题？进行如是追问，便可以发现，其实老庄所谈的自然，乃是人伦化的自然，是老庄以现实人伦关系为根据对自然的理解阐发，他们对于自然的痴迷与热情，他们倾注心血地体悟自然并历尽艰辛地言说在他们看来是不可言说的体悟的自然之道，其目的还是现实人伦生活。他们不同于儒家，不是否定人伦关系而是如何为人伦关系取则，他们努力的是以自然定人伦之则。所以归于无为也好，老死不相往来也好，其实都是以建立什么样的现实人伦关系为指向的。正是由于儒家与道家都是在倾力阐释人伦这同一问题，所以他们才谈得上互补并历史地互补着。对这个问题，高楠在《中国古代艺术的文化学阐释》中做过这样的概述："道家自然观其实并不是非人伦的自然观，而是人伦之序的自然投射与演映，或者说，是对于观察与体验的自然之序的人伦比照与人伦解释，并由此确立超越现实人伦又向人伦理想回归的人伦本体性。"① 可以说，儒家与道家共同为中国文论确定了人伦关怀的思想根基。

此后，人伦关怀这一根基便一直为中国文论所坚持与发扬。荀况、曹丕、刘勰、韩愈、柳宗元、白居易、欧阳修、朱熹、叶燮……他们都从各自的时代，从自己所关注的文化角度，不厌其详地谈论同一个问题，而且对这一问题几近重复地说大体相同的话，这个问题就是文论的人伦关怀。

中国文论在长久的历史建构中形成了系列的文论范畴，这些文论范畴作为价值昂贵的遗产，引起历代文论者的关注与研究。当下，文论的范畴研究仍炙手可热。这些范畴几乎都渗透着人伦关怀，它们凝结着不同时代

---

① 高楠：《中国古代艺术的文化学阐释》，辽宁人民出版社 1998 年版，第 20 页。

的人伦体验，并随着时代变化而被理解、阐释与运用。那些有代表性的范畴，如道、理、志、情、势、神、法、象、趣、境等等，或者直接设畴于人伦体验，或者是相关着人伦体验，引导着人伦体验。可以说，范畴研究，抓不住人伦关怀、人伦体验这个根基，就很难贴切地破译传统范畴的深刻意蕴。

人伦关怀于中国传统文论的母题意义，还体现为中国古人的文艺理解与文艺接受。他们总是不由自主地把人伦关怀投注于具体的文艺鉴赏，形成具有突出的艺术伦理学或社会伦理学特征的文论品评。如历代文论者普遍赞赏的忧患意识，便饱含对家对民对国对天下的人伦关怀。正是出于这样的关怀，屈原、司马迁、欧阳修、柳宗元、白居易等一大批文人骚客及其作品才被历代所赏玩、赞叹与评议，并且通过赏玩、赞叹与评议，抒发各时代文论者的人伦情怀。

（二）知行统一观

中国文化特质的人伦本体性见于时间维度，在过去、现实与未来的三个时段中，总是对现实抱以极大热情并充分投入。对人伦本体而言，唯有人伦关系构成的社会现实才是实在，人生的意义是见于人伦关系的意义，人生与人伦关系的意义又是现实的意义。"今吾生之为我有，而利我亦大矣。论其贵贱，爵为天子，不足以比焉；论其轻重，富有天下，不可以易之；论其安危，一曙失之，终身不复得。此三者，有道者之所慎也。"[①] 在这里，《吕氏春秋》是为中国古代的人生珍重确定了哲学极位。从这种传

――――――――――――

① 《吕氏春秋·重己》。

统的人生态度出发，中国古代形成了一套严整的人伦规范和卓有成效的人伦教育手段。生存的人伦或人伦的生存一向被看作是极为重要的事情。这样，西方传统的精神超越与智性抽象，在极为看重现实具体人伦关系、人伦生存的中国文化传统中就很难派上用场。在厚重的中国人伦传统中，精神共在于行为，智性不舍于具体，这是现实生存的基本定性。这个基本定性体现在"知"与"行"的关系上，便是所谓知行统一观。

贵用，在中国古代哲学是著名的知行论观点。理便是知，用便是行。明代心学的代表人物王阳明，是中国传统知行论的极为集中也极为明确的表述者，他的基本观点便是知行合一。如他说："知是行之始，行是知之成，若会得时，只说一个知，已自有行在，只说一个行，已自有知在"；"知者行之始，行者知之成，圣学只一个功夫，知行不可分作两者"。①而在王阳明之前，虽则知行合一没有作为命题明确提出，尽管不同时代的哲学家有重知者有重行者，但就总体与主导而言，知行统一的思想则一以贯之。张世英在对比中西哲学的知行观时，深感于这一点，强调指出知行合一是中国传统哲学的重要特征，并揭示了知行合一与天人合一的内在联系，把知行合一问题上升到哲学本体论的高度："'知行合一'与儒家的'天人合一'有密切的关系，可以说，知行合一就是为了达到天人合一的最高境界，知行合一是方法，是手段，天人合一是理想，是目标。"②

理必须是可用可行之理。这一贵用传统见于中国古代文论，便形成了中国古代文论对缘理而用事，以事而明理，事在理中理在事中的坚持，并

---

① 王阳明：《传习录》。

② 张世英：《天人之际——中西哲学的困惑与选择》，人民出版社 1995 年版，第186 页。

据此形成由事而理再及于共理的思索与阐发问题的单元性和不同单元的概括性，就文论的用理方式而言就是阐发的评点性。以孔子论诗为例，——孔子所说的诗，有时是就《诗经》而言，有时则就《诗经》中的诗或诗句而言，他未作明确区分。此处引述的孔子诗论，当属孔子对于诗而非《诗经》的理解和阐发。他处处从诗中见理又还理于诗，并由此阐释诗理——"子贡曰：'贫而无谄，富而无骄，何如？'子曰：'可也，未若贫而乐，富而好礼者也。'子贡曰：'《诗》云，"如切如磋，如琢如磨"，其斯之谓与？'子曰：'赐也，始可以言《诗》已矣，告诸往而知来者'。"① 这是一段时常被引用的话，从贵用角度说，子贡是带着生存伦理的问题在诗具体中求得了"如切如磋，如琢如磨"之用，孔子肯定了子贡的诗之用，并由此进一步概括出用诗的原则，即"告诸往而知来者"，也就是由此事及彼事由此理及彼理的类推。孔子此处所类推的道理，用今天的话说就是诗表现着现实生活的伦理感受，接受者带着现实生活中的伦理问题读诗，就会感悟诗所表现的伦理感受从而受到教益。这就是贵用的诗论。

中国古代有一些重要的文论命题，如曹丕的文气说、刘勰的风骨论、陈子昂的兴寄论、韩愈的文道说、司空图的诗味说、严羽的别材别趣说、王若虚的形神论等等，研究这些重要文论命题的提出与阐释过程，会发现在它们共有的感悟性中，对于这些命题悟得的过程，也就是理用或用理的过程。比如司空图的诗味说，其诗中之味就是一种体验，诗中被体验到的东西，有所在又说不清何所在，有所感又说不清何所感，这是他诗创作的感受也是他诗接受的感受，这感受与他心中已有的诗理——钟嵘的滋味说相遇，又与他所欣赏的王维、韦应物的诗具体中那种言说不清的美感相

---

① 《论语·学而》。

遇，进而，又与他所追求的淡泊、超脱的佛老之道相遇，于是，他心中的理心中的道便经由现实的诗具体而求得了用，道与理在诗之用中有了着落，诗之用在道与理中有了根据，对这种由道由理而及于具体之用的感悟，司空图提出了味外味的诗命题。

因此可以说，中国文论的感悟是对于如何用的感悟，中国文论的用也就是感悟之用。

中国文论的贵用传统还体现在文论对于文艺的社会功利性的重视与强调。如前所述，中国传统文化是特别强调人伦关系与伦理规范的，中国传统文化经由历代封建统治阶级意识对文艺所形成的基本功利要求就是劝教人伦。也就是说，以贵用为特征的中国传统文化所确定的文艺功利价值亦即文艺的有用性，即在于文艺的伦理教育功能。孔子"兴于诗，立于礼，成于乐"这简短的三句话，便确定了中国文艺重教贵用的理性传统，这一传统在中国漫长的文艺发展过程中被一以贯之地坚持着。宗白华有感于此，深刻地指出："中国古代的社会文化与教育是拿诗书礼乐做根基。《礼记·王制》：'乐正崇四术，立四教……春秋教以礼乐，冬夏教以诗书。'教育的主要工具、门径和方法是艺术文学。艺术的作用是能以感情动人，潜移默化培养社会民众的性格品德于不知不觉之中，深刻而普遍。尤以诗和乐能直接打动人心，陶冶人的性灵人格。而'礼'，却在群体生活的和谐与节律中，养成文质彬彬的动作，步调的整齐，意志的集中。"[1]宗白华抓住了文艺与伦理人格、与人的生命节律、与宇宙运行的道的同一性关系，从而揭示出从道、理到文艺具体的感悟关系与文艺的贵用性。对上述文艺礼教之用的感悟、阐发与论证，正构成中国传统

---

[1]　宗白华：《美学与意境》，人民出版社 1987 年版，第 237—238 页。

文论的重要内容。

中国古代文论重视文艺的礼教功能，又总具有时代针对性，即由于不同时代有不同的社会伦理问题，文论也便要求文艺要因时施教、因惑施教，同时，也要求文艺的各构成方面，如形式、情趣、技巧、内容等，要适于文艺贵用的基本要求。这就有了文艺的时代批评功能，包括文艺的道德批评、形式批评或修辞学批评等。如明代李贽的《童心说》，主张文艺创作须有童心，"夫童心者，绝假纯真，最初一念之本心也"①。这一主张，初看起来，很有点纯艺术的味道，其实它有着很强的现实针对性。当时假道学盛行，一些口不离程朱，标榜"存天理、灭人欲"的假道学家们借"道学以为富贵之资"，宣扬"阳为道学，阴为富贵，被服儒雅，行若独鬼"（《三教归儒说》）。这种情况也影响了当时文坛，一些文人墨客"以假人言假言，而事假事、文假文"，李贽有感于此，沉痛于此，遂针锋相对地提出要去伪存真，归复本原，这就有了针砭时弊的《童心说》的文论之用。

知行统一观在中国文艺学的建构与发展中发挥着重要作用，形成了中国文艺学特有的借端生议、据实举要、评点释疑的风格。在这样的风格中，几乎每一个观点每一段论述都有直接的文艺现象针对性，并都具有解释现象的有用性。而且，也正因为这些观点或论述具有直接的现象针对性与解释的有效性，它们才被视为真知或真才实学。按照西方的理性分类而言，中国传统文艺学绝不是抽象的观念理性，而是具体的、生存性的实践理性。对文艺现象，它当然也有所超越，但它超越的价值就在于它能灵活而有效地回归。

---

① 李贽：《童心说》。

中国文论的贵用传统，一代一代地保留下来，又一代一代地发扬光大。至 20 世纪，当五四运动的风潮几乎吞没整个传统文化，当传统文论被归入陈词滥调而多遭批判的情况下，文论的贵用传统不仅被保留而且被强而有力地继承与发扬。由此，才有了新文化的启蒙文论、救亡图存的革命文论、人民解放的"三为"方向文论、人民民主专政的阶级斗争文论、"文化大革命"期间的"三突出"文论、新时期的主体论文论、全球化语境中的对话文论等等。中国的每一时代的文论，都有那一时代的问题针对性，都是那一时代问题的文论之用。而这里，无论哪一方面的时代问题，政治的、经济的、伦理的、艺术的、文化的等等，又都是中国文论的感悟传统所能提出的问题，如此提出的问题又必然是可以经由文论之用而解答的问题。问题是求用，文论则是求用之用。中国贵用的文论与文论所对的求用，使得中国文论一直是用的文论。西方那种无所谓用的文论观念体系，在中国源远流长的贵用传统中难以形成。

（三）整体性思维

中国古代文化人伦特质的最为概括的哲学表述便是"天人合一"。人取象于天，定序于天；天解释于人，定性于人。天人互释互构，合而为一。"天人合一"要点在于"合"，世间万物成于这"合"，"天""人"之序见于这"合"。"合"并不是客观的，客观地说，天非人人亦非天。"合"，合于思维，这是中国古人面对自然界苦苦思索的结果，尽管这思索不乏实践的根据。"天人合一"的思维便是整体性思维，即总是从关系的整体性去把握世界，去把握世界的关系整体性。也有学者将此称为综合性思维："综合的思维方式主张整体概念、普遍联系，不像西方那样只见树木，不见森林，东方是又见树木，又见森林。"①当然，整体性与综合性有所差异：整体性未必先要经由构成整体的要素分析再将之整合从而获得，它可以就是一种不经分解、分析的直接把握；综合性的一般理解则暗含了一个分解、分析的前提，是分而合。"天人合一"的整体性思维，是一种人在世界之中世界在人之中的抗拒"天""人"分解、分析的世界整体性的直接把握。这种思维的长处在于它适用于把握那些无法分解的关系属性及某些模糊属性，它的短处是难以准确地、分析地把握非关系整体性的构成要素属性。

中国文艺学经由整体性思维，有效地把握了一些见于文艺创作、文艺作品及文艺接受的关系属性，并将之形成文艺学的基本范畴，如气、神、韵、味、风、境、趣等等。但对于构成文艺实践、文艺现象的一些要素属性或子系统属性，如西方文艺学所深入研究的本质与现象、内容与形式、个别与一般、感性与理性等（这些两分要素或两分系统的属性研究对于切入现象或过程内部，对其多元质或多极质的研究显然也十分必要），则难免模糊与笼统。

整体性思维是中国文艺学的发于"根"的思维。即便中国学者在接受西方文论过程中已经不同程度地掌握了西方的两分法或演绎法，但他们仍很难将这种两分法或演绎法贯彻到底，常常是用两分法拓出范畴，却用整体性思维去"模糊"地释解这些范畴。普遍地说，是经验分析多于逻辑分析，而经验分析正是整体性思维的特点。中国学者对于显现出一定整体性思维倾向的西方学者的哲学观点、美学观点，如尼采的超人哲学、弗洛伊

---

① 季羡林：《门外中外文论絮语》，载钱中文等主编：《中国古代文论的现代转换》，陕西师范大学出版社 1997 年版，第 55 页。

德的精神分析学、胡塞尔的现象学、海德格尔的诗化哲学，也包括马克思的实践观点哲学等，情有独钟，恐怕离不开大家能从这些哲学、美学观点中体验到归于"根"的亲切与自如。

二、中国马克思主义文论对传统文化的整合

中国马克思主义文艺理论的历史构成与体系构成，当然有它的马克思主义唯物史观及有关文艺主张作为理论根基或理论根据，但它又是中国的社会发展现实、中国的现实文艺实践，是中国传统文化加以消化与整合的产物，即是说，它是具有"中国特色"的马克思主义文艺理论。

中国马克思主义文论建设在传统文化的作用下，体现的主要特色有以下几方面。

（一）理论与实践相结合的"尚用"特色

从中国马克思主义文艺理论的历史构成看，它奠基于中国严峻的政治救亡时代，如前面所分析，它所以被奠基并且被建构，就是因为中国革命文艺在为政治救亡而战斗中，需要理论的武器。之后的延安时期乃至新中国成立以后，马克思主义文艺理论的重要性，主要在于它指导文艺实践的有用性。它的实践品格，从它奠基至今一直非常突出。因此我们看到，在不同的历史时期，它都被现实地运用于文艺实践。

以"五四"为标志的新文化运动中，中国马克思主义文论自觉地承

担起文化启蒙的重任，它对封建礼教严厉的拷问，对新生活激情的呼唤，对西方文论的积极引入，都具有强烈的人伦功利性，都希冀在确立新的人伦关系中为中国寻求振兴的出路。如陈独秀，便直接把文学革新与政治革新相联系，认为集中体现中国人伦关系变革的政治革新不可能离开体现时代精神的文学革新，即所谓"今欲革新政治，势不得不革新盘踞于运用此政治者精神界之文学"①。周作人归国之初，基于文化启蒙的时代语境，提出"人的文学，当以人的道德为本"②。鲁迅则提出为人生而文学："文章之于人生，其为用决不次于衣食，宫室，宗教，道德"。"盖世界大文，无不能启人生之门机……所谓门机，即人生之诚理是已"。③ 吴宓出于建设有助于国民发展的生活之考虑，对当时写实小说败坏人伦的流弊予以批判，抨击它们"所写皆淫荡猥亵之意，游冶欢宴之乐，饮食征逐之豪，装饰衣裳之美。可谓之好色而无情，纵欲而忘德"④。至于当时茅盾谈《呐喊》，李健吾述巴金，冯雪峰评鲁迅，钱锺书说《诗》怨等，在那个人伦变革的时代，大家都不约而同地体现出立志于新的人伦劝教的责任心和为此而呼的激情。在政治救亡阶段，中国马克思主义文论勇敢地为救亡文艺摇旗呐喊，无情地向救亡文艺的对手展开进攻。在延安时期，中国马克思主义文论则有效地发挥政治工具的作用，为文艺实践端正革命方向，推动广大文艺工作者到工农兵中去，学习工农兵并为工农兵而

---

① 陈独秀：《文学革命论》，载《中华文学评论百年精华》，人民文学出版社 2002 年版，第 31 页。

② 周作人：《人的文学》，载《中华文学评论百年精华》，人民文学出版社 2002 年版，第 52 页。

③ 《鲁迅全集》第一卷，人民文学出版社 1956 年版，第 202—204 页。

④ 吴宓：《论写实小说之流弊》，载《中华文学评论百年精华》，人民文学出版社 2002 年版，第 79 页。

创作，由此产生了一批脍炙人口的革命文艺作品。而在主观政治阶段，中国马克思主义文论则为主观政治的社会实践所用，以致付出了在某种程度上偏离了唯物史观的代价。新时期，中国马克思主义文论在改革开放的文艺实践中，助生了一批优秀的改革作品、主旋律作品及其他通俗文艺作品。在新时代，中国马克思主义文论面对新时期以来文学理论建构中出现的传统的延续性转换及西论中化等问题，进行文学理论中国特色的研究等，这就是传统"尚用"的力量。

中国马克思主义文艺理论的"尚用"特色，是经典作家改造世界的实践性理论风格的发扬。而中国文艺理论所以能较早地对马克思主义产生强烈的亲和感并很快地对之崇信，除马克思主义自身的真理性外，还在于它鲜明的实践风格。中国当时迫切地需要这种实践的理论，而中国学者和革命者们得之于传统的知行统一、知行不二的理论要求与文化要求，又使得中国马克思主义文艺理论"尚用"的体系建构具有了传统文化心态的根据。中国马克思主义文论发展的重要的历史时段，都表现出了文论建设者重知行统一的实践的特色。第一次启蒙与救亡，本身就是以知践行，以行求知。陈独秀、李大钊、胡适、鲁迅等重要人物的文艺观点，都离不开具体实践并求真于具体实践。新中国成立后无论是被动的政治化转换还是主动的政治化转换，也都在追求着知行统一，只不过这里所转换的是政治化的文艺学之知，此时的行是文艺学的政治化之行，毛泽东的《在延安文艺座谈会上的讲话》本身就是知行统一的文艺学。新时期以后，虽然深受西方文艺抽象理性或观念理性的影响，表现出很强烈而且很自觉的非用倾向，但从根本上说，知行统一观仍被坚持着。就中国古代文论的现代转换问题而言，恰如有的学者所言："古代文论的现代研究，为建设有民族特色的马克思主义文艺学服务，这一表述，在一定的范围内已经成为可以接受的共识。"① 知行统一观作为中国人的理性沉积不仅凝结为各种精神成果与物质成果，而且已经沉积为心理结构，它在自觉与不自觉中把人们的各种理论思考推入"行"，带入"行"，使之成为"行"的理论之思。中国马克思主义文艺理论建构与理论之思当然也不例外。其实，在经典大师的理论研究中，并不乏"非用"的理论兴趣与理论论述，但这一方面在中国马克思主义文论理论建构的过程中被"中国式"地或多或少地放置了。

（二）关注政治的文论指向

马克思主义经典大师的理论研究工作主要展开于那个政治矛盾日趋尖锐的时代，这决定了坚持唯物史观的马克思主义理论的政治色彩。也正因为这一理论的政治色彩，特别是列宁理论的政治斗争有效性，才使得当时急于为政治斗争寻找理论指导和理论的中国革命者置生死于不顾地引入马克思主义，宣传和实践马克思主义。

从中国当时的局势看，敏感于并且热衷于马克思主义的政治战斗力，是中国时代的需要。中国马克思主义文艺理论的奠基也是如此。不过，在更为长远的时代发展中，包括新时期至今，中国马克思主义文艺理论仍然关注政治，并且重视政治的现实生活影响，这就不仅是时代问题，这与历史形成的政治在现实社会生活中的作用以及人们据此形成的社会心态分不开。

---

① 杜书瀛：《世纪之交感言——文艺理论从哪里突破》，载钱中文、李衍柱主编：《文学理论：面向新世纪》，山东人民出版社 1997 年版，第 115 页。

中国古代没有真正意义的宗教，这使得泱泱大国的地域统治、行为统治与精神统治，完全依靠封建政治。封建帝王作为政治统治的最高权力者，政治地决定着"天下太平"、"国泰民安"或者"天下大乱"、"家破人亡"，人们在帝王意志的控制下或者"安居乐业"，或者"流离失所"。儒家学说的"三纲五常"有力地塑造维系着这种社会心态。中国古代知识分子对此更是身体力行，他们的忧国忧民忧天下，都是政治之忧，他们的劝谏与述道，也都是热情的政治参与，至于延续长远的科考制度，更是把日常的修身纳入了政治轨道。

传统的政治心态，在中国 20 世纪近百年的变革中，一直没有获得更多的解构条件，在中国的当代心态中它仍处于活跃状态。所以在上层建筑各部门中，政治部门的变化免不得在文艺部门引起敏感的反响。正因为如此，当"文艺为政治服务"取代了"文学为人生"的文艺观，一批文论学者对此形成普遍性接受。不管"文艺为政治服务"的提出和被普遍接受有怎样的时代背景，救亡图存也好、唯政治论也好、政治极端化也好，这样的文学观能够被提出并能够被普遍坚持，这其中也有传统在起作用，甚至可以说，这便是传统在当时的时代形态。因为这期间的政治与中国历史一如既往的政治，在人伦性上是一脉相承的，这同样是传统规定。"五四"之前，是两千年的封建伦理政治，强调的是人伦关系的亲和有序；"五四"之后，很快滑入的是阶级斗争政治，阶级斗争政治是见之于阶级关系的人伦政治，强调的是对阶级间无可调和的斗争。正因为基于人伦关怀的文论政治关注有着传统的根基，才使得关注政治成为中国马克思主义文艺理论奠基至今的一个明显特点。贺敬之在新时期初期，讲过一段话："我们是坚决反对庸俗社会学的，一定要讲艺术规律，但我也绝不主张与社会生活、与意识形态绝缘的什么'纯美学'，更不认为有与政治根本无关的'马克思主义的'美学。"① 这对当下的中国马克思主义文艺理论建构也仍然有效。

（三）社会群体意识

社会群体意识，亦即众多人在社会活动和精神活动中所拥有，所体现的意识普遍性，它作为一种普遍性的意识活动为人们所理解与接受，并在人们的个性意识活动中被以一种从众心态对待。形成群体意识的群体，有不同的分层根据，民族的、文化的、阶级的、社会生活领域的等等，这类根据，都在现实生活中实在地发挥着使这类人群不同于其他人群的作用。

社会群体意识相对于个性意识而言，强调个性在艺术中的位置并强调表现个性，这是一个艺术通则，马克思肯定黑格尔的"这一个"，及"莎士比亚化"的说法，便是对此的形象肯定。不过纵观经典大师们的文艺论述，他们所强调于个性的多是表现着某种历史必然性和现实普遍性的个性，这才有了典型说、真实说与悲剧论等。即是说，马克思主义文艺理论强调的是个性地表现体现着历史发展趋向的群众实践意识或社会群体意识。

中国马克思主义文艺理论充分地接受了这一点，并且据此有力地引导或影响着中国文艺实践。应该说，这也是一种中国特色。固然，经典大师在分析艺术作品时非常注意从个性中去分析历史必然性和社会普遍性，不

---

① 贺敬之：《做一个坚定的、清醒的、有作为的马克思主义文艺评论家》，载《马克思恩格斯美学思想论集》，人民文学出版社 1983 年版，第 24 页。

过他们并未因此而丝毫忽略个性，这在济金根的分析、《城市姑娘》的分析中，以及更早的《巴黎的秘密》的分析中，都可以得见。

中国马克思主义文艺理论对于社会群体性的强调，即强调反映历史必然性的社会群体性，强调文艺的社会群体性的教育功能，与中国传统人伦文化重视人伦之序，重视人伦之序中的群体存在，进而为人伦之序而压抑个性，似乎有着深层联系。当然强调文艺的社会群体性并不错，其合理性可以追溯至唯物史观。积极参与转换的文艺学学者们都表现出一种民族群体性的或历史性的关注与焦虑，都不乏以中国文艺学的发展为己任的民族或社会群体意识，这也正是人伦关系的整体性意识。当下的主旋律作品坚持着这一点，因此而不同于某些个性脆弱的艺术的无病呻吟。如果中国马克思主义文艺理论能像经典大师那样给个性问题以更多的理论关注，则似乎更有利于它的深化。

此外，中国马克思主义文艺理论对于伦理道德、对于善，从创作主体论对于文艺工作者个人修养的强调，也堪称它的中国特色。

三、毛泽东文艺思想——马克思主义文论与中国传统文化相结合的经典

毛泽东在全党及中国革命事业中的丰功伟绩、至高地位，他的影响力以及他本人的文艺修养，都决定着他本人的思想在毛泽东文艺思想中的举足轻重的位置。通常，毛泽东对文艺问题的思考与言说，就是他拥有非凡影响力的那个时期的民族与时代的代言。而毛泽东本人的传统根基与接受马克思主义学说的情况，也就成为那段时期根基于传统文化的中国人接受

马克思主义理论的代表性情况。毛泽东文艺思想是马克思主义文论传统转换的典范。解读毛泽东，解读他是如何在丰厚的中国传统文化养成中接受马克思主义理论，在对传统文化的批判与承继中成为马克思主义者，创造出毛泽东文艺思想，可以更深刻地理解中国马克思主义文论建设与中国传统文化的关联。

（一）根源于传统的否定性超越

传统是一个历史范畴，同时它又不断地当下化，从而具有不同的时代状况。当时代以充分的现实方式延续传统时，那便是传统的时代，尽管每一天的生活都不同于前一天，但就性质而言，人们是生存于传统之中，即传统地生存。但传统并不总是拥有延续的合理性，当传统在时代的现实变革中成为时代变革的束缚甚或障碍时，传统就从时代的一体性生存中部分地脱离出来，成为批判与否定的对象。这样的时代就是批判与否定传统的时代。在这样的时代，有各种超越传统的东西构入时代，构入人们的日常生活，它们与传统相互作用，互动互构，构造着新的生存样式与时代状况。经由传统否定而孕生的新时代，因为传统的弱化与演变，它便不再以明显的束缚或障碍方式而是以潜在的滋养或接受方式从批判与否定的对象复归于生存一体化，这是传统演进过程也是生活对于传统的超越过程。

毛泽东在中国的政治生活中开始发挥作用的时代便是批判与否定传统的时代。那时，传统的束缚性与障碍性经过变革先驱几十年的冲击，尤其是涌入的西方异质文化的压迫性运作，已从此前国人的一体化生存中滤出为批判与否定的对象，批判与否定传统成为时潮。西方学说包括马克思主义学说的涌入中国，为这一时潮推波助澜。不过这一阶段，一个重要的传统批判与否定的特点便是传统依助于新质文化包括西方文化的自我否定。因为是依助于新质文化的，因此这种自我否定是超越性的；因为是自我否定的，它的超越性又是从传统的根基中生出的，是超越的传统对于传统的超越。因此，在这一时期，能代表时代进行传统的批判与否定者，必具有根源于传统又超越传统这双重特点。即是说，那一时代的代表人物，既须深刻地生存于传统又须自觉地超越于传统，应该是这两者的有机结合。回顾当时的潮流引领者，李大钊、陈独秀、鲁迅、胡适等，都明显地体现着这双重特点。这双重特点的获得，既是时代造就，又须个人养成。毛泽东进入当时中国的政治生活，并逐渐成为一个时代的代表人物，与他合于时代特点的个人养成密不可分。

毛泽东自幼在传统的教育方式中接受传统教育，熟读并背诵四书五经，对经典文学作品，包括古代小说名著、唐诗宋词，不仅烂熟于胸，而且有独到深刻的理解，对于传统习俗、人情世故，亲身亲历，生存其中。他长于与平民交往，三教九流、各色人等，他都能自如交谈，如鱼得水。这都证明他不是凭书本面对传统文化，对传统文化他是根植其中并生存其中的，他是那个时代已经开始明显减少的富于学识却又与传统保持一体性生存的革命者。

毛泽东对于传统的超越性是时代的，他生长在那个否定传统的时代，否定传统的理性呼声成为时代革命的主导呼声。毛泽东长于思索，敏于概括，有得于传统的以天下为己任的襟怀和动中求变的思维方式，这决定了他的个性色彩突出的怀疑倾向与否定倾向，也决定了他对于时代批评精神的乐于凝聚与长于运用。他因此获得了对于传统的超越意识与力量。对毛泽东传统的超越意识的由来，李泽厚在他那篇阐释青年毛泽东的文章中曾概括说："当时处在戊戌辛亥中外思潮十分活跃地碰击湖南的时期，毛所承受的思想震荡是多方面的，所接受的思想影响，也是多方面而非常复杂的。从朱熹到王阳明的传统教义，到近代的康、梁、孙、黄的变法主张和革命实践，从中学到西学，从政治到文化，五光十色，纷至沓来。毛泽东爱读报纸，报纸上所刊载的各种思想、主张、观念、学说更是五花八门，多种多样，使这一点更加突出。简括地看，颜元、曾国藩、谭嗣同、严复和陈独秀，大概是对青年毛泽东的影响中最为重要的几位人物。"①青年时代形成的对于传统的超越意识，在后来的革命实践中为毛泽东进一步接受马克思主义奠定了理性基础，并进而导向他根基于传统又超越传统的成为马克思主义革命家与文论家的时代旅程。

（二）知行合一的超越路径

知行合一是中国人对待知识的传统态度。

尽管不同历史时期也曾发生过知行关系的争论，但从中国古人掌握知识的思维方式、表述知识的语言方式以及积累与运用知识的实践方式而言，中国传统知识就其性质来说，属于不离事类、物类形态的一般经验性知识。这种类型的知识不同于本质抽象的知识，后者的一个突出特点是不断滤除事类、物类的经验一般性，在事物的本质层面进行概念的逻辑运作，由于这时已没有了事类、物类的一般经验依凭，所以才有这类知识的合理性究竟由何而来的追问与辨析，也才进而有唯物唯心之说。先秦诸子直至汉魏宋明，一直进行着何谓真知的争论，但争论的标准一直没有离开

---

① 李泽厚：《中国现代思想史论》，东方出版社 1987 年版，第 138 页。

经验或实践的一般有效性层面。这构成中国与西方对待知识的本质差异。

20 世纪前半叶发生的马克思主义中国化的过程，从对待知识的态度角度说，也就是如何使马克思主义理论转化为中国的经验一般性，从而为中国变革所用，这是那段时期马克思主义中国化的时代要求，谁能充分地体现这一要求，谁的马克思主义中国化努力就能获得时代代表性。就此而言，毛泽东一以贯之的理论联系实际的学风与工作作风，以及由此取得的成就，使他堪称那个时代马克思主义中国化的代表。1940 年 1 月，他在《新民主主义论》中写道："真理只有一个，而究竟谁发现了真理，不依靠主观的夸张，而依靠客观的实践。只有千百万人民的革命实践，才是检验真理的尺度。"① 读米丁等的《辩证唯物论与历史唯物论》，他批注说："有用非即真理，真理必是有用。"② 毛泽东的这类言论与实践，伴随他的整个政治与学术生涯。

毛泽东知行合一的对马克思主义接受的超越路径，得益于他的传统根基。他从《老子》、《庄子》、《礼记》及屈原《天问》，柳宗元《天对》、《天说》，刘禹锡《天论》等古代经典中不断获得知行关系的启发与感悟，又在读史过程中不断求得知行合一的历史经验。他对传统哲学的浓厚兴趣，对史书孜孜不倦的苦读，奠定了他的知行合一的知识基础并在知行合一的求知实践中形成了知行合一的知识结构，这成为他转化马克思主义理论的知识主体性。而他在革命实践中重要的领导地位及需要他不断救解的革命实践难题——这都是些事关革命成败、生死攸关的问题，又使他获有难得的、直关时代走向的知行合一的历史地位。具有这样的知识结构，又居于这

---

① 《毛泽东选集》第二卷，人民出版社 1991 年版，第 663 页。

② 《毛泽东哲学批注集》，中央文献出版社 1988 年版，第 150 页。

样的实践地位，他结合中国革命的实践问题，包括文艺实践问题，所进行的马克思主义理论读解及实践转化，就具有了重要的时代意义。他明确指出："共产党员是国际主义的马克思主义者，但是马克思主义必须和我国的具体特点相结合并通过一定的民族形式才能实现。马克思列宁主义的伟大力量，就在于它是和各个国家具体的革命实践相联系的。对于中国共产党说来，就是要学会把马克思列宁主义的理论应用于中国的具体的环境。"① 马克思主义的"知"与中国现实革命之"行"必须在革命实践中联系与结合起来，才有马克思主义的伟大力量，也才有中国革命的成功。毛泽东以马克思主义态度接受的知行合一立场，既是中国知行合一传统的现实化，又有力地指导着马克思主义理论在知行合一中中化的实践过程。

在毛泽东文艺思想中占有指导性地位的关于文艺工作方向的论述，一方面融涵着对于文艺功能的传统理解——在中国漫长的历史发展过程中，所谓纯文艺、纯艺术的主张及实践一直没有形成气候，而文艺与人生、与道德、与政治、与日常生活的关系则一直被强调与坚持，另一方面与马克思、列宁关于无产阶级、关于劳苦大众、关于人民的态度和主张具有深层一致性，因此这成为毛泽东的基础性理论资源，再有就是毛泽东一贯坚持并成功地转化为革命实践的革命领导力量及革命主力军的主张与构想。正是这三方面的结合，才有了毛泽东的文艺工作方向论。我们的文艺是为什么人的？"这个问题，本来是马克思主义者特别是列宁所早已解决了的。列宁还在一九〇五年就已着重指出过，我们的文艺应当'为千千万万劳动人民服务'。在我们各个抗日根据地从事文学艺术工作的同志中，这

---

① 《毛泽东选集》第二卷，人民出版社 1991 年版，第 534 页。

个问题似乎是已经解决了，不需要再讲的了。其实不然。很多同志对这个问题并没有得到明确的解决。"①"我们鼓励革命文艺家积极地亲近工农兵，给他们以到群众中去的完全自由，给他们以创作真正革命文艺的完全自由。"②毛泽东的文艺工作方向论成为一段时期全党文艺工作的指导思想，并经过那一段成功的革命实践被证明是正确的思想，其正确性的由来，离不开代表着那一时代的知行合一的马克思主义理论中国化。

（三）革命实践的课题检验

毛泽东作为一个时代的马克思主义中国化的成功代表，不仅是一位以马克思主义原典为理论基础的思想家，像后来的专事马克思主义理论研究的学者那样，后者的研究成果主要是理论性的，是理论的马克思主义中国化，而且是中国革命实践的领导者，他的马克思主义理论的研究成果当然也是理论成果，如他的那些哲学著作、政治讲话、时局分析等，都是堪称观点鲜明、见解深刻、逻辑严谨、表述生动的理论名篇，不过更主要的，还是这些成果的实践价值。这些理论成果的课题由来，是中国革命实践的迫切需要，其课题求解是对于中国革命实践的理论指导，其理论价值则来源于中国革命实践的真理性检验。

马克思主义理论中国化的两个基本渠道，即理论研究渠道与实践转用渠道，各有不同的理性活动参与其中，面对的问题及调用的理性资源也各不相同。不过，这两个渠道也有共通之处，即两者都须在中国的民族传统

---

① 《毛泽东选集》第三卷，人民出版社 1991 年版，第 854 页。
② 《毛泽东选集》第三卷，人民出版社 1991 年版，第 858 页。

与国情现实，包括国人的生存现实中确立根基。中国的理论家与中国的政治家，他们成为"家"的前提在于他们都须是中国的，然后才有各自的分工与差异，才有彼此的互通，才有理论家也可以成为政治家，或者，政治家也可以成为理论家的情况。而马克思主义理论的实践转用，比起其理论研究，则更具有现实生存的规定性。现实生存语境，同时也是现实生存，这是生存规定性也是被规定的生存。它包括生存史的现实延续，传统及习俗的现实活跃，被政治、经济、伦理、宗教、法律、艺术、传媒等社会各方面合力所规定的民主状况、交往状况、职业状况、家庭状况，以及特定时期的生存与发展任务、走势、指向等等。所有这些都是有所规定的，规定来源于上述各方面本身及其相互作用，这就是所谓道或者规律，道或规律在历史与现实的延续一体性过程中综合地发生作用并综合地实现。不同民族或地域有不同的生存之道，生存规律的规定性。不同民族或地域的生存实践的经验思考者或理论思考者对这类生存之道或生存规律进行理解、揭示与把握，或是表述于理论或是展开于实践，因此就有不同民族或地域的生存实践理性或历史生存理性。它相对于可以对自身发挥作用的其他民族或地域的理性而言，便是接受的主体理性，它所展开的实践便是民族或地域的主体性实践。主体理性或主体性实践实现着接受与转化外来文化的民族主体性或地域主体性，使之作为民族或地域的整体或独立体存在。

　　毛泽东以革命实践领导者的身份进行马克思主义理论的中国转化，革命实践的现实状况、目标、任务、政策、策略等，对于毛泽东而言，更具有迫在眉睫的严重性。在这种严重性面前，一切可供运用的理论及理论思考都必须首先为这些现实课题的求解所用。在这里，布尔迪厄所深刻揭示的实践逻辑成为必须坚持的主导逻辑，而理论建构或既有理论的内在逻辑则被打破或击碎，由此形成的理论断片因其有用于实践而被组织到实践逻辑的网络中，发挥实践的理论根据或实践阐释的功能。这个过程充满实践逻辑与思辨逻辑的矛盾，后者在何等程度上被坚持取决于它对于前者的有效性。就理论态度或理论主张而言，这便是实用主义或功利主义。实际上，毛泽东从不否定自己的功利主义态度，他长期将此作为反对教条主义的基本立场坚持："唯物主义者并不一般地反对功利主义……世界上没有什么超功利主义，在阶级社会里，不是这一阶级的功利主义，就是那一阶级的功利主义。我们是无产阶级的革命的功利主义者，我们是以占全人口百分之九十以上的最广大群众的目前利益和将来利益的统一为出发点的，所以我们是以最广和最远为目标的革命的功利主义者……"① 对毛泽东的这种理论立场，孟繁华评析说："在毛泽东看来，都更具有工具的价值，他更愿意从文艺理论家或文学作品中汲取有利于实现社会变革的某些观念，至于这些观念在知识系统中有什么样的意义，他并没有多大兴趣，那些与社会变革无关甚至抵触的思想观念，遭到批评和排斥就是意料之中的。"②

从这样的角度理解毛泽东的文艺思想，理解他的马克思主义理论中国化的历史代表意义，既可以更好地认识在那个特定时代中国代表性文艺理论建构的历史意义及历史局限，也可以更深刻地认识西论中化的实践性特点。比如抗战期间周扬从民族救亡实践出发进行的文学性质的阐释："为了救国，应该利用一切可能的手段。文艺是许多手段中的一种，文艺家首先应该使用自己最长于使用的工具……先是国民然后才是文艺家。"③ 冯雪

---

① 《毛泽东选集》第三卷，人民出版社 1991 年版，第 864 页。

② 孟繁华：《中国 20 世纪文艺学学术史》第三部，中国社会科学出版社 2006 年版，第 14 页。

③ 《周扬文集》第一卷，人民文学出版社 1984 年版，第 234 页。

峰从思想启蒙与社会革命角度对于鲁迅文学价值的实践性确认："鲁迅最初对文学的认识，他从事文学工作的当时的社会环境，他利用文学做他的战斗的工具的态度，就决定了他在文学上的地位：彻底的为人生，为社会的艺术派，一个伟大的革命写实主义者。"① 这类文学批评与文论阐释，都把文学或文学作品的属性及价值判断确定在革命功利主义立场上，都是从这一立场理解与运用马克思主义。这证明着毛泽东所建构的革命实践的功利主义文论，乃是马克思主义中国化的时代趋向。毛泽东提出的文艺方向问题、普及与提高问题、文艺为政治服务问题、文艺批评标准问题，以及百花齐放问题等，都有明确的实践针对性，都不乏如此提出的传统根据，也都能在马克思主义这里获得阐释与论证。

---

① 冯雪峰：《关于鲁迅在文学上的地位》，载《中华文学评论百年精华》，人民文学出版社 2002 年版，第 224 页。

|第三章| 中国马克思主义文论体系建构的多向敞开（一）

一、作为体系的中国马克思主义文论

中国马克思主义文艺理论尽管在长达八十年的建构中有其不同阶段的历史构成，这不同阶段的历史构成又有内涵、侧重点、功能等差异，但它仍然有自己的体系，不然，它们就不能共称为中国马克思主义文艺理论。

对于中国马克思主义文艺理论体系作一概述不仅有助于对它的理论整体性的深入把握，而且有助于发展它，用它指导文艺实践。

（一）唯物史观——中国马克思主义文艺理论的根基

倘若中国现代史中没有政治救亡运动，倘若中国人正在苦苦探寻政治救亡出路时没有用马克思主义作为理论武装的俄国十月革命的胜利，恐怕以救亡为己任的早期中国革命者就不会如获至宝地崇信、宣传、实践马克思主义。问题是政治救亡与十月革命都历史地发生了。这样的历史决定了

马克思主义为中国革命者所选择与接受，就是因为它的战斗的无产阶级革命的性质。所以，马克思主义在中国扎根，一开始就不是出于什么学术研究的兴趣。当然，这并不影响马克思主义本身的学术价值。

马克思主义被中国早期革命者选为战斗的理论武器，自然就要选择它最适宜于中国革命者去进行战斗的理论部分，并且这一理论部分自然要被进行革命的战斗的理解与宣传。马克思的唯物史观就为了这样的要求与理解而率先被引入中国。唯物史观又确实是马克思主义之精髓所在。恩格斯在马克思墓前演说时就明确指出，唯物史观和剩余价值是马克思的两个重大发现。尽管早期中国革命家李大钊与陈独秀也都对剩余价值学说有所介绍，但他们的关注点和极大的热情还是主要投向于唯物史观。

马克思对于唯物史观的经典表述是人们熟知的："人们在自己生活的社会生产中发生一定的、必然的、不以他们的意志为转移的关系，即同他们的物质生产力的一定发展阶段相适合的生产关系。这些生产关系的总和构成社会的经济结构，即有法律的和政治的上层建筑竖立其上并有一定的社会意识形式与之相适应的现实基础。物质生活的生产方式制约着整个社会生活、政治生活和精神生活的过程。不是人们的意识决定人们的存在，相反，是人们的社会存在决定人们的意识。"[1]引出这段大家熟悉的经典论述，是在于强调这样的共识，即唯物史观理论地解决的就是经济基础与上层建筑、物质与精神的关系。中国早期革命家及后来的革命家从中找到的阶级斗争的战斗内容，唯物史观固然有所包含，但它的被强调，则来源于政治救亡的"阐释"。李大钊所翻译的也正是这段唯物

---

[1]　《马克思恩格斯选集》第 2 卷，人民出版社 1972 年版，第 82 页。

史观经典的话。对这段话，或者说对于唯物史观，李大钊的阐释是："离了他的特有的唯物史观，去考他的社会主义，简直是不可能的。因为根据他的史观，确定社会组织是由如何的根本原因变化而来的……预言现在资本主义的组织不久必移入社会主义的组织，是必然的运命……他这三部理论，都有不可分的关系，而阶级竞争说恰如一条金线，把这三大原理从根本上联络起来。所以他的唯物史观说，'既往的历史都是阶级竞争的历史'。"① 李大钊的这一阐释成为后来中国共产党人对于唯物史观的经典阐释。

中国马克思主义文艺理论，如前所述，是应政治救亡之需而诞生的，它一诞生便把自己作为政治救亡的工具无保留地交付中国无产阶级革命。因此，唯物史观的上述经典阐释自然也是中国马克思主义文艺理论政治救亡构建阶段的阐释。而中国马克思主义文艺理论的奠基性译文《〈政治经济学批判〉序言》的经典观点，又正是唯物史观的艺术论。

因此，我们确认中国马克思主义文艺理论的理论根基，一定要注意两个要点：其一，唯物史观是中国马克思主义文艺理论得以建构、得以发展的理论基石，这一理论基石所解决的核心问题，便是经济基础决定包括文艺在内的上层建筑，便是存在决定包括文艺在内的意识；其二，奠基阶段的中国马克思主义文艺理论以及整个政治救亡的中国马克思主义理论，它的唯物史观的理论根基是为政治救亡的时代需要而阐释而有选择地强化了的唯物史观，即阶级斗争学说。都是唯物史观，但前者是基本原理的，后者则是基本原理的时代化。这两点不予区分，则对于中国马克思主义文艺理论就难以进行体系性、总体性的把握。

---

① 《李大钊选集》，人民出版社 1978 年版，第 255 页。

（二）服务方向与生活意识——中国马克思主义文艺理论的实践理性支柱

中国马克思主义文艺理论在政治救亡阶段的政治战斗性以及它当时意识到但为救亡所迫来不及展开的文化启蒙性，都是这一理论体系的现实实践特点的时代表现。这里要指出的是，它的鲜明的实践特点来源于它得以建构的理性规定，这理性便是面向历史实践与现实实践的实践理性。

实践理性这一概念，国内已有些学者在使用，它是相对于观念理性而言的，作为理性活动，它自然要求对于世界的本质规律的揭示与把握，不过它不沉湎于观念的思辨，它不把自己封闭在概念或范畴的逻辑之中，它的兴趣主要地不在于由概念到概念的逻辑演绎和抽象体系的建立，它更热衷于使自己在实践活动中展开，即在它所关注的实践活动中确定它的理论基点，提出它的研究课题，求得它的理论解答，并将由此获得的本质性规律性结论归入自己的体系建构。马克思主义的实践性的理论基点，就是唯物史观。这里所说的实践理性也可以称为马克思主义文艺理论建构的方法论。对此，马克思主义经典作家在对德国唯心主义哲学的批判中，曾明确地进行过对唯物史观的阐述："德国哲学从天上降到地上，和它完全相反，这里我们是从地上升到天上，就是说，我们不是从人们所说的、所想像的、所设想的东西出发，也不是从只存在于口头上所说的、思考出来的、想像出来的、设想出来的人出发，去理解真正的人。我们的出发点是从事实际活动的人，而且从他们的现实生活过程中我们还可以揭示出这一生活过程在意识形态上的反射和回声的发展。……不是意识决定生活，而是生活决定意识。前一种观察方法从意识出发，把意识看作是有生命的个人。符合实际生活的第二种观察方法则是从现实的、有生命的个人本身出发，把意识仅仅看作是他们的意识。"①唯物史观的伟大实践者毛泽东，在《实践论》、《人的正确思想是从哪里来的?》等重要著述中也做过同样观点的阐发。

中国马克思主义文艺理论正是在这样的唯物史观的实践理性中构建的，在构建中形成了实践理性的两个支柱，一是文艺及文艺理论的服务方向，二是文艺及文艺理论工作者对待生活、对待人生的态度。下面且分开来谈。

1. 文艺及文艺理论的服务方向

这一支柱，是通过不断地实践探询与理论研究，不断地弄清中国文艺、中国马克思主义文艺理论的存在、建构与发展的现实根据，即不断地追问与解答它们为何而存在，为何而建构与发展。正是在这样的不断的追问与求解中，这为何而在的"何"便实践理性地跃出，而把理论建构现实地导入实践。

为谁服务的问题，在中国马克思主义文艺理论的导师们那里确是被不断地强调着的。马克思的《共产党宣言》、《法兰西阶级斗争》、《路易·波拿巴的雾月十八日》等重要著作，都鲜明地飘扬着为无产阶级、为无产阶级革命而写作、而战斗的旗帜。深刻地阐发了剩余价值原理的《资本论》，贯穿始终的、冲动热情的理性活跃，也在为战斗的无产阶级提供理论批判的武器。马克思与恩格斯都不止一次地强调，他们的学说与理论不仅在于解释世界，更在于为进步阶级所用，去改造世界。恩格斯在他谈文艺问题的多封书信中，如《致斐迪南·拉萨尔》、《致敏·考茨基》、《致玛·哈克

---

① 《马克思恩格斯全集》第 3 卷，人民出版社 1960 年版，第 30 页。

奈斯》、《致保尔·恩斯特》等，特别是在《卡尔·倍克〈穷人之歌〉，或"真正的社会主义"的诗歌》这篇热情洋溢的著述中，都或者作为前提或者作为观点地提出为文艺代表进步阶级、为进步阶级服务的性质。列宁从开创无产阶级政权基业的极为艰苦复杂的现实环境出发，更为坚定地提出他的文艺是无产阶级总的事业的一部分，是整个革命机器的"齿轮和螺丝钉"的著名观点。他据此而激昂地高呼："打倒无党性的文学家！打倒超人的文学家！"[1]

　　而中国马克思主义文艺理论，从它奠基之始，甚至在奠基的前导阶段，就已经把文艺的为何而在为何而写的问题提到非常尖锐的程度。早在1932年，周扬便发表了《关于文学大众化》的文章，充满激情地提出文学要为劳苦大众服务，要"组织大众，鼓动大众"，使"劳苦大众一步一步地接近真正的、伟大的艺术"。[2]在中国马克思主义文艺理论的政治建构阶段，文艺为什么人的问题已被列为重要的政治问题："为什么人的问题，是一个根本的问题，原则的问题。……这个根本问题不解决，其他许多问题也就不易解决。"[3]这个问题在新中国成立后的主观政治化建构阶段，则被提到坚持党的政治路线的高度，文艺领域不断发起的批判斗争、改造运动等，为什么人的问题也始终被作为一个根本的、原则的问题。在新时期的主观政治的解束中，首先提出来的，还是这个服务方向的问题——用"文艺为人民服务，为社会主义服务"代替"文艺为政治服务"。当然，首先地提出这一问题，有当时拨乱反正的需要，不过就中国马克思主义文艺理论的体系性质而言，这个问题再次被重点提出，并且在此后的十多年的

---

① 《列宁选集》第 1 卷，人民出版社 1972 年版，第 647 页。

② 《周扬文集》第一卷，人民文学出版社 1984 年版，第 28—29 页。

③ 《毛泽东选集》第三卷，人民出版社 1991 年版，第 857—858 页。

时间里又不时地在各种现实文艺问题的分析、评论与指导中被强调，如对于通俗歌曲问题讨论中、对于文艺的社会效果与作家责任的讨论中、对于"主旋律"的讨论中、对于文艺市场化的讨论中等等，可以说，这里是有着必然性的。

这必然性来自唯物史观的实践理性的规定。在唯物史观，世界的根基及不断生成的母体是历史的物质实践，生产力与生产关系的发展变化不断地在物质实践中体现出来，形成物质实践的历史动态的展开过程。在这样的过程中因生产力的发展而导致的生产关系的变化，历史发展地组织着不同的实践群体或阶级群体，并历史地变化着各个群体或阶级对于历史发展的作用和意义。这种不断的变化必然要作为经济基础的变化而反映到上层建筑中来，于是就有了政治的、法律的、宗教的、哲学的、艺术的等等上层建筑各领域的变化。根据唯物史观的辩证意识或唯物辩证法，上层建筑各领域的变化又必然地反作用于经济基础，引起经济基础的社会实践性变化，从而使由生产力与生产关系原始地规定着的社会实践的变化更加复杂化，获得变化的上层建筑属性。为什么马克思主义文艺理论的建构必须实践理性地展开？这是因为不断变化的社会历史实践要求马克思主义文艺理论必须实践地予以把握，否则它就难免要背离唯物史观。为什么它必须不断地解决服务方向问题？因为它所根据的实践主体对象是在不断地组织着变化着，它必须时时地关注与研究这一变化，这才能保证它不偏离唯物史观所揭示的正确的历史发展方向。

2. 文艺工作者的人生态度

文艺工作者的生活或人生态度，包括如何认识生活，如何参与生活以及如何艺术地评价或反映生活。马克思主义经典作家对此非常重视，在他们几乎所有谈及艺术的文字中，都不同程度地涉及艺术创作者该如何认识、评价与反映生活。

在马克思与恩格斯首次共同撰写的著作《神圣家族》中，我们读到的是对于《巴黎的秘密》的作者欧仁·苏错误的认识、评价与表现生活的精当、深刻的分析与批判，并把这样的批判准确地导入对青年黑格尔派的批判（因为后者正哲学地强调了欧仁·苏的生活态度）；在马克思与恩格斯对于《弗兰茨·冯·济金根》的分析与批判中，我们读到的也是对作者的历史态度的批判，并且把这种批判又准确地引入作者所代表的那一派人物的错误的现实生活态度的批判。至于恩格斯的致考茨基、致哈克奈斯、致恩斯特等集中地评论文学作品的信件，无不涉及如何正确地认识与反映生活的问题。列宁谈托尔斯泰、谈高尔基，也同样是紧紧抓住认识与反映生活即生活态度问题。

这样一个突出的特点，自然也在中国马克思主义文艺理论中充分地体现出来。现实主义创作方法在中国文艺中始终唱着主角，而现实主义文艺批评在中国的文艺批评中也始终唱着主角，就有力地证明了这一点。现实主义就是要再现典型环境中的典型人物，而典型环境中的典型人物之所以是典型的，就在于它是它所属时代的本质反映，这样的本质反映没有作者对于生活的正确认识与深刻理解是不可能的。

出于正确的生活态度的要求，便有了中国马克思主义文艺理论对于文艺工作者深入生活、转移立场、改造思想、抓生活主流、表现主旋律、塑造新时代代表人物等主张、要求，以及相应的文艺批评及基础理论的阐述。极有代表性的便是毛泽东《在延安文艺座谈会上的讲话》中那段著名的号召："中国的革命的文学家艺术家，有出息的文学家艺术家，必须到群众中去，必须长期地无条件地全心全意地到工农兵群众中去，到火热的斗争中去，到唯一的最广大最丰富的源泉中去，观察、体验、研究、分析一切人，一切阶级，一切群众，一切生动的生活形式和斗争形式，一切文学和艺术的原始材料，然后才有可能进入创作过程。"①深入生活，正确地认识与表现生活，对于新时期文艺工作者仍具有普遍意义，同时也是新时期中国文艺理论建构的基本课题。

第二个支柱是第一个支柱的条件与现实实现的根据。理论地说，这是唯物史观的创作主体化，不解决生活态度问题就不可能本质地揭示与艺术地表现生活，就不能坚持唯物史观，就无法正确地解决服务方向问题；而实践地说，这又是文艺批评与文艺创作的现实指导。

（三）中国马克思主义文艺理论的体系结构

根据唯物史观与它实践地并且合于逻辑地引出的实践理性的两大支柱，以及根据几十年来中国马克思主义文艺理论的建构成果，可以对这一理论体系的结构作一概述。

这一体系结构大体由如下单元构成。

1. 中国马克思主义文艺理论的唯物史观的基本原理

马克思确立的唯物史观是哲学实践论的，是人类历史发展规律的一般抽象。唯物史观的生产力与生产关系、经济基础与上层建筑、物质形态与意识形态的关系论述可以用于分析人类历史上的任何一个时代。但对不同时代应根据不同的时代状况，进行上述关系的时代特殊性的理论分析与理

---

① 《毛泽东选集》第三卷，人民出版社 1991 年版，第 860—861 页。

论阐述。如果把彼一时代的诸种关系的理论分析与阐释套用到此一时代，就难免犯主观化的错误，这也就违背了唯物史观。当下市场经济发展中上述关系就发生了较之前的很大变化，由此提出了不少前所未及的理论课题，这方面的研究有待进一步展开。

2.中国马克思主义文艺理论的文艺本质论

这是唯物史观的文艺学的观念推行，它从本质上研究马克思主义文艺理论，揭示文艺的本质所在。不同的理论体系对文艺本质有不同的理解与揭示。马克思主义的文艺本质论确认文艺的现实生活的意识形态性质，确认文艺是生活的本质的能动的反映，并且文艺总是要在历史性社会实践的社会性与整体性展开中，为社会性与整体性地体现着社会发展方向的实践主体服务。这样的实践主体，必然与一定时代的经济基础及上层建筑关系体现的历史主流的变化或变革具有本质一致性。为此，中国马克思主义文艺理论必须关注、投入与把握时代主流，并对之进行艺术地揭示。当下的一个重要课题是：它如何对涌入国内的各种非马克思主义文艺本质论予以实事求是地分析评价乃至生命力旺盛地吸收；同时，对于不切合马克思主义文艺本质的各种现实文艺现象及诸种文艺动态，作出艺术的而不是政治的、灵活的而不是僵化的、包容的而不是狭隘的、理性的而不是情绪的分析与批评。

3.中国马克思主义文艺理论的文艺价值论

中国马克思主义文艺价值体系是它的文艺本质论的合于逻辑的引发。它揭示生产力与生产关系、经济基础与上层建筑、上层建筑各部门间在社会变革与发展中的矛盾，揭示据此而生的意识形态及思想形态中的矛盾，揭示这类矛盾的时代性，并使之艺术化；它创造性地展示在上述矛盾运动中体现着时代发展主流的实践主体的精神面貌、性格特征，展示他们在这类矛盾过程中的个性与人性体现，从而发挥其文艺的审美、认识与教育功能。这是马克思主义文艺价值论的核心所在。这一核心在马克思主义文艺价值体系的建构中，需要面向现实文艺实践而具体化并引申开来。如这一价值体系的文艺门类的分化，向着不同文艺流派、文艺创作方法、文艺风格的分化，尤其是对于那些表现文艺、象征文艺、解构的形式文艺等诸类新的文艺现象，对于它们的审美价值或潜存的认识价值的合于文艺价值判断规律的——而不是其他的什么价值判断规律的分化。对于这一价值体系的分化与建构的逻辑根据与理论要点的阐释，均属于马克思主义文艺价值论。

4. 中国马克思主义文艺理论的创作方法论

这一创作方法论的要点，是如何把唯物史观所属社会整体性地、历史一般性地揭示的社会实践的时代矛盾运动及时代主流与文艺的形象反映或符号表现的本质属性有机地结合起来，即如何在具体的个别的文艺形象或符号中展示历史与时代的一般性。这种寓一般于个别的创作与接受的心理根据，使之转化的理论根据，以及创作或转化中创作主体的主观倾向融入的创作根据等，经典大师在典型、典型与典型环境、真实性、真实性与倾向性等说法中均已有所论证。多年来，中国马克思主义文艺理论又一直把经典大师的这些说法上升为基本范畴而加以研究，多方面地展开论证，成果颇丰。而当下，这类问题在来势凶猛的时代变革中，又要求有进一步的、更具有动态性或辩证性的理论解答。

5. 中国马克思主义文艺理论的创作主体论

这是中国马克思主义文艺理论一直非常关注的一个问题，也是以上诸方面得以现实地落实的问题。这一问题的理论重点，一是创作主体如何求得对于生活的真实反映，一是创作主体如何在文艺创作中真正发挥主体作用，求得更大的主体创作自由。主体创作自由不仅是在文艺形式、文艺创作方法等艺术方面的不拘一格的创新与创造；而且，在真实地反映生活方面，它也没有必要受任何主观意识的约束，这主观意识包括那些虽则被权威地说出并且在一段时间内被普遍地接受，但却缺乏实践检验的关于社会生活本质或社会生活主流的看法。因为很显然，每一个想替生活本质代言的人，都会设法"赋予自己的思想以普遍性的形式"。① 马克思主义的创作主体自由论，在当下的社会转型期，尤其是一个有待深入论证的理论课题。

二、冯雪峰的革命实践的马克思主义文论体系

在中国马克思主义文艺理论的创构中，冯雪峰是值得重视的人物之一。在政治气氛浓烈的 20 世纪 30 年代，他从实践出发阐发马克思主义文艺理论，强调文艺、政治和生活的本质同一关系，主张创作主体的主观能动性，坚持实践意义的文艺批评方法，见出他对马克思主义文艺理论精髓的领会与创造性发挥，以及追求真理的勇气。

冯雪峰作为文学理论家而成名的那个时代，正是中国民众在中国共产

---

① 《马克思恩格斯全集》第 3 卷，人民出版社 1960 年版，第 54 页。

党领导下进入新民主主义革命与民族救亡的自觉时代，这一时代的革命与救亡的民众自觉特征，便是中国共产党革命领导地位的日益突出与坚实，便是马克思主义越来越成为指导中国革命与民族救亡的理论基础。

这是一个大的时代背景，在这个时代中所发生的各种有历史影响或有历史意义的事件、人物、思想理论主张，都在这样的时代背景中推出，并都必然地分有这一时代的革命与救亡的自觉特征。当然，这样对当时的革命与救亡进行自觉的时代特征概括，并不意味着大家必须都是中国共产党的和马克思主义的，而只是说由于中国共产党最充分地代表着中国革命与救亡的大众利益，所以当时有意义的革命与救亡的行为与思想都不会背离中国共产党所指导的革命与救亡的方向；马克思主义以历史规律的指示与指导合于历史规律的革命实践为本质特征，由此说，当时自觉化的革命与救亡，也必然自觉于历史规律的把握及实践的运用，因此也必然地不会背离马克思主义。经过一个世纪的历史理性的沉积，我们回顾发生于那一个时代的革命与救亡的行为与思想，反思这些行为与思想的历史意义，抓住当时的时代自觉特征，并据此进行意义的衡定，这应该是一个总的思路。这里对冯雪峰文论的重估，也正是在这样的思路上展开。

（一）根基于实践的马克思主义文艺思想

冯雪峰 1926 年开始研究、介绍与传播马克思主义理论，1927 年加入中国共产党，1929 年参加左翼作家联盟的筹备工作，1930 年与鲁迅等共同发起成立中国自由运动大联盟。他青年时代这样的经历，使他与马克思主义、与中国革命有了一种深刻的联系，可以说这种联系已构成他的基本生存状态，并且，在此后数十年的政治生涯中，尽管备受磨难，他始终没有疏离这样的生存状态。他曾长期从事党的文艺领导工作，以革命文艺领导者的身份领会马克思主义，接受并宣传党的政治观念与文艺观念，进而在这样的情况下建构他的文艺理论。于是，马克思主义理论基础、为政治斗争服务的革命实践、为民族救亡而团结奋斗的大众基础，便形成了冯雪峰革命的马克思主义文艺理论的基本特征。

冯雪峰曾从文艺批评的角度阐发他的马克思主义文艺思想，这一阐发，集中地体现了他的如上面所概括的文艺理论的基本特征：

> 革命现实主义的文艺批评方法，或者说马克思主义的科学的文艺批评方法，是要分析文艺和人民生活的具体的真实的内容和关系，所负的任务并不下于创作，有时甚至要求走在创作之前，这都只能在具体批评里才能达到。
>
> ……具体的文艺批评首先就是生活的批评，社会的批评，思想的批评。一般社会斗争上和思想斗争上的战斗的批判工作，在我们新文化史上原是最为辉煌的一个传统，这当然不就是文艺批评，但却与文艺批评相通。文艺批评可以通过作品而向着生活和社会作批判，也可以直接向着生活和社会作批判。同时，将文艺现象当作社会现象去探讨，将我们文艺的生命和精神当作人民的新生的精神去掘发，这就使文艺批评不仅将文艺介绍给读者，从作品分析上尽着掘发生活，批评生活的作用，而且它本身也是直接地掘发生活，批判生活的独立的创作活动。①

---

① 冯雪峰：《论民主革命的文艺运动》，《雪峰文集》第二卷，人民文学出版社1983年版，第180页。

冯雪峰在这里强调文艺批评与生活批评、社会批评、思想批评的本质同一性，注意经由文艺批评而进行生活、社会与思想批评，也同样注意在生活、社会与思想批评中求得文艺批评的展开，这其实就是文艺社会学或文艺政治学的批评。可以说，这种文艺社会学或文艺政治学的文艺批评，与马克思主义经典作家所坚持的文艺批评，如马克思、恩格斯在《神圣家族》中对于《巴黎的秘密》的批评，马克思在《致斐迪南·拉萨尔》、恩格斯在《致斐迪南·拉萨尔》中对《弗壮茨·冯·济金根》的批评，恩格斯在《致玛·哈克奈斯》中对《城市姑娘》的批评等，在思想方法与批评方法上都一脉相承。

正是经由这种文艺社会学或文艺政治学的批评，冯雪峰使自己的文艺思想与当时的革命斗争和民族解放救亡运动紧密地结合起来，并使之一体化。由此，他的文艺思想与文艺批评便也成为当时的政治斗争与民族救亡的文艺思想与文艺批评。他不仅要求文艺及文艺创作、文艺批评要积极地反映政治斗争与民族救亡，而且强调它们本身就应该是政治斗争与民族救亡运动的一部分："政治的宣传教育之需要于文艺，自然是运用文艺的特殊地有效的条件和方法，但文艺必须从这宣传教育上生长和壮大起来。我们二十多年来的文艺的主要特征，正是民众的启蒙的教育的特征。我们的基本态度，是将文艺作为改造社会、人民争取解放之广阔的武器。"①

冯雪峰从政治批评、社会批评与文艺批评的本质同一性关系入手建构自己的文学理论，这就形成了他的马克思主义文艺思想的突出的革命实践特色。

---

① 冯雪峰：《文艺与政论》，《雪峰文集》第二卷，人民文学出版社 1983 年版，第 61 页。

毋庸置疑，当时的时代是社会全面震动着的政治革命与民族救亡的时代，生活中的方方面面都不同程度地卷入革命与救亡的洪流，作为当时的文艺、文艺思想，也自然要与革命与救亡的实践有所联系，这规定着当时不同的文艺家、文艺思想家在从事自己的文艺活动与建构自己的文艺思想时，与当时的社会实践的紧密关系，就是说，实践性应该是当时文艺与文艺思想的一种普通性。这里，把冯雪峰的文艺思想及文艺批评用突出的革命实践特色加以概括，是因为他的文艺思想与文艺批评的实践性，不仅是更具有无产阶级革命性，而且这实践性也更为充分与深刻。

冯雪峰文论的实践性，或者说，他强调文艺思想的实践根据，集中见于如下方面。

1.从实践出发阐释马克思主义文艺理论

与冯雪峰同时，从事马克思主义文艺思想研究与宣传马克思主义文艺思想的人不在少数。这些人可以大体分为两类：一类是从当时传入的马克思主义文艺思想的理论出发，用理论去衡定实践，把实践变成理论的证明，这类人中的为数不少者成为教条主义者；另一类是从当时的革命斗争与民族救亡的实践出发，带着文艺实践的问题，求解于马克思主义文艺理论，不是把实践用于理论的证明，而是用理论更为深刻地指导实践。当时，属于这第二类人的，为数并不多，这与马克思主义文艺理论的实践运用离不开对这一理论的更为深刻的理解，而在当时情况下能理解马克思主义文艺理论者为数不多有关。冯雪峰属于后者。

冯雪峰文论的一个特点，便是他很少套用马克思主义经典作家的理论话语，甚至连引用也并不多见。但是他的文艺思想的展开又很符合马克思主义基本原理，即是说，他对于马克思主义文艺思想的坚持，主要体现于当时的革命实践之用。如冯雪峰针对当时周扬等人对"民主革命战争的大众文学"的提法持有异议，便指出周扬是在空谈马克思主义的现实主义，是在对马克思主义的现实主义创作方法进行理论的套用："……在现在首先的问题是使抗×文学运动扩大化与使作家容易地和抗×斗争接近起来。周扬以为民主革命战争的大众文学没有包括创作方法，就不能作为前进文学的创作口号，又以为前进文学运动在现在不能提自己的口号，这两点都恰恰烘托出了周扬是一个十足的'空谈家'，对实际问题或'左'或'右'把握不住的。"①冯雪峰对于马克思主义文艺思想的实践的坚持，在他关于文艺与政治的关系的论述、文艺大众化的论述、文艺的民族化与世界化的关系的论述、现实主义的论述及具体的文艺批评中，都很充分地体现着。

如对于文艺大众化的论述，他的大众化的艺术论是建立在他所把握的文艺—政治—生活的关系脉络之上。在这个关系脉络中，政治与生活决定性地发挥着作用，在这样的作用下，文艺的能动力越来越发挥出来，又反转来给政治与生活以决定性的影响。他认为，在救亡图存的民族斗争与革命斗争中，广大民众与文艺工作者都毫无例外地被卷入其中，本来就与生活具有本质同一性的政治斗争在这样的危机情势中，在不断的政治宣传与发动中，越来越发展壮大并广泛化为人民大众的现实生活。这样，政治与生活的本质同一性就进而成为政治与生活的一体化，政治既是现实生活，现实生活也既是政治。应该说，在那样一个特定的历史阶段，政治斗争确实与现实生活取得了一体化的历史最高程度，冯雪峰和当时强调投入与展开救亡的政治斗争的人们都没有错。

---

① 冯雪峰：《对于文学运动几个问题的意见》，《雪峰文集》第二卷，人民文学出版社 1983 年版，第 21 页。

但冯雪峰并没有就此走上单纯政治化或政治口号化的道路——像当时不少人那样，而是能够生活实践地理解政治斗争，并且能在生活实践与政治斗争的本质同一性关系中理解艺术大众化问题。对艺术大众化运动的具体内容，冯雪峰概括地说：

> ……即是大众文化生活及艺术生活的组织，大众革命艺术的创造及大众作家的培养，知识者作家之大众生活的体验及艺术形式内容之新的改造，以至大众语的研究及创造，革命文化的启蒙及包括识字运动在内的大众文化水平的提高，甚至革命政治的通过初步艺术形式的大众宣传，等等。①

对包含着这些具体内容的艺术大众化运动，冯雪峰从事物由低级到高级发展的一般规律，推出艺术大众化也必然在其展开中不断地由低级向高级发展的结论：

> 发展的艺术运动，重复的说，和别的发展的运动一样，向更高发展是它的本性；我们的艺术运动取着"艺术大众化"的路线，虽然抵抗线很大，在艺术运动有它自己的正当的最高目的，即一切"艺术大众化"课题中的革命的抗战的任务之初步的实践，都要使其归结到一点：自己向更高阶段的发展，而跳到对革命的更高的实践。②

---

① 冯雪峰：《关于"艺术大众化"》，《雪峰文集》第二卷，人民文学出版社 1983 年版，第 31 页。

② 冯雪峰：《关于"艺术大众化"》，《雪峰文集》第二卷，人民文学出版社 1983 年版，第 32 页。

这里有一个关系，即艺术的目的性发展，与决定艺术发展的目的性的抗日的政治斗争实践的关系。在这一关系中，抗日的政治斗争实践，为艺术规定了大众化的发展目的，艺术在大众化的发展目的中不断地完成着抗日的政治斗争的实践任务，并在这个过程中求得自己向更高阶段的发展。由于艺术的这一大众化的发展始终是在抗日的政治斗争实践的关系体中的发展，所以前者的发展并不是艺术的单一发展，而是相对于抗日的政治斗争实践的发展，亦即"跳到对革命的更高的实践"。

在艺术与政治实践的关系体中分析艺术大众化对于政治斗争的关系，并经由这种关系确定艺术大众化发展的关系条件，这是冯雪峰的艺术大众化发展观的深刻之处，适合于马克思主义实践论。马克思主义实践论认为实践总是一定关系中的实践，在这种实践关系中，对象成为实践主体的对象，对象的条件限制着主体的实践，主体在实践中使自己对象化，并且在对象化的实践中改造对象同时也改造和提高自身。

冯雪峰也曾经明确地谈到理论与实践的关系，谈到现实主义创作方法的理论强调与实际运用的关系问题。这可以看作是他的马克思主义文艺思想实践特征的理论概述：

> "正确的世界观"不是一个枣子，可以化一个铜子买来，长久放在袋里的。不是有"没有实践就没有理论"的名言么？为什么呢？就是说，离开了实践，理论就是停止了的，死了的，灰色的东西。因此，周扬的机械的观点，在于一则将"世界观"的研究和作家的实践机械的分开，二则强调抽象地研究"世界观"，将"世界观"看成为抽象的东西。由于这样的不正确的了解，就带来了现实主义创作方法的运用和提倡上的不求和实际运动相并进，以及批评家的高谈式的偷

懒和不尽职了。①

　　冯雪峰可以说是一位自觉的马克思主义文艺思想的实践论者。以上所引文字是冯雪峰于 1936 年的见解，这是中国的马克思主义文艺理论初建阶段，冯雪峰能自觉到马克思主义对于中国革命斗争与民族救亡的价值首先在于其实践性，并据以阐发他的实践的马克思主义文艺思想，应该说这确实是十分难得的。

2.强调主观能动性的文艺实践观

　　冯雪峰坚持从实践出发的文艺思想，使他更能据实立论，更能从文艺与社会的实际情况出发，去阐发党的政治工作任务，去理解党的政治工作与文艺工作的关系。因此，他能很清醒地反对、批判当时在不少知识分子与文艺界人士中流行的"公式主义"、"教条主义"、"关门主义"等。

　　冯雪峰坚持从实践出发，他又并不认为文艺只能是客观现实生活的被动反映，相反，他肯定"主观力"对于实践的能动性。他认为，从根本上说，社会的历史发展是一种客观的物质力量，这种客观的物质力量决定着人们的主观精神活动。同时，他又认为主观力量从客观的物质力量产生出来，随之便对客观物质力量产生不容低估的主动作用。这是一个客观力量与主观力量相互转化的过程，这一过程是经由人民的现实客观斗争而完成的——

　　　　我们认为主观或主观力量总是在被客观所决定的前提之下，从

---

　　① 冯雪峰：《对于文学运动几个问题的意见》，《雪峰文集》第二卷，人民文学出版社 1983 年版，第 25—26 页。

被动到主动，或从被物所役到役物的斗争过程中产生的；因此，在我们，最着重的是这斗争。就是说，我们着重的是历史的社会的现实矛盾的斗争，我们不回避而且发扬这斗争。主观力就在这客观的矛盾斗争中产生，并正在矛盾斗争中斗争着，它不能离开客观的斗争和条件，它却必须和能够遵照客观的辩证的法则为自己改变与创造客观的条件与力量，也就是说，使客观的力量变成为自己的主观的力量，并使自己的主观的力量变成为客观的存在。因此，要求主观力，首先必须要求投入这样的斗争；要求主观力的发扬，必须要求这样的斗争的发扬，更不能使主观力及要求从人民的现实客观斗争中脱离出来。①

冯雪峰对于主观精神与客观物质力量在现实实践中相互转化的论述，显然是合于马克思主义的辩证唯物论与实践论的，在当时机械唯物论与教条主义为很多人所坚持的情况下，他强调主观能动性的实践观确实是很不容易的。在后来的政治斗争中，冯雪峰因此而遭受批判，被指认为主观主义者，这更证明冯雪峰坚持实践观点又重视主观能动性，这是在一个不大容易廓清的马克思主义理论问题上形成了自己的真理性认识。

出于这样的实践观，冯雪峰在论及文艺与革命实践的现实关系时，才能给文艺家以更大的创作自由，才能从文艺创作的主观能动性角度，给文艺家的热情与理想的主观表现留下为当时普通理解的"现实主义原则"所难以留有的创作天地。他据此形成重视文艺家主观表现的文艺批评思想与文艺领导思想：

---

① 冯雪峰：《论民主革命的文艺运动》，《雪峰文集》第二卷，人民文学出版社1983年版，第153页。

在我看来，我们最要紧的是积极的看法和领导，尤其对于从作家或诗人的口，用了文艺的诗的表现方法说出来的话，不要太当作科学的理论去看；倘若当作科学的理论看是随处可找到错误或倾向来，但作为他们的心情的表白看，就可看出一些积极的意义……

在具体的作品上，所谓"向精神的突击"，如果是指的作家被自己的对人民的热情和生活的理想所推动而燃烧一般地从事写作，以及向人物的所谓内心生活或意识生活的探求，那么这正是我们所要求，并且也正是几年来我们文艺上的一个大展开。①

近些年来，国内一些研究中国马克思主义文论史的学者也注意到了冯雪峰文艺思想中的这种重主观能动性的实践观特色。如马驰就曾对比卢卡奇与冯雪峰的现实主义理论，指出与卢卡奇相似，"冯雪峰的现实主义理论中也强调创作中的主—客观统一，他从不回避作家主观在创作中的作用。他既重视现实生活在创作中的作用，也同时重视作者主观在创作中的地位。他反对艺术仅仅是生活的客观反映的观点，认为并非一切生活反映都是艺术……冯雪峰实际上揭示了主—客观的统一只有通过艺术实践才能达到，现实不等于艺术，仅有作家的主观也构不成艺术，只有艺术实践才是连接主—客观统一的枢纽，才使艺术获得生命，这种辩证思想与卢卡奇也是极为接近的"②。马驰的这一比较是准确的。

---

① 冯雪峰：《论民主革命的文艺运动》，《雪峰文集》第二卷，人民文学出版社1983年版，第153—154页。

② 马驰：《卢卡奇、胡风、冯雪峰现实主义理论的比较研究》，载《马克思主义美学研究》第1辑，广西师范大学出版社1997年版，第257—258页。

3. 基于实践的文艺批评

冯雪峰的实践的马克思主义文艺思想被具体地运用于他的文艺批评中，而且，他的这一文艺思想，也正是在具体的文艺批评中得以实践地建构。

前面说过，冯雪峰的实践的马克思主义文艺思想，见于文艺批评，主要是经由社会学与政治学的批评，把他所处时代的社会现实与产生于这一时代的文艺作品，在本质同一性的理解之下，进行社会学与政治学的分析，把对于当时社会现实的这种分析导入文艺作品的分析，再用文艺作品的社会学与政治学的分析与这种社会现实的分析相比照，以后者为前者的批评标准，并由此对前者进行真实性的价值判断。这种批评方法的突出之处，是强化文艺对现实生活的社会与政治的认知功能，并借助这样的认知功能使文艺最大可能地成为现实实践的一部分。

这种强调实践意义的文艺批评方法，在冯雪峰文艺批评活动的极为活跃的三四十年代，是可以很好地发挥文艺的革命斗争与民族救亡的战斗意义的。这在革命斗争与民族救亡客观地成为那一时代的重心所在，成为事关天下兴亡之大计时，确实有其从容坚定的历史意义，确实为当时民众所需。但这样的批评方法，忽略或不经心于文艺的艺术规律、艺术价值、艺术特征的分析与评价，有使文艺的认知价值唯一化的趋向，并且这一趋向已经演化为相当一段历史时期的文艺批评现实。冯雪峰的文艺批评，在这样的批评方法中展开，一方面突出了他文艺思想的实践特征；另一方面又留下了在艺术分析中失去平衡的缺憾，甚至有时陷入他自己所反对的空洞化、公式化的误区。

他评论最多也最为深刻的是鲁迅。在对鲁迅作品的分析中，他的政治的、社会的实践批评方法被很充分地运用着。他通常的做法是先确定作品题材的现实时代根据，进而对这现实时代根据进行社会的、政治的特征概括，努力求得社会学或政治学的本质揭示，这样，他就获得了一个本质批评的标准。依据这一标准，他再进行作品分析，分析的目的是要找出作品所揭示的时代的社会本质在何等程度上与他先前所获得的本质批评标准相一致或相应，一致或对应得越充分，则作品的时代价值便越高。他还经常把时代的社会本质的分析与社会的历史发展的分析结合起来，使所获得的社会本质的标准在历史的本质认识中合成并受到历史的检验。于是，当他进一步把这样的现实与历史的标准运用于作品的分析与价值衡定时，他就使作品的价值判断有了历史的深度。

应该说，这样的文艺批评思路，在马克思主义经典作家所进行的文艺批评中确实是一以贯之地坚持着。因此，说这是马克思主义的文艺批评方法或文艺批评思路是立言有据的。但这里有两个问题需要指出：一是马克思主义经典作家都不是专门的文艺思想家与文艺批评家，他们对于文艺批评的偶一为之，都是在他们的哲学、政治学、社会学及革命的实践理性的大思路中进行的，他们的文艺批评主要是为他们倾心展开的大思路求得一些论证，所以他们的文艺批评毫无例外地指向哲学的、政治的、社会的、历史实践的大思路，也就十分正常，后来的马克思主义的追随者，包括冯雪峰，当他们以专门的文艺思想家或批评家的身份，运用马克思主义经典作家的这套方法进行文艺批评时，他们并没有经典作家进行批评时所指向的那个大思路，他们的指向或者是一定的文艺思想体系或者是现实文艺实践。这种指向的变化所带来的文艺批评方法或思路的变化，在很长的时间里，被相当多的文艺思想家或批评家们忽略了。冯雪峰文艺批评的缺憾主要是由此产生。二是持这种批评方法或批评思路的文艺思想家或批评家，由于他们并不具备马克思主义经典作家的哲学的、政治的、历史实践的大思路，他们中的大多数，当然也包括冯雪峰，既不是真正意义的哲学家，也不是真正意义的政治家或历史学家，这便决定了他们政治的、社会的或革命实践的本质分析，根本无法达到马克思主义经典作家的深度，也难以达到与他们同时代的马克思主义政治家如毛泽东所能达到的深度。他们是革命的文艺思想家在谈政治、谈革命实践，因此他们所谈的东西便主要是从当时的政治家或前在的经典作家那里引用或借鉴而来的，这大概就是为什么这种文艺批评路数很容易产生这样或那样毛病的真正原因。

与同时代的一些教条主义者相比，冯雪峰在其文艺批评中对于政治理论的套用或机械理解的情形并不严重。他更注重于融会贯通的理解，并基于这样的理解去进行生活的时代与历史的本质揭示，这使得他对一些重要问题的看法，在大体合于当时革命的主导政治理论的同时，常常又有独到见解或者创见。比如 1945 年至 1946 年间，重庆左翼文艺工作者就话剧《清明前后》与《芳草天涯》展开讨论，这场讨论发展为一场关于政治性与艺术性的论争。在这场论争中冯雪峰反对教条地理解文艺与政治的关系，认为："对于作品不仅不要将艺术的价值和它的社会的政治意义分开，并且更不能从艺术的体现之外去求社会的政治的价值。对于社会的政治的东西之艺术的体现或生产有高低，因此艺术价值有高低，因此社会的或政治的价值也有高低。所谓政治的价值（或革命的价值），一般说是社会的价值，不是狭窄的而是广义的，这须对象是艺术的（无论水平高低总须是艺术的）作品，即指那作品所带来的一切意义之总和而说的。""政治决定文艺，根本地说社会生活和斗争决定文艺，这句话当然是真理；但这决定的过程就是两者矛盾斗争的过程，其中体验着社会本身的矛盾斗争，尤其经历着作者的自我斗争；在这矛盾斗争的决定过程中，也就包含着文艺决定政治的事，而且从文艺本身的最后到达上说，还不能不把政治决定文艺的原则变成为文艺决定政治的实现的东西，也就是具体的作品了。"① 由此可见，对于文艺与政治的关系这一重要问题，冯雪峰没有简单地套用"政治决定文艺"的说法，而是持辩证态度，认为"政治决定文艺"，但经由作者的自我斗争，文艺也能反转来决定政治。冯雪峰的这一看法与当时已被解放区文艺理论工作者作为经典奉行的毛泽东在《在延安文艺座谈会上的讲话》所确认的政治决定文艺的说法有所背离，但从几十年后的今天来看，冯雪峰对二者关系的辩证的看法显然是有道理的。

（二）大众化的文艺主张

20 世纪 30 年代，左翼作家配合整个政治文化情势提出艺术大众化问题。对这一问题，当时的革命文艺理论队伍曾展开广泛讨论和争论，讨论和争论在毛泽东《在延安文艺座谈会上的讲话》那里获得了统一。不过应该说，《在延安文艺座谈会上的讲话》对艺术大众化问题所作的阐述，主要是一种时代的政治的阐述，是针对当时的革命政治斗争与民族救亡的时代课题而发，尽管其中是含着艺术与社会生活、艺术与民众关系、艺术的接受发展这类艺术的基本问题，并且毛泽东的阐述是确有其深刻性的，但这些阐述毕竟是受当时的时代政治状况的限定的，因此不可能作更多的艺术的延伸。与之相比，在统一于《在延安文艺座谈会上的讲话》之前的艺术大众化的争论，及后来面对艺术实践而形成的对于大众化问题的新的理

---

① 冯雪峰：《题外的话》，《新华日报》1946 年 1 月 23 日。

解，就艺术规律的揭示而言，则更多一些富于启发性的内容。

在艺术大众化问题的讨论、争论及后来的理解中，冯雪峰的看法有其独到处与深刻处。概括地说，即：

1. 从艺术与政治的关系角度认识艺术大众化问题

冯雪峰在强调艺术为政治所决定、为政治服务的前提下，又能辩证地强调艺术对于政治的能动作用，认为在一定条件下，艺术又能反过来决定政治。这种艺术与政治的相互决定论，特别是他明确地表述："从文艺本身的最后到达上说"，即就那完成了的文艺作品而言，应该是"文艺决定政治"的。这种看法的提出，在当时政治决定文艺这一观点被强调得几近绝对化的政治气候中，自然是需要勇气的。

冯雪峰之所以在延安文艺界整风之后仍坚持这样的看法，与他对于政治特别是政治与生活关系的独到理解分不开。他认为政治所以重要，是因为政治便是生活的基本形态，也是生活矛盾的集中体现，深刻的政治思想与政论，用冯雪峰的话说即"真真的政论"，其本身便是"卓拔的社会思想，是现实的历史的真理的发现与阐明，而且跟着现实战斗的进展而发现，也是常常有所预见的。正因为政治与生活具有如此本质同一性的关系，而艺术又是绝离不开生活并且本质上为生活所决定的，所以它也就自然为政治所决定。"① 这样来理解政治与社会生活的关系，有泛政治化的倾向，这也是当时的一种普遍倾向，算不上新见。但冯雪峰的独特处在于他不是像当时的很多人那样处处给生活以政治的解释与分析，

---

① 冯雪峰：《文艺与政论》，《雪峰文集》第二卷，人民文学出版社 1983 年版，第 58 页。

使生活在这样的解释与分析中政治化；相反，他是很注意给政治以生活的解释，使政治在解释中生活化。如冯雪峰在剖析"左"倾机械论和主观教条主义的文艺理论对于文艺与政治的关系所造成的歪曲时，就主要是从文艺与人民生活的角度而不是从政治角度加以阐发："'左'倾机械论和主观教条主义的文艺理论，没有理解我们的文艺就是从人民的变革生活的要求中产生，倘若我们所主张的阶级的文艺不是反映人民的生活的要求，革命斗争的要求，不反映在民族的社会的复杂生活中的人民的复杂而具体的思想感情和一切生活形态，那么我们就没有文艺，也就没有文艺的武器。"[1] 正是出于这样的理解，冯雪峰所强调的文艺为政治服务，通常也是在说文艺为生活服务。他的政治与文艺的相互决定论，所以能在严峻的政治环境下体现出辩证的灵活性，就在于他使文艺与政治的关系获得了生活的解释。

冯雪峰在如此理解文艺与政治和生活的相互关系的基础上，提出他的艺术大众化思想。他从政治斗争角度提出艺术大众化问题，并由此对艺术大众化问题进行政治的本质定性："'艺术大众化'这口号的根本任务，是配合着整个政治和文化的情势。"[2]"政治与艺术的关系之趋于统一的解决，是由于整个国家政治与抗战之（辩证的）统一的开展，抗战与革命之统一的开展，这在现在，且比平时更为加快和更为幅广了。……'艺术大众化'，由于它的问题的提法——它包含广大的全面的内容，和这些内容的历史背景及广大而坚实的现实根据，得到了它的现实主义的统一性与发

---

① 冯雪峰：《论民主革命的文艺运动》，《雪峰文集》第二卷，人民文学出版社1983年版，第128、129页。

② 冯雪峰：《关于"艺术大众化"——答大风社》，《雪峰文集》第二卷，人民文学出版社1983年版，第30页。

展性。"① 在这样的定性中也可以看到，冯雪峰强调艺术大众化与政治的关系，是出于他对于政治的大众生活的理解。

当冯雪峰对于艺术大众化在政治斗争与救亡运动中得以展开进行动因分析时，他的这种对文艺、政治和生活的本质同一关系的理解，便成为他的有力证据：

> 抗战开始，客观形势真是空前地利于大众化运动的发展，也空前地要求着文艺运动从大众化的路线为民族革命战争服务了。一方面，人民的斗争全民族地展开，而任何地方都提出从政治上去进行抗战动员的宣传教育工作，一方面，因战争的流动和人民的动员，使所有所谓文化人，作家和知识青年，实际地全面地接触着人民的现实生活和斗争；所以，一方面，由于作家之民族的政治的要求，几乎每一个作家都多少要参加一些大众的政治宣传工作，一方面，多数作家由于和丰富的多方面的人民生活的实际接触，文艺有了新的面貌，而各种试作的大众作品，在量上就真的空前地多起来了。②

从这段分析可以看出，冯雪峰有力地抓住了艺术大众化—政治—生活这一关系脉络，即艺术大众化应民族的政治斗争的需要而发生、而展开，民族的政治斗争之所以能推促着艺术大众化的展开，是因为这民族的政治斗争乃是文化人与广大民众都必然共同投入其中、生存其中的现

---

① 冯雪峰：《关于"艺术大众化"——答大风社》，《雪峰文集》第二卷，人民文学出版社 1983 年版，第 30—31 页。

② 冯雪峰：《论民主革命的文艺运动》，《雪峰文集》第二卷，人民文学出版社 1983 年版，第 116 页。

实生活。

2. 大众化的艺术发展观

冯雪峰在艺术大众化的问题上，一直坚持大众化的艺术发展观，即他始终认为"'艺术大众化'本身的开展就成为艺术向更高发展之一种发展的内容和形式"。①

对于艺术大众化能否有助于艺术的发展，在三四十年代是艺术大众化的一个争论焦点，否定的意见在一段时间中曾占上风。否定的理由有二：一是大众不需要高深，艺术大众化就是使大众听得懂，看得明白，只要使民众从有条件的反射变成无条件的反射就够了；二是大众化不能带来艺术的发展，大众化仅只是为了政治宣传而进行的低级艺术活动。1942 年，毛泽东在《在延安文艺座谈会上的讲话》中专门谈到了大众化问题，提出了普及与提高的关系命题，对大众化艺术发展的否定论予以否定。冯雪峰的艺术发展观在总体上与毛泽东关于普及与提高的关系的观点是一致的，但他的艺术发展观得以形成的根据则有他自己的特点。

在艺术与政治斗争的实践关系体系中分析艺术的大众化发展，冯雪峰提出了发展的关系条件问题：

　　一些艺术以外的要素，不但作为政治和文化的一般任务，也作为艺术发展的条件而统一于一个艺术运动之内的。我们不能忘记，这以

---

① 冯雪峰：《关于"艺术大众化"——答大风社》，《雪峰文集》第二卷，人民文学出版社 1983 年版，第 32 页。

配合整个政治和文化的情势为一条件。现实主义，在这里被适用到艺术运动的组织及艺术创造的预备条件之准备上去。①

冯雪峰强调了艺术大众化在政治实践关系体中得以发展的两个条件，一是艺术的补充条件，即"政治和文化的情势"；二是艺术的自身条件，即"现实主义"。

以艺术大众化的政治实践关系发展为基本思路，冯雪峰进一步从关系体中艺术和政治情势的矛盾及矛盾转化关系来论证他的艺术发展观：

艺术运动进行着与政治情势之间的矛盾的斗争，进而进行着艺术运动自身的从低级向高级发展的矛盾的斗争，使从对革命（抗战）的初步的实践，进到对革命（抗战）的高级的实践。"艺术大众化"，所以，很明显的是在实践政治文化的一般任务中，表现着，在我们是促进着现在艺术发展的这种斗争的过程，使艺术能真实地实现向更高阶段飞跃的一种运动。②

艺术在与政治的关系体中，经由与政治情势的矛盾斗争，走向大众化之路（应做政治宣传的工具，宣传大众）；通过艺术的大众化之路，政治情势也在大众水平上得以提高；关系双方对于大众的提高，也就提高了两者关系体的水平，使构成关系体的艺术与政治，都在大众问题上走向更高

---

① 冯雪峰：《关于"艺术大众化"——答大风社》，《雪峰文集》第二卷，人民文学出版社 1983 年版，第 31 页。

② 冯雪峰：《关于"艺术大众化"——答大风社》，《雪峰文集》第二卷，人民文学出版社 1983 年版，第 33 页。

水平。具体地说，就是艺术应该沿需要而向着大众发展，大众在艺术的宣传与鼓动中提高了政治斗争水平，提高了政治斗争水平的大众参加到抗日的政治斗争中去，抗日的政治斗争便在更高的水平上展开，不断地赢得胜利，进而，水平提高了的政治斗争在实践关系中对艺术大众化提出更高的要求，艺术便应这要求在大众化中进一步发展。

艺术大众化的发展，最终是见于艺术作品的，这便要求艺术家的大众化实践及大众化创作，要不断地提高既有的水平，据此，冯雪峰进一步论述了大众化的艺术发展的艺术创作主题的条件问题，即接近大众、深入大众、了解与熟悉大众，求得与大众融为一体。要做到这一点，除去投入政治斗争实践，别无他路。创作内容、创作方法及艺术形式问题也因此而提出——"……形式也要主动地去完成它的内容的任务；内容既是从人民的现实生活中来，带来形式的要素和要求，形式也是从现实生活中来，随着内容的基础和要求而实现艺术的创造。……我们形式的主要的现实基础是我们人民的丰广深厚的生活及其所有的表现形式。"[1]"内容是向着广大人民的生活，斗争要求与力量的反映，形式与语言是与这相适应地进行着改造，向着坚强，明确，丰富而洗炼的大众的形式与语言而努力。"[2]

从政治斗争的实践关系体中，谈艺术大众化的条件规定，并阐发大众化的艺术发展观，对艺术在大众化中发展与提高予以独辟蹊径的论证，冯雪峰在这方面的努力，至今也不失其启发性。

---

① 冯雪峰：《论民主革命的文艺运动》，《雪峰文集》第二卷，人民文学出版社1983年版，第177页。

② 冯雪峰：《论民主革命的文艺运动》，《雪峰文集》第二卷，人民文学出版社1983年版，第178页。

（三）实践的革命现实主义理论

在中国现代文学史中，冯雪峰的现实主义理论有其独到之处，他以实践的辩证意识阐释他的现实主义理论，并以这样的阐释在中国现实主义的理论建构中产生不容忽视的影响。

冯雪峰的现实主义理论主要有如下特征：

1. 强调现实主义的民族性

由于现实主义是作为马克思主义文艺理论的基本内容在二三十年代被引入中国的，所以在三四十年代，当革命的文艺理论界人士对现实主义进行阐发时，多数人都热衷于"从先进国家输入进来"的性质，努力从马克思主义经典作家那里去为现实主义寻章摘句，为现实主义挖掘传入的马克思主义理论之根。在这样的寻章摘句与理论寻根中，由于严酷的政治斗争逼迫，常常来不及进行深刻细致的理论消化，因此当时不少人的现实主义理解都不同程度地表现出简单化、教条化的倾向，出现了文学上的图解主义、公式主义、标语口号主义。

冯雪峰的现实主义理论基本上没有简单化、教条化的倾向，相反，他在不同场所、不同的文章中，对简单化与教条化多次予以批判。冯雪峰之所以能对现实主义问题有正确的理解，与他强调现实主义民族化分不开。

冯雪峰认为，中国的革命现实主义具有两个来源：一个是中国旧有的现实主义，这是中国自古以来的传统；另一个则是外国进步文学中的经验与方法。这两个来源，在"五四"之后的新文学运动中，应中国革命的政治斗争之需，而被实践地吸收到文学创作中，就有了中国革命的现实主义文学。

　　冯雪峰强调革命现实主义的民族依据，这依据，一方面是中国古典的现实主义传统，即辛亥革命前就已经介绍进来并进而被古典的现实主义民族化了的作为当时世界文学主潮的批判现实主义；另一方面，就是当时正如火如荼地开展着的民族革命："革命的现实主义，是和科学与民主主义的思想俱来的，因为民主主义是革命的思想，为我们民族革命所要求，所反映和产生；这革命和思想所要求的文艺便只能是现实主义和反抗的革命的浪漫主义。""文艺思想上的现实主义，是应着民主主义民族革命的要求，应着反帝反封建的思想和文学革命的要求，从西欧，北欧和俄罗斯，输入到我们民族里来了，但立即就开始着'民族化'的过程。"① 这样，国外的现实主义在传入的入口处，便被中国的民族斗争"民族化"了。

　　相对于"民族化"，冯雪峰提出了一个"国际化"的概念，他认为国外的东西"民族化"，必然要伴随发生民族的东西"国际化"。中国的民族革命是世界革命的一部分，中国民族革命的民主革命，已纳入了世界的民主主义革命大潮之中，这就使中国的民族革命有了"国际化"的可能。由于中国的民族革命"国际化"了，国外的民主思想及文学的现实主义才有了中国的"民族化"的可能。由此，冯雪峰提出了现实主义的"民族化"与"国际化"的相互关系的命题：

　　　　民主主义的革命是我们民族的历史要求，是我们人民的现实，是在我们民族内部的矛盾斗争的过程上，即在"民族化"的过程上，在

---

　　① 冯雪峰：《论民主革命的文艺运动》，《雪峰文集》第二卷，人民文学出版社1983 年版，第 120—121 页。

实现着"国际化",在成为世界革命的一部分。世界革命及其思想影响着我们,但这影响是只有我们本有这要求,尤其在内部的矛盾斗争的过程上才是可能的;所以,"国际化"总要成为"民族化",在"民族化"的过程上表现出来。①

这一"民族化"与"国际化"的关系理解,是一种辩证的理解,在这样的理解中,冯雪峰比较好地解释了中国的革命现实主义得以形成与发展的根据。

从"民族化"来论证现实主义,现实主义就成为中国民族革命要求于文艺的重要理论与基本方法。所以,在冯雪峰的现实主义理论中我们可以看到,他总是把现实主义与中国民族革命的目的、任务,与中国民族革命的大众性质紧密地联系起来,这就有了他的民族的现实主义的内容与形式的主张,民族的现实主义大众化的主张及民族的现实主义文学批评的主张,而表现在文学批评中,就有了他对鲁迅的民族的现实主义创作的高度赞扬和对于口号化的、概念化的文学创作的否定。为此,他概括地说:

> 我们文学运动二三十年的发展过程,不仅体验着将外来的东西变成为自己的东西的"民族化"的斗争过程,也就是生长的过程;并且体验着旧的变成为新的"民族化"的斗争过程,这更是生长的过程。②

---

① 冯雪峰:《论民主革命的文艺运动》,《雪峰文集》第二卷,人民文学出版社1983年版,第121页。

② 冯雪峰:《论民主革命的文艺运动》,《雪峰文集》第二卷,人民文学出版社1983年版,第123页。

2. 强调现实主义理论的实践一体性

冯雪峰的现实主义理论，可以概括为革命实践的现实主义理论或实践的革命现实主义理论。

冯雪峰的实践的革命现实主义理论，其理论根基在于"本质同一"论。"本质同一"，这是不同范畴关系的哲学概括，其特点在于在不同的范畴领域发现相同的本质，并据此相同的本质，确认不同范畴间的同一关系。"本质同一"有其唯物论的认识论根据，唯物论的认识论认为，世间万物万象都有其同一的物质根据。但"本质同一"又很容易走向极端，即否定特殊性，把不同范畴领域强行纳入到同一个本质规定之中，经济决定论、政治决定论等，都属于这一类。冯雪峰并没有用到"本质同一"这一概念，但在一些基本问题的论述中，如文艺与生活、文艺与政治、文艺的民族化与世界化的关系的论述中，都有"本质同一"论的根据。冯雪峰的实践的革命现实主义理论，就是基于文艺与政治与生活的"本质同一"关系的。他说："文艺和政治的关系，是文艺和生活的关系的根本形态，因为文艺是生活的实践，它和现实社会生活的相互关系就构成它和现实社会生活之间的政治的关系；这和政治事业对于现实社会生活的实践的关系在根本上是没有两样的。"[①] 在这里，冯雪峰便是确定了文艺与生活及政治的"本质同一"性，即文艺就是生活实践，文艺与政治的关系就是政治与社会生活的关系。

冯雪峰的革命现实主义理论之所以是实践的，不仅在于他认为文艺来源于实践并为实践服务，更在于他认为现实主义文艺创作本身就是现实革

---

① 冯雪峰：《文艺与政论》，《雪峰文集》第二卷，人民文学出版社 1983 年版，第58 页。

命实践：

> 现实主义文艺自身的法则，能够解决现实主义文艺自身的矛盾
> 和问题，那就因为现实主义的法则正是反映着现实的发展的规律的
> 缘故，它正在不断地从现实得到修正，扩充和发展的缘故。也正惟
> 这一层，才是现实主义最根本的精神，它不同于别的艺术态度和方
> 法的地方也就在此；它首先的态度就是使艺术及其方法不离现实及现
> 实的发展。①

毫无疑问，文艺并不是现实生活，文艺的现实主义法则也不是现实生活的法则。冯雪峰强调文艺与生活的"本质同一"性，便忽略了对文艺的现实主义原则自身规定性的探究。这便很容易导致现实主义理解的简单化。但冯雪峰的现实主义理论在当时并没有走向简单化、教条化，是因为如前所述，他的这种对"本质同一"性的理解，确有当时的时代根据。当时迫在眉睫的革命政治斗争和民族救亡运动，产生了一种巨大的文化旋涡作用，一切都围绕着政治斗争和民族救亡展开，这一切都同时是政治斗争和民族救亡，政治斗争与民族救亡愈充分地发动了民众，则民众生活的各个方面，自然也包括文艺生活，便愈是与政治斗争和民族救亡获得同一性。正因为这样的时代特性，致使冯雪峰的现实主义理论不仅没有走向教条与空洞，反而获得了不应低估的实践意义。

冯雪峰强调现实主义的实践一体性，集中表现为：

---

① 冯雪峰：《论民主革命的文艺运动》，《雪峰文集》第二卷，人民文学出版社1983年版，第162页。

（1）强调现实主义原则与革命原则的一致性

现实主义原则是艺术创作的原则，革命原则是现实社会实践原则，两者本来不是一回事，不过，由于时代的特殊情况，现实主义创作原则与现实的革命实践原则可以在压倒一切的革命目的的面前取得一定的一致性。中国 20 世纪三四十年代正出现了这种特殊情况，抗日救亡的革命目的成为压倒一切的现实目的。冯雪峰从这种特殊的时代情况出发，注意到现实主义创作原则与革命原则的时代一致性，并据此论证现实主义与革命原则的关系，由此形成他特殊的现实主义内涵。

在冯雪峰，现实主义原则亦即革命实践的原则，这既体现为二者目的的一致性又体现为二者过程的一致性："艺术家和他的艺术一同成长，这也就是说：艺术的实践正体验着人民的现实斗争的实践。艺术家及艺术之内在的，自主的，创造的斗争过程及精神世界，无论如何总是历史的，人民的现实斗争的发展过程及体现着历史发展之主力的人民怎样决定着客观与主观的转换关系的过程之反映。""政治决定文艺是通过文艺的根源，要求和实践的；文艺实践政治，是文艺主动地通过现实人民生活的发展关系的。"[1] 因此，现实主义，就是革命斗争；而革命斗争，从艺术角度说，就是现实主义。

冯雪峰把现实主义原则等同于革命原则，在当时，有利于突出现实主义的战斗性质，有利于更好地发挥现实主义团结人民、打击敌人的战斗作用。而这种认识的问题在于，它是片面地发展着艺术的政治功能，对于现实主义的艺术功能和艺术特性则予以忽视。

---

① 冯雪峰：《论民主革命的文艺运动》，《雪峰文集》第二卷，人民文学出版社1983 年版，第 170—171 页。

（2）强调创作主体现实主义的革命实践根据

在强调现实主义实践意义的同时，冯雪峰强调了创作主体进行现实主义创作时的能动作用。他认为，创作主体直接参加到革命斗争中，经历革命斗争的烈火的考验，换句话说，创作主体是革命者，他才能获得革命的创作题材，才能深刻地认识与揭示革命斗争的规律，也才能进行真正意义的现实主义创作。

> 作家的自我斗争，自我批评，"内省"，改造，自我扩张等等，无论如何总是社会的历史现实斗争所促起，首先是为了现实斗争的需要。一切自我斗争或自我批评，离开现实斗争就失去意义。正唯这现实斗争的需要，才是转移客观为主观的关键。所以，作家追寻自己的主观，在现在就特别地明白：首先是深入客观的现实的矛盾斗争中，和人民一起作战。——只有这人民及和人民一起作战，才是我们的主观。这样，文艺与现实及人民的关系，就成为战斗的关系；而作家的个人的主观，也能够真真与人民的革命和进步的要求相一致。①

这里，出于对现实主义与革命实践关系的独到理解，冯雪峰要求于作家的，便不仅是熟悉革命生活与深入革命生活，便不是一般地向革命大众学习，了解他们、亲近他们，而是要和他们一起革命，要成为革命的斗士，唯有成为革命的斗士，才能真正地进行革命现实主义创作。

20 世纪 50 年代初，随着新中国的诞生，时代发生了变化，三四十年

---

① 冯雪峰：《论民主革命的文艺运动》，《雪峰文集》第二卷，人民文学出版社 1983 年版，第 167 页。

代压倒一切的革命的民族救亡的时代中心问题已经为新中国的建设所取代。在这种情况下，尽管冯雪峰适时地打出了社会主义现实主义的旗帜，但他形成于三四十年代的现实主义与革命实践相同一的观点并没有变化，强调创作主体的革命实践根据也没有变。在这方面他始终一贯极为推崇的代表人物便是鲁迅。他认为鲁迅所取得的现实主义的伟大成就与他本身便是极为勇敢又极富有战斗力的伟大的革命斗士密不可分——"他是人民的觉醒和时代的脉搏的最深刻的表现者，是人民革命的真正的喉舌。鲁迅是封建主义和帝国主义的死敌，同时是宣布新中国和新世界必将胜利的伟大的预言诗人。鲁迅和其他共同创造新文学的作家和诗人们的现实主义，在于他们的作品锐敏地反映了社会的矛盾斗争，忠实地为人民的解放要求而呼喊。"①

可以说，冯雪峰的现实主义，从创作主体角度说，是现实主义的革命实践的创作主体论。

（3）强调现实主义的革命彻底性

冯雪峰的现实主义，也可以称为彻底的革命现实主义。在论及文艺的其他问题时，冯雪峰多是比较务实而且宽和，他对于党的文艺政策的理解也多取不偏不倚之势。唯独在现实主义问题上，他一直保持一种激进的态度，追求一种革命的彻底性。当然，在强调彻底的革命现实主义的同时，他也并不完全否定或批判那些不彻底的革命现实主义，他也承认它们可能具有的文艺价值，但他认为最有价值也最应该提倡的，则是彻底的革命现实主义。

---

① 冯雪峰：《目前中国文学上的现实主义》，《雪峰文集》第二卷，人民文学出版社1983年版，第683页。

他的彻底的革命现实主义的突出特点，还是根基于他的现实主义与革命实践一体化的基本观点，是他的现实主义的革命实践根本主张的延伸，这就是他特别提出的"在现实主义，生活态度与创作方法总要达到一致的"。我们知道，马克思主义经典作家在谈到现实主义时，并没有强调创作主体的生活态度与现实主义创作方法的充分一致，相反，他们认为生活态度与现实主义是可以相矛盾的，他们正是从这一重要意义上，赞美了巴尔扎克的现实主义创作，认为那是现实主义的伟大胜利。冯雪峰之所以强调生活态度与创作方法相一致，来源于他的现实主义创作的革命实践论。他认为创作主体只要真正地投身于革命实践，成为革命斗士，就必然能从革命的角度看待现实生活，因此也就必然能正确而且深刻地认识现实生活规律，并与这一规律的现实展开保持态度的一致，尽管这一致是经由对立的斗争而取得的：

> 在现实主义，艺术决定于生活，主观决定于客观，意识形态决定于社会的、阶级的物质基础，作家决定于自己阶级和人民，而这些又都经过对立的斗争而得到一致，并且这对立的斗争就是客观现实事物中的矛盾斗争之反映……①

类似的主张，即要求生活态度、思想倾向与现实主义创作方法相一致的主张，在 20 世纪 40 年代的解放区文艺理论界是有很多人坚持的，不过很多坚持者认为达到这种一致的途径是改造，是立场的转移。显然，在这种改造与立场转移中，创作主体是被动的，处于被改造与被转移的

---

① 冯雪峰：《论民主革命的文艺运动》，《雪峰文集》第二卷，人民文学出版社 1983 年版，第 162—163 页。

地位，这里含有一个知识分子创作主体的否定性前提，这是基于毛泽东对知识分子的阶级分析论。冯雪峰的革命实践根据论与此有所不同，他较少提到改造与立场转移，他承认斗争与转化，但他认为这是创作主体能动的斗争与转化，创作主体主要的不是革命的被改造者而是革命的斗士。他更多地看到的是知识分子创作主体的革命能动性。这一革命能动性的理解，主要得之于他所特别崇敬的鲁迅的革命经历与现实主义创作实践。

三、周扬的以政治为本的马克思主义文论体系

周扬，既是革命家又是文艺理论家。作为革命家，他始终活跃于文艺战线，长期担任文艺部门的领导工作，他曾任中共上海局文委书记，中共左联党团书记，在延安时期历任陕甘宁边区教育厅长，鲁迅艺术文学院院长，延安大学校长，中共晋察冀中央局、华北局宣传部部长，新中国成立后又历任中共中央宣传部副部长，文化部副部长和党组书记，中国文联主席，中国作家协会副主席等职；作为文艺理论家，他的革命家的职业意识，又使他始终以宣传革命思想、阐释党的文艺政策为己任。他的马克思主义文学思想体系的建构自然带有这双重身份的特征，可以说，他是政治地或是"为革命"地建构着他的马克思主义文学思想体系的。

（一）指向政治的文学思想建构

20世纪30年代，周扬初入文学界便担负了左翼文化运动的领导工作，

此时他的文学理论话语虽然没有像新中国成立后那样常作为"权力话语"左右文坛趋势，但他却自觉到自己不是一般的文艺工作者，而是党的文艺思想的"代言人"。年轻气盛、刚从日本归来的周扬带着满腔革命激情，以特殊的身份在当时的政治氛围中跃入文坛，这使他的马克思主义文艺思想的最初形成就带着浓厚的政治色彩。纵观周扬这一时期的理论著述，我们可以看到他这一时期文艺思想的主要特色：以"政治"的视角观察、解说文学思想；以"宣传"为核心建构文学理论模式；以批判、论辩的话语形式完成文学思想的表述。

1. 以政治的视角观察、解说文学思想

周扬步入文坛时期，正值中华民族处于生死存亡时期，强烈的现实责任感和政治使命感，使很多文艺工作者将文学视为变革现实的工具，尤其是"左联"作家，更是追求文学的政治效应。作为"左联"领导者之一的周扬，其政治意识更为强烈，他的文学思想的建构始终自觉地指向政治。

周扬的马克思主义文艺思想的政治指向，最突出地体现在他对文学与政治关系问题的认识上，这种认识主要表现为：

其一，强调文学与政治的一体性，文学是政治的一种表现形式。周扬认为文学与政治是不可分割的，文学的功能首要的就是政治宣传的功能。在 20 世纪 30 年代文坛出现的对"自由人"和"第三种人"的文学论争中，周扬的这一主张表现得相当鲜明。他认为政治的正确就是文学的正确，在阶级社会中，文学只能是政治的一定形式，周扬在批判"第三种人"苏汶关于政治与文学的二元论看法时，一再强调这一点。

其二，强调文学与政治这一关系体中，文学的附属性、工具性。周扬

认为在文学与政治的关系上，它们也是不等价的，而是文学从属于政治，政治指导着文学，文学是宣传政治斗争的武器和工具。当然，周扬也多次强调文学不同于政治的特殊性，但他认为这种不同只是表现形式的不同，在其目的性上、职能性上，文学是与政治相同的，且只能与政治相同。"文学服从于政治，就是服从于政治目的；……但文学是以自己的特殊姿态去服从政治的。……这就是：形象的手段，一定的观察和描写生活的方法，组织经验的一定过程……然而文艺的特殊性并不能作为文艺可以离开政治任务，艺术家可以和政治家疏远的一种遁辞，正相反，这要求艺术家更大的努力，更多地负起责任。"[①]于是他呼吁艺术家要把艺术和政治结合得更直接、更紧密。他说"这是摆在每一个革命的作家艺术家面前的任务"[②]。

其三，强调文学的阶级性和党派性。既然文学与政治是密不可分的，文学必须服从于政治，而任何政治都是阶级的政治、党派的政治，文学的阶级性、党派性也就必然存在着。周扬得出这一结论是顺理成章的，他指出："'文学应该是党的文学'这铁则才是文学批评的现实的基准"，因为在阶级社会里面，文学现象自身就是一种阶级斗争的现象。[③]他说："作为无产阶级文化之一部分的无产阶级文学，并不是以隐蔽自己的阶级性，而是相反地，以彻底地贯彻自己的阶级性，党派性，去过渡到全人类的（无阶级的）文学去的。"[④]

周扬自觉的政治意识，使他对文学的观照，始终取政治的视角，并由

---

①　《周扬文集》第一卷，人民文学出版社 1984 年版，第 388—389 页。

②　《周扬文集》第一卷，人民文学出版社 1984 年版，第 392 页。

③　《周扬文集》第一卷，人民文学出版社 1984 年版，第 47 页。

④　《周扬文集》第一卷，人民文学出版社 1984 年版，第 65 页。

此形成了他的以政治为本的文学思想特色，他的这一文学思想特色很能代表那个时代中国马克思主义文学理论建构的特色。

2. 以"宣传"为核心建构文学理论模式

周扬的马克思主义文艺思想的政治指向，还表现为他认为文学艺术的根本职能在于对"政治"的宣传。1929 年，周扬发表处女作《辛克莱的杰作：〈林莽〉》，开篇伊始他便引述了辛克莱的话："一切的艺术是宣传，普遍地不可避免地是宣传；有时是无意的，而大底是故意的宣传。"① 他称赞这种以宣传为目的的文学艺术具有"伟大意义"。由此可见周扬在建构他的文学理论之初，就将文学的职能、文学的本质定位于"宣传"，自然，在周扬以政治为本的文艺思想体系中，其"宣传"是对"政治"的宣传。在后来的许多著作中，他的这一奠基性话语的内涵不断得到重申和阐述，成为其文学思想的核心。正像有的评论家所说："倘若要以最简明的语言概括周扬整个的文艺批评的发展道路，那么这句话在最初便以'返诸自身'的方式确定了自己。随着周扬的全部实践体现着的现代中国文学批评由三十年代左翼批评向四十年代民主政治批评的过渡历程，这一特征愈发得到了强化。"②

文学的职能在于"宣传"，那么文学就要起到宣传群众、鼓动群众、教育群众的作用，文学家就应该是为特定的革命政治服务的宣传家、煽动家，周扬的这些思想在他论及"文学大众化"问题时阐述得最为明确。三四十年代，是中国的革命政治斗争与民族救亡运动最广泛地动员民众、

---

① 《周扬文集》第一卷，人民文学出版社 1984 年版，第 1 页。
② 唐金海等主编：《新文学里程碑·评论卷》，文汇出版社 1997 年版，第 459 页。

组织民众的时期，能否最大限度地动员与组织民众，事关革命政治斗争与民族救亡运动的成败，民众问题被推到极为重要的位置而无可回避。革命政治斗争与民族救亡运动要求广泛地动员民众这一时代需要，理所当然地成为当时文艺界与文艺理论界的重要课题，这就是文艺大众化问题。对这一问题，当时的革命文艺理论队伍曾展开广泛讨论和争论，讨论和争论后来在毛泽东《在延安文艺座谈会上的讲话》那里获得了统一。周扬是这场争论的积极参与者与主要发言人。

周扬 1932 年撰文《关于文学大众化》阐明自己的见解，后来他又不断地强化、丰富和改造了这些见解，这些见解是建立在文学是"宣传"的艺术主张基础之上的。他先提出了大众文学的接受形式问题，积极倡导文学家要创造大众看得懂的作品。他认为要做到这一点，一是在文字上要废除"文言"，吸收民间话语和方言，"锻冶出大众所理解的文字"；[①]二是采取大众喜闻乐见的文学形式。接着他提出了大众化文学内容表现的问题，他认为大众文学的主要任务是描写革命的普罗列塔利亚特的斗争生活。为此，大众文学的作家应该是"完全新的典型的革命作家：他不是旁观者，而是实际斗争的积极参加者，他不是隔离大众，关起门来写作品，而是一面参加着大众的革命斗争，一面创造着给大众服务的作品"[②]。1940 年，他在《关于"五四"文学革命的二三零感》一文中，提出了大众文学内容取向的另一层面，即要把创作的视野伸展到平民的世界，描写下层民众的生活和命运。

周扬对文学大众化的队伍建设问题也给予了热情的关注。他认为建设

---

① 《周扬文集》第一卷，人民文学出版社 1984 年版，第 26 页。

② 《周扬文集》第一卷，人民文学出版社 1984 年版，第 27 页。

文学大众化的队伍，最要紧的就是在大众中发展新的作家。他说："我们要经过工农通信的路线从劳苦大众中提拔出新的作家——普罗文学的新干部。……这样，革命的小资产阶级的文学将要退到最后的地位，真正的工人阶级的作品将要登上文学的殿堂。"①

关于文学大众化的任务，在 20 世纪 30 年代，周扬认为就是要提高大众的文化水准，组织大众，鼓动大众。他说："我们要暂时利用根深蒂固的盘踞在大众文艺生活里的小调，唱本，说书等等的旧形式，来迅速地组织和鼓动大众，同时要提高教育和文化的一般水准，使劳苦大众一步一步地接近真正的，伟大的艺术。"②1944 年，在学习了毛泽东的《在延安文艺座谈会上的讲话》以后，周扬对此问题有了新的认识。他在《〈马克思主义与文艺〉序言》一文中，非常诚恳地检讨道："我们常常讲改造大众的意识，甚至提出过和大众的无知斗争……却没有或至少很少提到改造自己的意识。我们没有或至少很少想到过向大众学习。"③ 于是，文艺工作者向大众学习，改造思想意识，又成为文学大众化的首要任务。周扬在该文中用毛泽东的话，对此问题做了结论："大众化'就是我们的文艺工作者的思想感情和工农兵大众的思想感情打成一片'。"④

从上述关于文学大众化的论述中，尽管周扬有对大众化问题认识的变化，但仍能见出周扬对文艺是"宣传"主张的热衷，是否做到"宣传"，是他衡定文学家、衡定文学作品优劣的尺度，他是"宣传"意识极强的文艺思想家。

---

① 《周扬文集》第一卷，人民文学出版社 1984 年版，第 29—30 页。
② 《周扬文集》第一卷，人民文学出版社 1984 年版，第 29 页。
③ 《周扬文集》第一卷，人民文学出版社 1984 年版，第 461 页。
④ 《周扬文集》第一卷，人民文学出版社 1984 年版，第 463 页。

3. 以批判、论辩的话语形式完成文学思想的表述

在 20 世纪三四十年代，周扬的马克思主义文学思想大多是在与他人激烈的论辩中表述的，很少有"闲庭信步"般的娓娓道来，这形成了他批判、论辩式的文论话语风格。由于他是"左联"的领导人之一，自觉体现着党对文艺的领导意图，因而他的批判、论辩式的话语又常常表现为充分自信和不容置疑。考察周扬的著述，会看到他的很多文学主张是在与他人的论辩中确立的，是批中"述"、破中"立"。如在对胡秋原"文学与艺术至死是自由的、民主的"论调的反驳中，指出了文学的阶级性、党派性；在对王实味"文艺观"的批判中，提出了文艺为政治服务的思想；在对苏汶"镜子反映论"的痛斥中，阐述了文学的真实性问题；在对"拉普"提出的"唯物辩证法的创作方法"的否定中，确立了他的"社会主义的现实主义与革命的浪漫主义"的观点等，他的话语叙述程序经常表现为质疑—批驳—立论，语气激烈甚至是强硬的。毛泽东的《在延安文艺座谈会上的讲话》发表后，周扬的著述多转向对《讲话》的阐释，话语语气较之以前也缓和了许多。

（二）以阶级斗争为根据的文学真实论

文学的真实问题，是马克思主义文论重要的理论问题，也是马克思主义文艺理论研究中比较敏感的问题，在马克思主义文艺理论诸研究范畴中，它与政治的联系最为密切。在"红色"的 30 年代，这一问题自然成为各文学派别关注和争论的焦点。周扬作为"左联"的主要发言人之一，对此问题也发表了自己的见解。他的这些见解主要是在驳斥苏汶在《现代》第 2 卷第 5 期上的文章《批评之理论与实践》时阐述的。他针对苏汶

倡导的超阶级、超党派的文学真实论，取政治视角考察文学的真实性问题，提出了以阶级斗争为根据的文学真实论。他的这些见解在其以政治为本的马克思主义文艺思想体系中占有重要的地位。

什么是文学的真实性？这是周扬首先要回答的问题。他认为文学是对客观现实的反映和认识，能够对社会的现实取客观的、唯物主义的态度，暴露社会发展的内在矛盾，揭穿其假面的文学，才是真实的文学。而只有站在历史发展最前线的阶级，才能最大限度地反映和认识客观的真理，也才能最大限度地发挥文学的真实性。在现阶段，"站在历史发展的最前线"的自然是无产阶级。"能够最真实地反映现实，把握住客观的真理的，就只有无产阶级"。[1] 因此，"愈是贯彻着无产阶级的阶级性，党派性的文学，就愈是有客观真实性的文学"。[2] 周扬接着对"党派性"做了诠释，告诫苏汶不要将党派性与宗派性混同，党派性实际是"阶级性"的更发展、更深化的思想和实践。这样，周扬从理论上批判了苏汶把文学的真实性和文学的阶级性分开的看法，将文学的真实性与阶级性、党派性统一了起来。

在实践中，文学创作是个人行为，从属于个人活动的文学创作如何实现"阶级"的理想，反映"阶级"的整体意识呢？在苏汶看来，文学创作如镜子反映人形，美的照出来是美，丑的照出来是丑，这与赞助某一阶级的斗争毫无关系。周扬痛斥苏汶的这种镜子反映论，论证了创作个体作为阶级代言人的可能性和必然性。首先，他认为，作为创作个体的作家本人是有阶级性的，任何作家都有其自身的阶级立场，其作品也

---

① 《周扬文集》第一卷，人民文学出版社 1984 年版，第 64 页。
② 《周扬文集》第一卷，人民文学出版社 1984 年版，第 65 页。

必然受到作家历史的、阶级的条件限制。他说："文学的认识也是为作家的阶级条件所限制的认识。每个作家都是戴着他自己的阶级的眼镜去看现实的。……即使是最伟大的天才的作家，如歌德和托尔斯泰，也不能不受他们自己的阶级条件的限制，而在他们的作品中表现出种种不可调和的内在的矛盾。"[①] 所以，文学的真实性问题，决不单纯是作家的才能、手腕、力量、技术的问题，而是与作家自身的阶级立场有着重大关系的问题。他认为苏汶的反映论，否认了认识主体（即作家）是社会的、阶级的人这个自明的事实。既然创作主体是有其阶级倾向的，他们的作品作为其阶级的代言，反映其阶级的整体意识也就是可能的了。其次，周扬进一步指出，文学的反映是为作家的历史的、阶级的条件所限制的反映，但这决不是说，文学的真实，只带着主观的（阶级的）性质，而没有客观的性质。事实上"阶级"是动态的，它可以"互相交通"，也可以分化。一些出身于和历史的客观相矛盾的阶级的作家，由于受阶级斗争的启发，可以从本阶级中分化出来。当"他认清了历史的运动的全行程的时候，他可以而且必然要转变到和历史的客观相一致的阶级，即革命阶级的方面来，这样，他就不致被自己的阶级的主观蒙住了眼睛，而可以大胆地张开眼睛，去看现实了"。所以，"一个作家，在某种特定的客观条件下，是可以获得对于全体的社会现实的若干程度的正确的认识的。这样，他的作品，就不但反映着某个特定的阶级的意识形态，而同时也反映着全体的客观的真实"。[②] 由此可见，周扬认为：无产阶级的作家，由于他站在无产阶级的立场上，他的作品必然能反映无产阶级的理想和

---

① 《周扬文集》第一卷，人民文学出版社 1984 年版，第 60—61 页。

② 《周扬文集》第一卷，人民文学出版社 1984 年版，第 62—63 页。

追求，把握客观的真理，这些作家的作品是存有文学真实性的；非无产阶级的作家，当他们认清了客观现实时，也可以超越原有阶级的局限，对现实进行合于真理的描述，他们的作品中也是存有不同程度的文学真实性的。

周扬认为，文学要反映生活的真实，作家除需确定阶级立场之外，还需掌握唯物辩证法的方法。他说："作者如果只是不受偏见的束缚，而没有多少把握到革命阶级的观点——辩证法的唯物论的方法的话，则他从生活体验中所得到的东西就将只是一堆既无顺序，也无联络的，杂乱的事实。他决不能够在这堆杂乱的事实中分辨出必然的本质的东西。……他是决不能获得对于客观现实之正确的认识，完成文学的真实的任务的。"①在进行上述论证之后，周扬对文学真实性做了结论，这些结论文字的下面是带有表示强调的黑点符号的："只有站在革命阶级的立场，把握住唯物辩证法的方法，从万花缭乱的现象中，找出必然的，本质的东西，即运动的根本法则，才是到现实的最正确的认识之路，到文学的真实性的最高峰之路。"②至此，周扬完成了他的以阶级斗争为根据的文学真实论的核心论证。

应该说周扬是在努力运用马克思主义文艺思想完成他的文学真实论的核心论述的。列宁曾经说过"文学应该成为党的文学"③，将文学事业视为无产阶级总的事业的一部分。马克思、恩格斯也论证过作家的阶级立场可以转变的问题，他们说："在至今占统治地位的阶级中也有人归附于斗争着的无产阶级并且向它提供启蒙因素，这是发展的过程所决定的不可避免

---

① 《周扬文集》第一卷，人民文学出版社 1984 年版，第 70 页。
② 《周扬文集》第一卷，人民文学出版社 1984 年版，第 73 页。
③ 《列宁选集》第 1 卷，人民出版社 2012 年版，第 647 页。

的现象。"① 周扬作为党的文艺工作的领导者之一，在当时特定的历史条件下，能够直觉地肩负起将马克思主义文艺理论运用于中国的文艺实践的任务，难能可贵，尽管今日看来，他的一些观点带有浓重的当时的时代色彩。

完成了以阶级斗争为根据的文学真实论的核心论证后，作为文学家的周扬，也不能不顾及一个事实，即文学反映生活的真实，是有其特殊的手段的，这便是形象性。因此，在后来的许多文章中，周扬谈到了形象性之于文学真实性的重要。如他在 1937 年发表的《我们需要新的美学》一文中说："没有优秀的形象化，就不能有真正的艺术。所以对艺术作品的评价，就不但要取决于作者反映了怎样的现实，而且还得取决于那现实的描写是否完全被表现在形象中，作品的形式是否和那思想融合。"② 在 1938 年发表的《新的现实与文学上的新的任务》一文中周扬提到："作家是借形象的手段去表现客观真理的，而形象又必须从现实中，从生活中去汲取。"③ 在 1942 年发表的《王实味的文艺观与我们的文艺观》一文中周扬论及："文艺是以自己的特殊的姿态去服从政治的。它有它特殊的一套：特殊的手段，特殊的方法，特殊的过程。这就是：形象的手段，一定的观察和描写生活的方法，组织经验的一定过程。而形象是最基本的东西。"④ 但纵观这些论证，我们可以看到，周扬提及的"形象性"，只是文学表现"政治目的"的一个特殊手段而已，"并不包括什么作家个人的体验、感受之类，更谈不上什么独特的艺术视景。所谓'形象化'也就降格为一般的'表

---

① 《马克思恩格斯选集》第 3 卷，人民出版社 1972 年版，第 373 页。
② 《周扬文集》第一卷，人民文学出版社 1984 年版，第 214 页。
③ 《周扬文集》第一卷，人民文学出版社 1984 年版，第 245 页。
④ 《周扬文集》第一卷，人民文学出版社 1984 年版，第 388 页。

现技术'"。① 他强调的文学"形象性"是为其"真实论"服务的，其理论构想仍没有离开他的以政治观照文学的思维模式。

（三）关于社会主义现实主义

现实主义问题在中国马克思主义文艺思想的建构中一直被置于重要位置，而且在相当一段时间里它几乎处于独尊的位置。现实主义的重要或者独尊，是由于它坚定而且明确地以马克思主义的唯物史观与唯物论的认识论为根基。周扬自然是现实主义的积极倡导者与阐释者。

在 1933 年的《现代》杂志第 4 卷第 1 期上，周扬发表成名作《关于"社会主义的现实主义与革命的浪漫主义"——"唯物辩证法的创作方法"之否定》一文，对当时苏联文坛刚刚提出的"社会主义的现实主义"口号作了介绍，并给予了其合于中国当时文坛语境、合于自己话语的中国式阐释。此后，周扬也十分关注"社会主义的现实主义"这一命题，不断完善这一命题的建树，使"社会主义的现实主义"命题成为他马克思主义文学思想体系的重要支柱。

苏联是在 1932 年莫斯科举行的全苏联作家同盟组织委员会第一次大会上提出"社会主义的现实主义"这一口号的，目的是否定和取代"拉普"提出的"唯物辩证法的创作方法"的口号。苏联文艺理论家吉尔波丁在这次会议上批判了"唯物辩证法的创作方法"的错误，阐述了"社会主义的现实主义"的内涵。周扬在《关于"社会主义的现实主义与革命的浪漫主义"——"唯物辩证法的创作方法"之否定》一文中，介绍了苏联对于"拉

---

① 温儒敏：《中国现代文学批评史》，北京大学出版社 1993 年版，第 185 页。

普"的批判，他对"社会主义的现实主义"的最初理解，也是基于吉尔波丁对此问题的理解。

周扬论证了"社会主义的现实主义"的基本特征。他首先提出的特征是真实性。他借用吉尔波丁的话阐述了真实性于"社会主义的现实主义"的重要："社会主义的现实主义"就是"在肯定与否定的契机中生活的丰富和复杂，及其发展之胜利的社会主义的根源之真实的描写"。①他认为真实性是一切大艺术作品所不能缺少的前提，只有真实才能使文学发挥反对资本主义拥护社会主义的武器作用。而且如他以往所强调的，只有无产阶级文学和正转向劳动阶级方面来的作家所制作的文学才能做到真实，才能体现"社会主义的现实主义"这个口号的意义。可见，强调文学的阶级性、倾向性，是周扬的一贯主张。动力性是周扬所提出的"社会主义的现实主义"特征之二。他说："社会主义的现实主义是在发展中，运动中去认识和反映现实的。这是社会主义的现实主义和资产阶级的静的（Static）现实主义的最大的分歧点，这也是社会主义的现实主义的最大的特征。"②本质性是周扬所提出的"社会主义的现实主义"特征之三。他认为"社会主义的现实主义"不是描写非本质的表面的琐事，而是在本质上、典型的姿态中去描写客观的现实。本质的描写现实，即是"一面描写出种种否定的肯定的要素，一面阐明其中一贯的社会主义革命的胜利的本质，把为人类的更好的将来而斗争的精神，灌输给读者"。他说："对革命的不完全接受，对非本质的琐事的爱好，表面性，空虚的辞藻，公式化——这些，不但妨碍社会主义的现实主义的完成，而且会成为对革命的虚伪。"③大众性、单

---

① 《周扬文集》第一卷，人民文学出版社 1984 年版，第 110 页。

② 《周扬文集》第一卷，人民文学出版社 1984 年版，第 110 页。

③ 《周扬文集》第一卷，人民文学出版社 1984 年版，第 111 页。

纯性是周扬所提出的"社会主义的现实主义"特征之四。他指出："社会主义的现实主义还有一个重要特征，就是，它的大众性，单纯性。""作品，若要对几百万的大众读者的精神，心理，意识给予强力的教育的影响，就非具有易为大众所理解的明确性和单纯性不可。"① 周扬在强调"社会主义的现实主义"的大众性、单纯性的同时，也不忘指出艺术的这种大众化与单纯化是和一切通俗化、单纯化的企图截然相反的，假如把"社会主义的现实主义"的文学变成迎合工人农民的低级的文学，那是绝对错误的。

周扬阐释了"社会主义的现实主义"与"革命的浪漫主义"的关系。"拉普"的理论家们认为无产阶级文学既不需要古典作家有局限性的唯物主义，也不需要属唯心主义的浪漫主义。他们错误地把艺术方法等同于哲学方法，等同于作家的世界观，将浪漫主义创作方法作为唯心主义的东西打入冷宫。这些思想在 30 年代也影响了中国的文艺界，一段时间里，浪漫主义创作方法受到了轻蔑和忽视。周扬在《关于"社会主义的现实主义与革命的浪漫主义"——"唯物辩证法的创作方法"之否定》一文中，重新关注浪漫主义，认同和张扬浪漫主义，在以后的著述中也不断阐述了"社会主义的现实主义"与"革命的浪漫主义"的关系。首先，周扬指出"社会主义的现实主义"与"革命的浪漫主义"不是对立的两个概念，不能把浪漫主义视为唯心论，视为现实主义的对立面而贬低之。事实上，在同一个浪漫主义的屋檐下，住着人生观积极与消极两种作家，在同一个现实主义的屋檐下，也住着世界观截然相反的作家。即使在同一个作家的创作中，这两种创作方法也常常互相渗透融合。他说："同一作家的创作里可以包

---

① 《周扬文集》第一卷，人民文学出版社 1984 年版，第 112 页。

含现实的和浪漫的两种要素，更是文学史上数见不鲜的。高尔基甚至说，在大艺术家，浪漫主义和现实主义似乎总是浑然融合的。"① 其次，周扬也指出了不能把"社会主义的现实主义"与"革命的浪漫主义"看成是并立的。"革命的浪漫主义"是包含在"社会主义的现实主义"里面的，是使"社会主义的现实主义"更加丰富和发展的一个必要的要素。他说：进步的作家"不但要描写现实中已经存在的东西，而且他要描写现实中可能存在的东西。这就有赖于丰富的幻想。然而这样的幻想并不是和现实的进行相矛盾，而正是可以鼓舞人们去努力实现它的。文学作品渗进了这种幻想的要素的时候很可能带有浪漫主义的色彩。而这种浪漫性是在现实中生着根，具有照耀现实，充实现实的作用。"② 他在后来的《现实主义和民主主义》一文中也说："对现实的忠诚并不是对现实的跪拜，作家有想象和幻想的最大权利。立脚于现实的作家应当尽量发挥他们的创作的个性，对各种新的形式和手法作大胆的尝试和探求。"③ 虽然周扬的这些论述，仍有更看重现实主义创作方法的倾向，但他对作家创作个性与创作过程发挥主体性作用的张扬，是符合艺术规律的，在当时的文坛语境中，有可贵之处，他对革命浪漫主义的认同，对引导当时文坛向着正确的方向发展也具有积极的意义。

周扬对如何实现"社会主义的现实主义"创作方法也进行了思考，提出了一些看法，其中有两个问题值得重视，一是创作方法与世界观的关系问题，二是典型化的问题。

在论证创作方法与世界观的关系问题时，周扬一方面批判了忽视艺术

---

① 《周扬文集》第一卷，人民文学出版社 1984 年版，第 154 页。
② 《周扬文集》第一卷，人民文学出版社 1984 年版，第 127 页。
③ 《周扬文集》第一卷，人民文学出版社 1984 年版，第 227 页。

创作的特殊性，把方法问题完全还原为单纯世界观问题；另一方面批判了忽视世界观在艺术创作上的重要作用，对它给予过低估价的倾向。而且他认为在前一问题已基本澄清的前提下，更应重视后一倾向的出现。周扬强调说："新的现实主义的方法必须以现代正确的世界观为基础。"[①]"对于现实的绵密的观察和研究自然可以领作家走向正确的世界观去，但正确的世界观却是观察和研究现实的指针。"[②] 周扬分析了古典的现实主义者的世界观与社会主义的现实主义者的世界观的不同。他认为前者世界观的一部分可以和别的一部分相矛盾，后者所达到的世界观却是一个完整的、各部一致的、没有内在矛盾的世界观。"假如说以前的现实主义者艺术家违反了自己的世界观，达到了现实之正确的表现，那末我们的现实主义是借我们的世界观之助给予现实更正确的表现的。"[③] 在创作方法与世界观这一对关系中，周扬强调世界观的重要，有时代的依据。正像他所说的："中国目前的现实正呈现出动荡和混乱的姿态。知识分子由于他们游离的根性和敏感，在这大时代中经历了未曾有的动摇，苦闷，和摸索。民族的灾难却使大家只剩下了一条共同的出路。正确的世界观就是照耀他们前进的明灯。"[④] 对世界观的强调，也是周扬注重文艺的政治效应的必然。

作为马克思主义文论的重要命题"典型化"问题，也是周扬比较关注的问题。1933年他发表《关于"社会主义的现实主义与革命的浪漫主义"——"唯物辩证法的创作方法"之否定》一文时，就注意到了"典型化"问题，

---

① 《周扬文集》第一卷，人民文学出版社 1984 年版，第 157 页。
② 《周扬文集》第一卷，人民文学出版社 1984 年版，第 159 页。
③ 《周扬文集》第一卷，人民文学出版社 1984 年版，第 159 页。
④ 《周扬文集》第一卷，人民文学出版社 1984 年版，第 159 页。

以后在许多文章中又多次引述恩格斯的至理名言："现实主义是要在细目的真实性之外正确地传达典型环境中的典型的性格。"1935 年至 1936 年间，他与胡风就典型理论的问题展开过争论，更拓展和深化了他对典型理论问题的思考。他认为现实主义的艺术家必须努力于现实最真实的典型的表现，作家必须具有把生活现象典型化、普遍化的能力。何谓典型，周扬在与胡风的争论中阐发了自己的观点："典型的创造是由某一社会群里面抽出最性格的特征，习惯，趣味，欲望，行动，语言等，将这些抽出来的体现在一个人物身上，使这个人物并不丧失独有的性格。所以典型具有某一特定的时代，某一特定的社会群所共有的特性，同时又具有异于他所代表的社会群的个别的风貌。"① 在反驳了胡风的"典型既具有某一社会群共有的特性，就决不能有自己独特的东西"后，他又进一步论证说："个人的多样性并不和社会的共同性相排斥，社会的共同性正通过各个个体而显示出来。一个典型应当同时是一个活生生的个体。"②

　　与胡风相比，周扬的这些观点更符合马克思主义文艺理论。他对典型理论问题的阐述，对当时中国文艺理论的建设是有贡献的。但周扬对于"典型化"的思考，仍然没有摆脱政治的束缚。在构成典型的个性与共性两个方面，他更强调共性的一面。认为典型的成功主要在于"作者用丰富的想象力把实际上已经存在或正在萌芽的某一社会群共同的性格，综合，夸大，给与最具体真实的表现的东西"③。他的《典型与个性》一文在谈及典型的意义之后，又格外强调："最后我必须指出：典型问题的提起应当和中国目前文学的主要任务配合。……文学者应当描写民族解放斗争的事件

---

① 《周扬文集》第一卷，人民文学出版社 1984 年版，第 160 页。
② 《周扬文集》第一卷，人民文学出版社 1984 年版，第 163—164 页。
③ 《周扬文集》第一卷，人民文学出版社 1984 年版，第 161 页。

和人物，努力于创造民族英雄和卖国者的正负的典型。"①周扬最终又回到以政治观照文学的轨道上来。

四、朱光潜主客观统一的实践文论体系

作为著名美学家，朱光潜的美学思想已多有研究。作为文艺学家，他在中国马克思主义文艺理论建构中的地位及其思想体系，则有待进一步研究。20 世纪 50 年代，朱光潜接受马克思主义理论，开始用马克思主义的意识形态论解释承于克罗齐直觉说的文艺理论命题，即在承认美的客观性的前提下，为"美是主客观统一"的文艺论寻找理论依据，此时，他放弃了"形象直觉"说中保留的克罗齐的"孤立绝缘"说的内容，力图在马克思主义理论中寻找主观参与的依据；20 世纪 60 年代以后，朱光潜开始用马克思主义的实践论观点重新阐释"主客观统一"命题，从文艺活动的起源，文艺活动发生的本质、结果，文艺活动过程中"美"与"美感"的关系等诸多方面给予他的命题尽量完整的解释，试图在解释中创构马克思主义实践论文艺学体系。

（一）在自我批判中创建马克思主义文艺美学

朱光潜的文艺学是发展着的文艺学。他的文艺学思想的发展有着明显的阶段性特征，也体现着明显的马克思主义理论影响的特征。他前期就

---

① 《周扬文集》第一卷，人民文学出版社 1984 年版，第 168 页。

学于欧洲，受 20 世纪初风靡欧洲哲学、美学界的"直觉论"的影响，初创以直觉为中心的文艺学学说，后期回国，接受马克思主义，又用马克思主义原理审视、批驳、改造"形象直觉论"，创立了建构在实践论基础上的"主客观统一"的文艺学理论。其前后期文艺学思想从研究的理论依据、研究视角、研究目的等方面都有着不尽相同之处。

朱光潜的文艺学又是努力将中西美学思想融合贯通，消解"心"与"物"对峙的文艺学。西方讲究"心—物"二分法，各历史时期的各种文艺学学派都在探求"心—物"之间的关系以及"心"如何观照、反映"物"；而中国传统则讲究"天人合一"，提倡体验天、地、人融合的境界，进而把握文艺之奥秘。朱光潜自幼随父在私塾读书，又在桐城中学求学，熟读"四书""五经"和中国古典诗文，对中国文化传统中的儒道释哲学精神和古典诗文的神韵深得要义。1925 年至 1933 年又赴西方求学八年之久，深受康德、叔本华、尼采、克罗齐、布洛、立普斯、谷鲁斯等西方哲人学说影响。两种文化的熏陶与累积，为朱光潜将"天人合一"的观点融汇到西方"心—物"关系说中去，从而在"心"与"物"交融的基点上找到解决美学及文艺学问题的钥匙奠定了基础，这也是他研究美学、文艺学的初衷及一生的追求。因而，在他接受马克思主义理论，努力建构他的马克思文艺美学体系时，面对审美对象与审美经验这样两个美学研究的问题，他始终偏重于融合着"心"与"物"两方面内容的审美经验。他前后期文艺学思想尽管有些许差异，但有一点是相同的，即他始终坚持"主客观统一"论，他的马克思文艺美学建构的切入点依然是美感经验，他在马克思理论原理中寻找、阐释美感经验得以生成的依据。

20 世纪初，在欧洲美学界形成了将直觉与理性对立起来，推崇直觉而贬低理性，用非理性的直觉阐释"心—物"交融的创造性的审美活动的直觉主义思潮，这是对"心—物"二分模式的突破，是走向"天人合一"式的体验美学，代表人物是克罗齐与柏格森。正在欧洲留学、深受中国"天人合一"思想影响的朱光潜对此颇感兴趣，他汲取其精华，写就了《文艺心理学》及其缩写本《谈美》。这两部著作从分析美感经验入手，对艺术创作与欣赏进行了以直觉为理论依据的研究，初建了朱光潜早期的以直觉为中心的文艺美学架构，其内容主要包括："形象直觉"说、"心理距离"说、"物我同一"说、"内摹仿"说及"联想"说。在这些学说中，"形象直觉"说是其核心学说。朱光潜在《文艺心理学》中提出"形象直觉"说，认为美是由心借物而创造出来的形象，是心物交融的产物。他在该书中指出，人们对事物的认识持两种方式，一种是直觉的，一种是名理的。直觉是对具体事物形象的认识；名理是对事物关系、事物本质的认识。要直觉地认识、感悟事物形象，需要主体聚精会神地观赏它、领略它，在观赏过程中，主体需心无旁骛，全副心神注于所观形象，形象在主体的注视下则成为一个只为观赏者存在的独立自足的意象。直觉除形象之外别无所见，形象除直觉之外也别无其他心理活动可见出，即"心所以接物者只是直觉而不是知觉和概念；物所以呈现于心者是它的形象本身，而不是与它有关系的事项，如实质、成因、效用、价值等等意义"①。这种"孤立绝缘"式的审美境界，便是"形象直觉"，美的创作与欣赏来源于这种"形象直觉"。很显然，朱光潜认为美是审美者进入"形象直觉"的刹那间所创造的意象世界，这个意象世界既不是纯客观的物的世界，也不是纯主观的心灵世界，而是"心"与"物"融合的世界，这个世界呈现的美的形象是由审美者心灵借外物而创造出来的新的形象。这是朱光潜在消解"心"与"物"

---

① 《朱光潜全集》第一卷，安徽教育出版社 1987 年版，第 209 页。

对峙的基点上研究美学问题的最初努力。在以西方"形象直觉"为理论基础的此次研究中，朱光潜虽然认为美是"心"与"物"的融合，但他更强调"心"的主观性因素，研究的也主要是美感问题，因而，他的美学思想被一些中国学者认为是主观唯心主义的。

新中国成立后，朱光潜接受了马克思主义理论，随即便用马克思主义原理对自己以直觉为中心的文艺美学架构进行反思、清理和批判，又在批判中进行新的文艺美学思想的创构。在其文艺美学思想的重构中，他根据现实需要完成了两次割裂：一是将"形象直觉"说所研究的直觉心理问题割裂为"物"与"物的形象"、"美的条件"与"美"的概念，其理论根据是马克思主义的"意识形态论"；二是将他偏重于主观论的文艺美学向唯物论的割裂，在美学界"唯物"与"唯心"既定划分方式的规定下，他将"形象直觉"论的主观性美学割裂成唯心与唯物两部分，对唯心的部分批判，对唯物的部分用马克思的实践论观点进行改造、加工、阐释，进而提出"主客观统一"的实践论见解。

（二）建立在唯物论基础上的"物甲"与"物乙"说

20 世纪 50 年代，在承认还是否定物的客观性即是区分唯物的还是唯心的标准的时代共识下，朱光潜接受了马克思主义唯物论的反映论观点，提出"物甲"与"物乙"说，划分出"物"与"物的形象"、"美的条件"与"美"两个方面的范畴。

朱光潜认为，要区分"物"（物甲）与"物的形象"（物乙）两个概念。"物"是自然存在的，纯粹客观的，从认识论的角度说是第一性的；"物的形象"是"物"在人的既定的主观条件（如意识形态、情趣等）影响反映于人的意识的结果，是自然物的客观条件加上人的主观条件的影响产生的，是社会的物，是第二性的。"物"只是构成审美对象的条件，有审美主体的主观参与的"物的形象"才是审美对象。他说：

> 美感的或艺术的反映形式与一般知识或科学的反映形式，艺术地掌握世界与科学地掌握世界，举例来说，认识"花是美的"与认识"花是红的"，这中间有一个本质的区别：科学在反映外物界的过程中，主观条件不起什么作用，或是只起很小的作用，它基本上是客观的；美感在反映外物界的过程中，主观条件却起很大的甚至是决定性的作用，它是主观与客观的统一，自然性与社会性的统一。①

区分与界定了"物"与"物的形象"、"美的条件"与"美"，朱光潜的美学观点便具有一个前提，即承认了"物"的客观性，他的美学思想从理论上便有了"唯物"的基础。但他承认"物"的客观性，并不认同"美"的客观性，他认为"美"是主客观相统一的"物的形象"（物乙）。这样，他既迎合了形势，使他的美学思想在理论上有了唯物的基础，又没有放弃他在"心"与"物"交融的总看法上研究美学问题的追求。"物的形象"的提出，使"美"有了明确的指向，"美"与"美感"被划分开来。

在此基础上，朱光潜进一步提出"美感能影响美"的观点。他认为，人的主观意识不能影响物甲的客观存在，犹如认识到红色的意识不能影响红色的存在，这是确凿不可疑的。但美感的对象不是客观存在的物甲，而是主客观相统一的物乙。"物乙本来有一半是由主观条件造成的，所谓美

---

① 《朱光潜美学文集》第三卷，上海文艺出版社 1983 年版，第 35 页。

感能影响物乙，正是说主观条件可以影响物乙。同一物甲在不同的人的主观条件下可以产生不同形式的物乙，这就说明了不同的人的美感能力可以影响到物乙的形成，可以使物甲的客观条件之中某些起作用，某些不起作用，某些起百分之八十的作用，某些只起百分之二十的作用。美是对于物乙的评价，也可以说就是物乙的属性。"① 美感能影响物乙的形成，因而，美感能影响美。不仅如此，从美感与美的发展关系看，朱光潜也认为美感能影响美。他说："美感是一种社会的现象，它是要随着社会发展而发展的，在美感力日渐精锐化的过程中，事物的美不但在范围上而且在程度上都日渐丰富和提高起来。"② 美不可能有一个亘古长存、放之四海而皆准的标准，美感的发展，必然影响着与美感密切相关的美的发展。

朱光潜区分"物"与"物的形象"，即"美的条件"与"美"，肯定美感的作用，其理论依据是马克思的"文艺是一种意识形态或上层建筑"的理论观点，以及这一观点产生出的一条马克思主义美学的基本原则：艺术是对现实基础的一种意识形态式的反映。他以梅花为例对此说明：梅花这个自然物是客观存在的，通过感觉，人对梅花的模样得到一种感觉印象，这种印象在人的主观意识中引起了美感活动或艺术加工，在这加工的过程中，意识形态起了作用。感觉印象的意识形态化就成为"物的形象"。这个形象就是艺术的形象，也就是"美"这个形容词所形容的形象。这里，朱光潜将审美活动分为两个阶段。第一阶段是印象阶段，对审美对象获得一个印象，这印象会成为艺术或美感的"感觉素材"，在此阶段，梅花本身只有"美的条件"，还没有美学意义上的"美"，意识形态不起作用。第

---

① 《朱光潜美学文集》第三卷，上海文艺出版社 1983 年版，第 38—39 页。

② 《朱光潜美学文集》第三卷，上海文艺出版社 1983 年版，第 39 页。

二阶段是进入正式美感阶段或艺术加工阶段。在此阶段，自然形态的、具有"美的条件"的梅花，在意识形态的作用下，可以被加工为具有美学意义的"美"，美学意义的"美"是意识形态性的。根据意识形态具有反作用的原理，意识形态性的美感活动自然能影响需要意识形态作用的"美"。所以，朱光潜认为，"美"是经过美感影响又经过美感察觉的一种特质，它可以在美感前（察觉的对象），也可以在美感后（影响的对象），"美"是客观方面某些事物、性质和形状适合主观方面意识形态可以交融在一起而成为一个完整形象的那种特质；而"美感"是发现客观方面某些事物、性质和形状适合主观方面意识形态，可以交融在一起而成为一个完整形象的那种快感。对"美"和"美感"这两个范畴，朱光潜仍然特别看重"美感"，因为他认为美感活动阶段是艺术之所以为艺术的阶段，是美学研究的中心对象。

依据"文艺是意识形态"的观点，朱光潜还区分了自然美、社会美与艺术美。对于自然美，他认为首先应该区分快感与美感的不同。能引起人的快感但未经意识形态起作用的自然现象只能是美的条件，美学意义的自然美是要引起意识形态共鸣的。他说："我们觉得某个自然物美时，那个客观方面对象必定有某些属性投合了主观方面的意识形态总和。这两方面的霎那契合，结成一体，就是自然所呈现的具体形象（物乙）。"① 因此，自然美也是自然性与社会性的统一、客观与主观的统一。自然美是一种雏形的起始阶段的艺术美。社会美是意识形态的反映，也是一种雏形的起始阶段的艺术美。自然美与社会美的区别在于，自然美常和"快感"的概念混合在一起，而社会美常和"善"的概念混合在一起。艺术美则是在自然

---

① 《朱光潜美学文集》第三卷，上海文艺出版社1983年版，第75页。

美与社会美基础上继续酝酿发展的结果。

朱光潜建立在唯物论基础上的"物甲"与"物乙"说，被中国某些学者认为是具有现代意义内涵的命题。① 在此阶段，朱光潜用"意识形态"论取代"形象直觉"说，用以解决"美"与"美感"之所以为"心"与"物"交融结果的理论问题，并试图借此划清与唯心论美学理论的界限。

（三）主客观相统一的实践文艺美学观

一直努力消解"心"与"物"对峙，在"心"与"物"交融的契合点上寻找美学真谛的朱光潜，在20世纪60年代初，终于找到了支持他思想，又能使他与唯心论划清界限的理论依据，这就是马克思主义的实践观点。实践观点就是唯物辩证观点，它不单把艺术看作是对现实的意识形态的反映，而且把艺术看作是人对现实的一种掌握方式，看作是人改造自然，也改造自己的这种生产实践中的一个必然的组成部分。至此，朱光潜开始用实践观点研究美学问题，他彻底扬弃了克罗齐的"孤立绝缘"理论，给"美是主客观的统一"的命题以新的阐释，提出了一些新的美学见解，他的研究也由心理学层面进入哲学层面。

朱光潜运用马克思主义的实践观点提出的美学见解主要有以下几点。

1. 艺术审美活动起于生产实践，艺术是一种生产劳动

人的生产劳动是一种有目的性的自觉活动，人在生产实践中要根据

---

① 章启群：《论朱光潜美学思想的现代性》，载汝信、张道一主编：《美学与艺术学研究》丛刊第一辑，江苏美术出版社1996年版，第71—76页。

"种族的标准"和"对象的内在标准",也就是"按照美的规律"来制造事物。由此创造的劳动产品便脱离了自然的属性,成为"人化的自然"、"人的本质力量的对象化"。人在自己所创造的世界里观照到自己的"本质力量",感到喜悦和快慰,这正是"用艺术方式掌握世界",也就是人对世界从单纯的实践精神的掌握,发展到艺术的或审美的掌握。在劳动生产中人对世界建立了实践的关系,同时也就建立了人对世界的审美关系。朱光潜说:

> 美就不是孤立物的静止面的一种属性,而是人在生产实践过程中既改变世界又从而改变自己的一种结果。发现事物美是人对世界的一种关系,即审美的关系。①

2. 美感起于劳动生产中的喜悦,具有社会性

"在自己所创造的世界里观照自己"而感到喜悦和快慰的情感活动叫作"欣赏","欣赏"即是美感,美感起于劳动生产中的喜悦,起于从自己的产品中看出自己的本质力量的那种喜悦。劳动生产具有社会性,因而,美感也具有社会性。生产者不但从自己的产品这面镜子里认识到它"光辉灿烂地放射出人的本质"而感到喜悦,而且在旁人欣赏自己的产品时,也在旁人的"喜爱的情感"中肯定自己为旁人的"必需的不可分割的一部分"而感到喜悦。"劳动创造是对人的社会本质的肯定,美感是认识到这一事实所感到的喜悦。只有社会人才能劳动创造,所以也只有社会人对世界才能有审美的关系。"②

---

① 《朱光潜美学文集》第三卷,上海文艺出版社 1983 年版,第 283 页。
② 《朱光潜美学文集》第三卷,上海文艺出版社 1983 年版,第 291 页。

3. 美是人在生产实践过程中既改变世界又从而改变自己的一种结果，是主客观的统一

人在生产劳动中，使自己的本质力量"对象化"于自然时，自己的"本质力量"和社会生活也随之日益丰富起来。"随着生产日益发展，就向人的感觉器官和人脑提出日益提高的要求。人的感觉器官，特别是眼和耳，因此通过不断的锻炼而得到不断的精锐化。……变成具有社会性的东西，不但能察觉对象的物质属性，而且更重要的是能察觉对象所体现的'人的本质'或社会内容。"① 对象方面展开来的丰富性，创造出主观方面人的感觉力的丰富性，美便在人的主观方面的丰富性和客观世界的丰富性两者之间互相依存的辩证发展关系中诞生。美的事物也必然是既合于事物的内在规律或"内在标准"，又体现了人的本质力量的事物。

4. 发展的实践文艺学观

不断劳动的生产过程是人与自然不断地互相影响、互相改变的过程。在客观世界不断地走向丰富，人的主观感觉力也不断地走向丰富的历史过程中，孕育于此的美也不可能是孤立的、静止的，它必然也要随着人的生产实践的进程而发展着、变化着，因此，审美活动是开放性的活动。

朱光潜上述学术见解对中国马克思主义文艺学的建立有重要的意义：其学术价值起码体现为这样几个方面：其一，在中国学术界机械唯物论占上风的年代，他强调了审美活动中主体性（主观性）的不可或缺，张扬主体意识的作用，这对中国马克思主义文艺美学在特殊年代能够得以全面地发展是有意义的。其二，他强调了作为精神生产的艺术活动与物质生产具

---

① 《朱光潜美学文集》第三卷，上海文艺出版社 1983 年版，第 292 页。

有内在的统一性，都是人的本质力量的对象化，艺术也是一种生产劳动，找到了艺术的存在之根，对中国马克思文艺理论的建设是有贡献的。其三，他指出文艺活动是一个开放的系统，美是一个发展着的概念，这是对西方静止的观照说、中国的机械唯物论直观观点的反驳，今天看来，具有拨乱反正的价值。其四，传统文艺学的马克思主义提升。美感，从文艺美学的角度说，就是艺术感。艺术感的研究，在文学理论中既属于创作论，又属于接受论，这是中国传统文艺基本领域。但在中国传统文艺学，这类研究主要是一种经验表述，如文气论、兴味论、象外说等。朱光潜把艺术感问题提升到马克思主义意识形态论及实践论高度，并与西方艺术理论进行进一步的构成性研究，使言说不清，即只可意会不可言传的问题有了深刻、系统的理论解答，这是意义深刻的传统文论、西方文论及马克思主义文论的交融性研究与整体建构。在中国传统文论与马克思主义文论对接，进而建构具有中国特色的马克思主义文艺理论的努力中，朱光潜以其深厚的学术功底和严谨的学术精神，发挥着中国马克思主义文艺学建构的引领作用。

五、蒋孔阳建立在实践关系意识与生存整体性研究上的马克思主义美学体系

在中国马克思主义美学建构中，蒋孔阳以其睿智的思想、独到的见解作出了贡献。他建立在马克思主义理论基础上的整体把握审美关系的实践文艺美学思想，他的从生存整体性出发的美学与文艺理论研究的思路、研究方法，对于今天的马克思主义文论研究具有重要的启发与引领价值。

（一）有机的审美关系论对于机械切分的主导文艺美学观的解构

进入 20 世纪 90 年代，学术价值即政治价值、学术之争即政治之争的思维定式在学术界进一步消解，学界人士愈来愈认识到学术研究需要追求自己的价值、遵循自身的规律，而那些出于不正常的政治斗争的压力，学术理论或学术争鸣不得不牵强附会地进行唯物与唯心的简单划分及对于马克思主义哲学唯物论的平庸套用与烦琐自证，已愈来愈被认为是一种学术的自戕。以此为语境，中国马克思主义文论研究者也发生着同样的思维转向与价值判断体系的转向。这一领域的学者开始用政治解束的目光反思前几十年中先后发生的美学大讨论与美学热潮。这种反思之沉重甚至使美学与文艺理论在一段时间里陷入冷清的困境。

前几十年中国美学理论及文学理论的建构，大体地形成了四种体系，人称美学的四大派别，即以蔡仪为代表的客观论美学，以吕荧、高尔泰为代表的主观论美学，以朱光潜为代表的主客观统一论美学及以李泽厚为代表的实践论美学。这四大美学派别形成与划分的根据，主要是对于美的本质的不同理解，这类理解的理论根据又主要是围绕着马克思主义哲学认识论展开。客观论执认识论的客观唯物一端，把物质第一性精神第二性的唯物主义认识论的基本原理导入本质论，指认美是物质第一性的东西，与人的存在与否无关，不依人的意志为转移；主观论执认识论的主观一端，认为美是一种精神现象，美的本质是精神，因此美不仅因人而在而且因人的精神状况意识状况而在；主客观统一论在客观论与主观论之间搞协调，认为美既在物又在心，在心物的相互作用之中，由于心与物的相互作用总需有一个非心即物的依托，所以在反对者的不断追问与批判中这一派仍被划为主要是主观唯心的一派；实践论对于认识论的理论基础有所突破，引入了马克思主义的实践观点，使对于美的本质的第一性或第二性之争转而为第一性与第二性相统一的物质实践性的认定，比起主客观统一论，实践论既坚持了美的本质的主客观统一，又为这种统一找到了一个客观第一性的依托，由此，实践论又转入认识论。这样，主客观统一论与实践论又可分为主客观统一的主观论与主客观统一的客观论。据此说，所谓四大派别，说到底，其实也就是认识论的两大派别，即认识论的客观论与认识论的主观论。

中国坚持马克思主义美学理论的学者，争了几十年一直在美的本质的认识论圈里转，一直没离开主观或者客观这根轴，与当时的政治一体化的时代背景有关。那几十年中，在中国泛化的政治生活遵循着一个极为简单的公式，即革命的无产阶级的必是唯物的，非革命的或反革命的资产阶级的必是唯心的。唯物还是唯心被推为判断革命还是反革命、无产阶级还是资产阶级的根本标准。其实，物质与精神孰为第一性的问题是一个高度抽象的问题，是一个发生端点的问题，在现实生活中，在现实生活不同领域的学术研究中，孰为第一性的问题是通过一系列极为复杂的中介而发生作用。这一问题在美学研究中的简单套用，舍弃了那极为复杂的中介过程，孰为第一性的问题便失去了意义。这不仅失去了学术研究的意义，这种把现实问题舍弃众多转化中介而套入高度抽象的哲学判断，把鲜活的生活课题扭曲为不正常的政治需要而直接逼入认识论的端点抽象，本身就是反客观的主观运作。四大派别的理论尽管都不乏真知灼见，但在建立体系的轴心问题上却出现了偏差。

蒋孔阳的马克思主义文艺美学思想建构于如是的学术语境与美学体系中，他无法遁于这样的语境与体系定性之外。他的基本观点，就他对于主体实践性的强调而言，大体上可以归入实践论。十几年前，高楠在研究蒋孔阳美学思想的小册子中，把他的美学思想概括为"整体把握审美关系的实践观点美学"①，蒋孔阳认为"这样的概括比较切合实际"。在当下语境中重读蒋孔阳文艺美学著述，有一点要特别注意，即他在《蒋孔阳美学艺术论集》后记中，作为自己研究文艺美学的首要感慨而强调的一段话："真理是过程，而不是结论。我们要在发展中，要在客观现实的相互联系中，去历史地具体地分析问题。这样，真理就不是封闭的，而是一个开放的体系。在这个开放的体系中，每一个认真的探索者，他所争取的，不应当是个人的胜利，而应当随时听从真理的召唤，修正自己的错误，吸收他人的长处。在'真理'与'我'之间，应当'真理占有我，而不是我占有真理'。"②这段强调的话不是蒋孔阳的谦辞，而是他研究文艺美学的基本态度。他的各类美学著述，长篇大论的、短小的、为普及而写的，都坚持从"客观现实的相互联系中，去历史地具体地分析问题"。出于这样的基本态度，他为自己赢得了超越简单套用认识论公式的自由，正是在他所赢得的自由中，他更多地为马克思主义文艺美学的"真理"所占有。他铺下了一条解构四大派别的马克思主义实践论的关系论美学的线索。

这条解构线索集中体现为他对"审美关系"的重视与强调。蒋孔阳把审美关系作为美学研究的根本问题提出："美学研究的根本问题是什么呢？我们说，这就是人对现实的审美关系。"③"大千世界，到处都是美的东西。这些美的东西为什么会成为美的东西？它们是怎样产生的呢？人又为什么能够欣赏它们，认为它们是美的呢？这就涉及到了人对现实的审美关系。……美学当中的一切问题，都应当放在人对现实审美关系当中，来

---

① 高楠：《蒋孔阳美学思想研究》，辽宁人民出版社 1987 年版，第 119 页。
② 《蒋孔阳美学艺术论集》，江西人民出版社 1988 年版，第 654 页。
③ 《蒋孔阳美学艺术论集》，江西人民出版社 1988 年版，第 31 页。

加以考察。也正因为这样，所以我们谈美学，先从人对现实的审美关系谈起。"① 蒋孔阳认为有关美的一切，美的事物、美的创造、美的文艺、美的欣赏，都是发生在审美关系之中，没有审美关系就没有美，不研究审美关系，美的问题、文艺美学的问题也就无从解决。这样，他就把美及各种美的理论问题确定在审美关系的整体性或这一关系的整体系统性中，整体性或整体系统性成为文艺美学研究的第一前提或基本规定。

对于审美关系的整体性或整体系统性，蒋孔阳的阐释是："人对现实的审美关系，事实上是以客观的感性世界为中介，丰富地展开人的本质力量，从而在审美对象与审美主体之间所建立起来的一种关系。在这一关系中，人始终处于主动的地位，他不仅不断地改造自然，而且再生产着整个自然，从而不断地发展人与现实的关系。随着人对现实的关系的扩大，人对现实的审美关系也不断扩大，因而美学研究的对象也不断扩大。这样，美学研究的对象，就不仅是某种物态化的审美意识形式，如艺术；而是审美关系的本身，是人按照美的规律所进行的自由的创造。"② 这段阐释指出：审美关系是审美主体与审美对象共同构成的关系，感性世界是审美主体与审美对象得以形成审美关系的中介；所谓中介，即它必然一方面关联着审美主体，另一方面关联着审美对象，审美主体与审美对象又各自必以其感性形态进入这感性世界的中介；这审美主体与审美对象的感性形态又不是别的，而是人的丰富展开的本质力量；这丰富展开的本质力量，在审美主体，是本质力量的感性形态或见于感性的本质力量，在审美对象，则是那感性形态的本质力量的对象化；而审美关系又形成并受制于人在改造

---

① 《蒋孔阳美学艺术论集》，江西人民出版社 1988 年版，第 1 页。
② 《蒋孔阳美学艺术论集》，江西人民出版社 1988 年版，第 44 页。

自然与改造社会中建构的人与现实的关系，即实践关系。这一阐释揭示了审美关系双重整体规定性，对内，审美关系受制于实践关系的整体性，对外，审美关系又整体地规定着审美主体的感性形态的本质力量及这一感性形态的本质力量的对象化。离开这双重的整体规定性，则审美关系无由形成，审美主体与审美对象也无由形成。就是在这样的整体定性中，蒋孔阳提出了他的一套马克思主义文艺美学研究的对象、范围和任务。在如是的审美关系整体性中，主体与客体无可切分，客观与主观无可切分，社会与自然无可切分，个人与社会无可切分，大家互依共在，每一方面的定性都既是这一方面的又是对方的规定。

蒋孔阳进一步从四个方面对审美关系进行了特征性阐释：

第一，审美关系是通过感觉器官和现实建立的关系。这是对审美关系中审美主体与审美对象相互依存的感性形态的突出，即是说，在审美关系中，审美主体所把握的是一个感性世界，审美对象作用于主体的则是审美主体的感觉器官。

第二，审美关系是自由的。这一自由有两层意思：一是这是一种从他物的束缚中解放出来的关系。蒋孔阳认为，凡有关系就有依赖与限制，就有构成关系的各方面的相互规定，审美关系虽然也脱不了关系主体与对象的相互依赖与限制，但这里有依赖与限制的自由，这自由主要来源于关系中的超功利性。二是在审美关系中主体能自己做主，进行自己的对象选择与发现。

第三，审美关系是人作为一个整体和现实发生关系。这是审美关系整体性的主体实现，这是经由审美的感性形态而获得的主体由生理到心理，由感觉到思维的整体实现，即审美主体的理智、意志和感情，全部被调动了起来。

第四，审美关系还特别是人对现实的一种情感关系。感觉器官面对感性形象，通过感觉器官的感受，把审美主体的理智、意志和其他一切，都化成了感情。

通过以上四点特征性阐释①，我们可以看到在蒋孔阳的"审美关系"中，无论审美的感情形态、审美的自由属性，还是在审美中主体的整体实现及这种实现的情感体验，总之，审美的各个方面，从美到美感，从生理到心理，从感性到理性，都证明着他自成体系的美学思想及文艺美学思想。

从马克思主义文艺理论角度分析蒋孔阳整体把握审美关系的实践论主张，有三个重要意义应予强调：其一，对马克思主义的理论基础，由认识论转入实践论。应该说，认识论与实践论，确实都是马克思主义哲学的重要内容。就真理由来及真理与否的检验而言，马克思主义认识论从物质与精神关系的归根结底的角度，确定了前者对于后者的生成性与规定性，而且如经典作家所强调，唯有在这种归根结底的意义上这种规定性的确认才是有意义的，并且是正确的。这种规定在现实生活中是经过一系列复杂的中介过程才得以体现，所以他们强调要防止绝对化的、简单化的物质与精神关系的理解。从这个归根结底的层面进入错综复杂的现实生活，就成为面向实践的第一位的理论。而文学，正是以其实践性成为文学理论的研究对象，把马克思主义实践论从认识论提升起来，确认为马克思主义的基础理论，尤其在认识论文学理论占有主导地位的情况下，蒋孔阳的实践论立论，就具有了特殊重要性。其二，是蒋孔阳提出的有机整体性地把握文学对象的方法。他特别强调文学，无论是创作还是接受，都是有机整体性地进行的。有机整体性意识相对于当时具有压制性的二元析解、二元分立意

① 《蒋孔阳美学艺术论集》，江西人民出版社 1988 年版，第 9—14 页。

识。当下看，去二元论而坚持有机整体性，不仅合于文学实践，文学实践与社会实践，也合于文学的文本形式。其三，是蒋孔阳提出的关系地把握对象与把握对象关系的看法。蒋孔阳从文艺美学的角度深刻地揭示美的关系属性，由此也揭示出文学的关系属性，文学是人与社会生活见于文学并体现于文学的相互关系的产物，没有离开社会生活的人，也没有离开人的社会生活，这种关系属性是关系构成体相互作用、互构互生的属性，因此也是唯有在关系体中才能予以把握的属性。从这个角度理解文学，文学就被纳入历史实践与现实实践的社会关系体与文学关系体中。今天看来，蒋孔阳的这些看法，正是西方文论界自 20 世纪 60 年代以来力求建构的社会意识与文学意识，同时也是当下中国文学理论研究日益被重视的意识。

（二）综合研究方法对于新的文艺理论体系的建构意义

在中国马克思主义美学建构中的四大派代表人物竭力确立并维护各自美学思想体系并自称自己才是真正的马克思主义的那段时间里，蒋孔阳却明确拒绝独成一派，而且不同意把自己简单地划入哪一派从而去分享那一派的创造者或代表者的荣誉。这里当然有蒋孔阳谦虚的学者人格的原因，但更为重要的原因，则在于他始终坚持对于各派观点兼收并蓄的综合的研究方法。今天，当时的四大派美学及其文艺美学研究均已成为历史，他们各自的美学及文艺美学思想体系在现实的延伸中实际上也正在走向解构。我们当下进行新的马克思主义美学与文艺理论探索，已经无法再把自己归入某种既有的体系，我们必须在新的探索中进行新的思想理论体系重构。在这种重构中，蒋孔阳拒绝成为哪派而博采众长地吸纳多家的探求真理的综合方法就显示出重要的现实意义。钱中文在他的文学发展论中强调了多元对话理论，其实也可以看作是蒋孔阳探求真理的综合方法的延续性表述。

蒋孔阳在《美学研究的对象》一文中概括了对于美学研究对象的四种代表性看法，随之明确地表示："对于这四种不同的意见，我的态度是：第一，我不排斥任何一派。我认为条条大路通罗马，我们不能说哪一派绝对正确，哪一派绝对错误，它们都各自看到了问题的一个方面。第二，我主张调和和综合各派，兼收并蓄，各取所长，然后以艺术作为主要对象，通过艺术这一最有代表性的美学现象，来研究人对现实的审美关系，来研究人类的审美意识和审美经验，来研究各种形态、各种范畴的美。"① 在这段表述中，我们感受到一种广阔的襟怀与开阔的视野。就理性与知识的发展延续性说，任何一种学派的产生，都是前在理性与知识的合于逻辑的延展，这逻辑便是普遍有效的思维逻辑，便是理性得以展开的内在结构。这里既有先天的根据又有人类普遍的经验根据，而先天根据也好，经验根据也好，又都离不开发展的延续性，是发展延续性的结构化。由此说来，历史的综合乃是任何学派或思想体系得以形成的必由之路。至于现实的综合，同样为学派或思想体系的形成所不可或缺。现实学术活动，大家承领着共同的民族的乃至人类的历史承继性。思维于大体相同的现实语境，共时地建构于相互作用的现实关系中，各方面的交流是必然的，相互间的争论与影响也是必然的，不同程度的综合自然也是必然的。问题是各学派或思想体系为获得各自的学派特性或思想体系特性，经常追求同中求异的效果，有意地运用反向思维，这就有了否定中的综合或综合中的否定。由于人们更敏感于不同学派或思想体系间的差异，因此也就更多地看到并强调

---

① 《蒋孔阳美学艺术论集》，江西人民出版社 1988 年版，第 43—44 页。

差异而忽略了综合。

由此说，蒋孔阳所强调的综合的方法，乃是一种符合马克思主义思想精髓的具有普遍根据的方法，蒋孔阳是更自觉地运用了它，把它从否定的遮蔽中释放出来。综合的自觉与强调和综合的疏忽与否定，两者体现在思维过程与思想体系的建构中，形成了思维过程与思想体系的明显差异。对综合的疏忽与否定，见于思想体系的建构和维系，是唯我独尊；综合的自觉与强调在思想体系的建构中则是为我所用。"我"的主体性在两者是共同的，不同的是前者否定他者的合理与可用，后者则不否定他者的合理与可用；前者把自己封闭在"我"的圈子里，后者则把他者吸纳到"我"的圈子里。蒋孔阳属于后者，他用他者之可用，即"它们都各自看到了问题的一个方面"；他在用他者之可用中又不迷失"我"，而是坚持"我"的主体性，即用来用去，还是用以研究他所强调的审美关系这一根本问题。蒋孔阳的综合不是对别人不同观点的拼凑、堆合，而是以"我"所追求的真理的需要为根据的"同化"。对此，蒋孔阳在《蒋孔阳美学艺术论集》后记中曾做过平易的表述："我觉得我从每一派那里，都学习到了很多东西，但它们究竟是哪一派，我却说不清楚。正好像呼吸空气，我很少注意哪些是氧气，哪些是二氧化碳，我只是呼吸罢了。它们营养了我的身体，我就感到满足了。对于今人如此，对于古人，亦复如此。"[①]

正是出于这种综合的方法，蒋孔阳在探索美的本质问题的过程中，在坚持其整体把握审美关系的马克思主义实践论的基础上，不否定美的客观论的说法，坚持美的不以人的意志为转移的客观根据，"美是一种客观存在的社会现象，它是人类通过创造性的劳动实践，把具有真和善的

---

① 《蒋孔阳美学艺术论集》，江西人民出版社1988年版，第654页。

品质的本质力量，在对象中实现出来"，也不简单地否定美的主观论的说法，把"能够打动我们的感情，感染我们，令我们爱慕和喜悦"①，作为美的基本特征与重要标准，他有选择地吸收美的主客观统一论的说法，将之用于马克思主义的美的规律的揭示与美的创造的分析："'任何物种底尺度'，指的是客观世界的规律；'内在的尺度'，指的则是主观对于这一规律的认识和掌握。当内在的尺度适用到对象的尺度上去，依照任何物种的尺度来生产时，于是就出现了创造的奇迹。"②而他的美的本质论的理论根基则是马克思主义实践论，在他运用马克思主义实践论破译美的本质这一难题时，他充分地吸收了实践观点美学的合理之处。正是出于这种综合的方法，他建构了整体把握审美关系的马克思主义实践论美学体系文艺美学。

蒋孔阳的美学及文艺美学思想体系是在博采众长与吸纳多家中建构的，当他开始博采与吸纳时他的美学思想体系尚未完成，而这时他却必然已有了博采众长与吸纳的判断标准，不然他就无法博采与吸纳。这判断标准先在于他的美学及文艺美学思想体系并建构着他的美学及文艺美学思想体系。这先在于思想体系的判断标准又是从何而来？这是蒋孔阳综合方法的要旨所在。蒋孔阳对此要旨曾做过简单阐释："真理是过程，而不是结论。我们要在发展中，要在客观现实的相互联系中，去历史地具体地分析问题。这样，真理就不是封闭的，而是一个开放的系统。"③这段话很重要，这指明蒋孔阳是把自己的思想体系作为一个探索真理的过程去建构的，规定着这一过程的，并不是先在的系统、观点与概念，而是从美学及

---

① 《蒋孔阳美学艺术论集》，江西人民出版社 1988 年版，第 111 页。
② 《蒋孔阳美学艺术论集》，江西人民出版社 1988 年版，第 114 页。
③ 《蒋孔阳美学艺术论集》，江西人民出版社 1988 年版，第 654 页。

文艺美学角度所把握的客观现实的相互联系，这种联系从历史延伸而来，在现实社会实践的众多关系的相互作用中体现为一种必然性，这必然性又是开放的、生成着的必然性。这是一种发展的、不断建构的观点，它拒绝封闭，拒绝定型，因此也拒绝体系化，它永远处于不断开放与建构之中，所以它也要永远不断地博采与吸纳。蒋孔阳曾论及美的判断标准问题，在进行这一论证中他便强调了现实社会实践的众多关系的相互作用，及在这种相互作用中展开的客观必然性。他说："生活既然是这样千差万别的，那么，美是不是有客观标准呢？我们说，有的，这是因为生活固然一方面因具体的阶级、时代和人，而相互区别；但另方面，社会却常常将人们统一起来，使人们的生活发生千丝万缕的不可分割的联系。由于生活一方面相互区别，一方面又相互联系，所以作为生活属性的美，也就一方面具有充分的个性，在不同的具体条件下有不同的具体表现；而另方面，却又有共同的客观标准：美的就是美的，丑的就是丑的。"[①]没有确定的体系规定，却有规定体系建构与判断的先在的客观标准，美与文艺的标准是如此，博采与吸纳的体系建构的综合标准也是如此。

对上面论及的蒋孔阳美学建构的综合方法予以概括，即：

（1）确定自己的理论根基，这是综合之本；

（2）承认并认真领会不同派别观点的合理性；

（3）从问题入手，突出所研究领域的基本问题或重点问题，以此作为博采与吸纳的生成点；

（4）抓住所研究领域的各种联系，包括内在联系与外在联系，在各种联系的相互作用的开放过程中形成综合的标准，并进行这一标准的综合；

———————————

① 《蒋孔阳美学艺术论集》，江西人民出版社 1988 年版，第 103 页。

（5）在不断求得基本问题或重点问题的解答中不断地求得综合的体系建构。

蒋孔阳的这种综合的研究方法与体系建构方法，对中国马克思主义文论的建设，具有重要的方法论意义。任何一个学科的思想理论的建构都以形成一定体系为指向，这种指向的必然性就像任何一种动物的受精卵，在它产生之时便以形成这一动物的胎儿为指向一样。当下，不要论20世纪80—90年代建构的文学理论，就是21世纪以来建构的马克思主义文学理论体系，也已见出不同程度的时代的局限性，新探索难以再缘既有体系进行。那么此时，中国马克思主义文论的探索该缘何而行呢？蒋孔阳综合方法的要领启示我们，应该确定探索者的理论基础，这当然首先是马克思主义的经典著作；其次是中国各理论派别对马克思主义思想结合中国现实革命实践与文学实践的文论阐释，还有国外各种马克思主义文论流派或思想理论体系的新观点、新看法；继之，便是对各种思想理论派别或思想理论体系进行合于所确定的理论基础的分析与判断；然后，从所探索的问题入手，围绕问题的解答，对经分析与判断的各种思想理论派别或体系的范畴、观点、阐释等进行博采与吸纳，由于所探索的问题都是处于各方面的联系中的，各方面的联系又是彼此相互作用的整体，所探索的问题是各方面相联系的网络中的网结，它们本身便处于这网络的系统之中并在网络的系统作用下彼此间形成系统指向；最后，随着对一些基本问题探索的展开，问题间的系统指向便不断地系统化，终于像胎儿一样，成为一个整体性的需要继续建构的开放系统。这应该是当下有待重构的新体系，在蒋孔阳的综合方法那里获得的重要的方法论启发。这也就是当下应非常重视并重新研究蒋孔阳马克思主义文学理论的综合研究方法的现实意义。

蒋孔阳文艺美学的实践关系意识与综合研究方法对于当下中国马克思

主义美学与文艺理论的建构具有重要价值，而当下的这种建构又正处于我国马克思主义文艺理论研究的进入反思期与接受西方理论由被动受体转为能动主体的转折期，这是承前启后的转折式建构。像历史上不同阶段的承前启后的转折式建构一样，当下的建构是具有重要历史意义的建构。从这样的意义上理解蒋孔阳美学及文艺美学的价值，则它的价值不仅是当下的，同时也是历史的。

第四章

**中国马克思主义文论体系
建构的多向敞开（二）**

一、钱中文、童庆炳马克思主义审美意识形态论

较早提出并且一贯坚持文学的审美意识论的两位学者钱中文与童庆炳，都是中国文学理论界领军的前辈学者，他们在新时期以来中国文学理论建构中发挥了举足轻重的作用。他们一致认为文学是审美意识形态。钱中文继 1982 年提出这个看法后，时过二十余年，仍然在对这一看法或基本观点展开深入论证；童庆炳也在二十余年后将此看法进一步提升，写入他主编的《文学理论教程》，进行专章论述。由此看出他们对审美意识形态论的文论建构意义的高度重视。然而，对这样一个重要看法，在中国文学理论研究日渐多元化地深入展开的情况下，这一研究领域却表现出一种普遍性的淡漠倾向，讨论者愈来愈少。全国文科大学文学教程对审美意识形态论的专章列入，也并未使对这一说法的淡漠发生变化。由此，这淡漠本身便成为一个须予深思的理论问题，这使得对审美意识形态论的文学理论建构进行重估具有了新的理论意义。

（一）从文学根本处入手的审美意识形态论

文学是什么？文学不同于非文学的特殊性何在？社会生活何以特别地需要文学？文学依凭什么满足社会生活对它的特别需要？在文学这样那样的说法愈益喧杂的情况下文学将会如何？这类问题对于以文学为研究对象的文学理论而言，都是一些根本性问题，也都是无可避开的具有重要当下意义的问题。这类问题，都关涉文学根本属性的理解。审美意识形态论，无论是其提出的初衷，还是提出者多年一贯的坚持，主旨都在于这个文学的根本之处。对抓住文学这一根本之处的思考过程，钱中文概括说："'文学是审美意识形态'的观念，是在我对苏联和欧美的文论经验、特别是在对我国几十年来文论的教训的基础上，反反复复比较了多种文学观念的优缺点之后提出来的。"①对这一思考过程，童庆炳则概括说："我之所以特别'钟情'于文学'审美意识形态'论或文学'审美反映'论，根源在于我对文学特性的思考……当我们要把文学与非文学从根本上区别开来的时候，从社会结构这个层面，从上层建筑和社会意识形态这个层面去把握文学的特性，把文学界定为是一种社会的审美意识形态，我认为还是最为恰当的。这样我至今认为的文学'审美意识形态'论，是文艺学的第一原理。"②

1. 作为逻辑起点的审美意识

审美意识形态论有两个关键词曾引起争论，这个争论后来虽未进一步

---

① 《钱中文文集》第三卷，黑龙江教育出版社 2008 年版，第 142 页。

② 《童庆炳文学五说》，时代文艺出版社 2001 年版，第 84 页。

展开，但由此引发的思考，却事关中国文学理论界延续下来的对文学根本属性的理解——这两个关键词便是"审美意识"与"意识形态"。

如果把审美意识形态的关键词理解为意识，则审美意识形态的形态便是审美意识的形式——毫无疑问，审美意识是需要见诸形式的。在这样的理解中，令学术界敏感的审美意识形态与意识形态的关系就被淡化为第二位的关系，审美与文学的关系则成为第一位的关系。而如果把意识形态作为关键词，那么，审美则成为意识形态的特殊性前提，审美意识形态便与意识形态成为第一位的关系，即审美意识形态是意识形态，审美只是前者的特殊性所在。正是对这两个关键词的不同的分断组合，导致对审美意识形态论的两个不同的判断。对此，钱中文在他对中国百年文学理论的回顾文章中曾做过概括："在上述问题讨论中，有的学者认为我阐述了作为创作过程的'审美反映'说，并从'审美意识形态'说来阐释文学特征，所以根据上说我是属于认识论学派；但是又有学者认为我阐述了'审美意识形态'说，属审美学派。"[1] 钱中文所说的这种异见，应该是来自对上述关键词的不同理解。随着对"意识形态"的认识论的指认，便有了审美加意识形态是否合于马克思主义意识形态说本意的质疑。对审美意识形态论的审美加意识形态的理解，钱中文与童庆炳都明确地予以纠正。[2]

---

[1]　《钱中文文集》第三卷，黑龙江教育出版社 2008 年版，第 141 页。

[2]　对审美加意识形态的质疑，钱中文在其《文学审美意识形态的逻辑起点及其历史生成中》一文中指出："有些人一谈审美意识形态，不看问题的来龙去脉，就把它当成审美加意识形态进行批判，这是几十年来形成的思维惯性使然了。"（《钱中文文集》第二卷，黑龙江教育出版社 2008 年版，第 395 页）童庆炳在其主编的《文学理论教程》中说："审美意识形态不是审美与意识形态的简单相加，而是指在审美表现过程中审美与社会生活状况相互浸染、彼此渗透的情形。"（童庆炳主编：《文学理论教程》（第四版），高等教育出版社 2008 年版，第 54 页）

　　针对对审美意识形态论的不同理解，钱中文强调指出："文学审美意识形态"的逻辑起点不是"意识形态"，而是"审美意识"，并阐释这一提法的初衷，即改变惯常的"横向思维方式"，"在文学本质特性的探讨中和文学观念的形成中找回其自身的历史感"①。钱中文强调审美意识的逻辑起点有两重起点性意向：一是纠正当下思维惯性的意向，即由意识形态而认识论，由认识论而文学的认识功能论的直接进行横向观念联系的思维惯性；二是从历史的源始追问中揭示审美意识的文学本源性或本体性。这一逻辑起点的设定与追问显然是深刻的，因为这一设定与追问既抓住了问题的当下性，又把问题求解指向历史纵深处，即从前文学的巫术及神话活动思维中找到了文学最为源初也最为简单的本质属性。这切合于黑格尔《精神现象学》及马克思《〈政治经济学批判〉导言》中提出的本质追问的方法。马克思在"导言"中指出研究须从比较简单的范畴入手，而不是从具体对象入手，这类规定着并存在于后来事物发展中的比较简单的范畴，是在人类早期的简单的生活关系中便已存在的，如占有的关系。对此，马克思说："简单范畴是这样一些关系的表现，在这些关系中，不发展的具体可以已经实现，而那些通过较具体的范畴在精神上表现出来的较多方面的联系和关系还没有产生；而比较发展的具体则把这个范畴当作一种从属关系保存下来。"②钱中文在其逻辑起点上，抓住了原始生存活动中的审美意识，并且通过历史发展过程的梳理，有说服力地证明，这一见于原始生存活动的审美意识，正是在后来的文学活动中作为从属关系而得以保留的文学的根本属性。由审美属性这一逻辑起点，钱中文从三个方面推导文学的

---

　　① 《钱中文文集》第二卷，黑龙江教育出版社 2008 年版，第 395 页。

　　② 《马克思恩格斯选集》第 2 卷，人民出版社 1972 年版，第 105 页。

独立形态的本质特性，即此前文学意识形态属性的强调，强调了文学的意识形态的共性，而忽略了文学的独立形态的特性；这种忽略导致文学的审美特征沦为第二位的东西，依附性的东西；极具主体性特征的文学的审美，必须与多种多样的生活形式的描写和表现融合一起，才能存在下来，并成为文学这种形态的不可分割的组成部分。①

审美意识形态论这一审美意识的逻辑起点的明确，使得文学的审美意识属性，成为文学的历史属性。在文学理论的当下建构中，不是从文学的历史发展中寻找基本问题或基本范畴的根据，而仅只从概念中、从开掘逻辑关联中搜罗概念根据的做法，应该于此获得启发。

2. 作为审美意识形态的语言结构

作为审美意识形态的关键词及论证的逻辑起点，审美意识面临一个形态化的自我指涉问题，它不仅需要源于自身的动力与动因，而且需要面对自身并向自身证明，尽管这一自证的形态质料是非自身的。

为此，钱中文考察了 20 世纪 20 年代"意识形态"传入中国的转译情况，它先后被译作"观念的形态"、"社会思想"、"文学是意识形态的一种"，乃至"文学是意识形态"。这一考察的意义在于把文学是什么的观念性追问或思想性追问，从直至 20 世纪 90 年代还仍然在文学研究中发挥作用的非文学的复杂联系中解脱出来，进而进行文学的思考。② 这是必要的，文学与非文学的复杂关联是历史建构起来的，有其建构的必然性，但作为理论研究，确认研究对象自身同样是必然的——当然，对象自身往往是由它

---

① 《钱中文文集》第二卷，黑龙江教育出版社 2008 年版，第 403—414 页。
② 《钱中文文集》第三卷，黑龙江教育出版社 2008 年版，第 137 页。

与非它的关联构成，像马克思考察人这一对象时指出人是社会关系的总和一样。正是在文学自身的追问中，审美意识形态论抓住了"审美意识"这个逻辑起点，将之作为基源性的简单范畴纳入到文学观念的总体研究中。

审美意识最初是先民在原始生活中形成与发展起来的一种思维能力，即神话思维。在先民时代，审美意识是活动形态的，"审美意识体现在原始的歌谣、仪式巫唱、先祖的神话传说、民间故事之中，它们流传于先民口头，成为文学的萌芽与文学的前形式"①。这里的一个关键环节在于，是什么使活动形态的审美意识获得了文学形态并因此成为文学的审美意识形态？对此，钱中文有过明确表述："随后神话思维有了分化，文学性的语言大为发展，从劳动游戏、歌谣巫唱中逐渐生成韵律，艺术手法不断丰富，赋、比、兴成了前文学向文学过渡的审美中介，在文学不断完善的基础上，诗歌呼唤着形式。于是出现了现代意义上的文学，文学通过文字的审美结构而获得形态，并且在其历史发展中不断完善自身，成为现代意义上的'审美意识形态'。"②对这段阐述要注意三个要点：一是神话思维的分化，这是先于文学语言而在的东西，是这种先在意识呼唤并催生了后来称之为文学的形态，也可以说，是原始审美意识的活动形态孕育、催生了审美的文学形态；二是赋、比、兴等艺术手法的不断丰富，这是由前文学向文学过渡的审美中介，这类艺术手法具有活动性与语言性双重属性，否则，它便不能发挥中介作用，这是维特根斯坦和奥斯汀所说的"集行事和命题于一身的双重结构"，③它们至今仍承担着由活动性的现实生活进入文

---

① 《钱中文文集》第三卷，黑龙江教育出版社 2008 年版，第 405 页。

② 《钱中文文集》第三卷，黑龙江教育出版社 2008 年版，第 405—406 页。

③ ［德］于尔根·哈贝马斯：《后形而上学思想》，曹卫东、付德根译，译林出版社 2001 年版，第 45 页。

学形态的中介责任；三是文学的审美结构，或者说，是具有审美结构的语言文字，使审美意识成为文学形态的意识，至此，审美意识这个文学的根本属性便在形态上有了着落。

对审美意识的文学语言形态，审美意识形态论提出"语言的审美结构"之说。这种说法意在阐释作为审美意识形态的文学语言，是独具特征的语言。文学语言的审美结构体现为文学语言的三个要点：其一，语言的表述功能的凸显。表述功能由语言的游离现象即"语义游离"与"语义抑制"现象组成。在"语义游离"现象中语言分为属类名称与专为名称，属类名称形成"含义的结构系统"，这一系统经常与所指对象脱节，造成一种不确定性，"这不是为了认识，却是为感情所把握的语义游离，广泛地造成了描述中的'空想幻想的自由'"[1]；"语义抑制"现象，使语言可以不同程度地脱离其所指对象，从而引向语义的模糊与多义，为"走向新的虚构创造提供了可能"[2]。其二，语言艺术表现的有序化。这主要是指文学语言把长久历史演进的语言表现技术，如赋、比、兴有序化为相对稳定的语言规范，可以随时随意地为文学写作而用，这使"审美意识的内形式找到了外化的范式"[3]。其三，语言表意的听觉效果的系统性延续。语言表意的听觉效果，是前文学的审美意识活动期的突出效果，它伴随着舞蹈、演唱、叙事，形成了与原始生存活动融为一体的节奏与音韵。这种听觉效果在文学语言中延续下来，成为可以自觉运用的语言艺术手段，转化为文学审美意识的外化形式。

审美意识形态论的语言形态论，接受了西方语言学转向的影响。由于

---

① 《钱中文文集》第二卷，黑龙江教育出版社 2008 年版，第 405 页。
② 《钱中文文集》第二卷，黑龙江教育出版社 2008 年版，第 405 页。
③ 《钱中文文集》第二卷，黑龙江教育出版社 2008 年版，第 407 页。

论述者紧紧抓住中国文学理论几十年的历史走向，紧紧抓住其中的根基性要点，据此接受与转化西方的语言学转型，因此不仅避开了以西释中、以西律中的常见问题，而且贴着中国文学传统展开，生发文学的语言特质，围绕与审美意识形态论密切相关的三个要点性问题，即意识形态问题、审美意识问题、审美意识的文学形态问题，进行融汇古今中外的理论思考。这种情况正如童庆炳所概述："文学审美意识形态的丰富内容都要由言语表现出来。离开语言我们寸步难行。但语言作为符号也不是一个没有内容的空壳。所以文学审美意识形态与语言的关系是十分密切的，不可分离的。所谓的'语言论转向'没有'摧垮'文学审美意识形态论，而是使二者结合起来，更准确地界说了文学。"①

3. 作品功能的立体支撑

对于审美意识形态论的反映论，钱中文明确地表示："我主要是用来阐释文学创作的，而不是用来阐明文学本质特征的"。② 这一表示说明，在文学的审美意识形态论这里，文学创作的审美反映论并未被认作文学的本质特征。从审美意识形态论的本质特征论而言，文学的本质特征在于审美意识，这一本质特征的实现则在于文学创作的审美反映。由此说，审美反映论是审美意识形态论的文学创作的实现根据。换句话说，见于文学创作的文学反映论，是审美意识形态得以文学地实现的必由路径；而这一路径的现实形态就是从上述必由路径走出来的文学作品。对此，钱中文说："文学存在的方式是作品的存在。作品是文学的文本，文学本体的种种特

---

① 童庆炳：《在历史与人文之间徘徊——童庆炳文学专题论集》，北京师范大学出版社 2007 年版，第 78 页。

② 《钱中文文集》第三卷，黑龙江教育出版社 2008 年版，第 143 页。

征，都是由这个文本本体的存在，发生种种裂变而形成的不同状态。"① 显然，这是一个凝聚性的表述，即是说，对审美意识形态的种种表述，都在文学作品中凝聚，作品是审美意识形态的现实体现与历史体现。由此，新时期以来备受关注并多有争论的文学功能问题，便也在审美意识形态论的作品形态中获得了集中阐释。

审美意识形态论的作品功能论被概括为三个方面。其一，是作品的审美功能。审美功能来自作家从感受、感知开始的创作，继之便是因感受、感知的审美创作而获得的作品的艺术感染力，这是一种激动人的感情，蕴含着深邃的思想，内容与形式完美结合，动人以情，并使人在审美感受与理性两个方面得以满足的力量。其二，是文学作品通过审美功能而具有的认识的功能。在这里，此前文学理论所特别看重的认识论的意识形态功能得以体现，不过这种体现并不是哲学性的，即所谓真理性的认识或反映，而是产生审美愉悦的审美认知或反映，进而又有了文学的情感教育功能，这是融思想、评论、净化为一体的功能。其三，是文学经由作品而发挥的人与人的交际功能。在交际功能中，作品通过语言、符号形式，传递信息，沟通人们的感情思想——这种交流也包括不同民族不同国家间的交流。②

在作品功能论这个要点上，审美意识形态论在展开中出现了不同看法，虽然这类不同看法并没有争论，而只是各有所重。这不同看法就是童庆炳在主编《文学理论教程》修订版时对文学活动的强调。《文学理论教程》修订版强调了艾布拉姆斯的文学活动说，在艾布拉姆斯看来，文学是

---

① 《钱中文文集》第二卷，黑龙江教育出版社 2008 年版，第 109 页。
② 《钱中文文集》第二卷，黑龙江教育出版社 2008 年版，第 143—144 页。

由作品、作家、世界、读者要素构成的活动，据此，《文学理论教程》修订版阐发说："文学理论是对古今中外一切文学活动实践的总结，它的出发点和基础只能是文学活动的实践。先有文学活动的实践，然后才会有文学理论的概括，关于文学活动的本质，关于文学创作，关于作品构成，关于文学接受，关于文学发展的基本原理、概念范畴以及相关的方法，无一不是从文学活动的实践中总结、提炼出来的。"[1] 固然，童庆炳强调的文学活动是不同于其他活动的精神活动，而且，从整个《文学理论教程》修订版的体例看，也还是主要停留在作品功能论；再有，虽然对比钱中文作品功能论所构成的创作、作品、接受，与童庆炳的活动构成论没有太大的差异，但审美意识集中地见于作品与审美意识集中地见于活动，这两者的差异还是应该予以重视的。作品是活动的结果，活动则是作品的生成或生产过程，过程与结果的差异其实就是两种不同提法的差异。

不过，进入作品功能构成与活动构成这一构成性层面，钱中文与童庆炳的总体看法又大体地趋于一致了。这就是作品功能也好，活动功能也好，都是实现于意识形态、审美意识及文学接受的立体之中。审美意识，如钱中文所说，作家的创作过程一旦结束，就出现了物化的审美新实现，它的存在形式就是作品本身。作品因此具有的第一位功能就是审美功能。这种功能就作品本身而言是静态的，但还有一种动态的存在，即文学作品的接受，"文本一定要经过读者的阅读、鉴赏、批评，才能变成有血有肉的活的生命体，才能变成审美对象，而研究读者接受过程和规律，就形成了文学接受论"。[2] 因此，文学功能，以审美意识为首位的文学功能，无

---

[1]　童庆炳主编：《文学理论教程》（第四版），高等教育出版社2008年版，第5页。

[2]　童庆炳主编：《文学理论教程》（第四版），高等教育出版社2008年版，第4页。

论是作品功能还是活动功能，都是在意识形态的一般性中，审美意识的文学特殊性中，文学接受的动态中，得以发挥作用的功能。

审美意识形态论从文学的根本处入手，以审美意识为逻辑起点，以文学语言的审美结构为文学审美意识的外化形态，以文学审美功能的立体支撑突出文学的作品价值或活动价值，由此揭示文学这种独立形态的本质特征。这种为研究对象划域求本的努力是理论研究的合法性前提。研究对象是什么的问题，是近百年中国文学理论研究历尽坎坷而渐明的问题，有了这样一番划域求本，就是确定了文学研究的意向性靶的。在对审美意识论进一步研究中发现，多年来文学研究的众多理论成果都在这一根本性确认中得以凝聚，并且又被作为根本性问题纳入到文学现代性、新理性精神、发展论及对话交往论的更为宏大的框架之中，这对文学理论的深入建构与多元建构，具有重要的整合意义。

（二）文学特征历史延续性的理论坚持

文学特征性研究也就是文学划域求本的研究，而在文学划域求本的研究中，文学特征也便显现得更为明了。这种互为互进的研究思路，审美意识形态论很充分地坚持与体现出来。尤其重要的是，这是一种历史延续性的坚持与体现。

对象的历史延续性决定着对象研究的理论延续性，理论延续性体现为构成理论的基本范畴、命题的延续性，这是任何理论建构都须遵循的基本规定性。格雷马斯从符号学角度谈论历史延续性见于理论表述的"意义效应"，提出一个"结构的历史化"的说法，认为人文对象是以结构化形态存在的对象，结构化的过程就是历史延续过程，研究这类对象的理论符号系统，必然受结构化的历史延续性的限制——"意义结构想要成为历史的东西，意义效应清单就将受到限制"。① 文学对象就是这样的"结构的历史化"的对象，文学理论要获得对于文学的"意义效应"，就必须使自己受限制于亦即合于文学的历史延续性。在这个问题上，新时期以来的文学理论建构却常常陷入到非历史延续性的浮躁与匆忙之中。这种情况的一个特征性表现，就是对于一些重要的或基本的文学理论范畴及命题未予坚持，未予延续性的反思与深思，而是更热衷于各种新的提法、说法，即所谓追热与搜奇。于是一系列基本的范畴或命题在文学理论研究中淡去或消隐，如人文精神、现实主义、风格、典型、审美本质、生活源泉、形象思维、经典价值、"双百"方针、创作个性等等。意识形态与反映论近年来也沦入少有问津的境地。这类重要的范畴或命题都是从中国文学的"结构的历史化"中提升出来，并且已成为中国文学理论的"结构的历史化"，而且历史地体现着中国文学理论的"意义效应"。一些理论的基本范畴或命题的淡出或消隐，使文学理论的自律性与理论转化功能被弱化，西论的非语境套用，使得近年来的中国文学理论不断地参照西方提出问题，却又不断地不了了之，一潮未尽新潮又起的情况便在一段时间里几乎成为常态。

从文学理论历史延续性这一关乎理论建构取向的问题角度思考审美意识形态论，其中见于意识形态论及反映论的历史意识、时代意识、理论融通与转化意识，以及为此进行的文学的划域求本努力，都具有进一步研究的理论价值。

---

① ［法］A.J.格雷马斯：《论意义——符号学论文集》上册，吴泓缈、冯学俊译，百花文艺出版社 2005 年版，第 110 页。

1.意识形态论与反映论历史转化的理论意识

回顾百年来中国文学与文学理论，意识形态论与反映论都具有根本性与特征性意义。意识形态论与反映论长时间置于中国文学的本质特征的地位，并且实际地被发挥着本质特征的作用。在中国文学理论中，反映论或认识论是意识形态论的哲学基础，意识形态论又以经济基础与上层建筑关系论为其哲学与社会学基础。这类基础都是取于经典马克思主义，后来，又在苏联的文学理论中获得滋养。

中国文学理论的反映论与意识形态论的要点在于文学属于以一定的经济制度为基础的上层建筑，并且是上层建筑中那些更高地悬浮于空中的思想意识领域。文学的意识活动是社会的产物，随着人们的生活条件、人们的社会关系、人们的社会存在的改变而改变，因此，文学是社会生活的反映，生活是文学的源泉，深入生活则是作家艺术家的必由之路。文学是社会主义事业的一部分，即"齿轮和螺丝钉"。在革命战争年代，当尖锐的阶级矛盾以政治斗争的形式集中地体现出来时，文艺服从于政治，必须坚持文艺为工农兵大众服务的方向。在社会主义建设时期，文艺为社会主义建设服务，为人民服务。以此为意识为观念，便有了文学的创作原则问题、真实标准问题、批评尺度问题、风格流派问题，文学与政治、哲学、宗教、道德等其他上层建筑领域的关系问题，以及使这些问题得以求解的文学本体问题。

应该说，这个理论构架是立得住的，也有着巨大的广延与发展性。文学理论的意识形态论与反映论所以成为大家在一段时间里不愿多谈甚至讳莫如深的问题，关键问题出在意识形态论与反映论在文学及文学理论的历史延续性上。马克思主义对历史延续性的一个基本观点在于这是一个众多历史力量交互作用的演进过程。恩格斯在批判巴尔特庸俗经济学观点时指出："他们总是只在这里看到原因，在那里看到结果。他们从来看不到：这是一种空洞的抽象，这种形而上学的两极对立在现实世界中只是在危机时期才有，整个伟大的发展过程是在相互作用的形式中进行的（虽然相互作用的力量很不均衡：其中经济运动是更有力得多的、最原始的、最有决定性的），这里没有任何绝对的东西，一切都是相对的。"① 对历史延续性的曲折性、转化性、嬗变性，罗素、怀特、胡塞尔、海德格尔、福柯、哈贝马斯、鲍曼等，都从各自研究角度作过阐发，这已几乎成为近些年西方理论研究主流中的理论共识。

中国文学理论的意识形态论与反映论，常常忽略了文学及文学理论在不同时代状况与历史动态展开状况下的不同关系状况，把此时根据套为彼时根据，把此处根据套为彼处根据的情况时有发生。这种简单的套法，导致意识形态论与反映论的观念化、固化与绝对化，尤其当这种套用又是发生在文学与其他上层建筑领域相互关系的简单化理解，并且也同样使这种简单化理解观念化时，曾经的真理便滑入了谬误。

审美意识形态论抓住了问题的这个节点，不是简单的否定，更不是绕开，而是紧紧抓住在历史延续性的转化中阐发意识形态论与反映论这个关键所在。就"审美意识形态"这一双重交融的关键词的命题而言，可以见出命题者在历史延续中转化又在转化中坚持历史延续性的理论思路。对此，钱中文阐释说："审美意识形态不是单纯的审美，也不是单纯的意识形态，而是审美意识的自然的历史生成。它把文学作为相对的独立形态，讨论的是这种独立形态自身的本质特征。"② 在这里，钱中文着力的要点，

---

① 《马克思恩格斯选集》第 4 卷，人民出版社 1972 年版，第 486—487 页。
② 《钱中文文集》第二卷，黑龙江教育出版社 2008 年版，第 413 页。

是意识形态见于文学的特殊性，即文学的"独立形态自身"。钱中文坚持文学的意识形态属性，强调这是一种哲学层面的文学本质的一般性理解，据此，他持守着意识形态的文学一般性，历史延续地留守着马克思主义的意识形态论的根基。在文学的领域特殊性上，他把"意识形态"这一关键词移入"审美意识"这一关键词中，使文学意识形态融入文学的审美意识，并在审美意识的历史考据中成为现实具体的文学意识形态。在这一点上，钱中文与童庆炳都立足于马克思主义的一般与个别或普遍与特殊的哲学立场，认为意识形态的一般与审美意识的个别，像人性与具体的人一样，不是对立的而是自然地融为一体。童庆炳说："在我们强调'审美意识形态'的独立性的同时，也要看到，审美意识形态有巨大的溶解力，一切政治的、道德的、教育的、宗教的、历史的甚至科学的内容都可以溶解于审美意识形态中。"[①] 这是一个重要的理论立场，在这样的立场上，文学的意识形态属性与文学的审美属性，二者就不是对立的关系，而是如何应时应处地延续转换的关系。这样，意识形态的文学及文学理论的基本范畴的延续性难题便解决了，文学的特殊性问题也解决了，那种一段时间里用意识形态性否定与取消文学特殊性，用存在与意识的关系排斥文学审美特性的简单做法，也因此得到匡正。对此，钱中文表述说："文学是审美的这种特征，我们从其历史的发展中看到，并非外加，它是文学这种意识形态固有的本性，它来自审美意识的积淀、文学的独特对象、创作主体和把握它的特有的话语、文字的方式之中。"[②]

审美意识形态论对反映论与审美反映论的关系处理，也是采用了这样

---

① 童庆炳：《在历史与人文之间徘徊——童庆炳文学专题论集》，北京师范大学出版社 2007 年版，第 77 页。

② 《钱中文文集》第三卷，黑龙江教育出版社 2008 年版，第 140 页。

的历史延续性的转化思路。

2. 文学特征追问的理论研究方法

审美意识形态论对文学理论建构有重要启发意义的方法特点，就是它特别注意文学特征性研究，这也是前面提到的对文学划域求本的方法。文学的领域特征性构成文学不同于其他社会领域的整体性，正是这种整体性把文学的各种局部性的东西，阶段性地统一起来。康德在谈论实践理性能力时，特别强调对于对象的整体性把握，他说："正确地把握整体的理念，并从这个理念出发，借助于通过某种纯粹理性能力把一切部分从那个整体中推导出来，而在其彼此之间的交互关系中紧盯住那一切部分。这种检验和保障只有通过最内在的熟知这个体系才有可能……"① 康德强调的把握整体，进而由整体到局部再由局部回归整体的理念，从理论研究对象的特征性坚持而言，便是理论地把握对象的学科意识。审美意识形态论坚持这种整体把握文学对象的学科意识，并从审美角度对文学进行特征性的整体把握。

文学是意识形态的特殊领域，它与意识形态的其他领域共同拥有意识形态的一般属性；但同时，文学又以其独特性区别于意识形态的其他领域，因此拥有独特的文学活动及各种文学现象。审美意识形态论总结并批判了较长一段时间里文学理论的意识形态论，指出它没能顺应文学的历史延续性转化，把革命战争时期文学对于意识形态的政治依附误认为那就是文学的本质性依附，因此意识形态地否定了文学领域特殊性。审美意识形态论集中思考文学的本体特征，揭示文学本体的整体性与内在构成性，为

---

① 　[德] 康德：《实践理性批判》，邓晓芒译，人民出版社 2003 年版，第 11 页。

文学对象的研究与文学理论的对象性建构，提供了深入展开的思路。对研究文学的特殊性进而形成整体性的文学观念，钱中文强调了三个研究方法要点，即：审美哲学方法，旨在从总体上把握文学的主导特征；特征性研究方法，用不同方法阐释文学本体的诸种特征，包括作品特征（童庆炳在后来则重视文学的活动特征）、审美反映的创作特征、接受与欣赏特征；文学史方法，就是进一步讨论文学史及其方法论。①

于此，审美意识形态论提供了一个重要的文学理论建构范式，即特征性地、整体性地把握文学对象，为文学对象划域求本，进而再扩展开来，研究文学的方方面面，包括文学与其他领域的联系与相互作用——"文学观念是一个整体，这个整体又可以分为不同的层次，这些层次又具有各自的质的规定性，进而形成文学观念的多本质性。"②用这一范式去比较当下的文学理论研究，就不难发现后者常见的一些征兆性问题：如挪用西方理论对中国文学理论及文学现象进行强制阐释的问题——强制阐释，这里是指对于中国文学及中国文学理论进行非文学的阐释；再如，在不深入思考文学的领域特征性及领域整体性的情况下，便急于跨域思考，包括思考文学与市场经济、文学与大众文化、文学与政治、文学与道德建构的关系等。这些问题当然是文学理论的研究内容，将之作为问题提出也不是说在顺序上就要先研究文学自身再研究文学与周边的关系包括构成性关系，此处意指的是，从逻辑上说，文学自身的规定性是文学各种特性包括关系特性的前提规定性，需要将之作为前提而特征性地对待。审美意识形态论专注于此，这就是抓住了节点。

---

① 《钱中文文集》第二卷，黑龙江教育出版社 2008 年版，第 95—96 页。
② 《钱中文文集》第二卷，黑龙江教育出版社 2008 年版，第 94 页。

3.把握文学及文学理论展开态势的理论思考路径

把握研究对象活动态势及对于对象的理论研究态势，这是需予强调的理论研究路径。态势本身就既是历史性的又是时代性的，它既是历史延续于不同时代状况的语境规定，又是语境规定的现实化。因此，无论强调与否，它都直接构入理论研究，并或深或浅或明或暗地凝练在理论研究成果中。更何况，新时期以来，文学及文学理论均置身于大规模的社会转型中，各种社会情况都不再是稳态的而是振荡的，一些曾经重要的社会因素在转化或消亡，一些新的社会因素创生出来，组合到生活之中，又经由生活转化为文学活动。这种社会生活及文学实践状况，要求文学理论必须有一定的预见性。预见性启示当下现实，指向将要展开的态势，这便是所说的态势把握。审美意识形态论体现出态势把握的理论特征。这里需要特别指出的是，审美意识形态论代表人物钱中文与童庆炳以他们中国文学理论领军者的身份，把握理论态势，适时地提出理论研究与发展的代表性课题，这对新时期以来的中国文学理论建构，具有引领性意义。

审美意识形态论较明确地提出于1982年。之后，它便被结合不同时期文学及文学理论的态势，愈益深刻、充实地展开。1982年前后有两种重要的态势：一是文学从极端政治的捆绑中解束，唤起强烈的划域求本意识，并急欲展开这方面的实践；二是不断升温的全国规模的美学大讨论，使文学的审美属性问题成为文学理论普遍关注的问题。这两种态势，触发了文学审美意识论的思考，钱中文、童庆炳几乎是不约而同地为文学进行审美的意识形态的划域求本。20世纪90年代是中国市场经济快速繁荣时期，市场经济繁荣导致人们生活价值观、道德价值观、审美价值观的大幅度变化，工具理性、金钱观念、实用追求等，作为社会生活、社会实践的总体态势体现出来。审美意识形态论适时地把研究重点转入文学意识、文学观念研究，将之融入文学现代性的理论探索及新理性精神的建构中来："一些人文知识分子正在寻找一个新的立足点，重新理解与阐释人的生存与文学艺术意义、价值的立足点，新的人文精神的立足点，这就是新理性精神。"[①] 童庆炳则针对 90 年代文学置身的社会生活实践的振荡状况，指出"这是一个有着逼人的社会问题的时代，是一个焦虑的时代"[②]，进而提出要提升"审美意识论"的地位，把它提到文艺学第一原理的地位。

进入 21 世纪，两种与文学及文学理论密切相关的文化态势日益明显地体现出来，一是大众文化态势，一是全球化态势。这两种态势都是逐渐凝聚于 20 世纪 80—90 年代并于 2000 年之后成势。大众文化有力地催化着所谓精英文学观念，感性、娱乐性、参与互动性被激发为文学的活跃属性，而 80 年代开始不断得以凝聚的文学自律意识、文学疆域意识很快便向大众接受意识倾斜。这一阶段的文学态势便是此前文学划域求本的努力将如何坚持，经典价值之争、文学家园之争、文学边缘化之争、文学性之争，使文学进入大众文化时代。全球化态势，则为西方文明与西方思想涌入中国推波助澜，各种西方理论的非语境套用，一时间几乎成为一种学术风尚。这种情况下，中国文学及文学理论面临的态势便是如何守护中国的文学与文学理论的民族特色，形成大众文化接受中的文学主体性与西方文化接受中的民族主体性。应此态势，钱中文于 2007 年发表《论文学审美意识形态的逻辑起点及其历史生成》，梳理审美意识形态论逻辑起点，表明其初衷在于强化审美是文学的根本属性，明确语言的审美结构是文学审美意识形态得以实现或得以文学化的形态。2006 年，童庆炳发表《新时

---

① 《钱中文文集》第三卷，黑龙江教育出版社 2008 年版，第 211 页。
② 《童庆炳文学五说》，时代文艺出版社 2001 年版，第 90 页。

期文学审美特征论及其意义》，对文学审美特征论、文学审美反映论、文学审美意识形态论，作进一步系统阐释，旨在进一步厘清中国文学的审美、审美反映、审美意识形态的关系，其中的针对性态势不言而喻。

　　理论基本范畴及命题的历史延续性坚持、转化融通性坚持、领域特征性坚持，以及展开态势性坚持，在审美意识形态三十年历史跨度的研究中获得了充分的理论实现，为中国文学理论建构提供了弥足珍贵的理论根据。

（三）活动的意识与意识的活动

　　审美意识形态论在审美意识与审美实践活动的关系问题上，留下了巨大的思考空间。这不仅是因为意识与活动的关系是充满变量又无时不在的关系，它们的相互作用更为复杂；而且，就审美意识形态论的理论阐释而言，也感受到很强的内部张力，这种张力分别生发于文学理论与文学的关系、审美意识与审美实践的关系，以及文学在活动中划域与扩域的关系三个方面。审美意识形态论已为求解这类关系，提供了充满乐趣的探索途径。

1. 文学理论的文学异质性

　　当意识或意识形态作为范畴被强调时，这种强调本身就隐含着它的物质存在的关系对立面，它们对立于二者互立但又无可取代的异质性，即精神与物质的异质性，马克思主义经典作家将之称为不可混淆的第一性与第二性。

　　审美意识形态论历史延续地使用意识形态这个范畴，在扬弃简单化的意识形态范畴的过程中，将之特征化为文学的审美意识。如前所述，这种转换的历史延续性既是历史的又是融通的，这是审美意识形态论的深刻的理论思路，是由意识形态一般性向文学审美意识特殊性转换的理论思路。

但这里存在一个对意识形态予以坚持、予以沉入式研究时很容易出现的问题，即遮蔽了意识与存在相互作用的实践关系体，这可能使意识形态纯粹化为意识。黑格尔曾对纯粹化的意识说："这种纯粹意识是这样一种精神，它向一切意识呼吁道：你们要在为你们自己时是所有你们在你们自己中时所是的那样，都要是有理性的。"① 这里有一个问题，即当意识是自己时，意识何以自证，就审美意识来说审美意识又何以自证。在审美意识形态论的文学审美意识特征强调及延续性强调中，论者对可以为文学审美意识取证的文学审美与文学实践及社会实践关系有一定程度的忽略。审美意识形态论在延续性阐发中已意识到这一问题，通过多方面的社会实践性努力，包括将文学理解为活动的努力来解决这一意识自证的难题。但难点在于文学是一种意识的本质属性的确认，使文学必须承载意识的规定性，包括它与社会实践的物质性存在的第一性与第二性差异的规定性。这就是说，当意识纯粹化时，它们便建立在各自理性之上，成为理性的理性，并封闭在理性之中。

即是说把文学的根本属性确认为意识，文学理论就是对于意识的意识。这样，无论是后者所提升的文学意识，还是见于批评的文学意识，因为都是意识，便都只能合于意识的铺展与建构。文学理论对于它的研究对象文

---

① [德]黑格尔：《精神现象学》下卷，贺麟、王玖兴译，商务印书馆1996年版，第79页。

学，就成为意识对意识的言说，意识对意识的论证。意识自证在意识哲学中并不是问题，在西方意识哲学中在即是思，思即是在。但审美意识形态论不是意识哲学，它以马克思主义实践论的反映论为哲学基础，当意识形态在审美意识形态论的努力中从经济基础与上层建筑的关系体中游离出来，而仅以意识的特殊性见诸文学时，意识形态作为上层建筑原本承担的一些传统理解的第二性的东西，就会因意识自证而在理论体系上向第一性的物质实践封闭起来。这显然不是审美意识形态论的初衷，而且也不合于提出者紧密结合第一性的物质实践而展开的现代性、新理性精神研究的实际情况。马克思、恩格斯阐释一般意识形态时指出："历史并不是作为'产生于精神的精神'消融在'自我意识'中，历史的每一个阶段都遇到有一定的物质结果，一定数量的生产力总和，人和自然以及人与人之间在历史上形成的关系……"① 这个历史是统称的，其中当然也包含着文学批评与文学的关系史，当文学被确认为是见于文本的审美意识——而不是实践敞开的审美活动，文学与文学理论的意识同质性问题，就成为有待进一步思考的问题。

这里的要点在于，如何走出文学与文学理论的意识同质性，使文学对于文学理论的意识异质性得到强调，进而使文学理论成为文学的意识形态。而这个要点，审美意识论其实已经敏感地意识到了，这就是从文学活动的意识异质角度规定文学的根本特性。

钱中文在文学审美意识的历史追问与现实展开中，不断地关注这个问题，即文学的活动属性，但为了把文学意识从意识形态的一般性研究转为文学的特征性研究，尚未把研究目光从审美意识的特征性研究向文学的活动属性研究更充分地放开来。童庆炳抓住这个问题，提出了审美意识形态

①　《马克思恩格斯选集》第 1 卷，人民出版社 1972 年版，第 43 页。

论的文学活动形态的理论主张，但没有来得及进行理论研究的体系性转换。因此，这成为审美意识形态论须进一步理顺的问题。

2. 审美意识的文学活动基础

审美意识形态论的一个重要理论成果，就是从文学的原始发生处找到了文学最具本源性因此又最具普遍性的"简单范畴"，即前文学的审美意识活动。它从文学发生史角度指出人类先民的巫术活动，包括舞蹈与吟唱、仪式与狂欢，都与神话思维相融通，前者是意识的活动，后者则是活动的意识。这种活动与意识融为一体的前文学的实践形态，在原始氏族生活的复杂化与分化中，不断增强其意识模仿与语话化成分，终于使其从生存活动与神话思维一体化的浑融状况中分解出来。而这种分解出来的后来成为文学的东西，仍然是活动性的，是意识与活动的一体化。马克思在《〈政治经济学批判〉导言》中谈论原始氏族生活的占有，就是将其作为浑融着的占有意识与占有行为一体性的东西而理解与分析的。就此而言，文学得于原始审美活动的机制，在审美意识形态论中已有了深刻理解，否则，就不会有这种本源的理论追问。

这种本源审美活动的"简单范畴"的文学合理性，又是现实的文学合理性。文学，当它作为现实意识形态的一般性体现者而活跃于现实生活时，它一般地而不是特殊地置身于或共构于现实生活。康德在谈到一般实践理性与特殊领域的经验性关系时指出："一般实践理性批判有责任阻止以经验性为条件的理性想要单独充当惟一对意志进行规定的根据的僭妄。"① 这是否定了特殊领域意识（当然包括文学意识）以一般性的

---

① ［德］康德：《实践理性批判》，邓晓芒译，人民出版社 2003 年版，第 17 页。

名义对意识一般性进行僭妄的理性情况。这就提示说，文学当其以意识的一般形态进入生成着意识的生活时，它便只能取意识见于生活的一般形态。这形态自然不是文学意识，而是在生活活动中具有普遍性的文学活动。

文学活动，如审美意识形态论所说，是以语言的审美结构为特征的审美意识活动；同样如审美意识形态论所说，文学活动以文学作品为自己的活动成果，在这一成果中文学的审美意识获得文学的语言形态，因此既有了文学审美意识形态的特殊属性，又实行着意识形态的一般属性。这里有一个需予关注的差异，即生产与传播文学作品的文学活动，并不同于它的活动成果与传播成果——这就像生产汽车的过程不是汽车一样。钱中文与童庆炳都对艺术生产论的文学理论投以关注，都将之概括为新时期有中国代表性的文学观，并都就其中的代表性观点予以肯定。如钱中文说："艺术的存在是艺术生产—艺术品—艺术消费—艺术生产的循环过程，反映论不能贯彻这一运动的全过程。在范围上，艺术生产论大于艺术反映论；在性质上，艺术生产论切近于艺术本质和艺术运作的特殊规律，作为文艺学体系而言，它优于艺术反映论。"[1] 因此，生产文学作品，使文学作品成为文学的文学审美意识活动，并不同于文学作品，而应该在更为广阔的理论视野中进行文学整体性的思考。

3. 文学在活动中划域与扩域

布迪厄有一部专门研究实践感的书，在这部书中，他阐释了实践感如何作为行为意识发生作用于身体和世界之间——"实践感（senspratique）

---

① 《钱中文文集》第三卷，黑龙江教育出版社 2008 年版，第 103 页。

是世界的准身体意图，但它绝不意味着身体和世界的表象，更不是身体和世界的关系；它是世界的内在性，世界由此出发，将其紧迫性强加于我们，它是对行为或言论进行控制的要做和要说的事物，故对那些虽非有意却依然是系统的、虽非按目的来安排和组织却依然带有回顾性合目的性的'选择'具有导向作用。"[①] 布迪厄的实践感提出了一个意识与存在的中介范畴，它作为"感"存在于人的意识中，但这类意识又不是观念、思想及对于外部世界的认知，而是可以根据意识引发行为及语言，又把行为及语言导入意识的那种意识能力，对此，布迪厄又称之为"游戏意识"。在这里提到实践感，就是要在审美意识论的框架中，为审美意识和文学活动找到一个彼此转换的中介。按照实践感的说法，可以将其认作中介。

如前所述，审美意识论应该是见于文学活动的审美意识论，这不仅是因为它所说的各种文学问题、文学现象，包括种种造成文学坎坷与文学发展的文学问题与现象都是行为性的——宣传行为、阅读行为、批判行为、斗争行为等等，而且，文学的审美意识特征的文学实现形态及规定形态，也是行为性的，它们实现于文学实践过程中，是见于文学实践的历史验证。而在当下，文学审美意识的实践活动形态更是随时地进行着，体验生活、展开创作、进行传播交往、组织作品的批评研讨以及动辄数百人参加的文学理论年会，乃至网络写作与阅读，它们的展示形态包括其意蕴，如钱中文所说，肯定是超出于认识论的。因此，建构审美意识形态的文学行为论或文学活动论，具有审美意识及意识形态的社会实践意义。因为通过布迪厄的实践感，可以相信，所说的审美意识，不会因为它筹划了行为而

---

① ［法］布迪厄：《实践感》，蒋梓骅译，译林出版社 2003 年版，第 101 页。

失去其意识性，也不会因为它是意识活动就不融合于实践活动。而且，文学的个性活动的总体性、统一性，也就在活动中得以实现——"这个实体又是一切个人和每一个人通过他们的行为而创造出来作为他们的同一性和统一性的那种普遍业绩或作品，因为它是自为存在，它是自我，它是行动。"① 黑格尔在活动中看到了人的个性及个性的自为存在，这显然与审美意识论的文学特征论不矛盾。

文学是行为性划域的文学，又是行为性跨域与联域的文学。文学活动主体，无论是创作者、传播者，抑或接受者、批评者，以及理论研究者，都是通过综合性的社会活动而进入创作、传播、接受及批评和理论研究的。他们的意识，通过他们的活动，在他们的领域，在他们随着活动而开阔了的领域，以及在跨域的其他领域，把社会生活，把各种社会生活意识，出出入入地带入文学，带入生活。意识，如黑格尔所说，总有一种自我完合的倾向。只有活动，才引导着意识，向社会生活敞开，并在敞开中开拓文学发展之路。

二、陆贵山全球化与民族化的马克思主义文学理论

新时期以来大规模的社会转型使中国马克思主义文学理论研究从 20 世纪 80 年代到世纪末，大体走出了一段自我修复，调整方法，立足当下，重整旗鼓的蹒跚之路。进入 21 世纪，前辈理论家们相继在新的理论研究中息音，80 年代活跃的一批中年理论研究者，在跨世纪前后这段时间里

---

①　[德]黑格尔：《精神现象学》，贺麟、王玖兴译，商务印书馆 1996 年版，第 2 页。

成为这一学术领域的中坚力量。他们有中国社会转型前后的生活经历与理论积累，有强烈的社会转型的理论意识，为进一步的理论建构作出了路标式的贡献。陆贵山在这段时间的马克思主义文学理论的研究成果，具有代表性。

（一）全球化与民族化，一个悖论命题的提出

中国大规模社会转型带来的一个突出的国情变化，就是新时期开始后，改革开放、经济发展、民族振兴，成为时代主题。这样的时代主题引发了两种社会现象：改革开放，使西方文明、西方思想与思潮洪水般地涌入国门，举国上下无可回避地卷入全球化大潮；民族振兴，使国人以民族整体性实践形态投入经济建设与文化繁荣，民族意识不断强化。于是，全球化与民族化，全球性与民族性，作为两种张力极强的社会实践过程与社会实践意识，便成双结对地进入国人的日常社会生活，也因此成为重要的理论研究的时代现象。可以说，陆贵山的马克思主义文学理论研究，正是深化于这样的时代背景，并在这样的时代背景中进行文论建构的。由于这一时代背景的复杂的历史关联与鲜明的时代特色，致使在这一背景中提出的全球化与民族化问题，成为意义重大而且深远的时代问题，陆贵山主导性的马克思主义文论研究，在这一问题域中展开，并以此形成其理论主体。

从理论研究角度说，全球化与民族化的提法在一些学者那里是悖论性的，就是说全球化是民族化的反向命题，民族化也是全球化的反向命题。反向命题，即立论的命题合理，则反论命题不合理；而反论命题合理，则立论命题不合理。在这样的悖论理解中，构成悖论的各方面都把自己置于

对方批判的位置，双方的合理性因可以被对方批判而合理。当然，这种批判未必实际发生，但这却是阐释与论证各自合理性的背景性根据。这里的难题在于能否把构成悖论的两个命题统一起来。就全球化与民族化的悖论化解而言，即理论地阐发何以全球化对于民族主体性来说，是民族化的全球化，而民族主体性对于全球化来说，全球化即民族主体化。这显然是一个理论难题。这就是哈贝马斯谈到这类差异性或对立性关系行为时所说的"在他人身上认识到自己的自律"①。

　　对全球化与民族化悖论关系的化解，陆贵山指出其间的必然性及其意义："全球化运动和本土化运动的合力和交互作用，影响着整个世界和各个民族的发展态势。"② 这是对全球化与民族化这对悖论式的结构关系体的确认及对这一关系体对于双方意义的揭示。这是一种唯有在这一关系体中才能获得的构成体双方的互促互动，双方共赢。确认这一关系体，并且不是对关系体各构成方进行相互对立的，而是利益融通的理解，这是陆贵山处理这一悖论关系的立足点。而这一立足点的由来，则是马克思、恩格斯"世界文学"的说法。马克思、恩格斯接受了歌德"世界文学"的提法，将之扩大为世界文化的理解，"马克思、恩格斯所说的'世界文学'从广义上理解，具有世界文化的意义……主要是指世界范围内各民族之间应当摆脱和解除闭关自守的隔绝状态，把一切文学和精神产品都视为全人类的

---

　　① 哈贝马斯分析米德的主体性理论时，提出一个使悖论统一的路途，即自我与他我这对立双方，从对立方获得自我被确认的程度，进而从中找到自我自律的尺度："不论何时，只要一方期望另一方对他的言行要求采取'肯定'或'否定'的立场，那么，一方就必然已经承认另一方是能够负责的行为者。因此，在交往行为中，每个人都能在他人身上认识到自己的自律。"（［德］于尔根·哈贝马斯：《后形而上学思想》，曹卫东、付德根译，译林出版社 2001 年版，第 211 页）

　　② 陆贵山：《文艺理论与文艺思潮》，中国人民大学出版社 2007 年版，第 272 页。

共同财富，进行交流与对话"。① 这一全人类共同财富的"世界文学"的根基性强调，强调的并不是"世界文学"这一提法的现实规定性，而是它的历史凝聚的价值规定性。就这一提法的现实规定与现实要求而言，历史凝聚的价值性则是已然的价值性，是已然的历史价值的现实评价标准。这就好像一座古建筑，对它进行历史价值评价，并不涉及现实地改造它。即是说，在历史的已然中存在着作为人类共同财富的"世界文学"。经典作家"世界文学"的提法，经由陆贵山这一"共同财富"的阐释，便把全球化与民族化的现实对立关系，转化为历史与现实的时间延续关系。他引用恩格斯的话说："随着资产阶级的发展，随着贸易自由的实现和世界市场的建立，随着工业生产以及与之相适应的生活条件的趋于一致，各国人民之间的民族分隔和对立日益消失。"② 从这段引文可以看出，全球化是一个历史进程，民族分隔和对立的消失与全球化历史进程不是并列对立性的，而是历史伴随性的，民族性的弱化是历史作用的结果。陆贵山把全球化与民族化纳入历史关系中来，体现出他在几十年的马克思主义文学理论研究中一直坚持的三大文艺精神中的历史精神，是这一精神在解决全球化与民族化悖论中的具体运用。对历史精神在文学艺术研究中的有效性，他指出："包括文学艺术在内的一切精神活动和意识形态都只有把它们置放在一定的历史条件下、历史范围内、历史环境里和历史过程中，才能得到科学的解释。"③

对全球化与民族化的悖论说法，陆贵山在历史进程解释的基础上又

---

① 陆贵山：《文艺理论与文艺思潮》，中国人民大学出版社 2007 年版，第 268 页。

② 转引自陆贵山：《文艺理论与文艺思潮》，中国人民大学出版社 2007 年版，第268 页。

③ 陆贵山：《文艺理论与文艺思潮》，中国人民大学出版社 2007 年版，第 42 页。

进行了辩证唯物主义的哲学解释，认为这一悖论关系，从普遍性与特殊性角度解释，是一种彼此涵融的统一关系。他说："任何一个民族的文化和文学都具有普遍性。这是因为任何一个民族的群体或个人都具有共同的人性、共同的利益、共同的愿望、共同的理想、对人的全面发展和社会的全面进步的共同的祈盼、对现代性历史变革的共同诉求、对和平的幸福生活的共同的憧憬。但任何一个民族的文化和文学又是具有特殊性的。这是因为各个民族的自然环境、人种族群、血缘伦理、历史传统、社会发展程度、文化积淀、心理结构、宗教信仰、风俗习惯，乃至语言符号都互不相同，各呈异彩。"① 在普遍与特殊的辩证唯物论的解释中，全球性与民族性的紧张张力关系，得以涵融性消解，即任何特殊的民族性的实践活动，都涵融着人类的普遍性，任何人类普遍性的东西，又都是见诸特殊性的民族实践。从这一角度说，把全球化与民族化简单地对立为悖论关系，单纯地强调其对立性其实是对二者涵融关系的割裂与刻意强化。从马克思主义哲学角度研究文学艺术，这是陆贵山研究马克思主义文学理论所一直强调的，这与当下一些研究者为了淡化文学理论的抽象色彩以便突出这一理论的实践属性，而主张否定文学理论哲学属性的做法明显不同，他认为："尽管哲学的世界观不能取代具体的文艺创作、文艺批评、文艺思潮、文艺理论的观念和方法，但所有的文艺现象都以一定的哲学基础作为自身的理论依托，都会找到其产生和发展的哲学根源，都可以上升到哲学高度来解析和评价。"② 正是因为站在哲学高度思考文学及文学理论问题，而这样的哲学高度又是奠基于马克思主义的历史

---

① 陆贵山：《文艺理论与文艺思潮》，中国人民大学出版社 2007 年版，第 270—271 页。

② 陆贵山：《文艺理论与文艺思潮》，中国人民大学出版社 2007 年版，第 25 页。

唯物主义和辩证唯物主义这一世界上最先进的哲学方法和思维方式,所以,陆贵山才坚持认为马克思主义文学理论,是多元文学理论中的主元,为全面地、完整地考察文学现象及文学问题提供了先进的理论工具和思想武器。

而从全球化进程在中国展开的实际情况来看,全球化与民族化的相互关系的对抗性确实很少直接地表现出来,即便出现一些矛盾或顾此失彼,经过调整或调节,也便涵融到民族振兴与发展中去了。在一些文学理论研究中存在的以西律中的情况,似乎可以归入全球化对于民族化的压抑,但实在地说,这种压抑并没有实在的实施者,即是说,并没有谁是全球化现实实在主体,这主要是研究者的研究意识问题,很多这类情况经过研究意识的反思与自我纠正便得到了解决。陆贵山从普遍与特殊的哲学角度理解与分析全球化与民族化悖论,抓住了问题的根本。

而在实践层面,陆贵山对全球化与民族化悖论的态度,则是批判性地认同。这是因为进入实践层面,全球化与民族化便进入共时层面,历史进程的东西与普遍性的东西便都消失在现时的物质形态中,见到的或发挥着所谓全球化作用的,便只是某个具体国家、具体集团的金融、科技、文化、传播、商品、企业等,它们传入的目的并不是为了全球文明,而只是为了各自的功利,当它们以全球化名义掩饰其功利目的,用全球文明的旗号去压制被传入国的民族性时,这便有了欺骗甚至掠夺性质。对这种情况,陆贵山通过马克思主义的具体分析,指出在全球化与民族化问题上实际存在着世界主义与民族主义两大阵营,前者主张一体化、普适性、同质性,后者则强调差异性、自主性、封闭性。全球化与民族化的共时性矛盾,在这样两种对立的主张中形成实践性悖论冲突。陆贵山批判世界主义与民族主义这两种倾向,指出:"所谓的世界主义者大多是代表强势的发达国家的利益的普遍主义者。他们实际上是以美国为代表的超级大国的霸权主义的同谋者和执行者。全球化运动的背后，负载着他们征服世界的居心，隐藏着他们掌控全球的强权和建立世界帝国的梦想，表现着他们在经济上、政治上和文化方面的锐不可当的锋芒毕露的霸权主义。"① 这里体现出得于马克思主义经典作家对于资本主义世界对外侵略扩张的霸权实质的认识，以及由此形成的坚定不移的抵制。而对民族主义者，陆贵山的态度更富有分析的辩证色彩，认为"民族主义者为了维护本民族的生存和发展，有的抵制全球化运动的负面作用，有的抓住全球化运动所带来的机遇，根据本土的条件和需要，积极吸纳发达国家的先进的经济、管理、科技和文化，融入新机，以充实、丰富和发展自己"。② 陆贵山的分析，既具有民族保护的警觉，又不乏抓住机遇的睿智，切合在全球化历史进程中振兴民族的社会转型实践的总体情况。

对全球化与民族化这一中国社会转型期所提出的悖论，陆贵山从马克思主义基本理论出发，对之进行历史的、辩证的、实践的分析，不断地把这样的理解与分析导入文学理论建构，形成他的全球性与民族性互构的马克思主义文学理论体系。

（二）全球性理论视野与民族性传统根基

中国文学及文学理论是全球化的实践现场，也是民族化的实践现场。

---

① 陆贵山：《文艺理论与文艺思潮》，中国人民大学出版社 2007 年版，第 271 页。
② 陆贵山：《文艺理论与文艺思潮》，中国人民大学出版社 2007 年版，第 271 页。

陆贵山作为现场的思考者与参与者，使理论实践化地进行着全球化与民族化的统一，并在统一中建构他的文学理论。

1. 对于全球化的批判性接受

从对全球化与民族化关系历史的、辩证的、实践的综合性理解出发，陆贵山新时期以来的马克思主义文学理论研究突显出两个重要特点：一是认真研究与思索西方文学理论传统与西方现代理论及后现代理论的纠结、矛盾，把握其中的冲突脉络，揭示其走向与实质。二是在把握全球化脉络、走向及实质中阐发置身其中又自律展开的中国文学及文学理论的民族化。这里先看第一个特点。比如对于西方的启蒙现代性与审美现代性，他坚持马克思主义对西方资本主义的历史分析与辩证分析立场，认为所谓西方现代性启蒙与审美，都是在资本主义社会结构中展开，既是这一社会结构的产物，又是这一社会结构的能动反映。而启蒙现代性与审美现代性的矛盾，也是资本主义社会的内在矛盾。从这一西方现代性的资本主义社会的内在矛盾出发，他对西方现代主义与后现代主义中出现的各种理论观点与理论说法，如历史观点、人学观点、伦理观点、文学观点等，予以总体性把握，并概括其总体性特点。如对于西学，他概括说："西方现当代的历史理论往往表现出从不同的视域和以不同的方式否定历史的精神意向。由于战争、资本、物质、科技、权力的无比强大的力量对人的压抑，它们表现出敬畏历史、躲避历史，或诅咒历史、厌恶历史，或表现出对历史前途感到迷茫和恐惧，表现出悲观主义、虚无主义倾向。"[①] 这种西方史学的特征性概括，有两个要点须予重视，因为正是在这两个要点上，见出陆贵

---

① 陆贵山：《文艺理论与文艺思潮》，中国人民大学出版社 2007 年版，第 388 页。

山面对全球化的西方理论的马克思主义态度——一是历史总体性态度，一是社会规定性态度。前一种态度，透过各自不同的西方史学说法，抓住其中共具的历史总体性及造成这种总体性的社会物质性原因；后一种态度，则是唯物论的反映论态度，即西方历史展开中的西方社会存在规定着的西方史学的历史总体性。

　　对于西方人学理论，透过它们多元、差异互立的种种说法，陆贵山把马克思主义经典作家对于资本主义制度的前瞻性判断渗透其中，得出如下结论，即这些人学理论"多半表现出带有非理性主义特性的极端的个体化、主体化、内向化、软弱化和幻想化的特征"①，实际是在西方矛盾重重的资本主义社会中，人的主体性不能自立和自助，人们不能驾驭自己的前途，也不能掌握历史命运，因此只能在虚假的精神家园的祈求建构中求得自慰与自恋。陆贵山对于西方人学理论的评价和他对史学理论的评价一样，在西方社会生活的总体性的物质规定中，概括其理论的总体特征。

　　对于文学及文学理论的后现代主义状况，陆贵山牢牢地抓住西方后工业社会这个总体的社会存在支点，进而分析这一总体支点在文学及文学理论中的精神体现，把近年来西方文学及文学理论不断谈及的物质力量、权利关系、科技理性，边缘化、碎片化、无序化，纳入自己的总体理解中来。他指出一些西方学者对欧美现代化的历史过程持悲观态度，无视资本主义历史发展之两面性，因此一味对现代性与现代化进程进行反思、消解与批判。在对西方后现代主义的理解中，可以看到陆贵山对马克思主义唯物论和辩证法的坚持，西方社会现代化在历史进程中带来的社会进步与发展，这是他对于资本主义历史发展的两面性的辩证理解，也是他判断西方

---

①　陆贵山：《文艺理论与文艺思潮》，中国人民大学出版社 2007 年版，第 388 页。

后现代主义理论虚妄性的根据。

陆贵山对新时期以来全球化进程中传入中国的西方思想理论的富于批判精神的总体把握，在一段时间里曾占据主导位置的以西律中的中国文论研究状况中，体现出一种独立坚持的力量。这种力量的意义，不仅在于它对异域理论批判接受的理论转换的合理性，更在于这种批判接受的思想体系性，即他的马克思主义文学理论的思想体系性。他多年致力于宏观的马克思主义文学理论构架的搭设，马克思主义哲学——反映论与实践论，以及马克思主义文学论，是他构架搭设的支撑，也是他这一构架的理论展开的要点。由上面的概要分析可以见出，他对于全球化的理论阐释，正是在这样的架构中展开。

2. 对于民族化的自律性强调

陆贵山对中国文学理论民族化进程于其中的全球化，态度明朗地提出，"历史唯物主义的观点，决定了对当代中国历史结构和国情的定位以及当代中国人文知识分子的历史使命和文化身份的认同。对作为发展中国家当代中国来说……一切富有历史使命感和社会责任感的思想家和艺术家，应该通过自己的创造性的精神劳动……实现中华民族的伟大复兴"[①]。在这一提法中要特别注意对"作为发展中国家的中国"这一发展的历史阶段性的强调，因为这是他统一全球化与民族化理论建构悖论的观点，他所阐释的悖论理解的三个要点，即史学的、哲学的及实践的，都在这一强调中凝聚起来。

对这一强调，陆贵山在另一篇文章中用超前和滞后的历史观念予以阐

---

① 陆贵山：《文艺理论与文艺思潮》，中国人民大学出版社 2007 年版，第 386 页。

释："当代中国的历史结构和国情定位从全局和整体上应当界定为从前现代向现代的过渡与生成。当代中国的历史状态和已经跨向后工业社会的发达国家的历史状况存在着明显的时代反差和历史错位。从总体上说，超前的后现代主义和滞后的前现代主义并不适合于发展过程中的当代中国现实。"①陆贵山对社会发展历史阶段性的中西差异的分析，是他所强调的马克思主义历史观在全球化与民族化关系问题上的问题式运用。西方思想理论，固然异彩纷呈，固然论说严谨，固然自成体系，但理论的真理性或有效性总是以特定历史阶段的社会实践状况，包括政治、经济、哲学、伦理、审美等综合状况为标准的。因此，当历史阶段性状况与社会实践的现实展开状况出现巨大差异时，即便在某一理论原本生成的历史及现实实践中曾具有真理性的观念或理论言说，也会失去彼时彼处的真理意义。这便是阿尔都塞分析马克思的历史时间概念时提出的"不可见的时间"(invisible times)②的历史效应。在这样的不可见的时间效应中，中国自有的历史结构和国情定位，规定着西方的各种理论，传统的、现代的、后现代的，都无法将其曾有的真理性或理论有效性移植过来，而只能通过中国民族化的转换与改造，进而被吸收为中国民族化理论建构的营养。为此，陆贵山才说：西方超前的后现代主义和滞后的前现代主义并不适合于发展过程中的当代中国现实。

在这样的全球化理论理解的前提下，陆贵山对中国的民族化文学理

---

① 陆贵山：《文艺理论与文艺思潮》，中国人民大学出版社 2007 年版，第 389 页。

② 阿尔都塞在《读〈资本论〉》中提出，马克思强调人们总在特定的历史时间创造历史，而这历史时间，如他所说，包括"可见的可以衡量的时间"和"不可见的时间"，"不可见的时间"是一个必须从固有的结构出发来建立的复杂的时间。（[法] 路易·阿尔都塞·艾蒂安·巴里巴尔：《读〈资本论〉》，李其庆、冯文光译，中央编译出版社 2001 年版，第 111 页）

论建构进行进一步的思考与论证。他对民族化文学理论建构的重要性阐释说："坚守、捍卫和发展当代中国的文学的民族性是至关重要的，这涉及中华民族的主体性和自主性问题，关乎文化领域的主权的尊严、领土的完整和人口的稳定的问题。"① 陆贵山在 2006 年前后以西律中倾向在中国文学理论界来势凶猛的阶段，做如此严正的强调，显然已不止于一般的学术态度，而是一种民族精神的捍卫。而这种捍卫的理论意志，是获得于马克思主义历史科学的理论意志，是获得于马克思主义哲学的支撑。② 为此，陆贵山的意见是：全球化是历史发展的必然，经典作家对此有精辟的阐释；同样，民族化也是历史发展的必然，经典作家对此也有精辟阐释。在这种悖论关系的历史合理性与哲学合理性中，社会发展的实践性便成为使二者统一的综合性，而且，这样的综合性，如前所述，又是悖论性的，因为任何一种进入当下中国的现实力量，物质也好，科技也好，精神也好，都是某一具体国家、具体集团、具体机构的，它们都不是全球的，也都无由代表全球，因此，在这样的实践中，全球化只能是一种历史总体效应。因此，现实实践地说，全球化与民族化是悖论性的，历史地说，全球化与民族化则是历史效应性统一。而就当下中国的历史现实而言，历史性的二者统一，体现为民族化的现实实践。这里，实践性的选择便是面向中国当代现实生活复杂性和整体性的选择，把历史、社会现实与政治文化作为关注重点，"反对用僵化的本质主义的神话

---

① 陆贵山：《文艺理论与文艺思潮》，中国人民大学出版社 2007 年版，第 272 页。

② 陆贵山在论述文学的历史性时，不止一次引用恩格斯评价歌德的那句话，即"歌德在德国文学中的出现是由多个历史结构安排好了的"。在陆贵山看来，这历史结构，就是把文学与人的关系置于各自所属的历史范围、历史结构、历史条件下。人和民族，都只能历史地生存。（参见陆贵山：《综合思维与文艺学宏观研究》，载《文艺理论与文艺思潮》，中国人民大学出版社 2007 年版，第 184 页）

和坐而论道的唯名论的虚无主义来进行书斋式和经院化的研究"。[1] 在这样一个基点上，陆贵山对中国文学理论民族化问题进行了马克思主义文学理论的阐释。

陆贵山认为，中国文学理论的民族化建设，要在对中国文化民族传统的深刻理解中展开。对此，他提出自然文化主义与宗法文化主义的观点，认为这两种主义是由于长期宗法制小生产农耕社会的生产体制和长期封建集权的政治体制综合作用使然。自然文化主义建立在对人与自然和谐关系的理解上，注意人与自然的"合"即"天人合一"。这与西方的"天人对立"形成重要差异。对"天人对立"的西方观念，陆贵山在肯定其改造自然的同时，指出其"往往以破坏自然生态为代价"。对"天人合一"的中国传统观念，他则认为，一味维系人与自然的静态的亲合关系，也会延续乃至阻滞历史的发展。他说这可能是中国封建宗法制社会特别漫长的重要原因。对宗法文化主义，他指出这是建立在与原始农耕经济相适应的宗法血缘关系的基础上，体现为以"官本位"为中心。中国的民族化，就是既要发扬自然文化主义与宗法文化主义相融合的中国民族几千年的灿烂文化，同时，应当看到自然文化主义与宗法文化主义所带来的消极作用。为此，他对中国马克思主义文学理论在全球化中的民族化建构提出自己的看法："我们不应当完全照搬现当代西方学者的历史观念、价值取向和审美意识，要保持清醒的自主意识，牢牢把握当代中国的历史结构和国情定位，使各种形态的文艺创作能够促进中国现代化的历史进程，服务于中华民族的伟大复兴。"[2] 陆贵山在对全球化与民族化这一历

---

[1]　陆贵山：《文艺理论与文艺思潮》，中国人民大学出版社 2007 年版，第 390 页。
[2]　陆贵山：《文艺理论与文艺思潮》，中国人民大学出版社 2007 年版，第 390 页。

史综合论与实践的时代悖论的历史反思中，在对这一悖论的各方面的阐扬与批判中，在中国历史结构和国情定位的把握中，以及民族复兴的社会发展目标中，完成了他的统一全球化与民族化悖论的马克思主义文学理论的实践论体系。

（三）史学与美学在人学中的综合

新时期，正是陆贵山马克思主义文学理论研究大力推进的时期，他的一系列重要论述不断地发表出来，以此奠定了他在中国马克思主义文学理论界的地位。也就是说，陆贵山马克思主义文学理论建构正是伴随着中国主动迎来的全球化进程与大力推展开来的民族化进程而展开的，因此，这一文学理论体系建构，是他对全球化与民族化关系理解的理论实践。而他在这个领域的影响力，又决定了这一体系所体现的时代精神取向。

1. 理论转型的锐意进取

陆贵山建构于全球化与民族化悖论关系中的马克思主义文论体系，以宏观性为突出特征，体现出博大精深的理论气势。他概括说："马克思主义的文论和美学事业有明显的唯物、辩证、宏观的性质。"[1]

他明确提出马克思主义文学理论宏观属性的 20 世纪末叶，正是这方面的理论研究相对沉寂的一段时间。作为"文革"浩劫重灾区的马列文论，浩劫之后出现两种趋向，即逆反趋向与反思趋向。逆反，即不愿再在这个理论圈里纠缠，即便仍在研究问题，但也竭力绕开先前争论不已

---

[1]　陆贵山：《文艺理论与文艺思潮》，中国人民大学出版社 2007 年版，第 31 页。

的那些问题，如客观与否的问题、革命与否的问题、政治与否的问题，以及理论的教条与否的问题等。这些曾经金戈铁马的问题域，几乎成为冷落的理论荒原。反思趋向，主要对前几十年建构的那套既有理论及理论体系经由反思而寻找疏落、孱弱、偏颇、僵化的原因，进而修正与完善。跨世纪前后，国内出版了一些马克思主义文学理论教材，主要就是进行这种反思性研究。陆贵山也进行着这种反思性研究，并在反思性研究中深入思考马克思主义及其文论思想的特征所在。这一反思成果，集中见于他与周忠厚主编的《马克思主义文艺学概论》，该教材 1998 年完成，1999 年出版，是国家社会科学基金项目"九五"规划重点科研课题。在这部反思、修正的教材中，第一编便提出"文艺学宏观研究"这一命题，并在"导言"中指出："以马克思主义观点，从宏大视角全方位地观察、研究文艺现象，就可配称为文艺研究的宏观战略学。基于这种认识，我们力图站在学术研究的制高点上，放开视野，俯视全局，展示马克思主义文艺学的博大精深，在架构马克思主义文艺学的理论体系时，竭力勾勒出它的宏伟面貌。"① 这是在马克思主义文学理论研究相对冷落期，经由深刻反思而产生的理论上锐意进取的强烈冲动，同时也是对马克思主义提供的广阔理论视野的坚信。

　　陆贵山所坚持的这一理论体系的"宏观"命题，是在全球化视野的巡视中得出的。他从三个角度对此作出阐发：政治角度——着眼于全球化进程中传入的西方女权主义、西方马克思主义、解构主义和一些新历史主义者所共同守持的政治立场；哲学角度——思考于西方各种理性主义、

---

① 陆贵山、周忠厚主编：《马克思主义文艺学概论》，花山文艺出版社 1999 年版，"导言"第 3 页。

非理性主义，包括唯心主义、意志主义、精神分析主义、存在主义、结构主义、现代主义、新历史主义、语言哲学、后现代主义等与哲学的渊源；综合与创新的历史角度——着手于不断深入而且多元展开的全球化的综合与创新趋势，即西方历史上曾发生过的三次重大的学术综合与创新，而"新世纪的文艺理论必然是走向综合或有必要进行综合的时代"①。由这三个全球化展开的角度，陆贵山得出结论："只有用马克思主义文艺学和美学所凭借的宏观辩证的思维方式对含有一定真理性的各种具体的文艺观念和美学思想进行整合，把它们放置在所属学理框架的坐标点上，才能建构成合理有机、和谐有序的思想系统。"②而相对于这一宏观理论框架的，便都是"具有战术意义的微观文艺学和美学"③。在这样的"宏观"命题的锐意进取中，陆贵山建构起他"宏观"的众论之论的马克思主义文学理论体系。

2. 三个"观点"的"宏观"支撑

通过把马克思主义文学理论放置于众论之论的"宏观"位置，从而确定中国马克思主义文学理论在全球化中的支点，陆贵山通过三个"关系"的综合性研究，使其主张获得支撑。这三个支点即"史学观点"、"美学观点"和"人学观点"。这三个观点构成他的马克思主义文学理论的"三位一体"。

陆贵山认为文学是一种特殊的历史现象，马克思主义史学观点，提供了揭示文学历史属性的根据。马克思主义见于文学的史学观点植根于历

---

① 陆贵山：《文艺理论与文艺思潮》，中国人民大学出版社 2007 年版，第 30 页。
② 陆贵山：《文艺理论与文艺思潮》，中国人民大学出版社 2007 年版，第 31 页。
③ 陆贵山：《文艺理论与文艺思潮》，中国人民大学出版社 2007 年版，第 31 页。

史唯物主义和辩证唯物主义的基础上。陆贵山指出："马克思主义从'史学观点'看文艺，认为文艺是一种带有审美属性的特殊的社会现象，只有对它进行多方面的综合研究，才能掌握文艺的社会本质的全方面和全过程。"① 为此，他强调了马克思主义从"史学观点"看文艺的三个要点，即阐明了文艺的社会根源，从文艺实践与社会实践的深刻联系中摆正了文艺的社会位置，指明了文艺的社会内容与思想内涵。

陆贵山就"美学观点"阐发说，虽然马克思主义经典大师没有系统的美学和文艺学著作，但他们非常重视用"美学观点"考察文艺的审美本质。他阐释了马克思主义从"美学观点"看文艺的三个要点，即"审美主体"、"审美主体的心理因素"、"文艺的形成因素"②。陆贵山的阐发，能看出他对 20 世纪 90 年代中国马克思主义文学理论界观念认识论与实践反映论争论的关注，进而从马克思主义中强化主体能动性的看法。从审美主体的心理因素方面，陆贵山着重分析马克思在《1844 年经济学哲学手稿》中关于文艺活动心理特点的概括。陆贵山"美学观点"的阐释及"手段"的阐发来自 20 世纪 80 年代全国美学大讨论的延续，从审美心理角度理解文学的独特性，他与同样处于文学理论领军位置的钱中文、童庆炳等达成共识，后者进一步形成了体系性的"审美意识形态论"。陆贵山参与了这一体系建构过程中的讨论。这是他"美学观点"提法的时代代表性的证明。

"人的观点"，是陆贵山跨世纪前后格外关注的理论问题。追问这一关注的形成，在于中国 20 世纪 90 年代发生的人文精神大讨论。这一讨论有

---

① 陆贵山：《文艺理论与文艺思潮》，中国人民大学出版社 2007 年版，第 13 页。

② 陆贵山：《文艺理论与文艺思潮》，中国人民大学出版社 2007 年版，第 10—11 页。

两个时代背景，其一，20世纪90年代延续下来的人们从严酷的政治生活解束出来的人的感受与思考，这是社会变革对人的欲望与个性的激发；其二，西方在全球化中传入的西方人文意识与人文影响——西方长期存在着科学主义与人本主义两大思潮的背离和对峙。因此，陆贵山"人的观点"的主张，对于人文精神的讨论，既具有中国时代变革带来的文学理论建构的根据，又具有理性地面对全球化思潮的根据。他提供了一个马克思主义文艺人学的体系框架。从马克思关于人的本质的论述中，陆贵山引申出人的本质的三个要点，即历史性、现实性和具体性。进而，他从四个相互关联的系统阐释这一框架，即母元网络系统、关系网络系统、中介网络系统、存在网络系统。在阐释中，他注意把这四个系统的阐发引申到文学研究和文学理论建构中。他提出，由此建构的文艺人学理论框架，要避免狭窄化，展示全面、丰富多样，要克服平面化，向更深的本质层面钻探和开掘，要消除封闭、静止和孤立的研究，揭示文艺理论发展的总趋势。①

基于上述三个观点的支撑，陆贵山把他所建构的马克思主义文学理论的"宏观"性质，概括为三个"三大"，即"三大文艺关系：文艺与历史和社会的关系、文艺与人的关系和文艺自身的内容关系"；"三大文艺精神：文艺的历史精神、文艺的人文精神和文艺的美学精神"；"三大文艺理念和美学理论：为社会进步而艺术而美学、为人生而艺术而美学和为艺术而艺术或为美学而美学"。②

---

① 陆贵山：《文艺理论与文艺思潮》，中国人民大学出版社2007年版，第56—64页。

② 陆贵山：《文艺理论与文艺思潮》，中国人民大学出版社2007年版，第31页。

3.民族化的文学理论取向——建构综合的、宏观的马克思主义文学理论

全球化与民族化这一悖论关系见于文学理论的统一，在陆贵山这里路径是明了的，即建构他所说的综合、宏大的马克思主义文学理论。

马克思主义文学理论对于西方诸种思想理论的优势，陆贵山的意见本著前面已作了分析、评介。对于民族化而言，尽管更多面对的是中国历史发展的当下情况，但其的马克思主义理论优势的思路，仍与上述相一致。

陆贵山的前提是，中国马克思主义文学理论学者，是应该深刻地把握马克思主义经典作家理论真髓的学者，他们从马克思主义的"史学观点"、"人学观点"及"美学观点"中把握的文学的本质情况，应该是真正的马克思主义所揭示的本质情况。建立在这样的应该如此的现实状况下的中国马克思主义文学理论，便是既能面对全球化的理论，也是能够承担民族化建构的文学理论。

从这一应该如此亦即理想化的角度，他分析中国古代文论传统，得出的结论便是批判性的，即"传统的中国文化作为过去时的文化对现代化的社会建设、人的建设和文化的建设，从总体上来说，显得滞后，不够直接和有利"①。基于这样的理解，他的意见是，要从马克思主义历史观的高度，对中国传统文化进行合于马克思主义史学、人学及美学的批判与转化。对此，他立足于马克思主义的历史论与实践论，批判说："中国古代思想的核心是从根本上维护巩固封建宗法的君主制度。这种政治思想体系和社会制度，特别是到了中国封建社会晚期，发生了严重的病变，很大程度上，已像鲁迅先生通过他的小说人物的口所尖锐指出的那样，已经蜕变

---

① 陆贵山：《文艺理论与文艺思潮》，中国人民大学出版社 2007 年版，第 257 页。

为'吃人'的文化。"① 陆贵山此处所表示的理论建构取向，以他所理解的马克思主义历史阶段论的史学观点，揭示了被历史所否定的时代在其当时的种种合理性，在后来的历史阶段中，都只能以被批判身份而现身的规定性。在这样的理解中，马克思主义被赋予终极判断的身份，历史的一切时代或终极的合理性命题，都须在马克思主义这里获得终极判认。

对当下文学理论研究，陆贵山呼唤着多元化研究格局，并认为唯有多元化的文学理论建构，才有文学理论全球化与民族化相统一的繁荣。为此，他对新时期以来文学理论多元建构的态势，给予充分肯定。同时，他特别强调地指出，中华民族文学的结构和格局历来是一体性、主导性和多样性的和谐与融通。他认为："无主导的多样和无多样的主导都是不健全的，都是不利于中国当代文学的发展的。"② 与这样的文学对象的多元与主导相应，文学理论也应当呈现多元与主导相应的研究格局。由此，他说："文论结构和学术格局中的无主导的多元和无多元的主导都是不合理的。""中国作为发展中的社会主义国家，应该自觉地确立马克思主义文艺学的主导地位，通过宣扬马克思主义文艺观，大力弘扬先进的世界观、人生观和价值观。"③ 陆贵山这里提出的观点，从中国的国情与国体说，坚持了马克思主义在中国社会主义实践中的指导思想的理论基础地位，从文学及文学理论说，则强调了马克思主义文学理论对于多元化文学理论的主导地位。

从当下中国文学创作实践角度，陆贵山提出，要坚持文学创作中的马克思主义历史观。在这个问题上，体现出陆贵山以综合的、宏观的马克思主义文学理论深入文学实践层面的努力。他从如下方面使其理论观点切入

① 陆贵山：《文艺理论与文艺思潮》，中国人民大学出版社 2007 年版，第 258 页。
② 陆贵山：《文艺理论与文艺思潮》，中国人民大学出版社 2007 年版，第 272 页。
③ 陆贵山：《文艺理论与文艺思潮》，中国人民大学出版社 2007 年版，第 251 页。

文学创作实践，即关于超前的和滞后的历史观念和文艺创作，关于虚假的和虚构的历史观念和文艺创作，以及关于人性化和道德化的历史观念和文艺创作。① 在对于中国当下文学实践的阐释中，陆贵山使马克思主义的历史观点有了现实具体化的转换，同时，也为在市场经济和大众文化繁荣中的中国文学实践，提供了一个超越的理论维度。

陆贵山对于文学理论研究的马克思主义的坚持，除了学理探索的谨慎态度和深刻理解，更有信仰在其中。这也是中国马克思主义文学理论得以坚持的精神特点。他置身于全球化与民族化当下时代所设置的悖论关系中，出于信仰，出于学理，建构了一套综合的、宏观的马克思主义文论体系。这是陆贵山对于中国马克思主义文论的贡献。

这是一个建构中的文论体系，因此也是一个可以不断地提供理论思考的宏大体系。从进一步思考的角度说陆贵山建构的这套马克思主义文学理论体系，有如下问题似乎可以进一步思考：

首先，马克思主义文学理论的主元论提法，一方面固然是马克思主义在中国的国体的根据，同时，也可以进一步开掘它的统领当下多元展开的文学活动与文学理论实践的理论建构根据。马克思的"史学观点"、"美学观点"与"人学观点"，何以就可以在多元化的理论研究中成为众论提升的更高的理论根据？马克思主义经典作家在世时的论述，无法规定与涵盖他们身后的诸多西方理论，后来的诸多西方理论，也不是在马克思主义理论的指导下提出的，这里就有大量的批判转换工作。经典作家在世时，正是在对不同理论观点的批判中建构了马克思主义思想体系。当下，这种因

---

① 陆贵山：《文艺理论与文艺思潮》，中国人民大学出版社 2007 年版，第 389、391、393 页。

缺乏批判转化而提出的马克思主义文学理论主元论的说法，就可能成为一种理论的预设。

其次，马克思主义文学理论，无论是多元提升的文学理论，还是可以向多元转化的文学理论，都需要由宏观向微观又由微观向宏观的转化结构，亦即二者的中介结构。这样的结构，应该是综合、宏观的马克思主义文学理论的有机构成。马克思在《〈政治经济学批判〉导言》中曾特别强调了由一般范畴向比较具体的范畴进行转换的中介范畴。对这样的中介范畴结构不予强调，并着手进行较为细致的建构，则宏观的马克思主义文学理论有可能会成为观念的空中楼阁。

再次，如宏观的马克思主义文学理论所说，全球化背景下的当代中国存在着"西学文论"、"国学文论"与"马学文论"。这里的复杂性在于，这三种文论经由一个多世纪的碰撞与融合，早已不是泾渭分明，而是你中有我、我中有你，"马学文论"本身就是融合着"西学文论"与"国学文论"，中国古代文论传统，已不再是以其保守、封闭而自处灯火阑珊处的孤独伊人，它现实地活跃着，以传统在场的身份直接参与着"马学文论"的建构。对这三方互融互构的文论，其实不仅是三方的互融互构，而且就是三方在当下中国的共在现实，有必要从互构角度予以专题阐发，否则，三方成为鼎立三足，"马学文论"的主元性，很容易成为一种"加冕"式的主元，而不是理论自律的主元。

三、王向峰马克思主义文艺思想的民族主体接受

马克思主义经典作家没有撰写过自己的文艺思想专著，而且，他们关

于文学艺术片断性的精言妙语也很少是对于文学艺术的专论，这使后来的追随者和文艺理论的研究者们深感遗憾，但这是事实。这个事实为后来的马克思主义文艺思想研究，提供的不是既有体系的研究天地，而是体系性建构的天地。这样的体系建构，以经典作家的政治经济学、哲学的基本思想为理论基础，以他们关于文学艺术的经典言说为要点，密切地关联着他们不同时期的生活实践、工作实践及革命实践言说。这种思想体系的建构特点，使得建构者自然处于建构主体的身份，而他们所建构的马克思主义文艺思想，则是其基于经典作家的建构成果。这便决定了建构者建构的主体性身份问题成为一基本问题。国内外马克思主义文艺思想研究的很多问题都与这个问题密切相关，如教条主义的问题、实用主义的问题、生搬硬套的问题、歪曲转用的问题、强制阐释的问题等。在这个基本问题上，王向峰出版于 2004 年的《〈手稿〉的美学解读》①，提供了一个对马克思主义文艺思想进行民族主体性接受与阐释的代表性文本。

（一）对《手稿》解读的思维转换与融会贯通

王向峰研究马克思主义文艺思想，首要强调的是融会贯通，即不能止于就某一段文字孤立地读这段文字，不能止于对这段文字读懂了，就以为是掌握了精神实质。这是他解读经典文本的一贯主张。在谈论孔子"君子不器"的一篇文章中，他提出求知做人的"三个统一"，这"三个统一"，也可以看作是他对于马克思《1844 年经济学哲学手稿》（以下简称《手稿》）解读求知的主体意识——首先是"德智的统一"，就是说求知不仅训智，

---

① 王向峰：《〈手稿〉的美学解读》，辽宁大学出版社 2004 年版。

而且要修德，要把德的理解融入智的接受中来。联系《手稿》解读，这里便涉及文本阅读的态度，不庸俗化，不实用主义；其次是"知行统一"，具体化到《手稿》解读中，这便是王向峰自觉坚持的解读标准，他认为知识之知不仅要在行中才能加以切实把握，而且知与知识的价值也只有在行中实现①；再次是"博渊统一"，博即广博，博向哪里哪里就有路可通，渊即渊深，不仅有格物致知之深，还要有体悟创化之能，这体现在《手稿》解读，便既能看出他知识视域与襟怀的追求，又能看作这一视域与襟怀的体现。这"三个统一"，虽不是他就《手稿》而谈，但言之精要，概出于心，这正可以看作把握他读解主体性的提领。

通览《〈手稿〉的美学解读》，王向峰以全书十八章要点的统一把握体现了这"三个统一"。正是在要点的统一把握中，这部解读《手稿》的专著有了不同于很多解读经典专著的独特性，使它不仅成为新时期以来解读经典的代表作，也因此代表性地解答了一个如何民族主体性地解读经典的理论问题。

1. 认真解读《手稿》文本，务求读深识透

因为有了读深识透的坚持，王向峰才能在《手稿》解读中揭示出一般阅读难以揭示的东西。以《手稿》对于"人化自然"的精辟论析为例，仅这一个阅读段落，王向峰便围绕五个要点去深入求解。第一，"人化的程度是划分出来的空间所达到的程度，也可以理解为社会发展的程度是人自身人化的程度"②。由此，他找到了马克思把"自然界人"与"社会的人"

---

① 王向峰：《蓦然回首：人生与艺术之识》，北京师范大学出版社 2013 年版，第 84—86 页。

② 王向峰：《〈手稿〉的美学解读》，辽宁大学出版社 2004 年版，第 26 页。

相区别的根据，人由自然界人向社会的人经由历史实践而演进，这个演进过程对于自然，体现为社会对于自然的空间划出，对于人，它则体现为人成为社会人的程度。这是对自然与社会，人与人化的历史性双向展开又统合于历史的过程性理解。有了这层理解，接下来谈人与社会的互利关系、人以全面方式占有自己全面本质、人的本质力量对象化问题，就有了根据。第二，在自然的人化过程中，"自然界怎样成了人与人联系的纽带"①。这是对自然、人、社会三者关系的追问，这一追问来自马克思"只有在社会中，人的自然的存在对他说来才是他的人的存在，而自然对他说来才成为人"② 这句话。这句话讲的是三者形成自然人化关系的条件，王向峰追问的则是这一条件关系在三者的相互作用中所产生的标志性结果，即自然界在自然人化中成为人的社会性得以建立的纽带。这是对于人的社会性经由自然而建立，自然经由社会性建立的过程而成为人的自然，人经由自然而成为社会人的过程性求解。这一过程的条件性追问，也为后面"异化"问题的提出奠定了基础。第三，"自然界对象的存在和人的感觉"③。这是对自然人化的人的自然状况的变化性理解与概述。人的身体自然，即人的自然感觉在以自然为纽带的人与人的实践性交往中，成为人的社会性感觉，身体自然在社会性感觉中成为人的感觉。《手稿》由自然人化问题引申出来的人的类本质问题，人的异化问题，异化劳动与美的创造问题，在这样的深刻理解中获得了进一步阐释的根据。第四，"人化自然所能达到的程度"④。在这重理解中，王向峰把人化自然提到人的理想层次，同时这也

---

① 王向峰：《〈手稿〉的美学解读》，辽宁大学出版社 2004 年版，第 27 页。
② 《马克思恩格斯全集》第 42 卷，人民出版社 1979 年版，第 122 页。
③ 王向峰：《〈手稿〉的美学解读》，辽宁大学出版社 2004 年版，第 27 页。
④ 王向峰：《〈手稿〉的美学解读》，辽宁大学出版社 2004 年版，第 28 页。

是不同历史阶段的人化自然尺度的判断根据层次。马克思《手稿》的一个明确的批判指向便是私有制导致的异化，而这一批判的理论力量，就来自人化自然所能达到的程度及应该达到的程度，以及由于异化而无法达到的程度，这是一个应该之维的强调。第五，"如何创造和自然界的本质全部丰富性相适应的人的感觉"。这一精读要点的提出，把人化自然的理论接受，与进一步的美学思考结合起来，把自然界本质的全部丰富性与人的本质的全部丰富性纳入人化自然的人类史进程的统一性中，抓住人、自然、社会历史进程中的一体性关系，准确地把握着马克思《手稿》的哲学思路。

通过上述五个要点的例证性分析，不难看出王向峰《手稿》解读的深度。他对于《手稿》中每一个要点问题的解读，对于马克思对每一段与他所求解的问题相对应的文字的阐发——须予指出，王向峰设立的理论求解要点，又是严格地遵循马克思《手稿》思路进行的理论设立——都是建立在这种认真解读、问题式解读、应用性解读的基础上的，这既与他对《手稿》的反复细读分不开，也与他细读中的反复思考与推敲分不开。如他在《〈手稿〉的美学解读》"后记"中所说，他从 1960 年夏天在北京参加全国第三次文代会，在会上得到的《马克思恩格斯论艺术》中第一次读到《手稿》许多摘录开始，一直到《〈手稿〉的美学解读》得以完成的几十年时间里，"在这方面投入了大量的时间，差不多每年都在这个主题下写着专题的论文"。"我把《手稿》的有关部分加以摘录，并同时对段落中的有关词语在文中摘出，单独排印于边页之上，以作为阅读提示，和作为对关键词的索引。"① 因此，这部解读专著，本身又可以作为他的读书笔记来读。这种精读意识，在《〈手稿〉的美学解读》的每个章节中，都充分地贯彻

---

① 王向峰：《〈手稿〉的美学解读》，辽宁大学出版社 2004 年版，第 328 页。

与体现着，这就是前面提到的他的"德智统一"式阅读的体现，即他是抱着虔诚与崇仰的态度精读《手稿》的。他说："对于马克思的《手稿》，不论是阅读还是解读，都是思维与研究的登山之路，甚至比登山还要难。因为无论是哪重高山，人都可以登上它的绝顶，惟有这座理论高峰，还没有一个人宣称对它攀登已经达于它的峰顶。我在这本解读的书中，也只能是在高山仰止之中。"① 这种精神和态度与近年来经常见到的对经典作品匆忙阅读和实用性断章取义阅读相比，更具有对马克思主义文学艺术理论接受与研究的理论意义。

2. 引发于中国传统文学艺术思维的《手稿》接受

无论马克思主义文学艺术思想的中国接受者与研究者是否自觉，是否认可，他们都无法割裂中国传统文学艺术思维对于他们的潜在性影响，尽管这类影响在多年反传统的文化语境中被不断削弱，但中国传统文化的无时无处不在的延续性，使得这种影响仍然如影随形地在经典阅读中发挥作用。

与不少近年来在以西律中语境中接受西方理论，包括马克思主义经典理论的学者不同的是，王向峰不仅解读与接受中国传统文学艺术论的精华，形成深厚广博的中国古代文学艺术修养，而且他自觉地将这一修养用于西方思想著述，包括马克思《手稿》的接受，并据此形成自己的解读性研究。王向峰对中国古代诗文研究精深，多有著述，而且不仅是学术性的研读，更是一种喜好、一种乐趣。在中国文学理论与美学领域，他的中国古典诗文功底，是受到不少与他同龄的老辈学者赞誉的。在《〈手稿〉的

---

① 　王向峰：《〈手稿〉的美学解读》，辽宁大学出版社 2004 年版，第 328—329 页。

美学解读》中，中国传统文学的艺术思维方式便成为他阅读与消化《手稿》的重要思维方式。

马克思在黑格尔那里批判地继承了后者"伟大历史感"和"充满智慧"的辩证思维方式，又从达尔文那里汲取了进化发展的思想。他把西方传统哲学认知阐释世界的精义转化为改造世界的历史实践论与社会实践论，他由此形成的人学观念，奠基在人的本质力量全面发展的生命有机整体性与精神的社会超越性的基础上。这使得马克思的思想博大精深。他在《手稿》中提出的反对私有制的异化理论、劳动创造理论、艺术生产理论等，因此具有深广的理解与阐释空间。另外，马克思不可能完全超脱于西方传统形而上学理论思维之外，二元论的设定性、本质抽象的逻辑限定性等都会在他精辟地论证问题时形成当时的语境性干扰——恩格斯曾直言不讳地讲到这类干扰在他和马克思进行的经济基础与上层建筑关系的论述中导致了"为了内容而忽略了形式方面"[①] 的问题。上述情况为《手稿》解读，也为其他马克思主义经典著作的解读提出了两个问题：其一，用于解读的主体性思维方式与经典作家著述经典著作时的思维方式的融合性问题；其二，经典作家著述其中的当时的思维语境对他们的影响或干扰，如二元设定的影响与干扰，"为了内容而忽略了形式"的影响与干扰等。那么，如何在解读的主体性思维中对此有所认识并予以消解？这就成为不容易处理的问题——因为这两个问题常常在一些研究者的经典研读中导致对于经典的简单、片面、僵化的理解，如经济决定论的理解等。

这两个问题也是王向峰《手稿》解读所面临的难题。为解决这两个问题，王向峰注意在中国传统文学艺术思维中，突出与《手稿》相融合的方

---

① 《马克思恩格斯选集》第4卷，人民出版社1972年版，第500页。

面，这类相融合方面，既合于《手稿》思维的特点，又用于传统思维中的主体性阐释。比如对《手稿》中提到的人与社会的关系，马克思说："社会本身生产作为人的人一样，人也生产社会。"① 这是说人总是在社会中进行人的生产，社会不仅是生产的环境或规定，而且就是生产活动本身；人在社会中生产，同时就是生产着社会。这便是人与社会的互相生产。对马克思的这层意思，王向峰纳入中国传统的关系思维中，提出一个解读命题，即"人与社会的互制关系"②。他对此展开思考，先是把这层意思放到马克思《手稿》关于人的社会性质、生产的社会性质及社会的生产性质的总体思路中，指出马克思把人的一切活动，无论是活动内容还是活动方式，无论是生产还是享受，无论是自然中人还是社会中人，都纳入人的社会性中，都是在谈社会的人，"只有在社会中，自然界才是人自己的人的存在的基础"③。在此基础上，王向峰得于传统文学艺术思维中的解读方式及解读所用的相关知识便不断地派上用场。他把异化的人与异化扬弃的人，置于私有制的历史、现实及扬弃私有制的时间维度中，进行纵向的整体转化性的阐发。这里须予指出，整体性与转化性地思考对象，不同于逻辑地、概念地思考对象，前者更具有中国传统思维的特点。王向峰时时注意把这种思考与马克思的论说结合起来，并围绕这类论说展开。在扬弃私有制的超越维度中，王向峰把人和人的社会整体性作为思考的要点，并在人的社会实践中将之统一为整体。为此，他强调实践性、活动性、创造性、交换性、统一性这类关系概念，使之与马克思的个体与社会、特殊与一般范畴相结合。于是，《手稿》中人与社会各执一元的理论倾向被关系

---

① 《马克思恩格斯全集》第 42 卷，人民出版社 1979 年版，第 121 页。

② 王向峰：《〈手稿〉的美学解读》，辽宁大学出版社 2004 年版，第 13 页。

③ 《马克思恩格斯全集》第 42 卷，人民出版社 1979 年版，第 122 页。

整体性地解读了，王向峰用传统的主体性思维所设立的人与社会互制关系的命题，也在解读中得到了论证。

（二）把现实理论问题带入《手稿》解读，使解读成为问题式解读

研究马克思主义的文艺理论思想与美学思想，有一种常见的阻碍研究深入展开的倾向，即注经式倾向。注经式倾向，以追问本意为缘由，常见的表白即忠实于原文。这里其实是面对着一个重要的接受学与阐释学难题，即文本本意认定的根据。20世纪80—90年代的一段时间里，一些经典著作的理论研究常常被卷入这种注经式研究中；而且，即便当下，这类注经式研究也时有所见。可以肯定地说，经典作家在他们写作时，写作本意是有的，也是明确的，他们结合当时的语境，针对当时的问题，把他们不容混淆不容模糊的本意，通过理论话语写入文章中去。但随着写作结束，随着经典文章在时间中的封存，规定本意的三个条件便逐渐消失了。这三个条件首先便是当时产生本意的社会语境，它包括社会总体语境、周围环境语境，以及经典作家形成本意的心理语境；其次，是经典作家形成写作本意时所针对的问题，包括时代问题、当时的社会状况问题、所面对的社会群体里认识糊涂的问题，以及论辩对手提出的问题，这类问题当时提出的必要性与求解的紧迫性，在经典文章写出后便或速或缓地改变了、消失了；再次，是语言传达与接受的当时性问题，语言传达与接受从语义学角度说具有差异性甚至不可重复性，同一个意思同一个人不同时间去说，哪怕是不久前刚说完便再次去说，一字不差地重复也很难办到，因此文稿书写时代很多作家最担心的是手稿在付印前丢失。经典作家文章著述的本意不仅已不具有直接接受的当时性，而且连语意直接接受的非当时性

都谈不上，因为那只是转译的非当时性。在当时有效生成的语意，在非当时的转译中，已失去了其本意的语言条件。这时，文章本意便成为文章的阅读意。文章阅读意亦即文章的语言接受意。文章的语言接受意，为语言所规定，文章通过转译语言对于语意在接受中传达的程度就是所谓本意的接受程度。所以，语言接受意并不是作者本意而只是转译语言的文章本义见于接受的状况。

　　王向峰对《手稿》的解读，来自他对于《手稿》的阅读，他通过《手稿》转译过来的语言获得《手稿》解读的理解。他通过前面提到的"三个统一"，追求《手稿》的接受理解，即他以虔诚、崇仰的阅读与接受态度，逐句逐段地读懂读通。为此，他用几十年时间，随手记下一页页读书笔记和读书卡片——他们那代学者，不少人都有摘要并积累读书卡的习惯，这是在语言层面的接受；此外，他又通过反复地阅读原文，以求在不同情况下，不同语境中获得整体性的融会贯通。这样，在进行重要观点的理解时，就有了整体性的参照。再有，他通过挖掘各种有关经典作家的传记材料和历史材料，努力寻找当时写作的语境根据和问题性根据，并且也将之纳入整体性参照之中以此保证理解对于本意的尽可能的接近性。

　　有了这番努力，他才进一步展开对于《手稿》的问题式思考与理解。问题式解读，是《〈手稿〉的美学解读》的主体性解读意识的重要方面。王向峰见于《手稿》解读的问题意识，主要体现为立足当下的问题思考角度，放眼二十年解读的问题眺望，把握问题思考与研究的学术动态，进而在《手稿》中解读求解问题的理论根据。这样，在对于《手稿》融会贯通的理解前提下，又有了针对问题的理解性解读。这便是他所谈到的"三个统一"中的"知行统一"与"博渊统一"。"知行"在问题提出中着落，"博渊"在问题求解中凝练与深化。《〈手稿〉的美学解读》的写作及出版时间，正值全国规模的第二次美学大讨论已入尾声，但美学研讨的问题并未消散，第二次美学大讨论的主要参加者们仍不断有针对讨论中问题的文章发表出来，这成为王向峰在历史眺望中凝练问题的根据。他的这种问题意识，醒目地见于全书十八个章节的设立，这些章节的标题正是凝练于 80 年代美学大讨论中提出和曾集中讨论的重要问题。带着美学大讨论的重要问题，王向峰对《手稿》的理论要点进行相应的重点概括，如他说："马克思早年在巴黎所著的《1844 年经济学哲学手稿》，虽然是马克思写作经济学和哲学论著的准备稿，但由于其中主要是以人及其实践活动为论述的主体，所以也广泛涉及人的审美创造和文艺问题，不仅直接提出了艺术生产、美的规律、人化的自然界、劳动实践创造的对象化、劳动创造了美、艺术表现的本质追求、审美感受的主客体关系等美学与文艺学命题……都是自然成体系的学理建构和话语系统"①。《手稿》这一非美学与文艺学的经济学与哲学论著的准备稿，以重要的马克思主义美学与文艺学的经典身份进入中国的美学与文艺学视野并引起热烈的理论反响，这本身就是问题性的。王向峰在这种问题式视域中进行《手稿》相关理论要点的解读，并对其中相关理论阐述以章节要目的方式在《〈手稿〉的美学解读》中进行命题性概括与解读性论证，这正是王向峰问题式地解读《手稿》的特征性体现。

以王向峰在《手稿》解读中，列出三章专门研究艺术生产理论为例，便不难见出他立足于当下，放眼于历史，求解于经典文本的问题意识。《〈手稿〉的美学解读》第四章"物质生产与艺术生产"，提出的理论问题是，无论艺术生产处于怎样的活跃状态或僵化状态，处于怎样的生产形态

---

① 王向峰：《〈手稿〉的美学解读》，辽宁大学出版社 2004 年版，第 11 页。

与消费形态，归根结底地说，都必须从物质生产的一定的历史形式予以考察。这一理论强调的当时的问题根据，在于随着中国计划经济向市场经济的转型，艺术的商品属性及艺术生产的文化属性被突出出来，各种混乱的艺术现象的出现，艺术消费现象的普遍性出现，使一些研究者忙于从文学艺术的自身演进中寻找这种文学艺术现象的原因，如 20 世纪 80 年代至 90 年代倾重一时的文学自律性研究与文学主体性研究。这种研究倾向的出现有文学脱离政治决定论之后的学术逆反心理的原因，也有使文学艺术从现实生活孤立出来，转向自身的封闭性研究的原因。针对这一研究倾向，王向峰从《手稿》解读中，概括出"物质生产条件对艺术生产的形态制约"这一命题，并分别从"物质生产条件对艺术形式的制约作用"、"经济生活条件的变化与世界文学的形成"、"社会经济条件对创作主体的思想影响"这样三个角度进行解读性阐述，这样的立论与阐释，即合于《手稿》观点，又有当时中国文学艺术及美学研究的脱离社会变革实践而就文学研究文学的问题针对性。"劳动产品与艺术产品"，这是马克思在《手稿》中明确提出并具体展开论述的问题，不过，《〈手稿〉的美学解读》以此为题的第五章，并没有在艺术产品与劳动产品的普遍性与特殊性方面展开，而主要是把这方面的内容作为一个理论要点提炼出来，其问题性思考的重心更具有国内 90 年代前后学术研究的趋向性根据。当时，趋向性问题是随着文学艺术商品化进程的提速，学术研究更多关注的是艺术产品与其他劳动产品共有的商品属性，并用一般的商品属性论述艺术的商品属性，这种趋向酿成了新世纪之初文学经典价值贬值及生活艺术化的文化时潮。这里的关键问题是文学艺术商品化的历史效应与现实文化效应。王向峰洞悉这一忽略文学艺术商品属性特殊性的趋向，并将之提升为《手稿》解读的要点性提领的根据。《〈手稿〉的美学解读》第六章讨论的是"艺术生产的特殊方式"。马克思在《手稿》中对这个问题的思考是简练而概括的,他提出"宗教、家庭、国家、法、道德、科学、艺术等"都是一些生产的特殊方式。对这种特殊性的进一步阐释,是在马克思发表于其后的《德意志意识形态》、《〈政治经济学批判〉导言》、《资本论》及《剩余价值论》等著作中。王向峰把艺术生产方式的特殊性置于《〈手稿〉的美学解读》中艺术生产的收结位置予以突出,其现实问题根据,仍然是当时的学术研究趋向。《〈手稿〉的美学解读》完稿时,正是文学艺术及文学艺术家的主体性在大众文化中急剧淡化的时期,亦即有学者所说的"精英凋零、大众繁盛"的时期。如何面对经典文学艺术的凋零及文学艺术创作的主体意识的淡化,王向峰把他对于这类问题的反思,凝练到艺术生产方式的特殊性的反思中。为此,他说:"艺术生产的实践方式就是创作作品,作品中含有审美内涵的形象,是运用媒介手段构成的审美产品。这种具有审美内涵的形象方式,与任何生产的实践方式都不同。在人所创作的作品中的形象,不论其是自然形象、神鬼形象,实际上都打着创作主体的烙印,是能看得到创作主体的形象。"[1] 王向峰在文学艺术精神淡化、文学艺术创作主体的主体意识淡化阶段,通过马克思《手稿》解读,提供了一个创作主体性的理性超越的维度。

(三)把马克思主义文学理论及美学理论的教学理念转化为《手稿》解读的阐释根据

王向峰《〈手稿〉的美学解读》,是他对于《手稿》的传统思维性理解

---

① 王向峰:《〈手稿〉的美学解读》,辽宁大学出版社 2004 年版,第 108 页。

与问题实践性理解，这类理解，以把握经典作家的总体思想为宗旨。同时，解读又是阐释，是王向峰对于《手稿》总体思想的阐释。阐释是对象性的，这对象性不仅是阐释的对象性文本，而且是阐释的接受对象，即对谁阐释。对谁阐释，这谁就成为阐释的接受规定性，这一谁的对象规定性不仅规定着阐释的程度，包括难易的程度、要点提升的程度、思路博渊的程度，而且，规定着阐释的风格与趣味指向。新时期以来，马克思主义文学理论及美学理论很难在更大规模上展开并深入进去，与阐释的对象接受性问题缺乏理论与实践相结合的求解密切相关。一些阐释不是为了中国马克思主义文学理论及美学研究的需要，而是为了实用性套用的需要，或是为了满足单纯的理论兴趣的需要。从这样的角度思考《〈手稿〉的美学解读》的阐释策略，可以确认，这是王向峰解读《手稿》的主体性意识的又一特征性体现，即王向峰用他在大学从教五十余年的教学理念，筹划《手稿》的解读。

王向峰不止一次地强调指出，《〈手稿〉的美学解读》与他教学生涯的深层联系。他说，在长达几十年的时间里，他对于这个专题的每一步思考，都与他的文学理论教学、外国文学教学以及美学教学密切相关，是他教学体会的积累。他还多次提及"为硕士生和博士生开了'《手稿》美学研究'的专题课"，"现在我仍为研究生开着这门课"。[①] 从这个角度说，《〈手稿〉的美学解读》也可以当作他的教学笔记来读。他在一篇《有识于"君子不器"》的随笔中谈到他的教学理念："学校教学以'育人'不以'制器'为宗，属于教学之宗；而被育者在受教过程中更应主动认识到要育己为人，在社会主义教育方针下全面造就和发展自己，虽精学专业但却又不

---

① 王向峰：《〈手稿〉的美学解读》，辽宁大学出版社 2004 年版，第 328 页。

是仅知专业的一个'工具人',成为一个具有良好综合素质和深切的人文关怀的创造性人才。"① 在《〈手稿〉的美学解读》中,王向峰认真地贯彻着他上述教学理念,离开了他的教学理念,则《〈手稿〉的美学解读》的学术价值与学术特点,便打了折扣。

这可以从《〈手稿〉的美学解读》阐释的三个方面来看。

1. 精心安排的条分缕析

《〈手稿〉的美学解读》的细目安排,并不追求递进深入的逻辑关联,这种递进式逻辑关联,体现在他的问题式的篇章设立中,而由章至节,由节至目,则多数都用并列式的或要目式的排列。这样设定,拒绝理论论证的概念游戏,主要的是进行理论要点与知识要点的推进,其效果便是融会贯通,明了易懂。

如《〈手稿〉的美学解读》第九章"美的规律与艺术规律"。"美的规律"问题,是《手稿》在中国第二次美学大讨论中多有争论的一个问题,争论要点在于它确实是《手稿》的理论难点,仅其中的"人也按美的规律来建造"的一个"也"字,就引发了很多追问。王向峰没有把解读局限于概念的逻辑追问,而是进行概念的逻辑拆解,从接受的理解出发,设定理解要点。在"美的本质与人的本质"一节中,他分出阐释的五个步骤,每个步骤又都是要点性的:"1. 马克思在《手稿》中将人与动物加以比较区分开来,说明人通过实践创造对象世界,向着创造对象性目标,人能进行自由自觉的创造。"这是一个前提,提出了人区别于动物的实践

---

① 王向峰:《蓦然回首:人生与艺术之识》,北京师范大学出版社 2013 年版,第84 页。

性。"2. 马克思说：'动物只是在直接的肉体需要的支配下生产，而人甚至不受肉体需要的支配也进行生产'。"对这个要点，王向峰干脆没有概括，而是直接让马克思来说这句并不深奥但却具有重要关联意义的话。"3. 马克思说：'动物只生产自身，而人再生产整个自然界'。"他仍然直接引用马克思的话，但与上边进行要点性断开，两句话各自的理论意蕴便在对比中突出出来。4. 从产品说，"马克思说，动物的产品直接同它的肉体相联系，即动物除生存的直接需要外，无其他需要。"这句是王向峰的概述，承接上两句，强调动物的需要，为下句进一步对比提供根据。"5. 人与动物更显著的不同在于人和动物生产的尺度的不同。"这也是王向峰的概述，通过概述，与上句关于动物的概述相对比，差异性更加清晰，并落实到"尺度"这一关键词上。① 由上述五个要点，王向峰切入结论："因此，人与动物的区别，体现为生产创造活动，从严格意义上来说，真正的生产创作活动只有人才能进行，这是人与动物的根本区别。"② 这句水到渠成的概括非常关键，这使"人按美的规律来创造"这个结论，有了一个近乎自明性的前提。这类平易的要点细分的方法，是《〈手稿〉的美学解读》的特征性方法。

2. 围绕要点的旁征博引

在中国语言文学及美学领域多年的教学生涯与学术生涯，造就了王向峰开阔的知识视野与学术研究视野，他是那种学通中外、识贯古今的学者。有这种学识结构的学者今天已不多见，在他那一代学者中，拥有他这

---

① 王向峰：《〈手稿〉的美学解读》，辽宁大学出版社 2004 年版，第 143—144 页。

② 王向峰：《〈手稿〉的美学解读》，辽宁大学出版社 2004 年版，第 144 页。

样的学术视野与知识结构，并达到精于一学又对相关学问融会贯通者也不多见。王向峰属于很多学科领域他都乐于进入，而一经进入便成为行家的那种学者，所以他在中国语言文学所涵盖的各二级学科领域，都拥有令人信服的言说权。如他在《欧美文学论稿》的前言"欧美文学天地中漫游"中所说，对外国文学的关注与研究，"加上对中国传统文化的探求，尤其是'文革'十年中集中攻读中国经、史、子、集，而养成了的马克思主义理论为指导的综合理论与实际结合的文学素养，在新时期又指导硕士和博士生，讲授中国美学史、西方美学史、马克思主义美学思想……所以在教学、著述方面能进入比较简明的境界，甚至得心应手，甚感人生之乐莫过于此"。① 他把这样的一种知识与学术优势，带入对马克思《手稿》的文本解读，使他的这部解读性专著成为多年来马克思主义文学理论与美学研究中不多见的风格独具的学术专著。

如王向峰在从以上所说的五个层面阐释了美的规律与艺术规律中美的本质与人的本质之后，进一步进行了旁征博引的展开，从更为广阔的美的层面，剖析与阐释美的规律与艺术规律的关系。他引用马克思《资本论》，从而使美的规律被阐释为在目的性实践中得以实践的规律，并以这样的规律与"最拙劣的建筑师也比最灵巧的蜜蜂要高明"的《手稿》提法相对照，突出了马克思经常在与动物的比照中，强调人类实践独特性的思路。进而，王向峰谈到"动物世界"中有一种草地上生存的类似于鸡的鸟，它的建巢本能非同小可，但却无法与人相比，人不仅使自然界发生根本变化，而且能通过劳动支配自然界，并因此在自然界打上人的烙印。随之，王向峰引用恩格斯《自然辩证法》中关于人的实践的看

---

① 王向峰：《欧美文学论稿》，辽宁大学出版社 2015 年版，前言第 5 页。

法，使见于美的规律的实践的目的属性与自然属性获得强调。然后，他再用传说中大禹开凿三峡的事例、改造自然因人而用的山川绿化及建造梯田的事例予以支持。在目的性地直接实践地改造自然的实践活动之后，他进一步把论述与阐释视野引申到间接实践领域，指出这是一种历史效应，"人的本质力量在这个对象身上找到了实现的形式"。①继之，他更将谈锋引到笼中之虎是审美对象，但放出来威胁人的生命则不再是审美对象的美的相对性领域，最终，则回落到人的实践目的性上来："再如电器，人总是希望它存在多种智能。收音机的收、录、放多种功能，体现人的理解和愿望。功能的先进性，标志着理智的程度性。笔记本电脑的便携，是人的智慧与希望的复现。"②通过这样的旁征博引，王向峰深入浅出地阐释了马克思《手稿》中美的规律的实践目的性实现的深刻内涵。

3.取于本土的美学例证

《〈手稿〉的美学解读》提供了西方文本解读的很好的范例。其中一个重要方面，即王向峰能够从中国美学及文学中提取例证，用于自己的解读思考以及阐发。进行这样的例证运作很不容易，因为上面提到的文本与解读的巨大的时空差异在文本范畴、命题与所取例证间存在着难以消融的空隙，导致二者的不搭即可为证，这就像用中国古代墓葬难以证明西方丧葬习俗一样。因此，很多解读者宁可去寻找所解读文本写作当时当地的例证，或者虽然不是当时当地，起码也是之后当地（包括同一国家、同一文

①　王向峰：《〈手稿〉的美学解读》，辽宁大学出版社 2004 年版，第 147 页。
②　王向峰：《〈手稿〉的美学解读》，辽宁大学出版社 2004 年版，第 147 页。

化类型圈，或被统称为西方）的例证，以求得时空还原的切近性，以此保证解读的准确。

《〈手稿〉的美学解读》也努力地做了这些，即弄清《手稿》写作的时代背景、写作语境，以及当时马克思所提出问题的来龙去脉。不过，更具特征性的是他还要把《手稿》解读给学生。这是他从本土美学与文学中提取例证的心理动因。

用本土例证证明对马克思《手稿》的解读，用以消解其间不可证空隙，便是在本质规律方面将所证与例证打通，在可以融通的一般性上以此证彼或以彼析此。而证与被证彼此打通与融通的前提，便是前面提到的他融贯中外的学术功底。由于他在自己的学术功底中先已实现了这种融贯，所以在证与被证中求得论证的打通与融通，就是自然而然了。比如在阐发对物质生产与艺术生产的关系解读时，王向峰谈到封建制基础上分工与文艺的情况，列举中国《全唐诗》，指出由于唐代科举制度盛行，以诗文取士，提高了仕宦队伍的文学修养，才有了集诗 4.89 万余首，作者 2200 多人的壮观。而韩愈、白居易这类名诗人，进入朝廷任职，一度专任谏官，直接以诗文裨补时阙。由此阐发了封建制优越于奴隶制的分工，为文艺发展提供了条件。在解读《手稿》提出的美感问题的出发点时，王向峰谈到快乐感受与人的本质力量实现的关系，他列举苏轼《江城子》、元稹《遣悲怀》的写作。从作品的内容看，都是抒发悲怀之作，这与快乐感受的人的本质力量的实现看上去相矛盾。在这个地方，王向峰的学识优势便发挥出来，他分析了苏轼写《江城子》的时间及元稹写《遣悲怀》的心理状况，断定两者都是痛定思痛之作。由此，他说："为什么这个时候能写出来，当主体陷入悲痛当中，这个时候他就失去了自由自觉的审美本质力量，他那种力量不会得到张扬，只有当这种消解人的本质力量，实际创痛削弱的时侯，这时才能进入到审美的张扬阶段。"① 这样的阐释，既分析了人的本质力量实现的复杂性，又把这种复杂性深入浅出地解读出来。这类仿佛随手拈来的本土美学与文学例证，生动平易地构入王向峰对于《手稿》的解读，并生动而且贴切地阐发了《手稿》的思想理论。

---

① 王向峰：《〈手稿〉的美学解读》，辽宁大学出版社 2004 年版，第 283 页。

下 编

|第五章| 马克思主义文论的文学基点

　　马克思主义文论的体系性问题是深入研究马克思主义文论的重要问题，随之而来的马克思主义文论的文学基点问题就成为确认马克思主义文论体系的基点问题。当下仍被坚持的在体系性及方法论上用马克思学说体系推认马克思主义文论体系的简单化做法，导致了马克思主义文论的文学基点的疏忽，更导致马克思主义文论的误读，这尤其见于对马克思主义文论构成核心的现实主义的误读。马克思主义文论的文学基点在于与现实生活具有相似关系的文学作品中的具体关系，从创作与批评说，这是见于文学作品的关系具体表象。它可以成为观念批判的对象但它本身是非观念的。这使得对于真实性的历史必然性的要求及对于典型的个别与一般等的阐释并不符合马克思主义文论的经典作家即马克思本人的文学批评实际。马克思主义文论的批评体系建构于对文学作品关系具体的批评，辩证唯物论的方法是对文学作品中关系具体的基本分析方法，关系具体的真实性分析则既是批评的重点又体现为批评的具体运作。关系具体分析贯穿于马克思的文学批评选样及文学批评过程，批评中马克思对于关系具体的深入，则体现着他的渊博知识、批评个性及人生经验的综合。

　　马克思没有文论专著，马克思主义文论是批评的文论，他的文论方法、文论主张都是在具体的文学批评中显露出来的，有的见于批评的分析，有的则见于批评判断及支持判断的理论认定与阐发。马克思主义文论的批评属性使马克思主义文论像所有其他文学批评性文论一样，必然有其用于批评或使批评从中凝聚的对于文学是什么或文学应该如何的文学理解，这样的文学理解可以概括为观念形态，也可以取经验的心理样式。作为经验的心理样式，是弥漫性的、是感性与理性间的向着文学聚拢并向着文学敞开的人生体悟、知识积累，也包括虽非专对文学领域但又可用于文学领域的观念思考，如经济的观念思考、政治的观念思考等。这类经验的心理样式与具体的文学批评对象相遇，就进入分析活跃状态，形成判断，并在重要之处有所特指或有所针对地形成有关文学的理论话语或命题话语。并没有系统的文论专著作为观念根据的批评性的马克思文论，其批评的出发点当属后者，即经验的心理样式。但无论前者或者后者，都有具体批评得以进行的理解性的基点，即批评的文学基点。没有文学基点的文学批评，不可能在真正的文学批评意义上进行。正是在文学基点即马克思从怎样的文学理解出发进行文学批评这一具有根本性的问题上，当下一些马克思主义文论研究，仍滞留于一种历史性的偏颇中。

一、一种误读的体系性

中国马克思主义文论体系性研究，总体上仍延续着苏联的研究思路。这一思路如陆梅林 1982 年为乔·米·弗里德连杰尔著《马克思恩格斯和文学问题》的译序所概括的："这决不是说，马克思主义创始人的美学思想和文艺观点没有科学体系，不是一门严谨的科学。在他们那些卷帙浩繁的著作、书信、手稿和札记中蕴含着这个理论结构的一切基本原则、观点和原理，并且用科学的方法论和统一原则将其联系起来，组成一个迄今还是不可分割的有机整体，给无产阶级和进步人类留下了一笔极其珍贵的精神财富……"① 这一思路的要点在于用马克思经典学说的体系性不言而喻地指认马克思主义文论的体系性，用见于马克思经典学说的方法论的系统性同样不言而喻地指认马克思主义文论方法论的系统性。作为理论体系的体系一般性而言，这种体系推认没有错。

整体系统规定着构成系统，构成系统在构成规定性中分领整体系统的整体定性，这已是科学系统论的常识。不过，对于构成系统的系统定性来说，更具有其自身系统的意义，乃在于整体系统定性中的差异性，在于各构成系统以其差异性构入整体系统定性的构入机制及构入形态。也就是说，对于马克思主义文论的系统性论证，应是在一般同一性指认的基础上，揭示并阐释它的构成差异性，即它的系统差异性的构成及它以其差异性对于马克思经典学说的系统性构成。在这一点上，苏联式的马克思主义文论的体系性推认，更多的是忙于一般性的特征比照，如现实主义的认识论比照，典型论的一般性或本质性比照，历史悲剧的历史必然性比照等，不仅要在这样的比照中对文论体系进行体系的特征性指认，更要在这样的比照中寻找可以对文论观点进行阐释的马克思经典学说的根据。这种阐释的合理性或说服力建立在自上而下的比照透明性的基础之上。换句话说，这是建立在同一性指认的基础上，在这种同一性的透明性中，马克思主义文论体系的构成差异性却被隐藏起来。

---

① ［苏］乔·米·弗里德连杰尔：《马克思恩格斯和文学问题》，郭值京等译，上海译文出版社 1984 年版，译序第 1 页。

很显然，马克思的辩证唯物论的实践论学说体系，最基本的特点是面向物质性的社会现实，是向社会现实敞开并不断地建构于这样的敞开。物质现实的意识或观念敞开性，意识或观念的物质现实性敞开中的主客体的对立统一，是马克思学说体系的基本体系特征。而作为马克思主义文论的所有的具体批评对象的文学作品或文学现象，马克思十分清醒地知道它们是意识性的，而非客观的物质现实——"因此，道德、宗教、形而上学和其他意识形态，以及与它们相适应的意识形式便失去独立性的外观。它们没有历史，没有发展，那些发展着自己的物质生产和物质交往的人们，在改变自己的这个现实的同时也改变着自己的思维和思维的产物。不是意识决定生活，而是生活决定意识。前一种观察方法从意识出发，把意识看作是有生命的个人。符合实际生活的第二种观察方法则是从现实的、有生命的个人本身出发，把意识仅仅看作是他们的意识。"① 被批评的具体文学作品是意识性的东西，文学作品中的生活与客观的现实生活并不具有认识论意义的同一性。马克思不可能像把握客观生活那样，以同样的认识论方式把握具体文学作品中的生活。然而，在学说体系与文论体系的相比照的透明性中，看到的却是马克思对于客观生活与文学作品生活的近乎同一性的把握——似乎马克思像在客观生活中求得观念意识那样在文学生活中求得观念意识。这种文学生活与客观生活相混淆的马克思主义文论的体系性推认，在以马克思主义文论的名义进行的后来的文学作品的现实主义分析中经常见到。而马克思对文学生活与客观生活同一性的误识实际上并不存在，证明着体系推认方法无法成立。

从意识方面说，文学意识明显地不同于观念意识。前者，是"莎士比

---

① 《马克思恩格斯全集》第 3 卷，人民出版社 1960 年版，第 30 页。

亚化"的而不是"席勒式地把个人变成时代精神的单纯的传声筒"①，"倾向应当从场面和情节中自然而然地流露出来，而不应当特别把它指点出来"，"作家不必要把他所描写的社会冲突的历史的未来的解决办法硬塞给读者"②。观念意识则否定具体，不接受"莎士比亚化"的形象，并一定要将其主张特别地指点出来，它"指的都不是具体的东西，而是抽象的东西，即理念、精神"③。对这两种意识样式，马克思的差异性把握，不仅充分渗透于文学意识与观念意识的差异性，而且也渗透于二者与客观生活的差异关系。这也就是说，马克思对于文学、对于具体文学作品与现实生活关系的分析、理解、判断、批判，不同于他对现实社会生活与各种观念意识关系的分析、理解、判断、批判，两者的差异乃是马克思学说体系与他的文论体系的差异。当然，这样的体系差异并不影响它们都是产生于客观现实生活并被客观现实生活所检验这一基本事实。

马克思学说辩证唯物论与历史唯物论的方法论的系统性在总体上也构成马克思主义文论体系的基本方法论。马克思在进行具体文学作品批评时，如对于《巴黎的秘密》、《弗兰茨·冯·济金根》的批评，其中对施里加的"思辨结构的各个细节方面的运用"所作的剖析与批判，以及由此深入揭示的抽象的实体与千差万别的现实的关系，以及对拉萨尔围绕济金根设置的悲剧性冲突的基于现实时代状况进行的历史性分析，或者其本身就构成辩证唯物论的方法论的精辟阐释，或者是这一方法论的精当的具体化的体现。然而，如果把这种基本方法论的理解性分析——主要是对作品及作品作者的观念意识的理解性分析——简单地或一概地指认为这就是马克

---

① 《马克思恩格斯选集》第4卷，人民出版社1972年版，第340页。
② 《马克思恩格斯选集》第4卷，人民出版社1972年版，第454页。
③ 《马克思恩格斯全集》第2卷，人民出版社1957年版，第49页。

思在其学说体系中所采用的同种方式的分析，一味地突出二者的方法论的同一性，那么，见之于文论的马克思的方法论运作，比起见之于学说的马克思的方法论运作，前者就是蹩脚的、间接的，甚至有时是语焉不详的，因为在马克思的文学批评中包含着大量出于文学规定性的话语，这些文学规定性的话语与学说规定性的话语在很多方面都有明显差异，前者是文学理解性的而后者是学说概念性的，前者的文学理解的话语规定性，不仅规定于而且规定着马克思文学批评方法论对于其学说方法论的差异性。这里仍然是个差异性问题。

辩证唯物论的方法既是认识的方法即思维方法，又是解决认识与现实实在的相互关系的方法。就这两个方面而言，前者依附于后者。对此，恩格斯说："这样，辩证法就归结为关于外部世界和人类思维的运动的一般规律的科学，这两个系统的规律在本质上是一致的。"①辩证唯物论的努力，就是最大限度地实现思维系列对于外部世界的认识相对于本质的同一性。马克思对此强调说："在研究经济范畴的发展时，正如在研究任何历史科学、社会科学时一样，应当时刻地把握住：……范畴表现……存在形式、存在规定……"② 这里的要点在于思维形式及思维内容，亦即观念或思维，必须"时刻"向外部世界敞开，在与外部世界的相互关系中求得对于外部世界亦即"存在形式"、"存在规定"的"本质"认识。求得对于外部世界的本质认识，这是唯物的，在观念或思想与外部世界的相互关系中求得这一认识，这便是辩证的。辩证唯物论的本质含义不是别的，而是观念或思想亦即意识与外部世界的关系，是主体与客体的相互关系。通常所

---

① 《马克思恩格斯全集》第 21 卷，人民出版社 1965 年版，第 337 页。
② 《马克思恩格斯全集》第 12 卷，人民出版社 1962 年版，第 757 页。

说的辩证唯物论的矛盾统一关系，本质上说也就是意识与存在、主体与客体的矛盾统一关系。

在这样的关系中求得主体对于客体本质性的认识，求得主体对于客体或意识对于存在的"时刻"敞开，不可能是对于无限个别事物的无限"时刻"敞开，而是一种整体性敞开，即意识以其连贯的整体性向着外部世界的关系整体性敞开，尽管这样的敞开是通过随时的个别具体的敞开完成。在个别具体的敞开中完成整体性敞开，是因为"具体之所以具体，因为它是许多规定的综合，因而是多样的统一"。① 经由敞开，意识把握世界的统一的整体性，并由此使对象世界成为主体世界。从这样的整体性出发，马克思说："粗率和无知之处正在于把有机地联系着的东西看成是彼此偶然发生关系的、纯粹反射联系中的东西。"②

二、关系把握是马克思主义文论体系的基本方法

对辩证唯物论的方法论进行主客体关系及整体性的强调，是在于进而指出马克思学说体系的方法论，正是在主客体关系及对于世界的整体性把握上成为马克思主义文论体系的基本方法论，从而支持当下仍被普遍认可的从方法论角度推认马克思主义文论体系性的说法。而此处更深层的意思则在于指出，辩证唯物论的方法论对于把握世界的物质性与敞开性，具有极大的包容空间，它一点儿也不排除对马克思主义文论体系在基本方法论

---

① 《马克思恩格斯全集》第 12 卷，人民出版社 1962 年版，第 751 页。
② 《马克思恩格斯全集》第 12 卷，人民出版社 1962 年版，第 738 页。

基础上进行文论方法的特征性或差异性研究。

现实主义方法是马克思主义文论的特征性方法，这是多数研究者的共识。但对这一特征性方法的普遍性解释，却是辩证唯物论的基本方法论的，这使得特征性解释失去了特征性，文论批评也因此被抽象为社会本质或历史必然性的观念性批评。马克思主义文论的现实主义方法或原则，通常认为恩格斯在给敏·考茨基的一封信中的一段话，应视为经典性表述，即"……如果一部具有社会主义倾向的小说通过对现实关系的真实描写，来打破关于这些关系的流行的传统幻想，动摇资产阶级世界的乐观主义，不可避免地引起对于现存事物的永世长存的怀疑，那末，即使作者没有直接提出任何解决办法，甚至作者有时并没有明确地表明自己的立场，但我认为这部小说也完全完成了自己的使命。"① 这段话中"对现实关系的真实描写"是现实主义的核心规定或最基本的要求，进一步概括便是真实性。这里的关键在于对真实性的理解。马克思乃至恩格斯都没有对真实性进行明确的概念解释。对于现实主义真实性的明确的概念规定，是后来的研究者们所为。对于马克思与恩格斯，现实主义及真实性这类词句乃是跟着别人用的，所用的内容自然是取当时多数或代表性使用者心照不宣的共识，现实主义及其真实性强调文学中的生活及人物形态与现实生活的人生形态的切近性或相似性，真实性是在文学与生活的切近性或相似性中开发出来的关系属性。

诚如弗里德连杰尔所说，现实主义或真实性乃是 19 世纪特别显著地确立起来的那些主要倾向的反映，是当时一部分进步作家"用来作为艺术上的探索和创作经验的一种理论概括"。"这部分作家认为他们的主要使命是：真实地，实质上是批判地描写和研究社会生活中的各种客观矛盾以及

---

① 《马克思恩格斯全集》第 36 卷，人民出版社 1975 年版，第 385 页。

资产阶级社会中典型的社会人物和环境"。① 而文学与现实生活的这种切近性或相似性关系的实现，又绝不是观念形态的，而是取生活的直接样式。对现实主义生活的真实样式这一问题，马克思、恩格斯均了然于胸，因此他们才强调"莎士比亚化"，强调老黑格尔的"这一个"。即使从上面引用的恩格斯谈现实关系的真实描写的那段话，也能看出他在描述真实性时是如何坚定不移地避开可能引起观念性误解的词语，如对于流行的传统的东西，他不说传统观念、传统思想，而说"传统幻想"，不说现存事物的合理性、必然性、本质性，而说"现存事物的永恒性"。这种坚定不移孕生于对于文学中的观念性东西的否定，与他在同一封信中提到的"鲜明的个性描写"、"一定的单个人"、"这个"，以及明确反对的"个性就更多地消融到原则里去了"的情况，具有深层的一致性。这也与马克思在其学科体系中所一贯反对的僵死的、封闭的、在观念中兜圈子的思辨哲学具有深层的一致性——即便在学说体系中，马克思对那种自得其乐的观念思辨也深感厌恶。

　　然而，后来的一些研究者们却忽略了马克思、恩格斯对滥用观念或观念思辨的坚定不移的否定与厌恶，而是毫无顾忌地对现实主义及真实性给予观念性的理解与阐释。在这类解释中现实主义及其真实性成为一种"本质真实的追求"，成为"普遍真理的揭示"，成为"历史发展规律的深刻洞见"，成为"革命精神或时代精神的张扬"，与现实主义真实性有重要关联的典型环境与典型人物，也被概括为普遍与具体、一般与个别的结合。用这样的现实主义真实性要求创作者，则创作者首先须成为社会本质、历史必然性、时代精神、普遍真理、普遍性与一般性的观念意识的拥有者，进

---

　　① 〔苏〕乔·米·弗里德连杰尔：《马克思恩格斯和文学问题》，郭值京等译，上海译文出版社 1984 年版，第 196 页。

而再去寻觅表现这些观念意识的生动形象；用此要求文学作品，文学作品也就成为观念意识的形象化的教科书，成为观念的传声筒。多年来，现实主义创作方法的路子愈走愈窄，对现实主义及其真实性的观念性曲解承担着无可推卸的责任。其实这与马克思的现实主义文学批评无关。

而导致这种观念性曲解的重要原因，又与对于马克思主义学说体系与文论体系的简单化的方法论推认相关。辩证唯物论的方法论创生了伟大的马克思主义学说体系，然而在文学批评中对于辩证唯物论的本质、规律、真理等观念意识的套用，却曲解了马克思主义文论体系。这是当下重读马克思主义经典，建设中国马克思主义文论体系须予注意并认真解决的现实理论问题。

辩证唯物论在主客体关联性中开启世界整体性，世界整体性奠基于客观世界的物质性关联，这种不以人的意志为转移的关联及奠基其上的世界整体性又是建立在差异性的矛盾统一的联贯性中。主体在主客体关联中向客体世界敞开并不断在主客体的相互作用中进行主体意识的调整，从而获得世界的真理性把握。因此，辩证唯物论在矛盾统一的整体联贯性中认识与把握世界。对此而言，构成世界整体性的各要素的差异性关联及这些关联的变动着的联贯性就一直为辩证唯物论所格外关注。这种关注也就是对变化着的要素关系及各要素的整体性关系的关注。

马克思主义学说体系及文论体系正是在这样的关注中展开。对此，马克思说："每一个社会中的生产关系都形成一个统一的整体"[①]；他又说："我们得到的结论并不是说，生产、分配、交换、消费是同一的东西，而是说，它们构成一个总体的各个环节、一个统一体内部的差别……因此，一定的生产决定一定的消费、分配、交换和这些不同要素相互间的一定关

[①] 《马克思恩格斯全集》第 4 卷，人民出版社 1958 年版，第 144 页。

系。……不同要素之间存在着相互作用。每一个有机整体都是这样。"① 在世界的要素构成中发现关系、发现关系规定性、发现关系规定性的变化；在变化的关系规定性中认识、把握构成关系的各要素，掌握在变化的关系规定性中各构成要素的变化情况及其对关系及关系规定性的变化性影响；进而，在变化的诸要素及其关系中把握世界的整体性关系、关系变化、整体性作用或规定。这既不断地推动着马克思主义学说体系对于客观世界的持续敞开的构建，又构成马克思主义文论的基本方法论特征。对马克思的这一辩证唯物论的学说体系特点，西方马克思主义创始人之一的卢卡奇曾从马克思掌握关系的相互作用性及动态性上作过阐释，他强调指出，既要看到马克思总是着手于各构成要素的关系分析，同时，又"不能停留在相互作用这个范畴上。如果说相互作用仅仅是指两个一般不变化的客体彼此发生因果关系的影响，那么我们就不会向了解社会有丝毫靠近。庸俗唯物主义者的片面因果联系（或马赫主义者的职能关系等）就是这种情况。……我们所说的相互作用必须超出本来不变化的客体之间的相互作用。它必须在它同整体的关系中走得更远：因为这种关系决定着一切认识客体的对象性形式。与认识有关的一切实质变化都表现为整体的关系的变化，从而表现为对象性形式本身的变化。"② 这种通过变化的相互作用关系的分析进而揭示世界整体性的阐释，切合于马克思辩证唯物论的方法论。

对关系规定性，卢卡奇摘引马克思《雇佣劳动与资本》中的一段话作了进一步说明。马克思的这段话说："黑人就是黑人。只有在一定的关系下，他才成为奴隶。纺织机是纺棉花的机器。只有在一定的关系下，它才

① 《马克思恩格斯全集》第 12 卷，人民出版社 1962 年版，第 749—750 页。

② 〔匈〕卢卡奇：《历史与阶级意识》，载陈学明主编：《二十世纪哲学经典文本·西方马克思主义卷》，复旦大学出版社 1999 年版，第 17 页。

成为资本。脱离了这种关系，它也就不是资本了，就像黄金本身并不是货币，沙糖并不是沙糖的价格一样。"① 马克思的浩繁巨著《资本论》，乃是这种关系分析方法的典范性运用——商品，是马克思从当时众多的客观存在物中精选出来的最充分地凝聚着各种社会关系及关系秘密的关系具体，通过对凝聚在商品中的各种代表性关系及关系规定性的剖析，一步步地揭示见于商品的资本主义社会的关系整体性的秘密。商品，在这里成为打开资本主义社会众奥之门的关系具体的钥匙。

三、在关系分析中建构马克思主义文论体系

这样的关系分析思路，正是马克思主义文论的特征性思路，也是进一步的马克思主义文论研究须重点把握的思路。

由马克思与恩格斯合著的《神圣家族》、马克思撰写的对小说《巴黎的秘密》的批评文章都可见他们关系分析的思路。特别是《巴黎的秘密》，从挑选这一批评文本到一层层地剖析由这一文本所凝聚的代表性社会关系，以及在这类关系的层层剖析中所综合运用的丰富知识、所发掘出来或呈示出来的深刻思想，都使《巴黎的秘密》这一文本在钩沉马克思博大精深的精神世界，以及使这一世界的现实作深度敞开这一方面，具有后来《资本论》中"商品"这一关系具体的相近似的样本意义。《巴黎的秘密》经由报章连载而面世。连载期间，在当时的市民阶层中就引起强烈反响，"被译成多种文字，顿时成为世界闻名之作"，一些激进刊物对之大肆宣

---

① 《马克思恩格斯全集》第 6 卷，人民出版社 1961 年版，第 486 页。

传，热烈赞扬。一时间，它成为青年黑格尔派步黑格尔后尘为"自我意识"或"精神"进行救助的借尸还魂。而小说作者欧仁·苏在小说中通过作品人物及他本人直接出面所宣扬的种种济世方略，又正与当时的社会生活及各种济世主张形成直接联系。这样一来，构成当时极为活跃的社会关系的各种要素，市民群众的、宗教的、法律的、经济的、政治的、哲学的、艺术的等等，便都在《巴黎的秘密》令人瞩目的阅读、宣扬、批评中凝聚起来，它不再是一本小说，而是掩盖着多种重要的现实"秘密"的关系具体。正是这样的关系具体构成马克思文学批评取样的现实根据。

在文本批评中，马克思用博学与精深成功地拆解一个个关系谜团：以"施里加"为笔名的《文学总汇报》撰稿人与小说文本的读解关系，以及他在这样的时代性解读关系中不断发挥的青年黑格尔派的平庸见解；作者欧仁·苏与他的文本的关系，在这种关系中，他超出狭隘世界观的界限，打击了资产阶级的偏见这一面，同时，他又平庸地迎合市民趣味，不断地自我放任；作品中在鲁道夫这个虚伪形象上集聚的各种人物关系，他与卖淫女玛丽花的关系，与海格立斯式罪犯"校长"的关系，与自然之子"刺客"的关系等。此外，还有复杂的社会现实的各种社会关系与文本所展现的各种相对应的关系具体的关系。而所有这些关系又不是彼此孤立或静止的关系，诸种关系相互作用、相互促动，体现着变化的连贯性。马克思在批评中精彩地揭示了各种关系的内在关联的秘密，并揭示了这些关联的动态。通过这样的关系揭示，施里加的平浅、无知，以及他"对一些简单的事件给予荒谬绝伦或者显而易见的错误的阐释，以符合他那种黑格尔思辨哲学的规范"① 的批评实

---

① 　[英]柏拉威尔：《马克思与世界文学》，梅绍武等译，生活·读书·新知三联书店1980年版，第121页。

质被彰显出来；欧仁·苏"既能放纵读者的性虐待狂，又能迁就他们的社会所能接受的传统道德观"① 这一谋取成功的秘密被公开出来；鲁道夫"先把玛丽花变为悔悟的罪女，再把她由悔悟的罪女变为修女，最后把她由修女变成死尸"②，以及鲁道夫用狡诈把"刺客"由"自然之子"变为极度忠诚的"狗"等，这类人物关系的联结性变化及变化的实质，被准确地概括出来；至于鲍威尔及其信徒严重违反现实的思辨唯心主义面目，也在他与《巴黎的秘密》的精神亲和关系中，被马克思的批判光芒带入明晰。

在马克思的其他文学批评中，对文本的关系具体的敏于发现、长于分析与精于批判，也是一以贯之的特点。如构成马克思主义文论重要内容的对《弗兰茨·冯·济金根》（以下简称《济金根》）的批评。《济金根》之所以能进入马克思的批评视野，并引发他关于悲剧冲突的精论，不在于《济金根》有什么更高的艺术价值，相反，它的人物、剧情、手法等都无更多精当可言。它成为马克思的批评对象，根本原因在于它切合于马克思对文学作品进行关系具体批评的基本要求，即其中的关系具体须是现实生活的具有充分代表性的社会关系整体性的艺术表现。这一点，马克思在批评中特别明确地予以指出——"你所构想的冲突不仅是悲剧性的，而且是使 1848—1849 年的革命政党必然灭亡的悲剧性的冲突。因此我只能完全赞成把这个冲突当作一部现代悲剧的中心点。"③ 马克思把《济金根》剧本的关系具体的时间安排在 16 世纪德国宗教改革与农民战争，与 1848—

① ［英］柏拉威尔：《马克思与世界文学》，梅绍武等译，生活·读书·新知三联书店 1980 年版，第 123 页。

② 《马克思恩格斯全集》第 2 卷，人民出版社 1957 年版，第 225 页。

③ 《马克思恩格斯选集》第 4 卷，人民出版社 1972 年版，第 339 页。

1849 年的德国革命及革命政党的失败结合起来，并不是他的主观推认，而是《济金根》作者拉萨尔随手稿寄给马克思的一份谈悲剧看法的论文的自陈。马克思批评《济金根》的当时，1848—1849 年已然失败的革命仍是社会的热门话题，各方面社会力量都在反思，都在为进一步的革命寻找思路。16 世纪那场宗教改革与农民战争也因为与刚刚失败的革命的某些相似性而重新引起不同思考者的兴趣。这样，把济金根这一人物及其悲剧放到怎样的历史关系具体中加以表现，通过设定的关系具体展示怎样的人物命运，并由此引发怎样的思索，就不仅是个历史剧的问题。《济金根》与当时因普遍关注而变得重要的社会经济关系、阶级关系活动，形成了某种直接对应关系，而拉萨尔本人对这种关系所作的观念性的解释，又正与马克思的社会关系分析的结论相对立。马克思与《济金根》的文学批评关系就由此确立了。

马克思对《济金根》的分析与批评，同样建立在剧本提供的关系具体之上，深入剖析关系具体，不断地与现实社会活动进行真实性比照，在这样的剖析比照中，随时批判拉萨尔对于关系具体的设定及关系理解的错误，并随时阐发自己的真知灼见。于是，济金根的悲剧命运便不再是他的狡猾与否的智谋策略或智谋手段的原因，而是作为垂死阶级代表与现存制度的矛盾关系中的历史否定方面必然覆灭的命运，而这种覆灭的历史必然性，又在于他和当时城市与农民的关系，乃是骑士所属的垂死阶级与合于历史发展方向的进步阶级的不可调和的矛盾关系。因此，济金根的悲剧性在于他"按骑士的方式发动叛乱"，但他又不可能走诉诸城市和农民的另外的叛乱道路。这种阶段关系的历史必然性的分析，正和马克思的现实主张统一起来。在这样的关系具体的分析中，马克思所阐发的观点是观念性或理论性的，但对于他所分析的关系具体，他坚决反对其观念形态。因此他批评拉萨尔说，"你的最大缺点就是席勒式地把个人变成时代精神的单纯的传声筒"①。

纵观马克思主义文论对于文学作品的关系具体的强调与要求，有这样五个要点：其一，构成批评对象的文学作品的关系具体，须与现实生活中形成社会关注、有重要影响的社会关系活动具有某种可供分析与批评的现实对应关系；其二，这类关系具体可以在批评分析中向现实生活敞开，从而与现实生活经验进行活的交流，分析与批评在这种交流中观念地或理论地展开，或者说，它应成为观念或理论分析的现实场所；其三，它本身未必达到很高层次的真实性，但它可以根据现实社会关系情况进行真实性判断，判断的真实性差异，又正可以提供对创作者所以产生如此差异的观念原因、立场原因或艺术趣味原因的分析与批评；其四，它最好是已被不同程度地分析与批判过，而这类分析批判又正与当时的某种有一定影响的思想观念或思潮相应和，这使得文本批评中对它的批判成为批判的批判；其五，尽管对它的批判可以是观念性的（但不是唯一的），它本身却不应是观念性的，即不是概念化的或不是观念的传声筒，而是可供批评的文学的关系具体。这五个要点都是应文学作品的关系具体而展开，也都是对文学作品的对象性的要求。

在马克思的文学批评中真正意义上的性格批评并不多见，在马克思之前及马克思同时代常用的性格批评术语，马克思很少用到；情节批评，这种在马克思之前及同时常见的批评，如情节构成性批评、情节的人物合理性批评、情节的技巧性批评等，马克思也很少涉及；修辞方面，尽管马克思本人很注意行文表述的修辞性，他的文章或著作在深刻性的开掘中不乏

---

① 《马克思恩格斯选集》第 4 卷，人民出版社 1972 年版，第 340 页。

讥讽、幽默、冷峻、形象等修辞特点，但他对于文学作品的修辞性批评并不多见；至于当时已不少见的寓意批评、语言批评、趣味批评、心理批评、神学批评等，在马克思的文学批评中，即便用到，也未作特征性展开。马克思的批评关注，始终集中在文学作品提供的由人物、情节、环境、细节综合构成的关系具体方面。认识了这一点，就是认识了马克思主义文论的文学基点，即在马克思看来，展现生动、真实的关系具体，才是文学的应该所是。

从这样的文学基点出发，则不难发现，不少学者或文学创作者对于马克思现实主义的本质规律的解释并不合于马克思的本意。如果现实主义就是形象地揭示现实生活的本质，展示某种历史必然性，那么，它的终极表现与判断尺度就只能是本质规律的观念形态；而即便在观念形态中，马克思也不认为有固定的、可供独立把握的本质规律之类的东西；如果现实主义真实性的尺度就在于本质规律地或真理性地反映社会生活，那么，具有现实主义真实性的文学就只能忠诚地扮演哲学的婢女，就只能以观念形态作为自己尊奉的形态，这种文学的屈尊便是黑格尔式的文学的取消；如果现实主义及其真实性就在于文学作品本质规律地反映生活，或者，换一种马克思也曾明确地反对的说法即"时代精神"地反映生活，那么，本质规律与否、时代精神与否的判断权，就只能是一种以本质规律或时代精神的名义去说话的话语权，这类话语权的持有者，常常是那些把社会现实建立在某种观念基础上，并以此控制社会现实的持权者。

至于从上述现实主义解释中引申的马克思悲剧论、典型论，则总难免那种传统的对于观念的偏执。按照偏执于观念的悲剧论解释，悲剧作家为获得悲剧人物的历史合理性，他就不得不预先掌握历史必然性，这是因为就文学作品而言这种历史必然性不可能从悲剧的悲剧冲突中获得，而是相反，是悲剧冲突在悲剧作家的历史必然性中才生长出具体事件的形态，并通过冲突的具体事件演绎悲剧作家的历史必然性——因为马克思说过，任何片段的、孤立的具体都没有规定性可言，而见于悲剧冲突的事件具体相对于它所由来的复杂的社会关系的总体性，都只能是片段、孤立的事件具体表象，都是没有规定性可言的具体。既然如此，这规定着历史合理要求的历史必然性也就只能到构成冲突的事件具体表象之外去寻找，寻找的结果便是落入历史必然性先行出离的观念的圈套，悲剧作家在构思冲突的具体事件之前，必须被观念的历史必然性俘获。

同样，典型论的个别与普遍统一，具体与一般统一，个性与共性统一，现象与本质统一的解释，其观念的偏执在于，倘若典型人物与典型环境的创作者不刻意地追求这样的统一，而只是自然地表现，则所表现的艺术形象哪怕与现实生活稍有相似性，那么他的任何一个人物及环境的创作，其实都可算是个别与普遍、具体与一般、个性与共性等的统一，因为这种统一乃是现实生活的原生态，任何一个现实具体以及任何一个现实具体表象都体现着这种统一（尽管可能程度不同）。而观念解释的现实主义典型论从来未满足于这样的具有某种相似性的原生态的统一，它们要求更高程度的统一或充分的统一，以及更具深刻性的统一。在这样的强调中，最充分、深刻地实现着这一统一的代表性或主导性方面，便只能是那一般、普遍、共性或本质的预先掌握及创作中的尺度性运用。尽管后来的观念论者在不断的马克思主义文论批判语境中形成了"观念"的警惕，因此在选词用句上总是小心翼翼地把"观念"掩饰起来，但掩饰无助于改变"观念"的实质，这是因为只要使一般、普遍、共性或本质被预先地强调，它们就只能是对于具体、个别、个性或现象的先行出离，而这种出离，就是观念的抽象运作。先行出离的一般、普遍、共性或本质被用作可供操作的尺度，相应的具体、个别、个性或现象也就应召而来，成为前者的具体实现。

这样说，并不是否定经验的概括性、表象的概括性，不过，这种概括性是在经验具体或表象具体中特征性地体现出来的，而不是先行出离的认识运作。马克思的文学批评的关系具体，正是这种特征性的概括经验的表象。

对马克思现实主义的观念化，使现实主义每况愈下。

当然，马克思本人并没有用关系具体这样的说法去阐发他的文论主张或文论的文学基点，就像他及恩格斯从来没有用一般、普遍、共性或本质之类的说法阐发他们的现实主义典型论一样。但马克思强调对于世界的辩证统一的关系把握，强调任何历史实在及现实实在的关系规定性，强调人的本质是各种社会关系的总和，这是毋庸置疑的。在他的学说体系中，他把他的关系关注及研究见于观念把握；而在他的文论体系中，他则把这种关注与把握见于文学作品的体现着这类关系的形象具体，亦即关系具体。在关系具体上实现的文学作品的创作与接受，不可能是观念的创作与接受。观念的强调只是观念论者的观念的偏执。

马克思在文学作品中关注的关系具体与观念的偏执没有同一性。作为意识产品，文学作品的关系具体不是现实的而是表象的，是关系具体表象。关系具体表象表象着相应的关系，关系在现实生活中总是具体的关系形态，具体的关系形态确有可提取为观念一般、普遍、共性或本质的关系相似性，这是概括经验或概括表象性的东西，它建立在非观念的相似性基础上。人们熟知这种相似性并在这样的相似性中生活，却无须做观念一般、普遍、共性或本质性的提取，也实际上普遍地不做这样的提取，其实，也无法进行既不失关系具体的现实丰富性又见于观念的提取。

关系意识的形成是直观的经验积累的过程，关系具体的多种规定性，如 Г.
М. 安德列耶娃所说，在语言系统之外，更有"副语言系统"与"额外语
言系统"，其中的社会情感关联着生命需要和各种社会需求的社会群体利
益，还有人们不得不分享的社会性格，渗透在人们的行为举止中的习俗、
民族心理等，都含有大量的非语言因素，这些因素都以非语言形态当然
更谈不上观念形态，而在各种关系具体中发生作用并构成各种关系具体。
人们接受这类关系具体并在其中生存，主要是靠互相影响的关系经验积
累，亲近感、认同感、定势等非语言的或语言说不清的东西，每时每刻
地发挥着潜移默化的作用。① 这样的关系具体是日常的、可识别的、可体
验的、可利用的、可判断的，而所有这些尽管可以在一定程度上提升为
观念但却无须观念——当然，并不排除观念在关系具体中有所作用。马克
思正是在这样的关系具体的关注中，否定了观念的现实主义，守护了文
学的自身属性。

马克思建立在关系具体或关系具体表象这一文学基点上的文论批评、
文学理论，否定着任何观念化的倾向，而且，他的被称为现实主义的文
学批评也绝不是观念的批评。对此，柏拉威尔在分析马克思对《巴黎的
秘密》所进行的批评时，曾准确地说："马克思在揭露《巴黎的秘密》一
书中经作者赞同的那些荒谬的社会改革计划时，运用了他对当代社会经济
程序的理解；他在评论小说中形形色色的人物和他们那些相对貌似真实的
行动时，运用了他在法国社会中的亲身体会；他在谈到警探'红手'在小
说情节发展中所起的作用时，利用了他阅读过的回忆录；他在仔细审察欧

---

① ［苏］Г. М. 安德列耶娃：《社会心理学》，李钊等译，上海翻译出版公司 1984 年
版，第 99—104 页。

仁·苏巧妙地利用塞西莉的体态来描绘异国色情的诱惑力时，采用了他阅读过的法国诗篇和旅行家的游记；他在评论欧仁·苏有意识迎合读者那种乐意寻求惊恐不安的刺激时，利用了他所阅读过的欧仁·苏的其他作品；他在揭露欧仁·苏欣然使用的文学惯例时，引证了他所熟悉的其他 19 世纪的小说；他在引证《浮士德》、《堂吉诃德》、《醉心贵族的小市民》和《乔治·唐丹》中的人物来'比拟'欧仁·苏和他那位新黑格尔派评论员，而且击中要害时，显示了他对世界文学名著的渊博知识。"[①] 这段话可以看作是对马克思的关系具体的现实主义的文学批评的构成性描述。由此看到，马克思是如何在具体的文学批评对象那里，通过现实主义的批评运作，充满激情地延伸着他的生活经验、斗争经验、文学感受、渊博学识、社会洞察，从而获得真正的批评自由。

四、阶级身份与文学写作

理论阐释的文学基点突出了文学的对象研究，也突出了中国马克思主义文学理论的文学对应性。这是一种理论范畴与命题的对应性，也是一种研究方法与批评方法的对应性。这样的理论特点，可以从接下来所进行的对当下中国工人题材文学写作展开批评的理论切入点来证明。这可以理解为马克思主义文学理论文学基点的批评实证。

对于马克思、恩格斯的经典著作《共产党宣言》，需要作一次问题性

---

① ［英］柏拉威尔：《马克思与世界文学》，梅绍武等译，生活·读书·新知三联书店 1980 年版，第 128—129 页。

重读。问题的提出，是当下中国社会转型期，文学的工人生活叙写进入难以繁荣的困境。毋庸赘言，文学的工人生活叙写长时间为中国文学界所倾重，在相当一段时间里它甚至被推为中国文学的时代取向与时代表征。尽管这一取向与表征就实际而言基本上没有实现，也就是说，从近百年的时间跨度来说，虽然工人生活及工人形象的文学创作一直被强调、被激励、被期待，但却较少有堪称经典的写工人生活的文学作品与工人形象被创作出来。这导致工人生活写作与工人形象的创作成为解不开的文学难题。而这一难题在改革开放四十多年来的当下，似乎尤显其难，以至于连写工人生活的作品都成了凤毛麟角。

何以工人生活写作与工人形象创作会出现这种抓而不起或启而不发的情况？这是一个需予深入研究的理论问题。对于这一理论问题的求解，《共产党宣言》有关无产者的一些论述，仍具有重要的启发意义。

（一）命运圣坛使工人形象曲高和寡

在近百年历史中，工人阶级也好，工人群体也好，都以其至高的政治身份而令人关注。他们是中国革命的领导阶级与领导力量。《共产党宣言》曾概述说："过去一切阶级在争得统治之后，总是使整个社会服从于它们发财致富的条件，企图以此来巩固它们已经获得的生活地位。无产者只有消灭自己的现存的占有方式，从而消灭全部现存的占有方式，才能取得社会生产力。无产者没有什么自己的东西必须加以保护，他们必须摧毁至今保护和保障私有财产的一切。"① 工人阶级不仅要消灭各种现存的占有

---

① 《马克思恩格斯选集》第 1 卷，人民出版社 1972 年版，第 262 页。

方式，而且要消灭自己的现存的占有方式，为此，它成为全部现存占有方式的彻底的消灭者。工人阶级是承担着解放全人类的历史使命的阶级，也是阻拦全人类走上解放之路的最后的敌对阶级——资产阶级义不容辞的掘墓人。

马克思主义经典作家对于工人阶级的阶级分析及历史使命的确认，有其深刻的西方资本主义发展状况的历史根据与当时的时代根据，因此要从他们所依据的当时西方重要社会关系的状况去理解。首先，如《共产党宣言》所指出，产生出工人阶级并与工人阶级敌对的资产阶级，是在西方历史上起过非常革命的作用的阶级。显然，对手强大才产生出强大的对手。资产阶级空前地发展了生产力并变革了生产关系，使农村屈服于城市，实现了政治的高度集中。这些历史贡献，都是在资产阶级与无产阶级相互作用与发展中完成的。无产阶级在这个过程中不断壮大，不仅被剥夺为赤贫，不仅不得不与自己敌人的敌人进行斗争，而且被最大限度地组织起来，被组织到政治斗争中去，被资产阶级因素所教育与武装。经典作家正是基于这样的历史现实，才把领导世界革命、解放全人类的历史使命的承担身份确认给工人阶级。所以，在那段历史过程中，经典作家的革命论断有力地指导了当时的工人阶级运动，并且，正是欧洲工人阶级的波澜壮阔的革命运动，终结了资本主义制度那一段残酷的历史。资本主义社会后来的文明发展，是这一制度的最富活力的建构者——工人阶级积极推进的结果，尽管这一结果不是资本主义制度的革命性的颠覆，却也是革命性的变革。就历史性及当时的实践性而言，经典作家的论断是深刻并富于预见性的。

中国的历史情况与《共产党宣言》作出论断所根据的西方历史情况相比，具有重要差异，这可以用罗素谈到真理与意义问题时提出的"不对称关系"① 予以概述。当初中国工人阶级的状况与经典作家在其论断中所指认的工人阶级的状况，无论在数量上、力量上、历史凝练的过程上，还是组织水平与纪律水平上，都不可同日而语。毛泽东在《中国社会各阶级的分析》中，对当时中国作为阶级的工人状况的描述是贴切的，分析他们之所以能成为领导阶级的原因也是精要的，即他们一是集中，二是经济地位低下。中国工人阶级真正走上中国革命领导力量的舞台并发挥领导作用，是依靠着代表工人阶级利益的中国共产党。这里须予强调的是，中国共产党所代表的工人阶级利益是合于历史发展的利益，而不是当时的利益；是基于中国工人阶级的发展，而不是当时正处于成长与觉醒阶段的工人现实。这种对于中国工人阶级在中国革命中领导地位及奋斗目标的确认，具有突出的指认性，即按照这一阶级的发展属性而非当时的现实状况所进行的推导，在当时及后来相当长一段时间里，这种指认都以共产主义理想的方式作为革命信仰存在，并发挥唤起民众、指引革命的作用。

然而，中国工人阶级这一历史发展性的、信仰性的领导地位，在长时间的文学创作与文学批评中，却被理想化为一种当下现实的阶级状况与现实承担的历史使命，而且这一阶级状况与历史使命又被进一步作为已然觉醒的责任感、历史意识、道德情操、精神境界、社会行为而现实人格化。这样一来，有历史发展的阶级利益根据及信仰根据的工人阶级，在文学理解及文学创作中，就发生了一个类似于逻辑推演的现实化过程。这一逻

---

① 伯兰特·罗素认为，"一种关系，如果在 x 和 y 之间成立，而且在 y 和 x 之间也成立，那么就是对称的。一种关系，如果在 x 和 y 之间成立，而在 y 和 x 之间并不成立，那么就是不对称的。"（［英］伯兰特·罗素：《意义与真理的探究》，贾可春译，商务印书馆 2009 年版，第 34 页）《共产党宣言》理论建立在现实基础上的工人阶级与革命领导阶级间的对称关系，在当时的中国则属于不对称关系。

辑推演的起点为工人阶级是革命的领导阶级；这一推演的中项是作为领导阶级应具有的而不是实际具有或现实具有的优秀品质；这一逻辑推演的目的项便是确定工人阶级的神圣的历史使命。这是一个远离现实的理想化过程。在这样一个过程中，逻辑关系被颠倒了，即不是现实凝聚为命题，而是命题规定着现实；不是生活体现为被概括的特征，而是依凭预设命题另外概括出的一套特征所推导出的具有这套特征的生活过程。这导致鲜活的具体的工人阶级群体及构成阶级群体的工人，在其被赋予的神圣命运中成为概念化的及概念推演的逻辑化的群体及个人。

而在很长一段时间里，文学家们所创作的那一批大家耳熟能详的写作工人生活、塑造工人形象的文学作品，又主要是通常意义上的现实主义文学作品。作为创作原则或创作方法的现实主义，旨在用生活本来的样子去描述生活，通过生活现象去提示生活本质，通过不同性格的人物间的矛盾冲突及命运展开过程认识与表现历史必然性，塑造揭示生活本质、展示历史必然性的典型环境中的典型人物，从而使读者深刻认识与理解这样的现实生活。现实主义创作方法的上述理论要点，是马克思主义经典作家认同并予以阐发的，因此它理所当然地成为坚持马克思主义基本原理的中国文学创作界所依凭的基本方法。回过头来看，作为创作方法的现实主义在创作实践中确实存在着误入歧途的危险。这是因为它存在着两极操作的可行性，其中一极，即立足于生活，通过细致而深刻的观察，发现生活中的某些具有深层规定性的东西，它们规定着生活的展开形态，并且就在生活的展开形态中发挥作用。在这样的一极中，创作者不必对自己的创作进行概念性提升，而是倾力去描述或展现那合于规定性的生活形态。文学史上现实主义经典作品均生发于这一极。而它的另一极可能性，则是上述形态的反向运作，即先把某种规定性诉诸概念，然后按照某种概念推演逻辑推出与之相应的第二层概念。第二层概念再按图索骥，寻找、组织或想象与之相应的生活形态，这些生活形态便成为被概念规定的形态。这就是文学创作的概念先行。这是文学创作的歧途。

这里重申这类现实主义创作的常识问题，是在于指出此前很长一段时间里现实主义创作的工人生活及工人形象，正是在现实主义的另一极可能性中即概念先行中步入歧途。这里先行着的概念，即工人阶级群体的被神圣化的历史使命，以及由此推演出的工人阶级的优秀品质和性格特征，这些东西由于与现实生活存有"不对称关系"，因此只能以概念形式先行规定，而且，这一规定的充分性在于接受它们并按它们的规定去创作的创作者，往往并不认为这是一种概念性的强迫，而是认为这就是工人生活及工人们的本质真实，大家都充满敬意地真诚地创作，但所创作的那些合于工人阶级神圣化历史使命的概念群的工人生活及工人形象，却因与生活的不对称而难以深入与生动。

（二）走下命运圣坛的工人在文学中无所着落

从领导阶级的历史使命和信仰中推导出来的现实使命，使工人生活写作与工人形象塑造在过分的高大完美中走过一段激昂却略显空泛的文学史。后来，熄灭那罩在工人群体头上的神圣使命的光环的，不是在领导权问题上政治的改弦更张，执政党仍然坚持着当初革命领导阶级的历史使命及由此而来的社会发展信仰。熄灭光环的，是工人群体的历史现实性的生活。在这样的日常生活样态中，工人们履践着自己的历史宿命——"如果说无产阶级在反对资产阶级的斗争中一定要联合为阶级，如果说它通过革命使自己成为统治阶级，并以统治阶级的资格用暴力消灭旧的生产关系，那末它在消灭这种生产关系的同时，也就消灭了阶级对立和阶级本身的存在条件，从而消灭了他自己这个阶级的统治。"[1]革命也好、暴力也好、建设也好，或者辉煌也好、平凡也好，工人阶级都群体性地承担着通过消灭各种社会不合理性从而解放他人，并进而使自身得到解放的使命。他们的这种群体性质决定着他们不可能制造新的社会不合理性，也不可能使自己先行解放。工人群体的现实生活，一直是凭自己的周而复始的艰辛劳作，凭他们的群体力量，凭他们与大型工具式机械结成的关系，凭他们合于大型工具式机械操作规定性的生产方式——这方式要求他们必须协作与配合，也凭他们在彼此紧密协作与配合中形成的心理默契与亲近，展开他们的生活及生活中的喜怒哀乐。任务，是他们的担当；工资，是他们的生息；大型工具式机械的运转与轰鸣，以及厂区和宿舍空间，构成他们曾被称为"工业题材"的生活样态。毫无疑问，工人阶级的这种伟大的历史推进作用，只能在历史过程中体现出来，他们推进历史发展的社会地位也是历史的赋予与评价，而他们在现实生活中，其实就是平凡得不能再平凡的日常人。这里存在着历史力量与现实生存矛盾统一的关系。

当工人群体的成员们走下推导出来的命运圣坛恢复其日常人的身份时，就生活的现实性而言，他们仍是日常地生活着。在革命年代，他们和革命的农民、知识分子、失去家产的流浪者一样拿起武器；在老工业基地被称为共和国长子的年代，他们也和农民、知识分子及其他人一样，在自己的岗位上劳作，他们和农民庆丰收一样报捷，和知识分子科研立项一样接受生产任务，而他们的身份独特性，也像其他从业人员的身份独特性

---

① 《马克思恩格斯选集》第 1 卷，人民出版社 1972 年版，第 273 页。

一样，是社会生活及社会分工所致。不过，就是在这样的一系列的日常人身份中，工人群体又因其艰辛劳作及密切配合的协调劳作，获得群体性特征，并且在群体中每个人都分有这特征。马克思、恩格斯在《共产党宣言》中谈到全人类的解放时，意味深长地说工人阶级最后才能解放自己，这便是经典作家预见到的工人群体的命运。他们日复一日地在劳作中耗尽自己而解放他人，他们才是伟大的。默默无闻地在劳作中消耗，比豪言壮语和风风火火，更接近于他们的本色。

对工人群体日常生活的如上描述，只是在于说，当下工人们的日常生活属性并没有变，只要在工人群体中，他们最后解放的命运也就能现实展开。这里要特别指出的是，改革开放四十多年，文学创作者们在现实生活的去神圣化的作用下，走出了先前罩在神圣光环中的概念化理解，去神圣化作用的最为有力的现实冲击，便是工人群众较重的生活压力。工人群体的这种生存状况使很多文学创作者们迷惘，也使他们不得不从先前对于工人群体的概念迷阵中走出，在日常人的身份及日常人的生活中寻觅工人。因此，就此而言，走下命运圣坛的不是工人及工人群体，而是朝拜这命运圣坛的文学创作者们。这些终止了神圣朝拜的创作者们，同时也就终止了由此而来的对工人群体及工人生活的理解。

于是，在这段时间里，我们在一些叙写工人生活的小说中，读到的是没有工人身份特征的日常生活者，他们或者过去曾是工人，或者如今仍是工人，他们过着他们的日常生活，就像其他人在读着书，在看着五光十色的广告，或者，在灯光昏暗的酒吧里独自喝着啤酒一样。从阐释学角度说，写作像阐释一样，离不开对于对象的阐释，无论这对象是人、事件还是文本；理解建立在阐释之上，同时，理解又规定着阐释，引导着阐释展开；并且，阐释者的阐释总是他所理解的阐释，而他的理解，又总离不开他的阐释，他的阐释即他的理解。① 现在的问题是，很多工人生活的写作与工人形象的创作者们，在消解了工人群体的神圣光环后，迷失了理解与阐释工人群体及工人生活的根据。当工人群体不被理解时，也就没有真正意义上的工人生活写作与工人形象创作。这一时期的文学中的工人，总体上说，也就变得无所着落。

（三）对于工人书写的进取之路——发掘现实的历史深度

改革开放以来，工人阶级或工人群体作为先进生产力的代表焕发出勃勃生机，并且，知识分子也被划入这一代表力量之中。在经典作家的分析中，工人阶级正是代表着新的生产力登上历史舞台，并因此发挥推进历史进步的作用的。先进生产力代表的说法是秉承经典马克思主义而来。新与先进，相对于陈旧、庸腐而言，具有创新、拓进的性质，工人阶级或工人群体作为新的、先进的生产力代表，因此获有在历史发展中拓路前行的使命。拓路者必然是艰辛的、披荆斩棘的，同时，他们又要时时受到陈旧与庸腐势力的千方百计地阻挠、攻讦甚至迫害。这是因为后者也要生存，更要维持他们在陈旧与庸腐中获得的利益与建立的权威。这决定工人群体为历史发展拓路时，必然要充满进取精神，必然要艰辛前行，必然要勇于奋斗，他们的解放他人而自己则最后解放的历史使命，就是在这样的精神、

---

① 伽达默尔对阐释者经由理解而进行的对象阐释称为再创造，他说："解释在某种特定意义上就是再创造（Machschaffen），但是这种再创造所根据的不是一个先行的创造行为，而是所创造的作品形象（Figur），解释者照他在其中所发现的意义使形象达到表现。"（李钧主编：《二十世纪西方美学经典文本》第三卷，复旦大学出版社 2001 年版，第 617 页）

在这样的前行与奋斗中得以履践。并且，如经典作家所说，工人阶级是使不公正道德的人类历史得以终结的最后的解放者。这最后的解放者，即他们是人类解放的终极完成者，终极完成的性质正是其历史使命之所在——他们将一直是拓路者，他们将一直是进入资本主义之后人类社会的新的或先进生产力的代表，直至不公正不道德的人类历史终结。

终极解放的历史使命总是在曲折的历史过程中获得展示与释放。不同历史阶段展现为不同的历史状况，也就有了不同历史状况中工人们的日常生活。也可以说，工人群体的日常生活，是代表着历史发展方向的，并体现着合乎这一发展方向的时代拓进精神的日常生活。不同的社会群体，拥有各自的群体性的日常生活，作为日常人，大家都日常地生活着。不同群体间的日常生活差异是群体性差异，这种差异使不同群体的日常生活像不同水流中的航船，缓流、激流、逆流、溪流、漩流、支流、主流等等，大家在各自的船上进行各自的日常生活，然而由此所行的各自的历史之旅，在历史发展中所发挥的作用，以及所展示与释放的历史命运，却各不相同。

所以，对于文学创作者来说，要进行工人生活写作，要创作工人形象，关键是深刻理解与把握工人群体所处的历史潮流，要感受这一潮流引发于历史的拓进性。在这一潮流中，体验解放他人而自己最后获得解放的悲剧氛围，领悟那深厚的、无可变更的历史使命感。没有这样的情怀，没有这样的拓进意识与悲剧体验，没有这样的对于那历史使命感的崇仰与敬畏，要写好工人生活，要塑造生动感人的工人形象，是不可能的。

科学工作者、知识分子的工人群体身份问题，他们是工人群体历史命运的新的被赋予者，这也是对《共产党宣言》关于无产者论述的富于历史实践意义的生发。知识分子们富有自觉的殉道精神，需要坚韧不拔地进取，并且作为群体特征而存在。他们思于未发又忧于未至，他们是提升人类生存主体性、提高种群生命质量的终极突进者，他们也是人类走向终极解放的人文精神的终极守护者。就此而言，他们与工人群体拥有共同的历史命运。

无论工人群体在历史过程中有怎样的变化，《共产党宣言》所说的解放与最后解放的历史命运，所说的底层位置的艰辛劳作，以及他们总是在为历史发展创新与拓新，承担着人类历史发展的使命等，这一切都是在历史过程中得以展现的。或者说，它展现为漫长而曲折的历史过程。历史是延续的进展过程，它以过程性的物质实践与精神实践，以及物质实践与精神实践互为作用并融为一体地动态展开，而凝聚为可以物质与精神地把握的历史成果。人们在这样的历史成果中理解与把握历史。有学者把历史理解为"解释的文本"，认为历史总是文本解释的历史，因此它因解释而获得形态并形成不同解释的差异。这种理解忘了一个常识性前提，即所有解释都是对于对象的解释，都是受对象制约的解释，解释的自由来自对对象的深刻把握，历史解释的对象根据，就是须予解释的物质性与精神性的历史成果。而这些历史成果的直接创造者们，就是包括后来的工人群体的历代劳动者。历史不仅是过去，它同时是延续的现实，它以复杂的方式复杂地规定着现实展开，并在现实展开中延续。具体地说，历史在现实的具体事物、事件、现实实践中延续，并现实地发挥着复杂的规定作用。这里的难点在于如何在现实中发现历史。

前面所说的工人群体历史命运的特征，概念只是对于这一特征的理论表述，它们的现实形态活跃于工人生活的日常性中，在日常生活展开中构成与规定着工人日常生活。这正是工人生活写作与工人形象创作的关键之处，即如何历史地书写工人们的日常生活。

（四）当下社会转型期文学书写的工人历史命运

如前所述，工人群体的历史命运是见于历史的命运，同时又是以历史的阶段性形态不断地现实化的命运，它的阶段性现实化，就是工人群体见于历史阶段性的日常现实生活。

当下正进行着的大规模社会转型，集中发力于经济变革，这是社会的基础转型。它的深刻性在于，这是从生产力到生产关系、从经济基础到上层建筑乃至社会意识形态的全方位促发与拉动。作为工人群体，在社会的基础性转型中成为荷载全部转型重量的直接受力群体之一，他们的生存状态、职业转型与群体分化，呈现更为复杂的变化。这形成工人群体当下生存的三个特点，这三个特点的交互作用以及继发与间发性作用，显然为文学的工人写作带来透视与深视的艰难。

首先，工人群体社会位置的变化。随着市场经济在社会变革中不断繁荣，大众文化作为强大的社会势力而兴起。大众文化的核心问题是消费而不是生产。尽管消费永远是生产的消费，就像生产永远是消费的生产一样，但这种互为关系，却并不是直接对应关系。这正如哈贝马斯所说的"触及到整个生活关系，触及到社会文化的生活方式"[1]的社会整体性关系。热衷于消费的大众文化，受消费需求的多重性驱遣，会使多种不具有生产实质的活动或行为获得生产的形式并发挥生产满足需求的功能。比如令人眼花缭乱的广告，它们不具有生产的实质，它们不仅不生产任何实在的东西，而且大量地消耗实在的生产物，并占据人们用于生产的时间，把

---

① ［德］哈贝马斯：《哈贝马斯精粹》，曹卫东选译，南京大学出版社 2004 年版，第 510 页。

它所营造的商品幻象转化为以幻象现实以及以假乱真的现实生活。再如满足日益细化与精致化的各种需求的服务，这是生产与消费的中介，它原本依附于生产与消费的相互作用关系，但在大众文化的消费时代，它却获得近乎独立的商品属性，它无须生产，它却以商品生产的方式满足着消费。

这些不具有生产实质的形式化的生产，从根本上瓦解着社会得以确立的生产——消费结构，当然也瓦解着真正的社会财富的生产者们使社会得以孕育与发展的令人尊重的社会地位。大众文化的消费实质不断地把众人带入充满快乐的消费生活，他们在不断提出的各种消费形式及消费工具中，被关入韦伯所说的文化"铁笼"之中，并导致他们价值判断的狭隘与扭曲。对此，哈贝马斯提出"日常意识零碎化"的说法，认为这种"零碎化"阻碍了阶级意识形态的形成，"这种支离破碎的日常意识本身已经成了意识形态的主导形式"①。这种情况浸透于社会价值取向，工人群体推进历史发展的实质性的社会位置，被忙于消费娱乐的大众所忽视。工人群体在社会位置的这种变化，直接影响着文学创作者们对于工人群体的价值判断，他们疏离这一群体却又要表述这一群体的影响，他们不是出于敬重而是在某种取新求誉的心理作用下进行的工人写作，因为那只是远距离的观望或者陌生，所以难有佳作。

其次，工人群体现实生活的多向化。当下，工人群体的群体属性在群体生存状态多向化中变得模糊不清。多向化即生活方式多样化。社会结构及社会管理体制的变化，推倒了原本意义上的工厂大门与厂区围墙，从厂区到住宅区再到服务区，配套性的工人群体的生存空间向着更为宏大也更

---

① ［德］哈贝马斯：《哈贝马斯精粹》，曹卫东选译，南京大学出版社 2004 年版，第 513 页。

为复杂的社会空间延展开去，盘根错节的城市根系毫无选择地向着工人群体的生存空间生长进来，将之瓦解在支离破碎之中。生存空间的改变通过詹姆逊所说的"内化"效应，转化为工人群体被"内化"的心理结构，改变着工人群体日常关系结构与生存意识。先前相对独立的工人群体在工人群体的意义上体现出更大的融合性与庞杂性，并因此呈现多向性展开。这种情况在近年来的文学作品中有较多的体现，这体现为工人们的职业性分化与原有职业心理的变化。在这类文学作品中，"工人"通常成为一种既往身份，他们是带着这样的身份进入新职业，在新职业中守持某些既有心理特征。如发表于《十月》2002 年第 5 期的《太平世界》，"我"作为下岗的工会副主席，觅得一个看医院太平间的工作。这一服务性工作使"我"先前的工人身份化为一个随身印迹，"我"在新职业中的视听与行为除还存留一些既有心理的延续，更多的是另外的、非工人生活的接受与体验。这类小说的象征意义大于它们的工人生活的书写意义，它们象征着传统意义上的工人及工人写作的终结，并且透视出终结以后工人生存的多向化。

体制造成的多向化，还体现在以身体劳作为特征的工人的群体构成性改变，这其实也是身份特征的改变。其突出表现便是大批农民工对于工人群体的加入。农民工是进城劳作的农民，他们的劳作空间由旷野转为工地，劳动对象由农耕转为建筑，劳作的技术属性也由农活转为工活。这类转换的突出方面是他们的劳作组织形态，他们必须像真正的工人那样操作大型工具或服从于这种操作，他们在这种操作中朝起晚歇，接受调度，处理人际交往关系。但他们的根在农村，那里有他们无法割舍的家，提升农村的家的生存条件，是他们成为农民工的主要动因。这使他们持有着工人与农民的双重身份，并置身于这双重身份的矛盾中。而且，这种身份矛盾还有更为复杂的背景，即城市与农村的文化差异。21 世纪以来，已有不少文学写作把笔触伸向农民工群体，这构成文学写作的新景观。如马秋芬发表于《芒种》2006 年第 6 期的《蚂蚁上树》，农民工吴顺手带着情感创伤进城来到建筑工地，成为一名建筑工人，但他的情感创伤作为被压抑的心结，促使他陷入城市的色情陷阱不能自拔，并终于因此毁掉人生。他是农村家庭心结与城市生活相互作用的牺牲品。作者选择了一个不需要深度思考的个性化甚至有些情绪化的劳动者视角，即开升降机的廖珍，她对吴顺手进行无特殊交往的近乎平淡的观看与相处，并由此去写吴顺手身份两面性及农村家庭情结潜意识与现实城市劳作意识间的矛盾，把农村与城市、农民与工人见于人格及命运的深层交织与格斗，淡化于平浅的观看与叙述。这样的写作，对于当下文学创作者来说，是一个难以深化的题目，但它对于文学中的工人写作而言，又是一个重要题目。它的重要性在于当下正在发生的工人群体多向化的生存状况，乃是工人群体历史命运充满矛盾的当下状况。

最后，工人群体的生存样态。工人群体的生存样态不排除他们中一些人生活艰苦，但又不止于此。工人群体的生活样态，身体劳作程度与他们的经济收入水平的反差，又体现为他们面临的巨大的工具压力，这工具压力亦即代表着时代发展水平的工业科技压力。运用工具的水平与所掌握的工业科技的水平，在工人群体中历来被当作精英水平运用与追求。力工与技工的差别，技工与技术员的差别，技术员与工程师的差别，规定着工人群体的等级。同是工人，技术等级差别不仅关系工资收入，而且关系名誉与话语地位。八级工，在很长一段时间里都是令人肃然起敬的称号。当下，对于工人群体，前些年最令人振奋与动容的话题——技术革新，已在高新技术面前黯然失色。革新是既有技术的创新式的延续，而高新技术，却预示着更高的或者全新的科技知识水平。后者无情地否定与淘汰前者，这种否定与淘汰又只能由曾掌握着先前的技术并在不断的技术革新中屡建功绩的工人们用当下的身家生存去承担。在新式工具与高新技术背后，是"工具主义理性"在发挥作用，它所追求的是无情的经济效益。这正如查尔斯·泰勒所说："'工具主义理性'指的是一种我们在计算最经济地将手段应用于目的时所依靠的合理性。最大的效益、最佳的支出收获比率，是工具理性成功的度量尺度。"①

李铁发表于《青年文学》2003 年第 1 期的《乔师傅的手艺》，塑造了掌握着"直大轴"这一绝活般技术的乔师傅的形象。这是一个技术型的悲剧人物，她在崇仰技术的年代，不惜以贞操为代价，学得了"直大轴"技术，但一直无用武之地。后来，在很特殊的情况下，控股的香港老板出于经济效益考虑，决定起用乔师傅人工"直大轴"技术，几经周折，乔师傅因为劳累与过分激动，死在"直大轴"现场。乔师傅的死，文学地宣告工人的手工技术时代的结束。这当然是悲壮的，但面对高新技术的沉重压抑，工人群体该怎样"凤凰涅槃"？这个难题，恐怕需要把掌握着高新技术，受过高等教育的知识分子群体带入进来，并对他们进行工人群体命运的历史性把握与文学塑造。

当下工人生存样态的另一个方面，即工人群体经济地位的分化。这种分化目前严重地发生着。下岗工人或者失业工人曾经被推上命运的圣坛，而今，社会福利制度与就业制度所达到的一般社会水平，成为他们赖以生活的根据；在各种中小企业艰辛劳作的工人群体，不仅随时承担企业经济效益的压力、技术压力，而且朝不保夕地守持那份低廉薪金，由于这样的

---

① 汪民安、陈永国、张云鹏主编：《现代性基本读本》（下），河南大学出版社 2008 年版，第 756 页。

企业多是私企，工人们为国家而劳作的目的性光辉，熄灭在私企老板的利润追求之下；至于在大型国企中的工人群体，他们工作稳定、薪金较高、劳作条件与劳作环境则优越得多，他们不仅与前两种工人已难以进行群体性对话，而且，他们的群体体验与价值取向，也与前者形成愈来愈大的差异；当然，这里还有前面提到的数量众多的农民工，可以说，他们的劳作即他们的生活。这种分化着的生存，形成工人们的群体性生存样态。他们很难再作为原本意义上的工人群体，整体性地发挥推动历史发展的作用，这种分化有待今后社会性运用的重新整合。

以上，对工人群体的状况进行了概述。这同时也是文学创作须予文学提升的工人生存状况。不管这种状况严重到何种程度，工人群体并不会因此而溃散或者消失，这是因为人类社会的发展，总需要艰辛劳作中的拓新与前行，总需要实实在在的物质创造。"思想的历史除了证明精神生产随着物质生产的改造而改造，还证明了什么呢"[①]，工人群体就正是这样的进行物质生产的劳作群体与创造群体。这一群体不断地有人分化出去又不断地有人加入进来，像校园内的学生群体一样，一拨学生毕业了，长大了，另一拨学生又加入进来，那留在学校里的永远是同一年龄段的群体。深入领悟工人群体的历史命运及其不同时代的阶段性特点，并据此展开工人生活写作与工人形象塑造，文学中的工人写作就会柳暗花明。

---

① 《马克思恩格斯选集》第 1 卷，人民出版社 1972 年版，第 270 页。

|第六章| 马克思主义文论的人学思想

　　马克思《1844 年经济学哲学手稿》（以下简称《手稿》）以人的类本质为逻辑起点，以从政治经济学角度提出的异化劳动问题为思考重心。《手稿》展开的过程是马克思反思、批判、调整他承于费尔巴哈的类本质这一逻辑起点的过程，逻辑起点因此又成为他批判的对象。异化劳动等政治经济学问题没有在既有政治经济学中获得根据，因此作为空设引发马克思的进一步思考。马克思通过人的类本质的哲学与政治经济学在异化劳动等问题的深度接触，实现着由抽象类本质向社会实践关系、由思辨一般性向历史的现实具体的提升。异化劳动等政治经济学问题在这个过程中被深入思考与求解，从而获得深刻内涵。

　　"美的规律"在这样的整体思路中被提出。它体现着抽象的美的特点，引发于马克思对于人的类本质的理解。基于人的类本质，美的规律具有四个特征，即全面生产或进行全面生产的本质力量；不受肉体需要支配；再生产整个自然界；按照对象尺度并使之合于人的本质。在美的规律中，作为逻辑起点的人的类本质，也经历着由抽象向历史与现实的提升，抽象的人在满足需要的社会生产中成为历史的社会的人，因此美的规律从社会实践角度得到深刻阐发。美的规律是马克思由人的类本质通过异化劳动剖析向历史的、现实的、具体的人转化的规律。

一、人的类本质是《手稿》的哲学基点

马克思在《手稿》中从人的类本质角度提出人也按照美的规律进行制造的命题。后来，马克思很少再从这一角度谈论问题。那么，当下，从人的类本质角度对美的规律问题继续阐释，进而整体性地理解马克思主义美学，求解美的现实问题，这是否有违马克思的经典立场？

从一般出发向具体提升，这是马克思理论叙述的方法论特征，较少进行方法论阐释的马克思，对这一方法论特征却不止一次地强调。[1] 不过，从一般出发只是就理论叙述而言，而理论研究或理论思维却非如此，后者是始于具体，即充分地占有各种具体材料。忽略了这一点，则歪曲了马克思的辩证唯物论。[2]

马克思《手稿》并不是严格意义的理论叙述之作，它是马克思偏重于哲学角度研究与思考政治经济学问题的思维的过程性记述。《手稿》兼有理论研究与理论叙述双重属性。前一种属性集中体现为对一些重要范畴具有思索、展开与建构的特点，如人的本性、类存在物、社会、异化等，这既见于要点处的反复思考、交叉分析，更见于范畴自身的意蕴在《手稿》展开中有所变化与充实；后一种属性则在于对一些重要理论观点，如异化劳动、类本质、私有财产等的精辟的理论阐述，包括充

---

[1]　《马克思恩格斯选集》第 2 卷，人民出版社 1975 年版，第 103 页。
[2]　《马克思恩格斯选集》第 2 卷，人民出版社 1975 年版，第 103 页。

分的分析、雄辩的论证、严密的推理。但理论思考也好，理论叙述也好，则又都是马克思的，是马克思的思考与叙述。作为理论叙述，《手稿》大量精深的观点或思想内容为后来的马克思一以贯之地坚持；而那些研究与思索的问题，有的尽管后来被更具普通意义或革命实践意义的问题所取代，但取代不等于否定，而是由此及彼地发展，就像随着时间推移，童年为少年和青年取代一样。《手稿》中有关人的问题就是这方面最具代表性的问题。这也是《手稿》的研究者们在《手稿》的马克思主义理论价值方面争论最多的问题，争论的重要原因在于马克思在《手稿》中对人的本质的强调，在后来"成熟"的著作中却淡化甚至不再谈及，这直接涉及《手稿》提出的与此相关的一些经典性问题，如人的本质力量对象化、人化自然、美的规律与创造等问题，是否具有马克思主义的经典性价值。

从理论叙述的角度认识《手稿》的内在逻辑，不难发现：人的类本质是马克思《手稿》理论的哲学基点，即从人的类本质这一一般出发；现实的异化劳动，则是《手稿》向之提升的政治经济学的具体，工资、资本，包括资本的利润、资本对劳动的统治、资本家动机、资本积累与资本家竞争，以及地租等，都是从政治经济学角度提出的问题，同时也是人的类本质这一哲学基点的现实具体的提升。然而，在对所提出的问题进行政治经济学求解过程中，马克思却对既有政治经济学大失所望，如阿尔都塞所说："他这样做似乎是为了要确认一项事实，但是，就在他确认这一事实的同时，他发现这个事实没有任何根据，至少在他阅读的那些经济学家的著作中找不到任何根据。他发现这一事实竟是悬空的，它没有自己的本原。因此，马克思同政治经济学的接触也是对政治经济学的批判，是孜孜以求地要找到政治经济的根据。"①在这个过程中，正是类本质的哲学基点使马克思不断获得政治经济学批判与建构的根据，他由此从众多方面深刻指出，异化劳动之所以是异化的，在于它从人的生活的各个方面严重地否定或歪曲了人的类本质，使人的本质成为异化的本质；而《手稿》对于异化劳动极富实践性的批判则在于马克思指出，对否定人的本质的异化劳动，不仅要进行理论批判，更须进行实践批判，实践的思想由此被特别地强调。

可以说，《手稿》是一座理论大厦，人的本质问题则是大厦的基石。否定了《手稿》的人的本质问题，也就否定了《手稿》的理论框架与理论主张。这里的要点还是在于，何以如此重要的一个基点性的问题，却在后来"成熟"的理论叙述中为马克思所淡化甚至不再提及？

在与政治经济学的这次接触中，人的本质问题在《手稿》中首先被用作理论叙述的哲学基点或出发点。阿尔都塞说："当然，这不是随便什么哲学，而是马克思通过他的全部实践经验和理论经验所建立的哲学（波蒂热利叙述了这一哲学的主要阶段：开始是唯心主义，这种唯心主义比较接近康德和费希特，而不十分接近黑格尔；接着是费尔巴哈的人本学），是经过同政治经济学的这次接触而得到了修改、纠正和扩展的哲学。"② 因此，类本质的哲学基点在《手稿》中又被置于进一步分析与研究的位置。于是，理论叙述的基点与理论研究的对象——人的本质问题的这一双重属性在《手稿》中便随着异化劳动问题的提出与研究的深入而得以体现。即是说，人的本质问题，最初作为区别于动物的人的类本质被确定在自由与

---

① 〔法〕路易·阿尔都塞：《保卫马克思》，顾良译，商务印书馆2006年版，第148页。

② 〔法〕路易·阿尔都塞：《保卫马克思》，顾良译，商务印书馆2006年版，第148页。

自觉这一一般性上，异化劳动作为自由与自觉的否定由此被揭示出来。随着异化劳动理论叙述的现实具体化，作为基点的人的类本质即自由自觉的现实否定便也不断地现实具体化。于是，历史的、被否定的类本质的实践形态展现了出来，规定类本质之实践形态的各种历史与社会规定性也展现了出来，规定类本质的复杂的社会关系，既作为类本质的规定又作为其构成，也在不断展开的具体提升中获得深刻的理论审视。而当马克思从社会关系规定与构成方面与人的类本质求得深度照面时，初始作为基点的一般抽象的人的本质便转化为或具体化为一切社会关系的总和。因此，《手稿》思考的过程，便是马克思对关于费尔巴哈的人的本质的思考过程，而《手稿》的理论叙述也正是这一过程的叙述。《手稿》写作几个月后，即1845年春，马克思便把对于人的本质的这一完成了的思考与批判，集中地表述于《关于费尔巴哈的提纲》——"费尔巴哈把宗教的本质归结于人的本质。但是，人的本质并不是单个人所固有的抽象物。在其现实性上，它是一切社会关系的总和。"① 因此，要从思考与批判的角度理解《手稿》的类本质，它的完成便是《关于费尔巴哈的提纲》的这段表述。

由人的本质到规定人的本质的社会关系，由人的本质的一般性指认到规定人的本质的社会关系的具体而深刻的分析，这是一个理论研究的延伸过程，也是理论叙述的转换过程。影响这一理论延伸与转换的直接原因却不是思辨的，而是《手稿》对于资本主义社会异化劳动等问题的理论批判，这是一个理论见于实践的过程。在这个过程中，人的本质问题从未被否定或者放弃，而是更具有实践批判意义的求解。问题的求解就是对于问题本身的坚持。与此相关的是，马克思在《手稿》中基于人的本质提出的种种

---

① 《马克思恩格斯选集》第 1 卷，人民出版社 1972 年版，第 18 页。

问题，阐发的种种观点，包括美的规律，其马克思主义的理论价值，也没有因马克思后来转向更具实践批判意义的人的研究——历史与现实的社会关系的研究而有任何丧失。在人的类本质问题上，马克思从费尔巴哈出发又超越了费尔巴哈，超越是提升性否定，是更高层次的坚持。恩格斯正是在人的本质这一点上，对马克思的理论成就作了强调："但是费尔巴哈所没有走的一步，终究是有人要走的。对抽象的人的崇拜，即费尔巴哈的新宗教的核心，必须由关于现实的人及其历史发展的科学来代替。这个超出费尔巴哈而进一步发展费尔巴哈的工作，是由马克思于 1845 年在《神圣家族》中开始的。"[1]

二、异化劳动是人的类本质的具体提升

基于区别动物的人的类本质，马克思在《手稿》中提出美的规律问题："动物只是按照它所属的那个种的尺度和需要来建造，而人却懂得按照任何一个种的尺度来进行生产，并且懂得怎样处处都把内在的尺度运用到对象上去；因此，人也按照美的规律来建造。"[2]

马克思的"人也按照美的规律来建造"的命题，在 20 世纪 80 年代全国美学大讨论中形成不同解释，不同美学派别的代表人物基于各自美学体系而各抒己见。如朱光潜，他从主客观统一的美学体系出发，认为美的规律既见于物质生产也见于精神生产，美的规律可分为两个层次理解：一是

---

① 《马克思恩格斯选集》第 4 卷，人民出版社 1972 年版，第 237 页。
② 《马克思恩格斯全集》第 42 卷，人民出版社 1960 年版，第 97 页。

"按照每个物种的标准来生产"，即每个物种都有自己的需要，都有自己的标准，人当然也有自己的需要与标准，但人除了按自己的需要与标准进行生产，还能按照其他物种的需要与标准生产；二是"把本身固有的标准运用到对象上来制造"，这固有的标准即各种对象本身的固有的客观规律，即是说，人不仅能按自己和其他物种的需要与标准生产，而且懂得按各自的规律生产。按不同物种的需要与标准生产，按其各自规律生产，这就是美的规律。①

客观论美学的代表人物蔡仪，基于典型说思路，认为美的规律显然是和"物种的尺度"与"内在的尺度"有关系，而"尺度"，他认为"用普通的话来说，相当于'标志'、'特征'或'本质'"。人能够掌握任何物种的本质特征，并将其适应于他的劳动对象，这种适应于劳动对象的不同物种的本质特征就美而言必然是见于现象和个别性的，美的事物在于"它具有突出的、生动的现象或个别性充分地表现它的本质或普遍性"。由此，蔡仪结论说："'按照美的规律来造形'，就是要以非常突出、鲜明、生动的形象，充分地、有力地表现出事物的本质或普遍性。"② 这样，美的规律便不是人类劳动中自然而然地在劳动对象上实现的规律，而是有相应能力的人以突出、鲜明、生动的形象，充分有力地表现事物本质或普遍性的刻意为之的劳动运作。

李泽厚，作为实践论美学的代表者，虽然没有就美的规律问题进行专题性阐释，却也在剖析其他派别的美学观点时，对此作过合于他的实践论体系的阐发。他认为美的规律就是人超越动物式的物质需要和直接

---

① 《朱光潜美学文集》第三卷，上海文艺出版社 1982 年版，第 469—470 页。

② 蔡仪主编：《美学原理提纲》，广西人民出版社 1982 年版，第 8—9 页。

束缚，掌握规律并按规律生产，从而是认识了必然的生产并因此是自由的生产，这样的生产在生产对象上的"造形"，就是美的。[①] 这里有三个要点，即认识规律、在生产中运用规律并按规律办事，以及把按规律办事的自由见于生产造形。因此，李泽厚所理解的美的规律就是合于规律地生产造形。

在美学大讨论中，还有一位没有称派，但其美学思想却在实践的审美关系把握上表现出明显体系特征的代表人物，即蒋孔阳，他坚持美学的实践观点，但又时时注意实践的关系形态，抓住实践的有机整体性，在实践的关系整体性中阐释美与美感、美的规律与美的创造。由于蒋孔阳的这种研究更合于实践的实在情况，因此相对于那些实践的认识论抽象研究，在更加注意实践的生存性、有机性、整体性研究的时下，倒更加成为富于活力的美学思想体系。蒋孔阳在美的规律问题上抓住人这个基点，强调"按照任何物种的尺度来进行生产的"是人，"能用内在固有的尺度"的也是人。对于"尺度"，蒋孔阳认为这就是讲规律性，对象的规律性、主体的规律性，主体的规律性即"内在固有的尺度"就是马克思在《资本论》中讲的，人在劳动时根据他的目的来给他劳动的方式和方法所规定的法则。对此，蒋孔阳说："因此，'内在固有的尺度'是和人的目的性分不开的。人的劳动是自由而又自觉的，因而，他劳动时，是有意识地根据他的目的和要求，按照事物的客观规律性，来衡量客观世界，改造客观世界，从而不仅引起客观世界自然形态的变化……而且给他带来了精神上的享受。"在此基础上，蒋孔阳对美的规律进行了四层意思的总结：美的规律是人类劳动的一个基本特点，美的规律应当符合不同客观事物本身的规律，美的

---

① 李泽厚：《美学论集》，上海文艺出版社 1980 年版，第 148 页。

规律与人类劳动实践的目的性是密切联系在一起的，美的规律是具体的不是抽象的。蒋孔阳的结论是："我认为美的规律应当是：人类在劳动实践过程中，按照客观世界不同事物的规律性，结合人们富有个性特征的目的和愿望，来改造客观世界，不仅引起客观世界外在形态的变化，而且能够实现自己的本质力量，把这一本质力量自由地转化为能够令人愉悦和观赏的形象。由于人类的劳动过程，是人与自然相互交往和相互影响的过程，因此，哪里有人与自然（现实）的关系，哪里有劳动，哪里就应当有美的规律。"

以上几种关于美的规律的代表性理解，在马克思本人没有对何为美的规律进行明确的美学阐释的情况下，充分运用了各自阐释的权利。而任何阐释都有先于阐释的阐释主体根据，对于美的规律的阐释根据便是上述代表性阐释者各自已然形成理论体系的美学思想。这里有一个阐释视界对于所释文本的接近、切近与融合的问题，即用以阐释的阐释主体思想体系与被阐释者所提供的理论思想体系在何等程度上接近、切近与融合。尤其对于信仰马克思主义的阐释主体，阐释自由绝不是体现为把马克思主义经典大师的代表性著作的思想观点纳入用于阐释的先在体系，而在于如何使这个先在体系在阐释中更接近于、切近于、融合于被阐释的代表性著作的思想观点。这必须是一个学习与领会的过程，容不得实用主义态度。

从阐释视界在何等程度上接近、切近、融合的角度审视上述几种美的规律的代表性阐释，则朱光潜、蔡仪的阐释偏重于认识论理解，即根本问题是认识事物的本质、规律、普通性或特征，进而按此认识劳动或造形，并由此实现认识主体的需要、标准或目的。李泽厚也是从认识论出发，但着重于认识的实践层面，即在实践中认识规律并经由实践运用规律，主体在认识与运用规律的实践中获得自由并由此产生美。李泽厚的实践论是认识论的实践论，他用于阐释的实践论美学则重点在于实践的合规律性与合目的性。蒋孔阳的阐释同样出发于认识论，进而推入实践论。他不同于李泽厚的地方在于更深入实践过程，更深入实践得以展开的主体性实践关系以及人这一实践关系主体。应该说，在主体性实践关系及实践关系主体这一根本性问题上，蒋孔阳的阐释比其他阐释更切近于《手稿》的理论视界。

《手稿》是从人的类本质这一一般出发，向现实的异化劳动进行具体提升，在这一提升中异化劳动成为基本范畴，并在这一范畴求解中使人的类本质向历史实践关系与现实实践关系具体化，提出了人的一系列重要命题，美的规律就是在这一系列重要命题中提出的。

如前所述，《手稿》的逻辑出发点是人的类本质，这是来自于费尔巴哈的对于人的抽象，是"一般人"，而非"现实的历史的人"。对这样的"一般人"的"类"，作为理论抽象，如费尔巴哈所指，有两种含义，一是与"我"相对立的"你"，即与特定个体相对立的其他一切个体，这是一个总和概念；二则是指人的自然亦即人的本性。[①]类本质的合理性在于人确实是不同于其他的一类，因此也有这一类存在的本质。尤其是相对于神学而言，这又正是费尔巴哈的努力所在："目前的问题，还不在于将人之所以为人陈述出来，而是在于将人从他所沉陷的泥坑中拯救出来。"即是说，要"从神学中将人的哲学的必要性，亦即人类学的必要性推究出来，以及通过神的哲学的批判而建立人的哲学的批判"[②]。费尔巴哈这一动机合理性自然也是一种历史合理性，马克思无疑接受了这一历史合理性。不过，即

---

① 《费尔巴哈哲学著作选集》下卷，商务印书馆1984年版，第427页。
② 《费尔巴哈哲学著作选集》下卷，商务印书馆1984年版，第120—121页。

便在接受之始，马克思也有别于费尔巴哈，即他已先在黑格尔那里承袭了根深蒂固的历史意义。"历史和逻辑表明，马克思因受惠于费尔巴哈哲学的启示超越黑格尔的同时，也因倾心于黑格尔哲学的历史感而超越了费尔巴哈。"① 马克思在《手稿》中承继费尔巴哈哲学又根据自己的历史意识，确定了"类本质"的逻辑起点。他充分地运用了这一逻辑起点，使异化劳动这类政治经济学问题格外地凸显出来并获得问题的严重性。对"类本质"最初地组织起《手稿》的逻辑思维并在思维的展开中成为被思，阿尔都塞论及《手稿》中的一段话讲得很精辟，他说，研究《手稿》，就必须考察异化劳动这个关键概念的理论地位和理论作用。而要求解这个问题，就必须从马克思关于人的观点出发去接受这项使命，并从人的本质中得出我们熟悉的经济概念的必然性和内容。进而，阿尔都塞说："在这方面，即在哲学对即将成为绝对独立的内容的绝对统治方面，离马克思最远的马克思正是离马克思最近的马克思，即最接近转变的那个马克思。"② 这就是说，马克思在"类本质"这个绝对独立的内容面前，充分运用了"类本质"的哲学统治权，使之成为提出问题与展开批判的逻辑起点。由此，"他赋予哲学对它的对立面的绝对统治，使哲学获得空前的理论胜利，而这一胜利也就是哲学的失败"。

正是在这样一种费尔巴哈哲学因胜利而失败的逆转中，马克思把抽象提升为具体，把思辨转化为实践。

在《手稿》中，马克思正是从劳动实践的主体地位而非哲学认识论的角度，去进一步思考各种相关问题包括美的规律问题的。认识论的方法问

---

① 张文喜：《马克思论"大写的人"》，社会科学文献出版社 2004 年版，第 50 页。
② ［法］路易·阿尔都塞：《保卫马克思》，顾良译，商务印书馆 2006 年版，第150 页。

题、认识可能性问题、认识中本质与现象的关系问题等，这些从认识论角度思考或阐释美所必然深刻涉及的问题，《手稿》并没有深入展开，即便在《手稿》第三手稿的最后一章，专门进行哲学批判的一章，谈及认识论问题的也只是零星散见，重点谈的则是作为"推动原则和创作原则的否定性"的辩证法、外化与异化、人的实践的本质属性。这是第一手稿与第二手稿的哲学论证。

这种情况，使得上述国内诸学派对于美的规律的认识论阐释缺乏《手稿》的视界根据。尽管美的规律问题确实可以进行马克思主义认识论的阐释，就像很多理论问题都可以进行这样的阐释一样，但这却不是《手稿》视界中的美的规律的思考与阐释。

三、美的规律的核心问题——在实践中生存与发展的人

《手稿》提出的美的规律的核心问题是人，是在劳动实践中生存与发展的人。

相对于动物，人的生产是全面的，是不受肉体需要支配的，是再生产着整个自然界的，是自由地对待自己的产品的。而造成这种差异的原因，在于动物只能在它所属种的规定中生产，人却可以按各种种的规定生产，并在生产中把人的内在尺度运用并实现于对象。正因为这样，马克思结论说："人也按照美的规律来建造。"

这里，马克思指出了人的生产的四个特征。当然，人的生产还有其他特征，如特定生产关系中的生产、特定工具条件下的生产、特定文明条件下的生产等。这些特征《手稿》在其他地方都不同程度地提及，但在美的

规律这里，却特别强调了生产的上述四个特征。这一方面说明，美的规律，并不是如有些人所认为的就是生产或劳动的规律，而只是具有上述四个特征的生产或劳动的规律；另一方面，这也说明并非人的本质或本性都必然构成美的规律，而只有体现出上述四个特征的本质或本性才能构成美的规律。那种美是人的本质力量对象化的说法也因此显得粗率。

与美的规律相关的人的生产的第一个特征或人的本质力量、本性规定的第一个特征，即全面生产或进行全面生产的本质力量，这也就是很多人注意到的整体性生产或生产的整体性。根据《手稿》，这全面生产或整体性生产有两重含义：一是这不是为了某些人、某些利益、某些现实关系、某些现实智慧与技术水平所进行的生产，而是功在全人类的、人的整体性利益的、人的历史与现实的整体性社会关系及类的智慧与技术水平的生产。对此，马克思在《手稿》的最后部分阐释说："人同作为类存在物的自身发生现实的、能动的关系，或者说，人使自身作为现实的类存在物即作为人的存在物实际表现出来，只有通过下述途径才是可能的：人实际上把自己的类的力量统统发挥出来（这又是只有通过人类的全部活动、只有作为历史的结果才有可能）……"① 全面生产是人类整体性、历史整体性与现实整体性的，作为类属性，它为类成员分享，并实现于类成员的生产。也可以说，美的规律便是能见出充分发挥的类的力量的生产规律。另一重含义，便是全面生产即人的各方面的本质力量，包括机体感性的、精神理性的、心理综合的，在生产活动中的整体性实现。后来的亚斯贝斯称这种情况为"完满"或"大全"，中国古人称此为"天人合一"、"情理相融"、"知行相一"；对此，马克思《手稿》从人的机体存在与知识存在的整体性

① 《马克思恩格斯全集》第 42 卷，人民出版社 1960 年版，第 163 页。

进行全面生产的生产活动论述："人不仅仅是自然存在物，而且是人的自然存在物，也就是说，是为自身而存在着的存在物，因而是类存在物。他必须既在自己的存在中也在自己的知识中确证并表现自身。"①"因此，人不仅通过思维，而且以全部感觉在对象世界中肯定自己。"②

　　第二个特征，即人的生产或劳动，不受肉体需要支配。不受肉体需要支配并不是说人的生产或劳动需求及目的中不含有肉体需要。上文所说的全面生产，当然包括为满足肉体需要的生产。但包括性并不就是支配性。强调这一点，是因为很长时间，在美的功利问题上存在理解的片面性，把超功利性作为美的基本属性置于近乎绝对的位置。创立"分析的马克思主义"新思潮的柯亨，正是出于对马克思的这种层面理解，指责马克思的哲学人类学是"只强调人性的创造性的方面，忽视了在黑格尔哲学中占主导地位的人的需要和追求"③。其实，无论从哪个角度，生产也好，接受也好，效果也好，都与人的需求和追求即与功利性相关。这里有概念混乱的问题，主要混乱于把功利与占有混为一谈。功利即有用、有益、有利，有用、有益、有利的主体根据即需要与追求。有用、有益、有利未必只有占有和被占才能实现。正如马克思所说，建立在感性力量上的满足，根本问题是感性力量对象化，如审美的视觉力量在视觉对象化中实现。这里并没有占有关系发生。生产中肉体需求的包含性是必然的，虽然肉体需要的满足不是按美的规律生产的特征所在，但按美的规律生产却包含着肉体需要的满足。

---

　　①　《马克思恩格斯全集》第 42 卷，人民出版社 1960 年版，第 169 页。

　　②　《马克思恩格斯全集》第 42 卷，人民出版社 1960 年版，第 125 页。

　　③　［美］J.E. 罗默主编：《分析的马克思主义的基础》第 1 卷，转引自俞吾全、陈学明：《国外马克思主义哲学流派新编》下册，复旦大学出版社 2002 年版，第 521 页。

肉体需要的支配性，不仅体现为生产或创作动机的肉体性，还体现为产品与肉体需要的直接满足关系，而且，这种直接满足的关系又是决定性关系。不过，有一种情况需要注意，即肉体需要的直接满足关系在劳动中是否具有决定性，对劳动产品在何种方面或何种程度上实际地满足着何种需要，往往并不是直接对应的关系。这里存在着需要与实现需要的差异性，即是说，见于劳动及其产品，需要与实现需要之间并非都是单一线性关系。为肉体需要而生产，其生产过程及产品却未必是肉体需求的直接满足或完全直接满足，此处的关键是肉体需要对于伴生的其他需要的支配程度。人的需要从本质上说是系统性的，总是要共生或继生不同需要，亦即共生或继生第一级需要和第二级需要，主要需要和次要需要。如吃的需要，除肉体的充饥需要，同时还有吃得有营养的需要，吃得舒适的需要，吃得愉悦的需要等。在这样的需要系统中，人实现着动物性超越。只有在极端情况下，肉体需要因强而有力的压抑被强化为压抑其他需要的需要，肉体需要才不仅在生产中成为支配性需要，而且在产品使用中也成为支配性需要，人也因此被降低到动物水平。马克思把肉体需要的非支配性作为人的生产属性亦即美的规律提出，见出他对人的需要与生产关系的深刻体认，同时也使我们有充分理由确认，在美的规律的理解与审美活动中，粗暴地放逐肉体，不可能在马克思这里得到支持。

第三个特征，即人再生产整个自然界。《手稿》中多次提到自然、自然界这类范畴，并由此引申出自然人化、人的本质力量对象化这类重要命题。自然，在《手稿》中就是相对于理性的感性自在，就是人的感性或感性的人，就是感性得以实现的对象世界。"人的第一个对象——人——就是自然界、感性；而那些特殊的人的感性的本质力量，正如它们只有在自然对象中才能得到客观的实现一样，只有在关于自然本质的科学中才能获得他们的自我认识。"①"人直接地是自然存在物。人作为自然存在物，而且作为有生命的自然存在物，一方面是具有自然力、生命力，是能动的自然存在物；这些力量作为天赋和才能，作为欲望存在于人身上；另一方面，人作为自然的、肉体的、感性的、对象性的存在物，和动植物一样，是受动的、受制约的、受限制的存在物……"②"再生产整个自然界"，根据马克思所强调的感性的对象性活动，即"它所以能创造或设定对象，只是因为它本身是被对象所设定的，因为它本来就是自然界"③，是指感性对象的再生产或对象的感性再生产，这是见于感性的而非见于理性（诸如对象的功能、属性、本质、非感性的内在规定性等）的再生产，而再生产不同于生产的，是在自然原有生产的基础上的再创或新创。概括地说："再生产整个自然界"即对于各种自然原生对象或物种的合于其感性形式的再创或新创。在这样的再创或新创中，人的自然力得以实现，成为人的对象化即自然人化；同时，自然界被人所再创或新创，成为人对于自然界的形式化，即人化自然。

第四个特征，即按照对象尺度并使之合于人的内在尺度。"尺度"，即标准、本质规定性，任何自然物都有自身的存在尺度，这自身存在的尺度又是被自然规定的尺度，是自然对于自然物的规定，是自然发生与进化的产物，是自然史的成果。整个自然的再生产，包括自然感性形式的再创或新创，都依循着自然对自然物的规定及自然物对自然的自身规定，这是一个自然演化过程。人再生产整个自然界，即依循着这样的自然规定。但是，人不仅按照自然规定生产整个自然界，人还要把自己的规定实现在对

---

① 《马克思恩格斯全集》第 42 卷，人民出版社 1960 年版，第 129 页。
② 《马克思恩格斯全集》第 42 卷，人民出版社 1960 年版，第 167 页。
③ 《马克思恩格斯全集》第 42 卷，人民出版社 1960 年版，第 167 页。

象上，这一人的自身规定，即"内在的尺度"。"内在的尺度"，从《手稿》逻辑基点即人的类本质说，以及从论及"美的规律"的上下文说，抑或从《手稿》的文本整体性说，以及在这同一句话中，"任何一个种的尺度"和"内在的尺度"的"尺度"概念的同一性说，它应做人的本质理解，而不是如一些阐释者所理解的具体主观生产目的或劳动目的。具体的主观生产目的或劳动目的随时用于具体生产或劳动，但这样的生产或劳动却未必就是按照美的规律的生产或劳动。人的本质或本质力量在按照不同的物种规定进行生产时，便对象化在生产对象中，生产对象成为人的本质或本质力量的对象化。"说人是肉体的、有自然力的、有生命的、现实的、感性的、对象性的存在物，这就等于说，人有现实的、感性的对象作为自己的本质即自己的生命表现的对象；或者说，人只有凭借现实的、感性的对象才能表现自己的生命。"①马克思的对象化论述，已把这个问题表述得非常清楚，即人的本质或本质力量只能是对象性的，是对象性的发生与发展，并且是对象性存在；他只能按他的本质或本质力量所及进行整个自然界的再生产，他所生产的自然界便是他的本质或本质力量的对象化。一些学者把"内在的尺度"理解为具体生产目的或主观目的，进而将"美的规律"划入主客观统一的具体实践论，这是把马克思的本质论证降低为实用的具体行为论证，这与《手稿》的本质论基点大相径庭。根据马克思的本质实践论，在感性自然的再生产中，人总是把自己的本质或本质力量对象化到生产过程及生产的感性对象中去。这才有美的规律可言。由于人的内在尺度或本质、本质力量是整个人类史或自然史的成果，美的规律自然也便构入人类发展的历史规律。

---

① 《马克思恩格斯全集》第 42 卷，人民出版社 1960 年版，第 168 页。

综上所述，马克思抓住人的本质见于生产的历史形态，对美的规律进行特征阐释，揭示了美的规律的四个特征：全面生产，既讲美的规律见于生产劳动的普遍性，又讲美的规律的生存整体性的构成性；不受肉体需要支配，讲按美的规律生产的内在动力性，不排除肉体需要又不受肉体需要支配，基于肉体又超越肉体；再生产整个自然界，讲按美的规律生产的形态特征，即感性形态生产、感性形式生产；合于对象尺度又运用内在尺度，讲按美的规律生产的本质性，即人的本质的对象化。始于生存，经由超越性动力发动，及于感性形式创造，抵于人的本质实现，这既是人的本质特征见于美的规律的逻辑阐述，又是美的规律的特征性逻辑阐述，还是美的规律的实践过程阐述。这一切，共同展开于人这一核心。

马克思在《手稿》中达到的人的本质理解的深度，是他之前以及他所生存的那个时代的人的本质理解的概括与深化，是异化时代的人的觉醒与发现，是穿过异化的厚重冰层所听到的本真人性的呼唤。固然，《手稿》阶段的人的本质理解，马克思在其后的研究中仍不断地深化，如把人的社会关系的本质属性纳入商品结构的精细严密的分析中，从而求得人的社会生活之谜的前无古人的破解。但《手稿》对于人的关注，对人的本质的深思，以及奠基其上的对异化劳动、资本主义异化社会的政治经济学与哲学的批判，都具有恒久的马克思主义理论价值。《手稿》从人性本质出发对美及美的规律的阐释，是极为重要的马克思主义美学遗产，而其极为重要的根据则在于人的本质的美学发现与强调。不少《手稿》的美学研究者们一方面承认《手稿》是马克思经典思想的有机构成部分，另一方面又用马克思思想发展的阶段性取消甚或否定马克思思想发展脉络的系统性，以不成熟为由对《手稿》的人性本质论基点不予持守，其美学后果是在旷达数十年的《手稿》美学研究中，美的统一论也好，客观论也好，实践论也好，实践关系论也好，都没有为《手稿》铺开的人性本质论美学思路留有本该更为广阔的生息之地。不动声色的弱化或者放弃，潜隐着对《手稿》人性本质论的不动声色的否定。

物类划分的本质根据是各物类间的差异性本质，这是分类学的常识。与天地并称三才并位居三才之首的人当然有其不同于其他物类的本质，这也是不争的分类学事实。《手稿》对于人的本质或特性进行概括就是"自由的自觉的活动"以及"人与人之间的社会关系"。《手稿》对美的规律的阐释，从美学角度提出了人的本质见于"美的规律"的四个方面。这四个方面，即全面生产、超越性生产、形象形式性生产、本质对象化生产，都是人的生产的客观普遍性，同时也是人的生产的历史必然性，它构成人的类规定性并实现着人的类规定性。具体生产或具体生产者的生产，由于这样那样的限制，达不到类普遍性与必然性的高度，因此尽管生产着，却是未及美的规律的四个方面的生产，因此便不是充分地按照美的规律进行的生产。这里有一个一般与具体、普遍与个别的不容否定的差异问题。用具体与个别直接置换一般与普遍，在逻辑与实践中都行不通，用具体劳动或个别劳动去置换合于美的规律的一般劳动或普遍劳动，进而把美的规律泛化为具体的、个别的劳动规律，这样的逻辑运作与实践动作也同样行不通。体现着人的类本质的合于美的规律的一般劳动或普遍劳动，因其不同的条件状况在具体、个别劳动中只能得到不同程度的实现。这是一种分享性的实现，即具体、个别劳动对于类的劳动水平的分享。现实地说，自然是各种具体、个别劳动在千姿百态地进行，进而才有类的劳动被抽象出来；逻辑地说，已获得的抽象在向具体、个别进行综合性提升时，便又成为具体、个别的实践性提领与规定。质言之，作为理论思考，如马克思在《〈政治经济学批判〉导言》中所说，应该从抽象的概念出发，进而求解具体、个别问题。当然，这抽象概念的基础又在于具体现实。具体劳动、个别劳动的美学问题，须在合于美的规律的类的劳动中思考与求解。

合于美的规律的类的劳动见于异化劳动，则异化劳动成为类的劳动的审美分享。类的劳动的自由之光穿透异化厚壁投射到异化劳动成果上。因此，尽管"劳动为富人生产了奇迹般的东西，但是为工人生产了赤贫。劳动创造了宫殿，但是给工人创造了贫民窟。劳动创造了美，但是使工人变成畸形"①，美的规律仍然不同程度地发生作用，美也在异化劳动中被不同程度地创造出来。

四、由人的类本质推及马克思主义文学理论及文学基点的人学思想与世界文学

如前所述，马克思主义文学理论的文学基点，建立在人的主体性的基础上，而且这一主体性并不是某一个人或抽象人的主体性，这是历史的社会关系与现实的社会关系中的主体性。这样的文学基点的主体性基础，在《巴黎手稿》的人的类本质的理解与阐释中，进而在美的规律的概述中，都已深刻地体现出来。

（一）自由自觉的类本质是文学基点的本质所在

人在文学中的主体地位使经典大师确信，文学文本与文学活动，与他

---

① 《马克思恩格斯全集》第 42 卷，人民出版社 1960 年版，第 93 页。

们所进行的以人为根本、以人类解放为旨归的理论研究和革命活动具有深刻的一致性，这是他们始终对文学保持着浓厚兴趣，并不断地用随文展开的理论阐释及书信评论形式对之思考与研究的原因所在。他们的文学关注，有一个一以贯之的对于人的理解根据，这就是马克思在《手稿》中不断谈到的人的类本质。人的类本质，作为思考的逻辑起点，马克思的特征性的比较对象是动物，通过与动物比较提炼出简单的特征范畴，即自由与自觉。把动物与人进行特征性比较，从而去谈论人。这是亚里士多德的一个基本取例的方法，他在《工具论》中运用了这种方法，并认为比较的特征性选择是受条件和想说什么的目的制约的。他谈到"先于"这个词的条件性时，就提出了五种差异性的"先于"条件。① 在人与动物的众多差异性中，马克思把自由与自觉这对简单范畴概括出来确认为人的类本质，从他这样概括的条件性根据来说，费尔巴哈的批判神学的自然人学观就具有一种先在的意义。但马克思对于费尔巴哈的批判，也立刻就在这种类本质的强调中体现出来。即是说，马克思所提炼并予以强调的自由与自觉，正是针对后者的非实践性与反实践性学说而来，"费尔巴哈想要研究跟思想客体确实不同的感性客体，但是他没有把人的活动本身理解为客观的活动。……所以，他不了解'革命的'、'实践批判的'活动的意义"②。这一在《手稿》写成几个月后便完成的《关于费尔巴哈的提纲》，是马克思紧随《手稿》之后的《手稿》思想的延续与概括——这是通过与动物的比较及对于费尔巴哈批判中的实践性的类本质概括——自由是实践的主体目的与主体实现，自觉则是抵达这实践目的与实现的筹划与参与。正是在

① ［古希腊］亚里士多德：《范畴篇 解释篇》，方书春译，商务印书馆2011年版，第7—8页。

② 《马克思恩格斯选集》第1卷，人民出版社1972年版，第16页。

这重意义上，马克思主义批判说，"费尔巴哈不满意抽象的思维而诉诸感性的直观，但是他把感性不是看作实践的，人类感性的活动"，并为《手稿》的"类本质"作了明确的注脚："旧唯物主义的立脚点是'市民'社会，新唯物主义的立脚点是人类社会或社会化了的人类。"①

马克思的这样的一种见于社会实践的人的类本质的文学基点论，成为经典大师深入文学活动、阐释文学现象、分析文学本质的根基性尺度或者标准。对于欧仁·苏《巴黎的秘密》的评论，体现出充满战斗激情的实践精神。马克思、恩格斯以当时与德国青年黑格尔派的代表人物施里加等人展开的是靠思辨哲学的原则和幻想对既有的生活环境与社会制进行单纯的精神批判，还是通过无产阶级革命实践确定人民解放的道路的争论为契机，并以人的类本质的实践论为基点，展开其文学批评。这一批评的主导思想正是《关于费尔巴哈的提纲》所阐释的思想："有一种唯物主义思想，认为人是环境和教育的产物，因而认为改变了的人是另一种环境和改变了的教育的产物，——这种学说忘记了，环境正是由人来改变的，而教育者本人一定是受教育的。"② 在这样的实践论的类本质思想的批判下，欺世盗名的思辨哲学的幻想破灭了，虚伪的道德说教论也因此真相大白。

（二）异化劳动论是文学基点的类本质论的社会实践形态

马克思主义经典作家的一个重要的文学批评标准就是从现实的、有生命的人出发。如对马克思主义文学理论进行过深入研究的陆贵山所概括

---

① 《马克思恩格斯选集》第 1 卷，人民出版社 1972 年版，第 18 页。
② 《马克思恩格斯选集》第 1 卷，人民出版社 1972 年版，第 17 页。

的："19 世纪 40 年代、50 年代、60 年代，马克思恩格斯十分强调真实性这个概念。他们提倡要真实评述人类社会的现实关系，反对拉斐尔式提倡伦勃朗式；反对塑造头绕光圈，脚踏厚靴的官场人物，维护人物塑造的真实性原则；批评欧仁·苏用批判的思辨哲学抹杀文艺的真实性的唯心主义创作意图和创作创向；批判拉萨尔的《弗兰茨·冯·济金根》从唯心史观出发，用主观虚构来歪曲历史真实。80 年代以前，马克思恩格斯不约而同地强调文艺的真实性，直到 1888 年，恩格斯才把真实性的学说，升华为一个典型的范畴，提出'除细节的真实外，还要真实地再现典型环境中的典型人物'。"① 这一概述，准确地概括出经典作家文学批评的核心意识，即明确的真实性意识。马克思主义文学理论之所以把真实性提高到衡量文学作品高低真伪的程度，除了哲学的唯物论的坚持外，还有一重重要原因，就是历代私有制社会发生与造成的异化劳动，以及这样的劳动带来的人的类本质的异化。这就是人的类本质的异化的历史现实，这也是人的类本质的历史本真状态。马克思主义文学理论以文学为基点，所强调的就是文学与历史本真的人，写人的类本质真实状态的人，也就是说，写不同历史条件下人的类本质异化的真实情况。要达到这样的文学真实，就不仅仅是认识，也不仅仅是这样那样的解释，而是深入到异化劳动的实践中去，从现实性上，从一切社会关系的总和上去表现具有异化的类本质的人。因此，马克思说："人的思维是否具有客观的真理性，这并不是一个理论问题，而是一个实践的问题。人应该在实践中证明自己思维的真理性，即自己思维的现实性和力量，亦即自己思维的此岸性。"② 这里的"思维的现实

---

① 《马克思恩格斯选集》第 4 卷，人民出版社 1972 年版，第 462 页。
② 《马克思恩格斯选集》第 1 卷，人民出版社 1972 年版，第 16 页。

性和力量"、"思维的此岸性"，明显地与德国古典哲学的认识论的形而上学传统划开了界限。在这样的"现实性"与"此岸性"中，不仅是客体的直观的形式理解失去了原来就没有的真实性，而且主观设定的抽象理解也不再有真实性，它们共同消融在参与其中又提升其外的类本质的历史性异化与时代性异化的实践中。

马克思主义文学理论的现实主义立场与典型论立场，从实践论的角度说，有两个要点是被经典作家所强调的：一是实践的主体参与性，二是参与其中的本质概括性。这既不是假定出的、抽象的人类个体或主体，也不是纯自然的类的共同性。这是一种人在一定的异化着人的类本质的环境中，改变着这样异化环境，又被异化环境所异化的个体性或主体性。

中国马克思主义文学理论对于人的异化的类本质的文学基点理解，常常限定在认识论框架中。而这种认识论框架除了在存在决定意识、物质决定精神这一根本上可以划入马克思主义的历史唯物论，其他的东西，如对于有所认识的东西的本质确定性与恒常性、认识论的观念先设性，以及它的结论对于先设观念的验证性等，其实不过都是在费希特的《全部知识学的基础》，以及黑格尔《精神现象学》对于"绝对知识"的阐释中被坚持的非马克思主义的东西。从恩格斯在评论《城市姑娘》时提出的"典型环境中的典型人物"论来说，从他对哈克奈斯的作品进行评介时所提出的具有"现实主义的真实性"，又"不是充分的现实主义的"说法来说，其实并不是如国内有些学者所进行的认识论的理解，因为在这类批评或评价中，经典作家并没有预先设定可供衡量真实性、典型性或充分的现实主义的本质尺度或本质标准。这里，所坚持的主要是一种参与历史实践及现实实践的对于社会生活特有异化状况的实践性理解。没有参与其中——不是现实参与其中，起码也要有历史情况性的参与其中，没有感性与理性、物质活动与精神活动的这类体现着人的丰富的本质力量的参与，就无法获得并坚持这样的本质批评标准。

概括地说，人的类本质的异化是异化劳动的历史性形态，也是人的类本质的历史性形态，这样的异化形态进入文学，就有了文学是否真实于人的历史标准与现实标准，而这个标准唯有通过历史实践与现实实践才能获得，这是一种感性直观的理性体验。在这一标准的批评运作中，马克思主义文学理论的文学基点，便成为实践论的基点。

（三）对于文学基点的实践关系的把握

强调真实性的马克思主义文学理论的文学基点，是实践性的文学基点，而实践性的文学基点又是实践于一定的社会关系中。社会实践必然是社会关系的实践，它不仅以一定的社会关系状态展示出来，而且它本身就为一定的社会关系所规定，这就是马克思所说的"人的本质并不是单个人所固有的抽象物，在其现实性上，它是一切社会关系的总和"①。

在一定的社会关系中运思文学，评价文学作品，评价文学作品中人物与事件的真实与否，其标准的掌握就是见于历史唯物论与辩证唯物论的特定社会关系的掌握。

在《巴黎的秘密》的评析中，经典作家准确地把握着该作品的写作、接受、评议的复杂的社会关系。这里有青年黑格尔派与其所由分离的黑格尔派的哲学—政治派别的关系；有青年黑格尔派与他们所代表的尚处于不成熟阶段的资产阶级的关系；有《巴黎的秘密》所表现的思想内容及思想

---

① 《马克思恩格斯选集》第 1 卷，人民出版社 1972 年版，第 18 页。

倾向与当时的其他文艺思潮的关系，其中也有道德思潮与文艺思潮的关系、政治思潮与文艺思潮的关系、思辨哲学与文学活动的关系，当然，更有文学文本写作与市民社会接受的关系。这类复杂的关系综合作用地影响着与规定着这部小说在当时的接受取向与经典作家的批评取向。经典作家准确地把握这一取向，并对《巴黎的秘密》进行了经典性的批判。

如果说《巴黎的秘密》所进行的特定社会关系的把握，是经典作家对于复杂社会关系的共时性把握，那么，对拉萨尔的《弗兰茨·冯·济金根》的批评，则体现出经典作家对于社会关系的纵向把握。正是在纵向的代表性社会关系的历史把握中，恩格斯提出了他的影响深远的悲剧观，即"历史的必然要求和这个要求的实际上不能实现之间的悲剧性的冲突"①。冲突，即不同冲突方的相互矛盾，这本身就是一个关系概念，这是因为历史必然性与当它作为必然性而体现时，总是在具体活动着的人这里体现。而这种活动一经发生就立即落入阻碍着这一必然性得以实现的现实力量中，这一现实力量也是因具体活动的人而体现，这就有了具体的活动着人的对抗性的社会关系。进入具体活动着的社会关系，各种意识的东西、观念的东西便都体现为具体实践的关系，或者更准确地说，是这种具体实践的关系，使各种相关的意识的、观念的关系有了实践的依据，而没有依据者便因其虚妄而丧失其实践意义。由此可以说，恩格斯的悲剧说是以社会关系为依据的悲剧说。至于《弗兰茨·冯·济金根》所展示的历史必然性，与马克思、恩格斯所指认的历史必然性，其差异性在于双方对于规定着历史必然性的社会关系的差异性理解，毫无疑问，历史必然性是在历史的演进过程中体现的，而这一演进过程，就是相应社会关系发挥作用的历史。

---

① 《马克思恩格斯选集》第4卷，人民出版社1972年版，第346页。

由于经典作家准确地把握了在特定历史中相应社会关系的作用及相应的不同社会关系的相互作用，因此对《弗兰茨·冯·济金根》进行深刻的批评，而且那一批评，又谨严地结合着批评者当时的社会关系状况展开，使这一历史必然性的文学批评获得了深刻的现实意义。

马克思主义文学理论的文学基点的实践性社会关系的把握，在恩格斯谈歌德的世界观与创作的话语中，在他评论易卜生戏剧的《致保尔·恩格斯》的信中，在他对巴尔扎克的评论中，也包括列宁对托尔斯泰文学作品的评价中，都无一例外地体现着。

（四）引发于人类本质的"世界文学"

人类意识及由人类意识凝练出的人文精神，是马克思主义不断坚持的意识及理性精神，其中充满对于人类的关系及对于人性异化的悲悯。马克思主义经典理论认为无产阶级只有解放全人类才能最后解放自己，有两重重要含义：一是提出了无产阶级伟大的历史使命，即解放全人类；二是指出无产阶级是人类异化劳动史中苦难深重的阶级，应该在完成解放全人类的历史使命中获得自身解放。因此，马克思主义的人类意识在其人类解放论中充分地体现出来。

出于这样的人类解放意识，经典作家在资产阶级的世界市场开拓中，在其残酷的侵略与掠夺的罪恶中，看到了资本家们所最不情愿看到的事实，即他们使人类作为类的存在，被世界性地联系起来。而且不仅是在物质生产上，在精神生产上也是如此。在《共产党宣言》中马克思与恩格斯通过逻辑严谨的六个层次，精辟地阐释了这个道理：（1）世界市场使生产与消费成为世界性的生产与消费。（2）生产因此被挖掉了先前赖以进行的民族基础。（3）民族工业成为每天都被消灭的工业。（4）生产与消费成为世界的生产与消费。（5）民族生存与发展的自给自足被各民族的互相往来与依赖代替。（6）由此，经典作家把这种世界性趋势引申到精神生产上来，"物质的生产是如此，精神的生产也是如此。各民族的精神产品成了公共的财产。民族的片面性和局限性日益成为不可能，于是由许多种民族的和地方的文学形成了一种世界的文学"①。

马克思主义的世界文学理论建立在人的类本质的异化劳动的差异性基础上，即是说，这是一种差异性的世界门外汉与世界组合，没有差异性的民族文学的交流，就没有通过这种交流组合起来的世界文学。这与那种由共同性取代差异性，由同一性取代交流性的世界文学理解并没有相同之处。对这种取消差异性的"类"的共同性理解，马克思主义在对费尔巴哈进行批判时便已给予了确切的否定："所以，他只能把人的本质理解为'类'，理解为一种内在的、无声的、把许多个人纯粹自然地联系起来的共同性。"②

"世界文学"的说法由歌德提出。歌德对世界文学的理解有类似于费尔巴哈之处，即这种文学应该具有世界的广度、世界的视域，似乎应该说是为世界与人类而写。所以他说："民族文学在现代算不了很大的一回事，世界文学时代已快来临了。""现在一种世界文学正在形成，德国人会蒙受最大的损失，德国人考虑一下这个警告会是有益的。"③ 不过，歌德也顾及到世界文学与民族文学的交互存在关系，认为不同民族的文学应互相认识、互相了解与互相宽容。作为文学家的歌德，他是有文学的民族根基的，他从自身的文学经验出发，敏锐地感受到世界文学时代的到来，他的

---

① 《马克思恩格斯选集》第 1 卷，人民出版社 1972 年版，第 255 页。

② 《马克思恩格斯选集》第 1 卷，人民出版社 1972 年版，第 18 页。

③ 伍蠡甫：《欧洲文论简史》，人民文学出版社 1994 年版，第 197 页。

经验扭转了他概念式的共同性断想。马克思则在类本质的理论高度提升了歌德对于世界文学的经验性的言说。

在文学中，确有那些世界性的东西、人类性的东西存在着，生死爱恨这种被认作文学母题的精神体验，是人类共同发生的体验。这就像各有所归的人中，都有其自由自觉的类本质一样。具体的普遍性、理论的概括性都不同程度地涉及这类东西。否定了这类东西也就否定了观念与理论，而观念的东西、理论的东西又直接关系着人的自由与自觉的类本质。这里的关键在于要深入地理解马克思主义文学理论所特别坚持的实践论立场。实践论的人的类本质的认识是在差异性、具体性与历史性中展开的认识，这样的认识、解释、筹划与运作，不同于非实践的认识，它不为观念与逻辑服务，而是相反，它规定着观念与逻辑因它而生并因它而用。因此，当实践地面对世界文学这个话题时，任何言说者所面对的都不是概念，而是在具体中展开的民族的、历史的、个性的文学活动与文学交流。对此，陆贵山对世界文学的阐释是有启发意义的："既要看到全球化背景下文学的世界性对文学的民族性的激荡、冲击和挑战，又要增强弘扬和发展优秀的民族文化和民族文学的自觉意识。关键在于同世界文学和世界文学的交流、对话和竞争中，建设自己的先进的民族文化和民族文学。"①

---

① 《陆贵山论集·马列文论卷》，中国人民大学出版社 2011 年版，第 299 页。

| 第七章 | 马克思主义文论的实践品格

中国马克思主义文论以经典马克思主义为理论基础，结合中国革命与社会主义建设的历史实践，以中国文学、文学史、文学批评及其与世界文学、文学史、文学批评的关系为研究对象，在长时间的理论建构中，形成了自己的理论特色，这就是马克思主义文论的中国特色。当学术界可以较少地受非学术性的外部干扰，并且可以从更为宽阔的学术视野面对自己的学术建设时，则学术建设中的一些深层的规定性就可以学术性地浮现出来，并被学术性地思考。当下，历经数十年的波折，中国马克思主义文论的中国特色问题作为重要的学术课题，有了可以更深入地进行学术求解的时机。而当下这一求解的一个重要的理论解答，即中国马克思主义文论的理论基点在于马克思主义实践论。

一、经典马克思主义文论的实践论品格

经典马克思主义文论的实践论品格，大体上可以从四个方面领会，即马克思主义哲学的实践论要点，理论面对现实的实践论运作，理论的实践

论思维方式，以及对于文学活动的批评性的文论建构。以下，对上述要点予以分述。

（一）马克思主义哲学的实践论要点

经典马克思主义认识论是奠基在马克思主义实践论的基础上的，或者也可以说，经典马克思主义认识论乃是其实践论在认识层面的哲学表述。

马克思主义经典所深入阐发的辩证唯物论的认识论，有两个理论要点：其一是物质第一性。即作为认识的精神活动乃是物质活动的反映，因此相对于物质存在或物质活动乃是第二性的。经典中所说的物质活动，显然远不止于物理学意义的物质运动，而更是指人类劳动或实践的物质力量。因此，物质第一性的认识论强调，即认识论的实践论强调。其二是辩证的历史发展观。历史是一个发展过程，构成这一过程的，乃是各种历史力量在矛盾斗争中展开并在矛盾斗争中形成的历史延续，这一矛盾运动的过程是建立在前一个理论要点亦即实践论上的过程，因此，这其实是一个历史实践的过程。于是，经典马克思主义的两个理论要点在实践论得以统一，即前者是现实实践的，后者则是现实实践的历史延续，亦即历史实践的。也许正是出于这样一重马克思主义实践论的深层理解，恩格斯在马克思墓前对马克思主义理论奠基人评价说："马克思发现了人类历史的发展规律，即历来为繁茂芜杂的意识形态所掩盖着的一个简单事实：人们首先必须吃、喝、住、穿，然后才能从事政治、科学、艺术、宗教等等；所以，直接的物质的生活资料的生产，因而一个民族或一个时代的一定的经济发展阶段，便构成为基础；人们的国家制度、法的观点、艺术以至宗教观念，就是从这个基础上发展起来的……"① 恩格斯在这段讲话中对马克思思想理论的历史贡献进行高度概括，作为最为直接而又深刻理解马克思的战友及理论合作者，恩格斯这一概括的精当性毋庸置疑。这里，从历史发展角度说，马克思对于人类历史发展规律的发现，正是对于解决吃喝住穿这类实践活动的无可取代的现实意义的发现，这种直接的物质的生活资料的生产，作为实践的直接现实属性，以其民族性与时代性特点，构成着人类社会历史发展的基础。根据恩格斯的精当评价，可以进一步确认马克思思想的理论基础是实践论的，而且是彻底的实践论。

从社会实践及历史实践中发现问题，从而进行理论阐发，在实践问题的理论阐发中对发挥着实践展开的规定作用的历史普遍性的力量或体现为必然性的力量进行理论提升，在这样的理论提升中又进一步探索与揭示这种规定性力量得以形成并得以体现的实践过程，进而，再把对这种普遍性或必然性力量及其得以生成的矛盾过程进行理论提升，转入历史实践及现实实践的进一步研究和验证，这样的理论建构过程，便是马克思主义所普遍坚持的实践论的理论运作思路，亦即通常所说的唯物辩证的历史观。

（二）马克思主义直面现实的实践论的理论运作

马克思主义理论的实践论品格，体现在理论与实践的关系上，即它不仅始终坚持在历史及现实实践中发现与提出问题，而且坚持理论与现实及历史实践的相互作用，在实践中发现并提升理论命题，而不是在概念的逻辑运作中推导或提出理论命题，并对发现提升的理论命题进行不断的向着

---

① 《马克思恩格斯选集》第 3 卷，人民出版社 1972 年版，第 574 页。

实践敞开的理论阐发。而且，理论提升也好，理论阐发也好，不是以理论体系的自我充实与完善为目的，像黑格尔、康德，包括后来很多沉迷于思辨的哲学家们那样，而是以切近实践不断地进行理论建构为目的，由此以其互动于现实及历史实践的建构性而与那些封闭的、静止的、自满自足的思想理论体系形成体系性差异。

马克思主义与现实及历史实践的互动性，即面向实践敞开的建构的互动性，还在于坚持理论对于实践的能动性，即理论来源于实践且又反作用于实践，从而对现实及历史实践达成理解及理性引导。马克思所强调的哲学家的使命及其难题，就是如何解释进而改造世界，或者说，对于世界，不仅要理论地批判，更要通过理论对于实践的引导，去实现物质的批判。恩格斯论及理论的批判功能，也是实践性地直指当时的社会制度或政治制度，他援引黑格尔的"凡是现实的都是合理的，凡是合理的都是现实的"这句人们熟悉的名言，又借助黑格尔的辩证思维方法，推导出相反的结论，即"凡在人类历史领域中是现实的，随着时间的推移，都会成为不合理的，因而按其本性来说已经是不合理性的，一开始就包含着不合理性；凡在人们头脑中是合理的，都注定要成为现实的，不管它和现存的、表面的现实多么矛盾。按照黑格尔的思维方法的一切规则，凡是现实的都是合理的这个命题，就变为另一个命题：凡是现存的，都是应当灭亡的"①。所引恩格斯的这段话，很好地体现了马克思主义理论在与实践的互动中建构，进而实现引导实践改造世界的目的。显然，在当时，宣告并论证社会制度或政治制度的不合理性，进而宣告并论证它是应当灭亡的，这是革命实践所面临的问题，恩格斯借助黑格尔的理论资源，运用黑格尔的辩证方法，在将其向

---

① 《马克思恩格斯选集》第4卷，人民出版社1972年版，第212页。

着实践颠倒过来之后，完成了一个重要的革命问题的解答，即现实的那套社会制度或政治制度是应当灭亡的，从而也就形成了自己的理论主张。这就是面向实践而进行的批判的、建构的、互动的马克思主义实践论的体现。

阿尔都塞曾借用雅克·马丁关于"问题式"的概念，来阐释马克思思想理论在面向实践敞开、在与现实及历史实践互动中建构的特点，不过，他的这种阐释是带有批判性的。他在分析了问题式并不是作为总体的思想的抽象，而是一个思想以及这一思想所可能包括的各种思想的特定的具体结构这类关于"问题式"的理论问题之后，指陈马克思思想理论的实践性只是狭义的生产实践，而社会实践或历史实践还应包括其他"基本实践"，如政治实践、意识形态实践、理论实践等。阿尔都塞看到了或者认识到了马克思思想理论的"问题式"奠基于他的实践论，但阿尔都塞狭隘地理解了马克思分析生产实践与社会历史发展的关系时，对生产实践原初性的强调，仅仅是本原性的强调，这种强调并没有替代或削弱马克思在非本原的理论与实践关系的理论阐发中，对于现实与历史实践的综合性的重视，并将之构入其理论的"问题式"结构。可以说，决定着马克思理论的提出问题并求解问题的马克思思想理论的"问题式"，正是在向着包括生产实践、政治实践、意识形态实践、理论实践等各种实践敞开的理论建构中综合地形成，并结构性地发挥作用的。阿尔都塞的问题，也是很多片面地或狭隘地理解马克思主义实践论的研究者的问题，他们的问题在于没有理解生产实践是分为本原性的与现实综合性的这两个方面的，前者是基础的、生成的，后者是敞开的、互构的。

（三）马克思主义理论的实践论思维方式

马克思主义理论的实践论思维，可以从如下几个方面加以概述。

1. 理论问题基于实践的对象性设立

理论问题的设立，如阿尔都塞在通过阅读《资本论》而进行的"问题式"阐发中所指出，有两个渠道，即理论自身生成的问题以及理论所面对的实践向理论提出的问题。前者是确定的概念以及确定的意蕴在逻辑关联的相互作用中形成新意蕴，这新意蕴尚未获得相应概念及概念关联体——命题去承载，从而形成对于相应概念及概念关联体的吁求，这就是来自理论的问题提出，阿尔都塞称此为所需概念或命题的不在场。

实践向理论提出问题，并不是实践单方面提出问题，实践问题的提出乃是理论的发现，是实践与理论的对话交流。这种交流发生于理论主体自身，他既是他的理论的承载者，又是他的实践经验的承载者，即是说，马克思主义理论建构主体须身兼二职，他既是理论建构者，又是积极热情的实践参与者，或者说，他既是理论主体又是实践主体，这便是向着实践建构的马克思主义者的理论身份。马克思主义经典作家都充分地体现着这样的身份特征，马克思、恩格斯、列宁、毛泽东、邓小平等，无一例外。对此，我赞同张一兵在分析阿尔都塞的"问题式"的关于提问者理论身份的说法："问题的客观发生之关键则是促使问题得以生成的提问方式，这就相当于结构主义的那个祛主体的系统结构。其实，阿尔都塞所谓的'到问题中'，也就是自觉到提问的方式即怎样追问。"①追问，提出问题，即"到问题中"，而"到问题中"，很显然，就是置身于实践经验主体与理论主体的双重身份中，具有这种双重身份，才得以"到问题中"。对此，张一兵接着说："实际上，这很类似于马克思在确定历史的本质时所说的'生产

---

① 张一兵主编：《问题式、症候阅读与意识形态：关于阿尔都塞的一种文本学解读》，中央编译出版社 2003 年版，第 34 页。

什么'与'怎样生产'的关系。我们知道，马克思的历史唯物主义超出旧唯物主义一个关键的方面，就是从感性实体性（物相之有）中超拔出来，他从直观物中发现了特定历史情境中的生产活动，并从生产活动中又抽象出了生产方式（'无'）。"① 进入"感性实体"而后又超拔出来，在"直观"中进而进行"直观"的"抽象"，这正是上述马克思主义理论建构者的实践与理论双重身份在理论建构中的具体运作形态。

2. 历史整体性地面对与把握实践

在西方传统的二元论思维中，亦即在西方经典马克思主义所由走出的传统理论思维中，世界的有机整体性在世界的具体形态的理论抽象中被滤除了。换句话说，在思辨的理论运作中，理论运作的概念元素及逻辑结构是摒除唯有在实践的具体性中才能见识到的有机整体性。通过具体的有机整体性的滤除，理论主体才得以以独立于对象的身份面对他的抽象的理论对象。

马克思主义实践论的思维方式则保持着在实践中的理论身份。正是这样的理论身份，才使实践的历史整体性在马克思主义理论主体的思维中得以坚持。这里说的历史整体性，有两重意蕴：一重意蕴是实践总是具有一定的历史延续性的实践，实践在其历史延续性中，总有一些活跃的因素以相似的方式不断出现，并规定实践的展开，这就是所谓的历史必然性；另一重意蕴即实践是人的本质力量的综合实现，它们交织在一起，成为人的整体性的实践。这类内容马克思主义经典理论多次提及。这种思维方式在

---

① 张一兵主编：《问题式、症候阅读与意识形态：关于阿尔都塞的一种文本学解读》，中央编译出版社 2003 年版，第 34 页。

实践中面对实践，体验性地感知与把握实践，并在守持实践的具体的历史整体性的同时，对之进行理论提升，由此所提升的理论，则是关于历史整体性的实践的理论，也唯其具有这样的实践属性，它才能转而指导实践。对于实践的历史整体性，集中研究实践及实践感的法国社会学家皮埃尔·布迪厄曾作过这样的阐释："与各个不同的实践域对应的意义域是自我封闭的，故不受逻辑的系统化控制，但在客观上又与一个生成原则体系的所有其他松散的系统性产物相一致，而这些生成原则在彼此千差万别的实践域中发挥作用，并在实践中得到整合。"[1] 这就是说，实践有自己的与其实践相对应的意义域，这一意义域不受理论的思辨逻辑控制，它置身于实现着多种"生成原则"的实践行为体系中，这些生成原则千差万别地发挥作用，并在实践中得以整合。可以说，实践的历史整体性是在实践的历史延续中多种生成原则得以整合的、不断生成的整体性。布迪厄关于实践的生成整体性的阐释，有助于我们对马克思主义实践的历史整体性思维的理解，即是说，这是一种在实践过程中，经由多种实践因素的整合而按照实践的整体性形态及整体性趋向把握实践的思维方式。

马克思主义理论的实践论思维方式正与实践的历史整体性对应，它在实践的动态生成的、多重规定性整合的样态中与实践相作用地提出并思考实践问题。马克思的经典著作《资本论》便是这样的实践论的理论著述。马克思依据他当时所形成的政治经济学基本理论，在当时的社会实践中锁定了资本主义究竟为何物这一理论问题，出于这一理论问题求解的需要，他找到了一个整合着资本主义多种生成规定性的样本——商品，进而，他在历史整体性中，对整合于其中的多种生成规定性进行分析，再整合到资

---

① [法]皮埃尔·布迪厄：《实践感》，蒋梓骅译，译林出版社 2003 年版，第 135 页。

本主义究竟为何物的综合判断中，由此完成了他的理论建构。

这里的要点是马克思主义理论主体来自实践的经验，能否在实践的历史整体的具体性中进行普遍性的、必然性的理论提升，即是说，能否思维地解决具体中的一般、偶然中的必然、现象中的本质这类问题。马克思、恩格斯之后的理论研究，如弗洛伊德的人格结构理论、皮亚杰的结构主义发生认识理论、胡塞尔及海德格尔专事探究现象的具体性与一般性在意识活动中得以统一的现象学理论，以及福柯融合着感性体验的在历史的断裂性或跳跃性中实现着历史延续性的谱系学理论等，都揭示了在实践的历史整体性中进行这种理论研究的可行性。

3.奠基在实践目的论基础上的理论建构

理论建构是目的性建构，即是说，不同的建构目的规定着不同的理论建构，比如理论建构的体系目的、理论建构的创新目的，以及理论建构的实践目的等。据不同目的所建构的理论，无论在范畴的确认上、命题的提出上、论证的结构上、阐发所涉及的理论与历史实践和现实实践的资源选取上，都各有不同。胡塞尔在其《现象学》中，强调了意向性对于意识活动向哪个方向展开与进行的决定性作用，将之指认为意识活动的基本属性。胡塞尔之所以如此强调的意向性，就包含着这里所说的理论建构的目的性。

马克思主义理论的实践性，也体现为它的理论建构目的，是与它所面对或所向之敞开的实践的目的总是在不同程度上保持着某种对应关系，比如马克思的政治经济学研究、恩格斯的费尔巴哈与德国古典哲学研究、列宁的国家与革命的关系研究、毛泽东的持久战研究等，他们的理论研究目的，同时就是他们通过理论所予以指导的实践的目的。

实践目的的提出，是实践主体精神与实践活动相统一的现实需要，这种需要可以是生产实践性的，也可以是政治性的、意识形态性的，等等，这要由引发并规定着实践的更大的社会发展趋向所规定。更大的社会发展趋向，是相应的实践目的得以提出的时代语境，即是说，特定的实践目的是实践进行于其中的时代语境的产物。实践作为群体性的经由精神而规定的物质性活动，其精神的预先规定与设计是不言而喻的。正是在这一点上，马克思主义的理论目的与它所参与其中的实践目的，在其精神性上获得了统一的可能性，也使马克思主义的理论建构，在基于实践的互动中获得了指导实践的目的性根据。詹姆逊在谈到马克思主义理论对于它所建构的社会或历史实践进行目的性分析与目的性引导时，作过这样的表述：马克思主义的实践分析标准，"必然在其结构中隐含着非神秘化带来的震惊：它总是以这种或那种方式事先假定一种运动，由看似系统的和在思想上连贯的自足的表层，向它背后那种历史境况发展，按照这一运动，所观察的意识形态产物，作为局部具体斗争中的一种确定的武器，突然证明了具有功能性和策略性价值"①。詹姆逊对于马克思主义理论的实践功能的这一说法，提示了马克思主义理论的双重特性：一是它的理论特性，即其系统性与思想自足的连贯性，这构成马克思主义理论的表层；它的另一种特性，则是其实践特性，它在更为宏大的规定着实践进程的"历史境况"中，通过引导实践的过程——这一过程当然包括对于实践的目的性引导，而获得了"功能性和策略性价值"。这是对马克思主义奠基在实践目的论基础上的理论建构的有深度的概述。

---

① 王逢振主编：《詹姆逊文集·第1卷·新马克思主义》，中国人民大学出版社2004年版，第63页。

在马克思主义理论的实践目的论的引导下，马克思主义理论成为对于实践的顺势而动，这使得它的体系规定性与它所由建构并予以引导的实践的历史现实性统一起来，后者是变动发展属性，在这种属性之中，既有的现实性及其合理性不断被新的现实性及其合理性所否定和取代，历史现实的社会实践总是在时间流逝中不停顿地前行。实践的这种不断变动发展的属性在与其相应的马克思主义理论的互动中，使得后者的实践目的论的理论建构总是处于活跃的对于既有理论的解构，并在解构中建构新的理论的发展状态中。批判与发展，是马克思主义的活的灵魂。

（四）马克思主义对于文学活动的批评性的文论建构

在马克思主义经典中，我们难以找到通常意义上的文论著作，即专就文学问题或文论问题提出一系列文论命题或文论观点，进行系统的理论阐发。对此，我在一篇专门研究马克思文论的批评基点的文章中曾进行过阐释："马克思没有文论专著，马克思文论是批评的文论，他的文论方法、文论主张都是在具体的文学批评中显露出来，有的见于批评的分析，有的则见于批评判断及支持判断的理论认定与阐发。"①

其实，马克思文论的这种没有专著的情况，在马克思乃至其他马克思主义经典作家那里，在他们的宏伟的理论建树中，像通常所说某方面理论的系统专著，如哲学专著、社会学专著、文化学专著、新闻学专著、人学专著等，也都很少见。因此，有些西方学者就认定，真正的马克思主义

---

① 高楠：《马克思文论的文学基点》，《辽宁大学学报（哲学社会科学版）》2010 年第 1 期。

哲学，往往并不在他们的哲学专著中，如马克思的被称为他的哲学专著的《德意志意识形态》、《关于费尔巴哈的提纲》等，并没有为读者提供这种哲学本身，"我们可读到马克思真正哲学的地方是他的主要著作《资本论》"①。这里涉及理论专著的尺度问题，也涉及如何看待马克思主义经典作家在其著作中所阐发与论证的不同领域的思想理论的系统性问题。如前所述，马克思主义经典理论都具有鲜明的实践论特征，即是说，他们总是在与现实及历史实践的敞开性对话中，进行理论阐发与建构，并且坚持所进行的理论阐发与建构是应在实践中检验并引导实践的阐发与建构。而实践，并不受理论领域式或专题式划分的左右或影响，它被多种差异明显的规定性所综合地规定，它由错综复杂的多种生活因素、文化因素、历史因素等综合地构成，这正是它的历史整体性的体现。实践的这种对象性特点，使得在与实践互动中进行理论建构的马克思主义思想理论，必然地要将其深刻的理论看法、理论根据，融合到对于实践问题的求解中。换种说法，由于现实与历史实践对于社会生活的多元信息性甚至全息性，它是现存一切理论领域的本原性领域，因此对于它的求解，便必然要涉及现有的众多理论领域，马克思主义据此进行理论建构，当然要涉及众多理论领域，并且，也当然不会在求解实践的同时，专就某一领域的理论进行系统性阐发，这里存在着实践系统性与理论系统性的差异。马克思主义经典的综合性理论形态，更证明了马克思主义思想理论的实践论品格。

马克思主义经典文论，或是在文学作品及文学活动的批评中建构，或是在求解其他实践问题、阐发其他实践目的中因涉及文学作品或文学活动

---

① ［法］路易·阿尔都塞、［法］艾蒂安·巴里马尔：《读〈资本论〉》，李其庆、冯文光译，中央编译出版社 2001 年版，第 24 页。

而进行批评建构，甚至也有阐发实践问题或其他理论问题时，对于手头碰到的文学现象稍带地予以引申。马克思主义文论的这种基于批评实践的建构形态，给马克思主义文论的研究者们提出一系列问题，正是对这些问题的求解，有了源远流长的马克思主义文论研究，包括讨论、交流与争鸣，也才有了不同时代、不同地域、不同国度、不同流派的马克思主义文论研究与文论体系。

这里的首要问题，当然还是马克思主义文论的体系性问题，因为体系性被看作是理论身份的标志。在马克思主义文论的后续队伍良莠并存、真伪交杂的情况下，怎样才能坚持马克思主义文论的真髓，是一个根本性问题。一个代表性思路，也是目前国内富有影响的思路，是用马克思主义经典学说的已成历史共识的体系性，直接指认马克思主义文论的体系性，用马克思主义经典的方法论系统性直接指认其文论的方法论系统性。这种做法的合理性或可信性有其系统论根据，即系统的整体定性必然为构成的子系统不同程度地分享，但其中也有不合理性或不可信性，即子系统之所以不是母系统，在于前者必有自己的系统特殊性，这是不能为系统整体性所取代的。再有一个常见的做法便是按照时下用到的，或研究者设置的文论系统性梳理马克思主义经典文论，这样做的合理性或可信性在于马克思主义经典文论与其他文论一样是可接受性的，当它不再是作为某种权威理论，而是作为一套学术观点或学术话语被对待时，它的解构或系统性建构并非不可行，这里的问题在于要如实去说，不能把分明是自己建构或指认出的体系，一定说成是马克思主义文论的体系。再者，就是体系确认的以偏概全。马克思主义经典文论是具有实践论品格的，它的批评的综合性决定着它理论内涵的丰富性。所谓以偏概全，即从其丰富的理论内涵中，抽取出某种或某些因素，将其扩大为总体，再以此为之确立体系，如认识论体系、历史主义体系、人学体系，甚至后现代体系等。上述几种代表性的体系梳理及确认的方法，又有一个共同的问题，即理论体系乃理论的内在结构，是理论得以生成的"问题"，倘若体系成为一种外加的东西，它是否可承载对之外加的理论？

再有，就是马克思主义文论的基本范畴问题。马克思主义文论的基本范畴，对于经典作家来说，基本上没有作为通常的理论范畴去阐发与论证，多是用一种陈述、讨论的话语模式随文而出，即是说，没有作为理论的逻辑网结去停顿与系结，如艺术生产问题、倾向性问题、历史必然性问题、不平衡性问题、现实主义问题、镜子问题、齿轮和螺丝钉问题、标准性问题等等。其中有一些提法是进行了经典论证的，但往往又不是文论的论证，而是某种实践性论证。后来的研究者们把这些陈述、评议话语提取出来，将之范畴化，再将这些范畴体系化。这倒也无可非议，中国古代文论中很多范畴就是由最初的陈述性话语通过大家都用，都去陈述，而获得范畴属性的，如气、神、味、趣等。马克思主义文论的基本范畴是后来的研究者们的理论加工，这种加工放到实践论的理论语境中，合于经典的实践论品格；但滤掉了实践论语境，将其抽象化、逻辑化，又打出马克思主义经典文论旗号，那就是对马克思主义经典文论的釜底抽薪了。

第三，是马克思主义文论的建构方式问题。前面说过，马克思主义经典文论和它的经典理论一样，其实践论品格的突出表现，是它的实践性敞开及与实践的相互作用的理论建构。这关系研究者的理论身份，即必须是集理论主体与实践主体于一身的双重身份。这对于马克思主义文论而言，其研究者就既应是文论主体又应是文学实践主体，具有这种双重身份，他才能在批评中进行马克思主义文论的理论建构。而从当下的情况看，充分体现着马克思主义经典理论也包括文论的实践性品格的批评活动，却愈来愈被经典作家们所反对所批判的远离批评实践的思辨性建构所取代。这是一个很严重的问题，中外马克思主义文论研究都存在这个问题。

因此，应该认真思考与突出马克思主义文论的实践论品格，强化其批评建构的功能，并在这样的突出与强化中，建构中国的马克思主义文论。

二、中国马克思主义文论的实践性建构

马克思主义经典文论对中国文论建构形成影响的时间要晚于经典思想理论对中国社会现代性转型的时间。这是由当时的时代语境决定的，当某一时代的社会生活出现"焦点"问题时，焦点总是被强烈地关注，包括理论接受与建构的强烈关注。随着文学实践在 20 世纪初由启蒙家们的推动而不断活跃起来，文论建构便作为一个时代课题愈来愈引起与之相关的社会各方面的关注。马克思主义经典文论的接受因此成为中国文论建构的大事。这种大事在以马克思主义为信仰的研究者的历史性参与中，至今已走过了近百年的历程。回顾这段历史，有几个特点须予以强调。

（一）对于经典马克思主义文论实践性品格的亲和

从理论接受角度说，中国文论尽管由不同主张、不同时代特点构成，但它对马克思主义经典文化，当然也包括其他外来文化，则是一个接受的精神实体，体现着接受的历史整体性。

就中国文论接受的精神实体性而言，它对于马克思主义经典文论的实践性品格，有着来自传统的亲和性。

中国古代文论的实践性品格是不言而喻的，很多中国古代文论研究者已对此多有阐释。这里，从本书论证主旨角度，再做一些与之相关的中国古代文论的特征性阐发。

1. 中国古代文论体系的充分的历史敞开性

阐释这一特征首先遇到的问题是中国古代文论能说具有理论的体系性或系统性吗？这个问题我在 20 世纪 90 年代以来的多篇文章中作过阐发，我的看法很明确也很坚定，即中国古代文论不仅有其体系性，而且有其相当稳定的体系性。理论体系，是理论的内在结构，它的根本性功能，是把众多理论元素，包括观点、提法、感受、领悟、趣味、标准等，连贯为一个前后关联、彼此呼应的理论整体。经由这样的体系性连接，便有了一个自成体系的理论整体性，它在自身内部建立起一种亲缘关系，并以此理论体系整体性地对待外在的理论体系，以稳定的整体性与外在的或其他的理论体系相对应、对待、对抗。理论体系得以建构的深层根据，则是对于研究对象的态度的一致性、理解的一致性，以及掌握方式的一致性。对于理论自身，则是自身功能理解的一致性、思维方法的一致性以及基本范畴在理解及运用中的一致性。

詹姆逊在分析黑格尔式文学批评模式亦即文学批评体系时，曾说过一段关于体系的很有深度的话："把一个现象辩证地表达为各力量或范畴的某种比率，同时包含着对这些范畴彼此之间作出在逻辑上可能的其他安排；而这些允许对研究对象的全部特性进行测定的其他形式，又是依照某种序列来安排的。这种序列或者是一种真正的时间性或历史性连续统一体，或者如在黑格尔著作中那样，是在一种连续中实现自身的一系列可能性，而这种连续由于仅只属于一种理想类型，因此在结构上同样是历时性的。"①这段话之所以可以作为对于思想理论系统性的思考来读，是因为它揭示了关于理论系统的内在规定性，即对于所研究现象的要素分析及表达，对于这类要素分析及表达的逻辑布局或安排，为这种布局或安排赋予某种序列，这类序列可以因不同的系统规定性而异，但它却是一种设定的因此是历时性的理想类型。这里的核心问题是构成性的某种序列，是因一定的构成性而提取出的"力量"或"范畴"在其历史性连续统一体中被归入的序列。

中国古代文论正体现着这样的系统规定性，它的文论范畴是在统一的"天人合一"的浑融理性中被提取的，是在体验与体悟的逻辑运作中被布局与安排并被统入范畴序列的，而对于基本范畴及范畴序列的理解，又保持着其他文论中罕见的历时稳定性。即是说，它的这种理解的稳定性足以消除各种时空限定，而达到览千古于一瞬的程度——不同时代的不同文化主体完全可以在基本范畴的共识上，达到心领神会的直接对话。如此充分的文论体系性，在其他文论体系中恐怕很难见到。国内文论研究中那些质疑或否定中国古代文论体系性的看法，主要是因为犯了削足适履的错误，即套用西方抽象思辨的体系标准。

中国古代文论体系的充分的历史敞开性，一方面体现为它的建构过程是与不同阶段的历史进程相同步的过程，并且这一个个阶段性过程又归融于一个具有统一的历史定性或历史延续性的历史演进过程，这个过程的

---

① 王逢振主编：《詹姆逊文集·第1卷·新马克思主义》，中国人民大学出版社2004年版，第5页。

统一的或延续的体系性规定，即建立在"天人合一"的宇宙观及社会观基础上的人伦文化论特质。① 再具体些说，在中国文学史中，每一个时代的文学活动都有与之可以说是一体性的文论建构，每一个时代的文学活动都是文论参与并规划的文学活动，而每一个时代的文论，又都是深入到文学活动中并构成理性根据的文论。这种在西方的传统文论中很难理解的文学与文论的主体性根据，即在于在中国古代文学活动者与文论建构者具有身份同一性，也就是说，这是一些既文学地活动着又文学地批评着的知识群体，他们按照批评的标准进行文学活动，又用其文学活动建构其批评标准。如孔子，他既按照他的批评标准为《诗经》"正乐"，又通过《诗经》验证并建构他的批评标准。其他中国古代文论的有代表性的建构者们也都循着这个建构思路。更为重要的亦即更具有中国古代文论的体系性特点的，则是所有这些与时代同步并融入时代的文学与文论的一体化关系，又在以人伦为特质或为核心的稳定的历史规定性中融合并延续为统一的历史过程。另一方面，则在于无论哪一个文论建构的历史阶段，文论与文学活动的关系都是一种有机关联的关系，亦即血肉一体的关系。这种一体性体现为文学活动的时代语境，亦即文论建构的时代语境。文学活动的时代课题，亦即文论建构的时代课题，而文学的实践亦即文论建构的实践。先秦的诗史乐礼浑融一体的文学活动，正对应着诗史乐礼融为一体的文论；唐代建立在人伦情感基础上的诗歌，正对应着同样建立在人伦情感基础上的诗论；宋词，其格律及其韵味的时代性强调，同时也成为宋代词论的时代

---

① 笔者在《中国古代艺术的文化学阐释》一书中，专门阐释了"文化特质"这一概念，并对中国古代文化的人伦特质阐释说："人伦文化特质的基本特性在于人伦关系的本体意义。人伦关系超越个体又回归个体人的生存状态。人伦关系所做的这种超越与回归的双向运动过程，其实是共时性地发生着。"（辽宁人民出版社 1998 年版，第 29 页）

性强调。这里没有文论的概念逻辑体系——像西方探寻文学本质及文学功能这些舍弃文学具体形态的文论那样，对于具体的文学现象体系的弃置。在中国古代，文学的人伦体系亦即文论的人伦体系，只不过前者是这一体系的具象化，后者则是这一体系的评论化。

当然，任何评论，其评价依据都是沿历史而来，都实现着历史与现实经由具体的评论对象而进行的对话。不过，在中国古代，一个很独特的现象，就是历史总是活跃于现实形态中并体现为活跃的现实形态，也就是说，中国古代的奠基于并维系于先祖先圣的历史传统，总是以先祖先圣的名义，不容置疑地化入现实，成为现实的历史形态。历史的即现实的，现实的即历史的，这种历史的高稳定状态体现在中国古代文论中，就形成中国古代文论总是以时代的现实形态出现，同时又保持着充分的历史敞开性。

中国古代文论所提供的充分的历史敞开性传统，在现当代文论建构中，作为一种本体定性与经典的马克思主义文论的实践论品格相亲和。所谓相亲和，即理论属性的一拍即合。固然，马克思主义经典文论没有源远流长的一体化的历史传统根基，它所建构并传播的时代正是批判传统的时代。不过，它的历史观，它对于历史必然性的探求，又使它始终保持着深刻的历史意识，这种深刻的历史意识与中国古代文论的传统意识，具有一种历史延续的亲缘性。而前面已剖析过的马克思主义经典文论密切地关注现实实践，并与现实文学实践互动互构的理论品格，又正与融入时代的文学现实的中国文论相切近，这使得延续着中国文论传统的中国现当代文论更有了一份与马克思主义经典文论相亲和的根基。这是在中国现当代文论建构史中，中国现当代文论对于马克思主义经典文论接受与吸收起来更觉融洽的重要原因。

2. 崇尚文学批评之用

中国传统文论，就其理论形式而言，主要是批评式的，即在文学批评中累积理论形态。所以，中国文论史又通常被称为文学批评史。这种理论形态的特点即它总是与它所研究的对象亦即批评对象保持着亲密的对话关系，即便是为数不多的专论典籍，如《文心雕龙》、《文赋》、《诗品》、《沧浪诗话》、《四溟诗话》、《艺苑卮言》、《原诗》等，也完全不似西方的靠概念与逻辑所建构的理论论说体系，而是紧密地联系文学作品，在对于作品的出入中，由里而外再由外而里地进行融合于作品的理论言说。在这样的言说中，理论不是在文学现象的基础上借助于稳定而确定地揭示着某些现象普遍性或必然性的概念群逻辑地建构起来的——这种建构是逻辑的空间建构，体系化于逻辑的空间构架，这是西方的理论体系特征。中国传统文论是在文学现象的历史序列中，对于不同时代的文学现象进行批评，现象中体现的某些历史普遍性的东西，被相应的词语概念所表达，这些历史普遍性的东西在不同时代的文学现象中重复出现，与之相应的词语概念也就不断地历史性沿用，逐渐地便定型下来，成为不言而喻的文论范畴。这是一个历史累积过程，相对于西方理论体系的逻辑空间性，它是时间性的，概念群在历史的时间延续中获得了并确定了彼此间的逻辑关系，如形、神、气、势、理、趣等等，都是这样形成的，并被不断地组合到持续的文学批评中。

这种累积生成的文论状况，使它有了一个很突出的特征，即它形成一个文学现象、文学批评，以及各自时代的文人生存状况融合于一体的文学活动语境，此一时代的文学活动语境由于文学现象、文学批评及文人生存状况的历史普遍性与下一时代的历史普遍性具有明显的相似关系而延续并融入下一时代的文学活动语境，并且就这样一代一代地延续下来。由此进行的语境延续使得语境中人综合地获得文学现象、文学批评及文人生存状况的语境规定性，而不是单一的现象规定性或理论规定性，因此它便具有承接的综合性及耳濡目染的切身性。对这种情况，郭绍虞在其《中国文学批评史》总论中曾概括说，中国文学批评常与文学发生相互连带的关系。易言之，即文学批评的转变，恒随文学上的演变而转移；而有时文学的演化，又每因文学批评之影响而改变。对这样一种文学批评与文学现象的交互作用关系，郭绍虞从其特有的历史延续性角度阐释说："……中国的文学批评，即在陈陈相因的老生常谈中也足以看出其社会思想的背景。这固然不同欧西的文学批评一样，一时代有一时代标榜的主义，而于各时代中似均可有明划的区分；然亦不能谓中国文学批评全没有其思想上的根据。历史上的几个重要一些的文学批评家，即在其零星片断的文章中间也何尝不可找出其中心的思想，看出是一贯的主张呢？"[1] 这种语境延续的、融合的文论建构，不仅体现出历史延续的稳定性，即后来的时代均鲜活地保留其之前时代的大量的延续因素，而且，每一个时代又在这样的语境延续中建构拥有其中心性及一贯性的思想。

崇尚文学批评之用，作为中国文论建构的一个突出特征，形成了对于同样注重文学批评之用的马克思主义经典文论的接受热情及理论的亲近感。马克思主义经典文论都是在对于文学现象的批评中建构的，马克思、恩格斯、列宁、毛泽东都有他们各自的文学批评，他们的这种文学批评精神当然与他们社会革命或社会变革领导者的身份分不开，他们总是从现实实践中发现对于社会变革有重大影响或重要意义的问题，并结合当时的实践需要进行深刻的理论求解，理论建构对于他们不是以理论的体系化为目

---

① 郭绍虞：《中国文学批评史》上卷，百花文艺出版社 1999 年版，第 3 页。

的，而是以理论地引导社会实践为目的。即是说，社会实践成为他们的理论的目的。当然，这不影响他们理论的体系性，他们对于理论的逻辑空间的架构依凭着他们对于重大实践问题的求解，由实践问题求解进入规定并构成实践进程的种种社会关系，再由这种种社会关系的分析找出其深层规定性，将之提升为理论。因此，这是在实践的时间进程中，根据理论对于现实的普遍性把握的逻辑对应性而确立的逻辑空间架构。

由此来说，批评既是一定的理论向着现实亦即批评对象由其阐释的普遍性向着对象的具体性或个别性转化的过程，又是现象由其具体性或个别性经由阐释着普遍性的理论的对应而向着普遍性提升的过程，这是一个由一般向个别又由个别向一般的双向互动的实践展开过程与理论建构过程。由此建构的理论是能够给实践的目的性及过程性以指导的理论，而由此展开的实践，包括批评实践，则是合于某种预设的目的性及动态调整的过程规定性的实践。对批评的这种双向互动的运作过程及其建构功能，我在一篇专论批评的文章中阐释说："经由批评，被批评的文本在理解中生出了某些原本没有的东西，批评主体也在批评的文本理解中使既有经验与理论积累创生了某些原来没有的东西。这些创生的东西在批评的表述中得以呈现，获得批评的言说形态。这种生成既是对文本阐释史的丰富，从而使后来的阐释在更丰厚的基础上展开，也是对批评经验与理论的充实、拓展或者不同程度的更新，起着理论建构的作用。"①马克思主义经典理论及其文论，在其尖锐的批评锋芒中建构起来。

中国传统文论的批评建构特点与马克思经典文论的批评建构特点，在批评建构这一点上是相融通的。因为二者具有这样的融通性，前者在其向

---

① 高楠：《批评的生成》，《文学评论》2010 年第 6 期。

着现当代文论延续时，就为中国的现当代文论提供了接受后者的本体性及形态性根据；后者在前者的转用中，也便成为中国现当代理论得以融通、得以确立为理论基础的根据。所以，即便不从政治角度考虑——如前些年曾经发生过的那样，仅从文论自身而言，马克思经典文论在其批评样态上，也是中国现当代文论建构的具有重要意义的理论根据与理论资源。

（二）基于实践的问题意识

中国马克思主义文论接受了经典马克思主义一般原理，又进而与其批评建构的理论样态相融通，这样，无论是中国文论既有的自体特征，还是它在接受了马克思主义经典理论指导之后的生成特征，便都在实践论中得到了互照与融合。如前所述，马克思主义理论的实践论品格的一个突出特点，即它的问题意识——从实践中发现与提炼意义重大的理论问题，通过这类问题的求解，既获得理论建构又给实践以积极引导。这样的问题意识，在中国马克思主义文论的实践性建构中发挥着重要作用。

中国马克思主义文论基于实践的问题意识具有与历史实践的阶段性相同步的特点。自马克思主义传入中国到中国马克思主义文论开始建构，这属于中国马克思主义文论的初启阶段。这一阶段的代表性人物是瞿秋白。他不仅根据当时中国革命的需要，针对中国革命与中国文学的关系问题翻译了一系列马克思主义经典作家的主要理论著作，而且编译了相关的马克思主义文艺论文集，并发表这方面的论文予以阐发和论证。这是中国马克思主义文论建构中问题意识的初启阶段的代表性体现。瞿秋白当时提出并运用马克思主义经典理论所求解的问题，包括文学与现实生活的关系问题、文学的大众化问题、文学的现实主义创作原则问题，以及文学批评实践问题等，都是在中国革命的总体实践中，文学当如何、文学该往何处去的迫在眉睫的意义重大的问题。正是这些问题的求解，确立了马克思主义经典文论与中国马克思主义文论的一体性关系。

其后，便是 1928 年创造社与太阳社倡导的无产阶级文学革命，以及 1930 年中国左翼作家联盟成立。这时的紧要问题，是何为"革命文学"的问题，因为这时文学与现实革命的关系问题作为前提性问题，已然有了马克思主义理论的阐发，何为"革命文学"的问题自然就成为文学实践得以展开的重要的现实问题。参加问题求解的文论研究者从不同角度援引与理解马克思主义经典文论，出现了针锋相对的说法，这酿成了中国现代文学批评史上激烈一时的"革命文学"之争。

20 世纪 30 年代，是苏联马克思主义文论与中国马克思主义文论在中国革命实践与文学变革实践中相互作用的时代。在这样的相互作用中，苏联马克思主义文论，以其革命实践成功的优越身份以及理论体系的严谨性，成为相互作用的主导方面，在中国马克思主义文论建构中发挥着引领作用。不过尽管如此，中国马克思主义文论在接受苏联马克思主义文论主导的状况下，仍敏锐地面对中国革命实践，提出中国文学及文论的理论课题，如文论的现实应用性问题及在中国革命实践中的意识形态的意义问题——文学的意识形态属性由此被突出出来。这也就是说，即便在苏联马克思主义文论处于引导优势的情况下，被引导的中国马克思主义文论的问题意识，也一直处于积极活跃状态。

至于抗日救亡时期，民族存亡问题被提升为中国革命实践的首要问题，这时的中国马克思主义文论表现出更明显的社会实践属性，它更紧密地与中国抗日救亡的社会实践相结合，提出文学的革命功利性与政治宣传性的革命文学的时代属性问题，以及与之相应的大众化的文学主张，在这个过程中文学的民族属性问题又被突出出来，因为没有富于民族特色的文学，也就没有文学的民族大众的发动，于是，文学的民族化问题便成为中国马克思主义文论的焦点性问题。在这个过程中，苏联马克思主义文论仍发挥着引导作用，但它所引导的却是对应于中国文学实践的中国文学问题的文论求解。

20世纪50—60年代，是中国社会生活的政治一体化的时代，尽管这个时代历史地看会产生沉重感，但作为一个时代而出现，它的根据却是历史的，因此这一时代的社会实践问题也是历史性问题，或者说，是具有历史合理性的问题。在这期间，文学与政治的关系问题、文学的意识形态功能问题、文学与社会理想的关系问题，既适于政治一体化又合于文学发展的文学批评标准问题，都被作为突出的文论问题而提出，并引起文论领域的热烈讨论与争论。尽管这些争论都在政治一体化的语境中被政治地裁决，但争论本身却体现出中国马克思主义文论的实践论的问题意识。正是在这样的具有重大实践意义的争论中，苏联马克思主义文论因其对于中国马克思主义文论实践性的不对应与不适应，随着中苏两国政治裂痕的扩大，而被疏远、批判乃至摒除。这种状况既是政治性的，同时也是文论的实践性的。

20世纪80年代，是被称为新时期的中国大规模社会转型的起始。在这种起始中，中国社会实践向中国马克思主义文论提出了如何对应社会转型而重构的问题。这对于中国马克思主义文论是一个巨大的时代挑战，也是对于中国马克思主义文论的实践性的时代检验。即是说，中国马克思主义文论在社会转型的时代语境下，是否有充分实现其实践属性的活力与理论承受力。而四十年来的实践证明，中国马克思主义的巨大活力，正在其实践论的问题意识中充分爆发出来。首先便是政治标准问题，这是政治一体化在现实社会生活解构过程中极为突出且又敏感的问题；接着便是现实主义的析解与转用，这个问题之所以被突出出来，是因为它原本是与文学的政治功能密切关联的，现实主义在政治一体化或绝对政治化的那段时间里，几乎被作为马克思主义文论的核心问题去对待，它关联着意识形态说的深层意蕴。此后，便是文学功能问题，文学的政治功能不被强调了，既有的文学功能论又作何理解，它直接关系文学及文论取向以及文学批评标准，因此这也是一个重要的文学实践问题。此外，文学的人性论问题、文学的主体论问题、文学的理性问题、文学的意识形态性问题、文学的民族主体身份问题、文学理论的西论中化问题等等，都作为社会实践问题接踵而来。但有一点是必须清楚的，即社会实践虽然是各种问题的酝酿者，却不是问题的提出者，问题的提出者只能是在问题反思中的求解者，提出问题是求解问题的前提。阿尔都塞阐发马克思理论体系的问题意识时说："哲学的结构、问题、问题的意义始终由同一个总问题贯穿着。"[①] 就问题对于理论的开启性而言，阿尔都塞的理解是深刻的。中国在实践中重大问题的时代性提出，是中国马克思主义理论的实践性的证明，也是其理论建构的实践性的实现；同样，提出与求解中国文学实践问题的中国马克思主义文论，也在其强烈的中国文学实践的问题意识中，积极地建构着自己。

（三）注重文论研究的实践关系把握

关系地把握对象，或把握对象的关系形态，进而对之进行理论阐发，

---

① ［法］路易·阿尔都塞：《保卫马克思》，顾良译，商务印书馆 2006 年版，第 61 页。

这是马克思主义经典理论的重要特征。马克思在批判费尔巴哈人的本质论时明确指出："人的本质并不是单个人所固有的抽象性，在其现实性上，它是一切社会关系的总和。"① 正是从人与世界的相互关系以及人与世界的相互关系对人的构成这一基本理解出发，经典马克思主义者突破了西方孤立、静止地理解与阐释世界的本质及人的本质的传统思路，而是从人的社会关系以及社会关系的人的把握出发，理解人及人在其中的世界。马克思主义经典的异化劳动说、人化自然及自然人化说、商品分析说、意识形态说，以及艺术产生论、艺术不平衡发展论、艺术历史规定论、现实主义创作方法论等等，从历史到理论基础，从方法论到文论，都是立足并建构于人的社会关系及实践关系的基础上的。可以说，经典马克思主义理论建构的一大要点，即实践关系地把握人及世界，亦即分析、阐释、把握人及世界的实践关系。关系是理论研究的对象性主体。由此，把马克思主义经典哲学及经典文论强调为在实践关系基础上建构的哲学及文论，应该说，是合于马克思主义经典文本实际的。可惜，这一点被很多不习惯于关系地把握人及世界的西方马克思主义研究者忽略了。而根基于传统文论的中国学者，却对这种关系地把握人及世界的理论及方法论保持着高度的敏感性。如 20 世纪 80 年代中国实践关系学的代表人物蒋孔阳就明确指出："马克思划时代的意义，就在于他不仅把人与自然统一起来研究，而且从人与自然的关系中全面地来研究人。"② 同时期的实践观点美学的代表人物李泽厚，在剖析美何以会在现实生活中产生和发展问题时，也强调了马克思主义的一个根本观点，即从实践对现实的能动关系中把握现实，"从主体

---

① 《马克思恩格斯选集》第 1 卷，人民出版社 1975 年版，第 18 页。
② 《蒋孔阳美学艺术论集》，江西人民出版社 1988 年版，第 2 页。

实践对客观现实的能动关系中，实即从'真'与'善'的相互作用和统一中，来看'美'的诞生"①。至于当时主客观相统一的美学的代表人物朱光潜，则更是从人与自然、人与社会、人与美及艺术的主客观统一的关系中理解与阐发经典马克思主义。众所周知，20 世纪 80 年代，是在差异性强调中建构各派美学的时代，但即使在这样的时代，对于马克思主义的"关系"理解，也成为重要的共识，这绝非偶然，因为这正应和了中国在"关系"中把握世界的传统。

中国传统的核心问题是人伦问题，人伦即人和人之间的关系次序。儒家的仁义礼智信也好，三纲五常也好；道家的无为而无不为也好，游于世也好，安时处顺也好，都是人伦生活中的智慧、体验的哲学化。儒、道在中国历史上之所以彼此对立又能互补，在于二者在人伦这个根本问题上是并无二致的。二者的差异不在人伦，而在于如何对待与处理人伦，儒家以入世方式处理这个问题，道家则以出世方式处理这个问题。

坚实的人伦传统形成了充分的或典型的人伦思维方式，这种思维方式的突出特点就是在关系中思考各种问题并把各种问题都放在关系中求解。比如当古希腊人脱离人的社会关系体而歌颂阿喀琉斯的个性时，当时中国的圣哲们正在思考与解决宗法血缘关系中个人与他人的关系。而在西方置于张扬个性文化的自由、平等、博爱的文艺复兴之时，中国则正进入人伦次序社会更加理性化的时代。这一传统延续到当下，便决定了中国现代化的社会理想不是个性化的自由发展与实现，而是小康之家，而是奠基于"家和万事兴"这一传统理念基础上的社会和谐。

中国的这一关系性生存方式及其思维方式，使中国现当代马克思主义

---

① 李泽厚：《美学论集》，上海文艺出版社 1980 年版，第 161 页。

理论建构，包括文论建构，对经典马克思主义关于社会关系的论述及在关系中分析求解社会与人的思维方式形成敏感并一拍即合。近百年来，中国马克思主义及其文论，将其理论建构在重要的社会关系的把握及实践性把握的基础上，如文艺与政治的关系、文艺与生活的关系、文艺与大众的关系、文艺与时代的关系、内容与形式的关系、文学史与现实的关系、创作与接受的关系等等。在这一系列的关系求解中，中国马克思主义及其文论得以建构。

|第八章| 马克思主义文论的批判理性

中国马克思主义文学理论的政治属性是由马克思主义在中国政治斗争中的理论地位决定的，这导致它的文论属性经常受政治属性影响，并且通过政治属性体现出来。当政治活动不是以斗争方式而是以导向方式进入社会生活时，中国马克思主义文学理论的文论功能就从社会生活的实践角度显露出不同于其他文论的特殊性，马克思主义的基本思想与基本方法，就会在文学理论研究中发挥实践批判的作用。这是因为马克思主义理论本身，就是实践批判的理论。当下，马克思主义文学理论的这一文论属性正获得进一步实现的时代契机，然而，它的实践批判的理论实践运作，却没有在这一契机中更有力地因势而起，它的批判锋芒也没有更具特征地显露出来。这种状况与近年来在中国文学理论建构中占重要地位的西方观念理论的冲击有关，也与社会转型带来的既有理性解构及大众文化内爆式的强势发展有关，而这些相关原因又正是有待批判的。这使得构建中国马克思主义文学理论的批判理性成为一个有当下中国文学理论建构意义的重要的理论课题。

一、马克思主义的实践批判性

理论，这里主要是指规定着理论范式的西方理论，经由柏拉图、亚里士多德、笛卡尔、德国古典哲学、法国理性主义、英国经验主义、美国实用主义这样一个久远的历史脉络，可以大体分为三种类型，即观念理论、实用理论与批判理论，尽管这三种理论在具体的理论研究中界限并非泾渭分明。通常说的观念理论，常常封闭于理论的自证性，由概念、命题、逻辑关系，以及在逻辑关系中相互支持的理论单元构成，并进而在不同角度、不同逻辑层次的概念群的不断细致化中推展，费希特说的结论先在与观念自证，成为观念理论的特征性要点；哲学层面的观念理论求证的核心问题是世界的普遍性、永恒性与必然性。[①] 实用理论，则是在实际应用中向着应用展射又在应用中收聚的理论。它打开了理论的自闭圈，向着历史与现实的具体现象、具体问题敞开；不过，用于敞开的理论自身则往往是确定的，所向敞开的具体既是它的运用又是它的证明，这是理论的意向性敞开与输出。毫无疑问，实用性的理论教科书不乏实例与精彩的例证分析，但从根本上说，那都是既有理论条文的论证与验证。实用理论即属于这类教科书式的理论。批判理论不同，它是实践理论，它不仅在实践主体与实践对象的目的性与合目的性相互作用的展开过程中提炼与概括，而且，在此一实践过程与其他实践过程的相关性中提炼与概括，还在实践的历史阶段性与延续性中提炼与概括，批判理论与实践互动与互导。实践理

[①] 作为法兰克福学派第二代领军人物的哈贝马斯把西方理论称为本体论意义上的形而上学思想，认为它所追求的真知，"永远都是普遍性、永恒性和必然性"。（[德] 于尔根·哈贝马斯：《后形而上学思想》，曹卫东、付德根译，译林出版社 2001 年版，第 13 页）

论之所以是批判的，是因为实践过程的目的性推进或展开，总会伴生新的目的并随之展开为新的实践阶段或实践过程。其间，实践的每一步推进与展开都形成与前一步的差异，差异的显现，即新的实践问题的提出，它孕生着、推动着与实践互动互导的新的理论提炼与概括，而这样的新的理论提炼与概括不论是对先前的实践还是对生成于先前实践的理论便都要进行一定的扬弃性批判。从实践批判的角度，几十年深入研究中国马克思主义文学理论的陆贵山在强调马克思主义批判精神时说："马克思主义本身的性质的功能是革命的批判的。马克思、恩格斯几乎所有的评论文章和政论文章都体现着和贯穿着对各种非人的和非史的社会文化思潮的批判。"①

法兰克福学派第一代代表人物霍克海默是最早指认马克思主义理论为批判理论的学者，他对比西方传统理论，认为传统理论与批判理论基于两种不同的认识方式，"一种是以笛卡尔的《方法谈》为基础，另一种是以马克思的政治经济学批判为基础"②。在霍克海默，批判理论即马克思主义理论。

霍克海默把笛卡尔的理论方法作为传统理论的基础，是因为在笛卡尔看来，知识是思想的产物，而思想所以能获取具有普遍有用性的知识是因为它在各门学科的框架中找到了一种普遍适用的知识形式，这普遍适用的知识形式面向自身以外证明它的有效性。③ 由于这类知识形式是取自各门学科，因此它可以为各门学科所用；由于它来自框架式的形式，因此它可以在运用中被知识内容所充实。可见，霍克海默说的西方传统理论当属于

---

① 陆贵山：《文艺理论与文艺思潮》，中国人民大学出版社 2007 年版，第 36 页。

② ［德］马克斯·霍克海默：《批判理论》，李小兵等译，重庆出版社 1989 年版，第 280 页。

③ ［德］马克斯·霍克海默：《批判理论》，李小兵等译，重庆出版社 1989 年版，第 280—281 页。

观念理论、实用理论与批判理论三种理论形态中的第二种理论，这是一种依据孤立的材料和形式化的概念证明其理论价值的理论，这种理论在转向具体实用时又成为后者的根据。至于第一种理论——观念理论或思辨理论，则奠基在意识的无限认知能力的基础上，世界史由此成为被意识构造与征服的历史。在这一理论框架中，主体与客体、思维与存在得以统一的意识前提是一种形而上学虚设，理论的任务就是证明这种虚假的合理性，无论是对于世界的虚设、理论主体的虚设，还是对于永恒实在的虚设，其证明的根据委身于指向虚设的理论自身，亦即虚设的主体意识自身。对此，卢卡奇以康德的"道德主体"为例分析指出，在这种虚设的主体意识中，"现象和本质的分裂（这种分裂在康德那是和必然与自由的分裂相同一的）没有得到解决，也没有以它们的统一促进建立世界的统一，而是被带进主体自身之中，连主体也被分裂为现象和主体"[①]。在这样的分裂中，观念理论或意识理论便在无关于现实生活的主体纯粹意识的自证中不断地表述自己。

这里需要指出，卢卡奇、霍克海默，也包括阿多诺等所说的批判理论，不同于在观念理论中常见的理论批判。观念理论的理论批判把批判锁定于理论自身，是理论自身的概念、阐释、论证及逻辑构成的批判。这种理论批判是既有的某种观念理论的差异性投射，如德国古典哲学中常见的批判，它不是针对实践问题，而是满足批判者的理论兴趣，是纯粹意识自身的差异性批判。

霍克海默及卢卡奇在对笛卡尔的实用理论和康德的观念理论的批判中，准确地揭示了马克思主义批判理论的实践属性，或者，也可以说是马

---

① ［匈］卢卡奇：《历史与阶级意识——关于马克思主义辩证法的研究》，杜章智等译，商务印书馆 1992 年版，第 195 页。

克思主义实践理论的批判属性。这是他们对于法兰克福学派的理论功绩。不过，霍克海默、卢卡奇与阿多诺对批判理论的特征性理解集中于整体性与历史性，强调从社会整体性中考虑生活局部，强调从历史决定性中解释现实，社会整体性与历史决定性由此成为考虑与解释的某种既定前提。这显然背离了马克思主义实践批判论的主旨。马克思主义的实践论，是向着历史与未来敞开的实践论，实践在不断的目的性敞开中物质性地批判它的现实整体性，马克思主义理论则意识理论地揭示这一批判，马克思主义的历史实践观，不是决定论的，而是辩证的相对论的，历史实践的必然性总是在辩证的相对性中获得揭示与解释。由于霍克海默们对社会整体性与历史必然性的这类具有僵化倾向的理解，埋下了法兰克福学者曲解马克思主义批判理论的种子。

马克思主义的实践批判理论，强调人在社会实践中的主体地位，这一主体地位体现为现实性、实践性、主体性及历史与现实语境性。第一，在马克思主义实践批判理论中，这种主体地位是相对于自然对象与社会对象而言的。人本身就是自然，人为了生存而在自然中生产并自我生产，同时便在自然中打上人的烙印，实现着自然人化与人化自然，感性活动因此成为基本的实践主体活动。马克思主义由此成功地破解了观念理性的人在观念中生存的魔咒。而自然人化中的人的生产，又不是单个人的生产或彼此无关的众多人的生产，而是在一定生产关系中并经由生产关系派生的各种社会关系中的社会人的生产及人的社会实践。这样，马克思主义的实践批判理论的人的主体地位又有力地否定了西方哲学对人的单子式或实体式的理解。第二，马克思主义批判理论的人的实践主体地位的确立，使马克思主义批判理论获得了建构的根据与尺度。人的社会生产状况、社会管理状况、社会组织状况、社会消费状况，包括经济、政治、法律、宗教、哲学、艺术等，都在社会人的实践主体地位的状况中得到批判的根据、改造的根据、创新与发展的根据。第三，马克思主义批判理论的人的实践主体地位，又是在人与实践对象经由社会实践（包括人与人之间的交往关系）而互为互动的过程中得以确立的，主体在这个过程中构入对象，又使对象构入自己。因此，没有社会实践之外的主体，也没有社会实践之外的对象，精神的对象归根结底不过是社会实践对象经由一定意识运作的精神化，当然，更没有主体之外与对象之外的实践；从实践主体由感性到社会实践再到实践精神的一体化关系中，马克思提出了物质生活的生产方式制约着整个社会生活、政治生活和精神生活的过程。第四，马克思主义批判理论的实践主体地位规定着马克思主义的理论批判既是历史性的又是语境性的。任何现实实践都是此前实践的延续性展开，并受制于此前实践的历史延续性；同时，任何现实实践又都是特定社会情境中的实践，社会情境不仅是实践现实展开的条件，更构成现实实践中各种共时性实践活动间的关联方式与关联规定性。霍克海默在阐释马克思主义批判理论时，就曾强调过这两点："就此而言，批判理论的'批判性'表现在两个方面，一是历史性，二是情境性。"[①] 霍克海默的这一强调是合于马克思主义批判理论的。

二、当下中国马克思主义文论批判锐气的弱化与批判锋芒的钝化

马克思主义的上述实践批判属性从根本上规定着建立在马克思主义理论基础上的中国马克思主义文学理论的批判特征，即是说，中国马克思主

---

① 　陈学明等：《二十世纪西方马克思主义哲学》，人民出版社 2012 年版，第 169 页。

义文学理论以中国自身或见于中国自身的文学实践为理论研究对象，从而区别于西方文学理论。同时，它又以其实践批判的理论属性区别于国内外的其他文学理论。它在历史展开的中国文学实践中，随时地把握着整体性的实践进程，敏锐地捕捉以差异性显现的实践问题，并将之提升为理论问题，进行目的性、功能性、构成性、特征性、语境性等的理论批判性求解。这就是本章所强调的，需予着力建构的中国马克思主义文学理论的批判理性。

在当下文学实践中，这个问题本身就已现实地成为文学实践批判中的重要理论问题。这是因为：

（一）中国马克思主义文论在实践批判中创建

中国马克思主义文学理论，20 世纪初由陈独秀、李大钊等革命先驱在中国首创时，便体现着犀利的批判锋芒。他们以马克思主义的无产阶级革命理论与阶级斗争理论为根据，对当时的混乱国情、黑暗政治以及与之相关的文学实践展开尖锐批判，对中国文学的启蒙实践与革命实践活动予以指导。20 世纪 30 年代，以中国左翼作家联盟的文学实践与文学理论实践为代表，它所集中爆发的批判力量，使中国马克思主义文学理论在当时的文学实践中脱颖而出，对此，"鲁迅、瞿秋白、茅盾、周扬、冯雪峰、胡风、李健吾等一大批理论家和批评家做出了不可磨灭的贡献"①。对"新月派"的批判、"人性论"的批判、"自由人"和"第三种人"的批判，以及

---

① 郭志刚、李岫主编：《中国三十年代文学发展史》，湖南教育出版社 1998 年版，第 31 页。

对于"大众化"问题进行的富于批判精神的讨论，都以马克思主义理论为指导，鲜明地体现出马克思主义文学理论实践批判的理论特色。20世纪40年代，以毛泽东《在延安文艺座谈会上的讲话》为指导，进一步凝聚了中国马克思主义文学理论的政治批判锋芒与革命斗争锋芒，在批判标准、批判功能、批判理论方向上确定了合于中国文学实践特点的理论建构方向。

（二）中国马克思主义文论在社会转型以来的文学实践中批判锐气的弱化

进入大规模社会转型期以来，中国马克思主义文学理论的批判锐气在总体上有所弱化。这一时期，社会转型带来社会生活的巨大变化，各种社会实践中的文学问题接踵而来，这类问题具有现实紧迫性，又盘根错节、迷惘众多，这正是中国马克思主义文学理论发挥实践批判作用的时代契机。然而，有力的实践批判却不多见。这主要是因为中国马克思主义文学理论研究从总体上说没有积极参与到文学实践中去，因此无法取得文学实践的理论构成与理论引导身份。这种情况如有学者在回顾进入新时期后的三十年中国马克思主义文论状况时所指出的：由于脱离艺术实践与艺术实际，热衷于概念游戏、理论命题及体系建构，由于缺乏问题意识，盲目照搬外国理论资源，由于忽视了中国文艺理论和文艺创作的实际问题等，造成中国马克思主义理论研究的不足与缺陷。[①] 进一步究其原因，可概述为如下几点。

---

① 丁国旗：《马克思主义文艺理论研究30年》，载钱中文、丁国旗、杨子彦编：《新中国文论60年》，知识产权出版社2010年版，第104页。

1. 中国马克思主义文学理论摆脱为政治服务的状况后对于社会实践在一段时间着落不实

进入新时期，是进入了一个更为广阔的实践天地。文学实践很快转入了这一广阔天地，在很短时间里，伤痕文学、大墙文学、朦胧诗群、先锋文学、痞子文学、寻根文学、女性写作等，多种带有流派性质的文学实践便空前活跃地展开。在这种情况下，中国马克思主义文学理论的一些研究者却把自己屏蔽在热闹的文学实践之外，既不能从众多的流派涌现中，就文学流派与社会实践的关系、作家创作与社会转型的关系、读者需求变化与文学功能变化的关系、社会道德状况与文学道德形态的关系，以及文学与政治的关系等，提出具有深刻批判意义的理论问题，又不能对这类关系中的种种实践运作的偏差、倾向进行有效的批判。纵观 20 世纪 80—90 年代中国马克思主义文学理论研究的文献材料，真正具有实践意义的批判成果并不多。由于理论批判之维的软弱，致使很多随当时实践展开便应梳理批判的问题，在新世纪初以更为混乱的状况好像突然爆发似的冲涌而来，如文学理论研究对象问题、文学边缘化问题、文学功能问题、文学道德问题、文学商品化问题等，而对这类积聚下来又好像突然爆发出来的实践性问题，新世纪的中国马克思主义文学理论研究却仍然不同程度地处之淡漠。

2. 沉涵于马克思主义文学理论的文本研究而疏离于实践

马克思主义文学理论就理论属性而言是实践批判理论，但像种种理论一样，它们一经定型便会文本化。在文本化过程中，当时的实践批判语境逐渐淡化乃至消失，理论以概念、命题、逻辑论证圈起来的系统或整体也便逐渐封闭，成为可以孤立进行的理论自身的研究。很长一段时间，马克思主义文学理论的系列性的基本命题、基本范畴，被进行着远离实践的理论研究，如现实主义论、意识形态论、文艺功能论、历史精神与人文精神论、形象思维与认识论、文艺特征论、文学经典价值论、文艺生产论等等。固然，马克思主义文学理论的文本研究是非常必要的，没有精读与深识，就没有马克思主义文学理论的接受与发展。但文本化的文本研究与结合实践的文本研究并不是一回事，研究如果囿于理论的封闭性，不在研究中结合现实实践揭示藏在文本中的历史与情境性的生成根据，并把这种生成根据向现实实践引申，以求提出、求解、批判现实实践的问题，这种研究就只能使实践批判理论成为文本理论批判，批判理论的实践批判精神便难免弱化。对这种情况，童庆炳在进行新世纪以来文学理论走向的分析中，将之列为当下文学理论的三大危机之一而予以强调，认为这是"理论脱离实际，不能回答和解决社会转型后提出的急需解决的问题"[①]。这种脱离实践的文本化的研究倾向至今仍然存在。

3. 理论兴趣对于实践兴趣的语境性侵扰与取代

马克思主义文本化弱化了甚至抽离了马克思主义理论的实践属性及现实批判力量；文本化的马克思主义理论被纯粹化为观念理论，从而满足着新时期以来中国学术界越来越浓厚的纯粹理论兴趣。这里说的纯粹理论兴趣即对理论本身的兴趣。在这种兴趣中理论被封闭于社会实践之外，成为概念、判断、逻辑推理的自我严密与自我完合的理论实在。

上述理论兴趣在学术研究中的不断增强，与 20 世纪 90 年代西方理论一浪高于一浪的涌入密切相关。总体而言，这些大量涌入的西方理论往往

---

① 童庆炳：《当下文学理论的危机及其应对》，载钱中文主编：《文学理论前沿问题研究》，河南大学出版社 2011 年版，第 133 页。

是在西方已经流行过去了一段时间甚至很长时间的理论，结构主义、形式主义、现象学、新历史主义、精神分析学、生存哲学、接受美学、现代主义、后现代主义的先期理论等等，都是如此。当它们涌入中国时，在涌入时的西方已经成为或正在成为理论流派的过去时。它们产生时的社会语境、理论情境都已发生变化，因此已经成为非语境化与非情境化理论。而且，它们又是进入中国这个在很多方面都迥异于西方的差异性语境与情境中的非语境与非情境理论——按语义传播的条件性说，一个确定语义由自生语境进入差异性语境，是更需要在自生语境与差异性语境中转化的，差异性语境中的理论非语境化往往会导致既有语义的变化甚至瓦解。① 而这类非语境的传入的西方理论多数都有严密的体系性，因此很能激发并满足中国阅读者与研究者的纯粹理论兴趣。这种情况本身就已经语境化了，不断地养育出一种非语境与非情境的语境性或学术情境性的趣味。这样的理论趣味见于马克思主义文学理论，后者的实践批判性便被淡化与忽视，从而成为观念普遍性的理论研究对象。

三、理论资源多元化中批判主元的缺位

　　眼下，中国文学理论多元化建构格局已经显现出一定规模，这是值得

---

　　① 雅克·德里达在《书写与差异》的访谈代序中谈到过不同民族、不同时代、不同语言所导致的不仅是思维方式、书写方式及思维与书写内容的差异，而且，同一个文本，在转译与传播中，也会带来不同的接受理解的问题。他说，这种差异性表现为"那将是另一个历史，另一本书"。（[法]雅克·德里达：《书写与差异》，张宁译，生活·读书·新知三联书店 2001 年版，第 25 页）

肯定的理论成果。不过，在这个过程中，由于缺乏对占有强势的西方理论的批判，理论的本土属性不断遭受压抑，随着时间的推移，这个问题的严重性越来越不容回避。

20 世纪 90 年代以来，大规模涌入的西方理论除上面提到的去语境化情况外，还有另外两种情况需予注意：一是被引入的西方理论的门类众多，异说纷呈；二是被引入的西方理论在引入中系统破碎，观念杂陈。由于某些传入的西方理论流派理论体系的盘根错节，在历史延续中又枝杈横生，更时有理论自身形成中的先后矛盾或改弦更张，这种复杂情况在没有详细语境资料的情况下，造成中国学者对西方理论进行系统把握的难度。所以，这类西方理论在匆忙研读的一些中国学者那里便很难做到系统性接受，当然更难做到系统性转述与转用。于是，常常可以看到不同流派的西方思想观点、理论阐释，仅因其字面上有些许可以套用或转用的迹象，便被围绕论主的观点或看法杂陈连缀起来。这很类似于詹姆斯所说的理论实用主义的杂烩拼盘。①

中国文学理论已经形成与正在形成的每一元理论从思想构成形态说，都大体包含着三个方面，即经由转化的西方理论、中国传统文学理论，以及中国文学理论的基础理论对现实文学实践及文学理论的阐发与求解。这三个方面又各有复杂情况，它们在各元理论构成中各有侧重、各有依托、各有阐发、各有求解，形成文学理论多样丰富的热闹场面，形成理论各元的建构差异。对多元建构的文学理论状况，钱中文曾从积极方面概括说：

---

①　詹姆斯又把这种杂烩拼盘式的实用主义称为流动的实用主义真理观，指出这种真理观旨在经验感知的基础上建立起一种证实的关系，从而获得真理的集合体。实用主义者追求这种真理，"当然是因为它经济实用和有效率"。（［美］詹姆斯：《实用主义》，燕晓冬译，重庆出版社 2006 年版，第 156—157 页）

"它们努力回应着我国现实的需求，同时也与国外文化中出现的新问题相呼应，既有纵向的深入，也有横向的开拓，极大地丰富与支持了文学理论这门学科。"①

但随之而来的一个问题，就是各元文学理论，除问题的提出具有本土性之外，怎样的求解才能更具有坚实的本土立足点、本土当下立足点，以及合于本土情况的全局视野、合于全球理论走势的本土评价，其中包括传统的重估、实践的构入、问题的真伪、理论的提升等呢？固然，对上述问题要拿出各元均接受的理论标准，既是不可能的，也是违背理论多元展开的思想属性的。这里强调的是，我们总要有一个总体性的、具有中国本土特征的理论批判态度与理论批判取向，它不是规定着理论说什么，而是不断地从中国社会转型实践的总体走势与历史趋向，质疑理论所说的疏漏、偏颇、局限，梳理理论建构的混乱与迷惘，反思与提升既有理论的价值与意义。能发挥这种作用的理论，就是理论的批判之元或批判之维。

那么，承担中国文学理论建构的批判主体之元或主元的理论，可以根据什么条件而总体性地确认呢？就理论批判的历史实践而言，这类理论条件起码应从理论属性、理论功能、理论的本土性三个方面体现出来。其一，这一理论本身必须具有突出的批判性，而且这一批判性不是由某些研究者的理论批判兴趣体现出来，而是由该理论从问题提出到问题求解，再到问题求解的现实取向的理论自身规定性体现出来，亦即前面不断强调的理论的实践批判属性；其二，这一理论必须具有很大的涵盖性与包容性，并且具有使这样的涵盖性与包容性向所批判的各元理论进行灵活的问题式转换的理论应对性；其三，这一理论是在中国的理论实践中历史地建构起

---

① 钱中文主编：《文学理论前沿问题研究》，河南大学出版社 2011 年版，第 1 页。

来的，它本身便是中国文学理论历史建构的理论形态。当然，还可以有其他一些也很重要的属性条件，如体系性、传统性、普遍性、当下性等。不过，上述三点是必备的。

据此而论，说中国马克思主义文学理论对中国多元建构的文学理论具有批判的主体之元的作用，便顺理成章了。这正如陆贵山所说："只有马克思主义所凭借的辩证的思维方式对含有一定真理性的各式各样的文艺观念和美学观念进行辩证的整合，将其摆放在总体学术框架中所属的位置和坐标点上，才能建构成一个主导和多元相统一的合理有序、融为一体的文论思想和美学思想的宏大体系。"①2005 年，朱立元受童庆炳之托，为马克思主义文艺理论研究这一重大课题担当一个子课题研究，即开展 20 世纪 90 年代以来中国文学理论和批评概况的调查，朱立元为此主编了一份具有重要理论意义的调查报告。该调查报告作为调查结论特别强调指出："文艺学的发展应始终坚持以马克思主义为指导。"② 这一强调虽然未在马克思主义的批判精神上展开——尽管当时从文学实践方面，从受西方理论猛烈冲击的中国文学理论处于迷惘状况方面，都应该对马克思主义文学理论的批判精神有所强调，但这一结论在中国文学理论根基的马克思主义坚持上，具有重要意义。

中国马克思主义文学理论作为中国文学理论多元建构中批判性的主体之元，上述三个属性中的第一点与第三点，即其实践批判的理论属性以及中国文学理论建构的历史属性，前面均已阐释，此处不赘述。条件的第二点，即理论的涵盖性、包容性及问题转换性，从陆贵山对马克思主义文学

---

① 陆贵山：《文艺理论与文艺思潮》，中国人民大学出版社 2007 年版，自序第 4 页。
② 朱立元主编：《新时期以来文学理论和批评发展概况的调查报告》，春风文艺出版社 2006 年版，第 217 页。

理论的构成性研究中可以找到重要的理论根据。他认为，恩格斯在评论拉萨尔的剧作《济金根》时特别倡导了艺术创作与艺术批评的"'美学观点和史学观点'，并把他所倡导的'美学观点和史学观点'提升为评论和衡量作家作品的'非常高的，即最高的标准'，这是带有母元性质的美学观念和文艺观念"①。陆贵山所说的"母元"是专就马克思主义及其文论的理论本体性的构成性而言的，即它不仅涵盖了各种文学理论的理论母题，而且在真理性的路途上概括与提升了各种理论求解的总体性根据。② 继之，陆贵山把恩格斯的"美学观点"与"史学观点"和马克思主义的人学观念统一起来，强调其间的内在联系。通过"美学观点"、"史学观点"在"人学观点"上的文学理论的打通与连贯，马克思主义文学理论的理论构成性的"母元"属性，即它巨大的理论涵盖性、包容性及问题转换性得到了很充分的论证。对马克思主义文学理论的"美学观点"、"史学观点"以及"人学观点"，陆贵山多次撰文予以阐释，这是他多年建构起来并在国内产生重要影响的马克思主义文学理论思想体系的重要组成部分。

四、中国马克思主义文论批判理性建构的历史契机

新时期以来，在社会转型的巨大振荡中，中国马克思主义文学理论面对着复杂的社会实践状况，这使得它的实践批判功能的进一步实现获得新的历史挑战与历史契机，这也正是本节强调建构中国马克思主义文学理论

---

① 陆贵山：《文艺理论与文艺思潮》，中国人民大学出版社 2007 年版，第 7 页。

② 陆贵山：《文艺理论与文艺思潮》，中国人民大学出版社 2007 年版，第 8 页。

批判理性的历史与时代根据。

（一）西方文学理论冷漠文学实践整体性的缺欠在当下中国文学理论建构中进一步显露

一百多年来西方各种理论流派纷呈，蔚为大观。不过，随着近一个世纪尤其是新时期以来多方位的而且是日渐深入的西方理论接受，更多的中国学者越来越发现不少传入的西方理论具有淡漠或背离社会实践的倾向，即是说，马克思当年所批判的西方理论哲学"对事物、现实、感性，只是从客体或者直观的形式去理解，而不是把它们当作人的感性活动，当作实践去理解，不是从主体方面去理解"① 的问题，从总体上说没有得到解决。同样，用认识论去解释世界与用实践论去改造世界的矛盾也长时间没有得到解决。也正是在这个问题上，经典马克思主义与后来的西方理论哲学界，包括西方各种样式的马克思主义研究不断地发生冲突。

西方理论哲学界的理论兴趣更多地集中于理论自身，如概念的理论由来、命题的理论论证、逻辑的理论构成、体系的理论严整等。这样一来，理论自身的对象便只能是与自身理论相对应的对象，对象被理论地设定出来并切合于理论地设定，这就是马克思所说的奠基于二元论的对象"客体"或者直观的、确定不变的对象"形式"。对这种热衷于理论自身的理论研究，德里达曾描述说："它们是那么孤单，是无限的世界又是被隔绝的世界"。在这个世界中，"意义为了找到居所，为了成为有别于自身的那个叫

---

① 《马克思恩格斯选集》第 1 卷，人民出版社 1972 年版，第 16 页。

做意义的东西，就得等着被说出被写出"。①

这种情况见于西方文学理论，其理论自身性便通常体现为袭用某种流行的或有影响的理论哲学的观点或方法的形式，并把这类形式套入德里达有待说出或写出的一定理论的内容，如形式主义的内容、新批评的内容、实用主义的内容、符号学的内容等。由于每一种流派的内容都是预先的合于流派形式的量身打造，所以当它们被理论地说出或写出来时，自然就合身合体。这样的理论因袭不断导致文学实践被理论阉割，成为套入某种形式的实践。

2015 年以来，中国多家重要文学理论刊物就张江的《强制阐释论》展开热烈讨论，②尽管在一些理论提法上及特征性概括上有各种不同意见，但张江对西方文论所持的鲜明的批判立场，对西方文论热衷于理论阐释而淡漠于文学实践的症兆性诊断，大家都持肯定态度，并报以积极的学术响应。张江的《强制阐释论》在中国文学理论界所引发的理论反响，以及多名学科领军人物对之形成的高度关注与理论参与，都可看作是中国文学理论界对西方文学理论盲目追随的热潮的退去及批判意识的唤醒，其中包括对某些西方文学理论冷淡文学实践及社会实践的总体性理论缺欠的批判性聚焦。

（二）中国文学理论建构的主体性召唤

建构中的中国文学理论奠基于中国本土智慧，依凭中国本土的社会实

---

① ［法］雅克·德里达：《书写与差异》，张宁译，生活·读书·新知三联书店 2001 年版，第 17 页。

② 张江的《强制阐释论》发表于《文学评论》2014 年第 6 期，继之，《文艺研究》、《文学评论》、《中国社会科学》、《文艺争鸣》等杂志均组织国内学者展开专题讨论。

践与文学实践，这决定了中国文学理论是面向中国现实实践，面向西论中化现实状况进行建构的理论主体。理论主体的主体性，不仅是以我为主的带有自慰性的称谓，而更是一个理论功能问题，即中国文学理论在理论建构中发挥着提问、求解、汲纳、转化的主导性功能。在当下多元建构的中国文学理论中，能承载并发挥这一主导性功能的理论，正是中国马克思主义文学理论。

20 世纪的大部分时光，中国文学理论都是处于一种依附状态，先依附于民族救亡的国势，继之依附于政治斗争，经历一段短暂的文学与文学理论的主体性反思与建构，很快又转而依附于市场经济与大众文化形态的动态结合，依附于西学的泛滥性涌入。这样的依附状况一方面证明着中国文学理论对于中国社会实践与文学实践的关联及由此被规定的主从关系，另一方面，这也证明着前者不同程度的理论迷失，以及它对于后者的合于批判理论属性的引导功能的淡忘。而当一种社会理论放弃了对于社会实践的超越性引导与批判性干预，它就会成为多余的理论。

在这样的理论主体意识中，以实践批判性为理论特征的中国马克思主义文学理论，迎来了理性建构的契机。

首先，如前所述，中国马克思主义文学理论以其实践批判的理论属性，适应着中国文学理论由依附性文学理论向主体性文学理论进行理论属性转换的批判性理论需求。理论的现实依附性，在旷日持久的基础理论、批评理论及史论建构中形成一套依附的理论观念与理论主张，它们至今在中国高校文学理论教材中，仍是稳定的理论构成部分。如何使之进一步向当下与社会实践密切相关的文学实践敞开，并在这样的基础上寻求新的本质论、功能论、批评论建构的途径？这类重要问题的求解不经由一番深刻的反思性批判与实践性批判，是难以深入的。其次，在多元建构的中国文学理论中，没有哪一元文学理论能像中国马克思主义文学理论这样具有强大的历史延续力量。中国马克思主义文学理论不仅是中国现代文学理论的启蒙性理论，而且，在中国现当代文学理论百余年的建构中，它总是在历史转折的关键时刻，展开自己的理论言说。这不仅证明着它的理论活力，同时也证明着前面提到的在不同历史条件下，它向其他文学理论生成及吸纳其他文学理论的包容性与整合性。再次，它在历史延续中不断被中国多元化的文学理论所承领与分享，是多元文学理论得以生发的基础性理论。最后，中国马克思主义文学理论所坚持的马克思主义理论基础，在全球化的理论建构与交流中，其批判属性、基本主张、命题与范畴，是为世界各方面的理论研究者所熟悉、所关注、所不断思考的理论所在。因此，中国马克思主义文学理论是中国文学理论在全球化进程进行主体性建构时，最宜于实现其理论主体性的理论，也是最宜于进行多方面的问题研究与交流的理论。

中国马克思主义文学理论的主体性建构正是在这重意义上继往开来地展开着。对此，我赞同丁国旗对逐渐由充满活力的中青年学者顶替上来的当下中国马克思主义文学理论面对当下实践，包括面对全球化进程，更重视实践问题研究的评价。[①]

（三）现实文论问题的实践论求解

中国马克思主义文学理论秉承马克思主义的实践属性，在中国社会实

---

① 丁国旗：《马克思主义文艺理论研究 30 年》，载钱中文、丁国旗、杨子彦编：《新中国文论 60 年》，知识产权出版社 2010 年版，第 105 页。

践与文学实践中建构。当下，马克思主义文学理论的实践性建构集中发力于三个方面：首先，实践的目的性批判。改造与变革现实的社会实践活动，总是在改造与变革现实的目的性中展开。目的的选择与确定，受社会多种因素规定，这些因素相互作用又在相互作用中随时变动。马克思主义实践论的目的批判因此获得当下的甚至即时的理论意义。实践的目的性活动又是对于多种实践力量的随时组织与不断组织的活动，组织的程序、方法、策略、阶段性与合目的性，成为实践论批判的过程性的理论状况。哈贝马斯称其为对不同实践主体间的"协调"。① 而协调的条件性水平及操作性水平，正有待马克思主义实践论通过批判性指向予以理论评价与理论引导。其次，实践的筹划性批判。实践的目的性活动又是工具性或手段性活动，如何协调地创研、选择、运用工具（科技手段），这是一个海德格尔所说的建立在对于生存操心基础上的筹划活动。② 筹划的合理性直接关涉目的性实践过程的实践效率，马克思主义实践论的批判要点正在向此凝聚。最后，实践的过程性批判。当下正进行的社会转型过程，是中国马克思主义文学理论批判建构的问题要点。社会转型的根本性推进力量是经济体制转型与政治体制转型，这种转型引发的社会生活振荡与文学实践的差异性展开，在经典马克思主义文学理论中，均有坚实的理论批判根据。

---

① 哈贝马斯在说到不同交往的实践主体关系时，强调实践的目的性实现，必须解决"多个行为者的行为计划如何才能相互协调起来的，从而使他者的行为与自我的行为相互联系起来"。（[德] 于尔根·哈贝马斯：《后形而上学思想》，曹卫东、付德根译，译林出版社 2001 年版，第 58 页）

② 海德格尔所说的"筹划"含有三个要点：筹划总是筹划者自身筹划；自身筹划进行于一个已被揭示的世界中；筹划在有所领会的可能性中进行。尽管后期海德格尔在体验的冥思中有所沉迷，但他在谈论筹划的《存在与时间》时期，现象学的实践论倾向还是很明显的。（[德] 海德格尔：《存在与时间》，陈嘉映、王庆节译，生活·读书·新知三联书店 1987 年版，第 232 页）

|第九章| 《〈政治经济学批判〉导言》对于中国马克思主义文论的建构意义

《政治经济学批判》实现了马克思对于资本主义制度的深刻批判。其中钩沉取极的洞见、鞭辟入里的阐发、入木三分的剖析，把人类历史延伸的生存发展的秘密，从生产、分配、交换、消费、使用价值、交换价值这类最基础也最简单的问题入手，解析得淋漓尽致。《政治经济学批判》的成功，不仅是无产阶级革命立场的成功，渊博知识的成功，充分占有与娴熟运用理论与实践资料的成功以及深刻而广袤的历史视野与世界视野的成功，同时也是对西方 18 世纪以来代表性的理论思辨方法予以实践性颠覆与变革的成功。尤其是在《〈政治经济学批判〉导言》中被马克思集中运用与阐发的由简单范畴上升为具体范畴进而求解重要的现实历史问题的方法，对于当下中国文学理论走出枯燥的理论思辨，走出观念思辨模式，同时也走出自得其乐于其中的肤浅的经验式理论描述路径，提供了意义重大的理论方法的引导。

一、对应文学活动的中介范畴提出的启示

（一）《〈政治经济学批判〉导言》与当下文学理论建构的理论对应性

马克思所展开研究的政治经济学，是研究现实历史的生产关系及生产过程的学说。它从现实历史的生产阶段与生产过程中，抽取概括出人类史各种生产活动都具有的人类一般规律——"生产的一切时代有某些共同标志，共同规定。生产一般是一个抽象，但是只要它真正把共同点提出来，定下来，免得我们重复，它就是一个合理的抽象"①，进而综合地、总体性地考察这些生产一般在不同历史条件下的差异性情况，进行进一步的差异性抽象，再在不断细化的差异性研究中，逼近具体的、有待示秘的现实社会生产的总体问题，即对以资产阶级关系为前提的现代资产阶级社会进行理论分析。循着这样的思路，马克思从最简单又最具有人类历史普遍性的生产一般展开思考，进入生产的历史规定性，即生产与分配、交换、消费的一般关系。对这类关系，马克思进行着构成性的、相互作用的、差异性的把握，并随时把这种把握纳入历史阶段性的总体性中，发现与揭示其中的差异性的一般延续性，叩问隐含其中的偶然与必然、现象与本质、矛盾与统一的相互生成、相互作用、相互构成的关系。进而，又由生产的关系性出发，将之具体化为生产资料与生产关系、生产关系与交往关系、国家形式和意识形式同生产关系和交往关系的关系，以及法的关系、家庭关

---

① 《马克思恩格斯选集》第 2 卷，人民出版社 1972 年版，第 88 页。

系。这是一个不断具体化的关系思考。对此，恩格斯在《卡尔·马克思〈政治经济学批判〉》中概括说：政治经济学"所研究的不是物，而是人和人之间的关系，归根到底是阶级和阶级之间的关系；可是这些关系总是同物结合着，并且作为物出现……马克思第一次揭示出它对于整个经济学的意义，从而使最难的问题变得如此简单明了，甚至资产阶级经济学家现在也能理解了"。①

《〈政治经济学批判〉导言》所研究的历史现实的社会关系问题，以及研究所采用的具体的关系性、互构性、相互作用性以及从差异性角度思考问题的方法，与文学理论的文学实践的研究对象及思考问题的方法，具有明显的对应性；而且，文学实践，从文学生产角度理解，属于马克思所说的艺术生产范畴，正是在《〈政治经济学批判〉导言》中，马克思提出了著名的艺术生产与社会生产发展不平衡关系的论断。因此，带着中国文学理论的现实建构问题学习与领会马克思《〈政治经济学批判〉导言》中精要阐发的并在要点问题上典型展开的研究方法，对文学理论建构具有重要的理论引导意义。

尤其是当下，中国文学理论研究自 20 世纪 90 年代以来，在潮水般涌入的西方思想理论的影响下，由于自身理论根基前提性地深扎不够——这里有历史原因及时代原因造成的传统割裂，有理论转换机制的运作乏力，也有理论研究远离实践的盲目倾向，因此不同程度地存在非语境的观念性接受状况、非问题的逐潮性接受状况，以及非主体的套用性接受状况。在这些接受状况作用下，文学理论研究淡化文学实践甚至远离文学实践的问题严重到不下大力量予以扭转，则文学理论很难在如火如荼的文学实践进

---

① 《马克思恩格斯选集》第 2 卷，人民出版社 1972 年版，第 123 页。

程中有所作为的程度。这使得在马克思《〈政治经济学批判〉导言》中寻求方法论的引导，更具有迫切的现实意义。

《〈政治经济学批判〉导言》对于当下中国文学理论建构的引导意义——这是从当下文学理论的问题性状况提出的要点性的引导意义，可概括为以下几个方面：

第一，从简单或比较简单的范畴到比较具体的范畴，是理论系统性地研究现实社会问题包括文学实践问题的正确方法，即由抽象到具体、由简单到综合。

第二，相互关联的范畴研究，要分别考虑相互关联的每一个方面，揭示其相互关联的性质与相互作用，并在现实实践过程中统一地求解其中的矛盾。

第三，范畴及范畴关系思考，包括范畴属性、范畴关系规定性思考，需经常地与范畴及范畴关系所由生成的现实的、历史的社会实践保持参照的对应性，既要面对头脑或理论领域的思想过程，还要随时对应确实发生并仍然发生的现实过程。

第四，对于理论研究而言，逻辑的方式是唯一适用的方式，但它实际上是历史研究的方式，不过是摆脱了历史的形式以及起扰乱作用的偶然性。

以下，就这四个要点，结合当下文学理论状况，逐一展开分析。

（二）由简单范畴上升到具体范畴是理论地思考现实问题的正确方法

马克思《〈政治经济学批判〉导言》第三节开宗明义地指出："从实在

和具体开始，从现实的前提开始，因而，例如在经济学上从作为全部社会生产行为的基础和主体的人口开始，似乎是正确的。但是，更仔细地考察起来，这是错误的。"① 马克思由此提出一个系统地思考现实社会状况的起点问题。为此，马克思提出由抽象进入具体的两个重要概念，即简单范畴与比较具体范畴。

作为思维起点的抽象的简单范畴与通往思维结果的那些具体的若干中介性的比较具体的范畴，形成一种由此及彼的上升式逻辑关系。这里要特别注意两点，即简单范畴的原发性与比较具体的中介范畴的差异性的历史条件性。在马克思看来，简单范畴是那些在人类初始阶段简单的生存结构中即已历史存在或自然存在的关系的抽象，这些关系在随后不断复杂化的历史发展中，在日益高级的社会存在中，则表现为发达组织中的简单关系。与这类关系相对应的简单范畴在精神的历史延续中未必在时间上与之对应性地提出，倒往往是简单的关系在不发展的具体中已经实现，而对应的简单范畴却并未被抽象出来。比如"占有"这种人与物的原始关系，它作为氏族公社所有权的前提，在原始家庭或氏族公社之前便已存在，并实现为后来的家庭或氏族公社，那时，"那些通过较具体的范畴在精神上表现出来的较多方面的联系和关系还没有产生"②。随后，伴随着简单关系在比较发展的社会中不断现实化，与之相应的简单范畴才在比较发展的具体中作为一种从属关系的抽象保存下来。还是以"占有"为例，在资本主义社会的雇佣劳动中，"占有"是雇佣劳动关系的前提，但"占有"在雇佣劳动中的实现，则经历着一系列的具体关系过程，包括生产关系、分配关

---

① 《马克思恩格斯选集》第 2 卷，人民出版社 1972 年版，第 102 页。
② 《马克思恩格斯选集》第 2 卷，人民出版社 1972 年版，第 105 页。

系、交换关系、流通关系，以及法的关系、家庭关系、国家形式及意识形式等。与后来这些发展的具体关系相对应的便是比较具体的范畴，它们是这些具体关系的一般性的抽象。于是，就精神获得程序而言，"占有"这一简单范畴，反倒实际上在以它为前提的那些比较具体的范畴之后被抽象出来。换句话说，规定着比较复杂关系的前提性的简单关系在后来各种较为复杂的关系得以实现时，它才作为前提性体现出来，因此被抽象出来。

简单范畴由抽象上升为具体的那些比较具体的范畴，在马克思看来，它们的获得是一个历史发展过程，"比较简单的范畴，虽然在历史上可以在比较具体的范畴之前存在，但是，它的充分深入而广泛的发展恰恰只能属于一个复杂的社会形式，而比较具体的范畴在一个比较不发展的社会形式中有过比较充分的发展"[1]。简单范畴只有在更为复杂的社会形式中才能得到深入而广泛的发展；比较具体的范畴，则在比较不发展的社会形式中，随着社会形式的发展而不断地提升与抽象为范畴，它不仅与作为它前提的简单范畴保持着统一性关系，而且与它所对应的具体保持一种历史性的统一关系。

这里有四个要点可以概括，第一，简单范畴所抽象的一般，它见于历史的简单原始活动中，并在后来的、延续至今的日益复杂化的社会活动中一直作为一般的规定性而发挥作用，如生产与消费。第二，伴随社会活动的日益复杂化，简单范畴的一般也日益复杂与多样地分化出来，成为不同活动环节与不同活动样式的一般，这类一般便被抽象为比较具体的范畴，发挥着比较具体的活动规定性，如后来在封建社会与资产阶级社会出现的不同的占有关系与法的关系的一般性。第三，简单范畴向比较具体范畴的

---

[1] 《马克思恩格斯选集》第 2 卷，人民出版社 1972 年版，第 106 页。

分化，是历史运动的结果，受历史条件制约，对应着不同历史阶段的具体，并归根结底体现为历史必然的延续过程。第四，与前提性的简单关系相对应的简单范畴，往往在与较为具体的关系相对应的较为具体的范畴之后被抽象出来，并且获得它所具有的前提性的认识。

把马克思简单范畴与比较具体的范畴的政治经济学思路根据其中的类比性联系到文学理论上来，立刻就会发现，当下中国文学理论无论是思维起点的抽象的简单范畴方面，还是由抽象而具体的比较具体的中介范畴方面，都存在有待在建构中解决的问题。

首先，就简单范畴而言，文学理论最具普遍性的范畴须有两个端点，即文学活动历史原发处的端点和由历史延续至当下的文学活动的端点，只有这样的简单范畴，才能作为文学理论面向文学实践进行建构的抽象起点，即从这样的抽象开始。根据马克思对简单范畴原始追问的方法，可以说，文学理论所研究的文学对象的原始关系，乃是原始的被后来称为具有文学属性的那类活动关系，如原始巫术活动，以及由此升发的诗乐舞一体活动、神话吟唱活动、图腾模仿活动等。这类活动已在艺术起源这个命题下进行了多方面的研究。这可以看作是人类文学的共源，即文学起源于具有文学属性的活动。不过，文学所由发生的不同民族的活动基点又是各有不同的，由此发生与发展的不同民族文学也各有不同。因此，中国文学理论的简单范畴，虽然不排除世界文学活动的发展端点性的、概括着原始活动关系的简单范畴及相关范畴属性，如古希腊被柏拉图和亚里士多德所概括的理式、迷狂、模仿、悲剧，以及后来被尼采强化的日神精神、酒神精神等，这些端点根据也不同程度地适应于中国文学活动，但更具有根基性的简单范畴，还须到中国自己的文学活动的历史端点去寻觅与发现——当然，这样的端点性的简单范畴是思维化的抽象的端点，是中国古人最初的对于文学活动的思维成果，也是可以查得到的最初的文字记述，就中国古代文化经典而言，也就是《尚书》、《左传》、《国语》、《论语》、《易经》、《老子》、《庄子》中的有关记述。这类端点性的简单范畴所提取的文学活动的一般，可以在更为久远的社会活动关系与自然活动关系，包括在原始劳动及原始巫术中找到根据。马克思就是在《政治经济学批判》中这里为他的简单范畴寻找历史端点性根据的。那些古老的文化经典论述，如言志、载道、取象、中和、适乐、形神、气韵、兴味等，它们又被称为文学理论的元范畴。它们作为文学活动的原发的一般性被概括出来。问题在于，这类简单范畴的思维运作却在中国现代社会进程中出现了断裂，这就是 20 世纪初相当一段时期的传统否定与批判。这种断裂造成中国文学活动的简单范畴并没有成为中国现代文学理论包括当代文学理论的简单范畴，即是说，由于中国文学活动中最具有现实与历史一般性的简单范畴，没有在现当代文学理论中真正地作为由抽象上升到具体的理论思维的起点去对待，因此，抽象的起点性根据便陷入随意与混乱的困境，而由此上升的具体就成为过多受当下实用性支配的具体。简单范畴历史延续性的断裂，不过是文学活动的历史延续性关系断裂的思维体现。

其次，马克思所强调的由抽象上升到具体的中介范畴，即比较具体的范畴，在当下中国文学理论中则表现为空缺、孱弱及混乱。根据马克思比较具体的范畴不是思维着的头脑的产物，而是具体的历史发展的产物的论断历史本身就是由简单到复杂的演进过程。文学活动也是这样，在文学活动的历史展开中，一些新的构成关系、规定关系、条件关系出现了，而另外一些相应关系则改变了或者消失了。它们综合地作用于文学活动，使既有文学活动在新的关系构成、关系规定与关系条件中发生历史性变化。在变化中，既有文学活动形态的变化，又有文学活动特征的变化，还有文学活动的功能、结构、价值、方法等的变化。每一种变化最初都是以一种偶然的具体的状况体现出来，进而在变化的展开中，同类状况出现得越来越多，越来越频繁，于是，这些状况就有了可以被思维的头脑概括为一般的根据。如马克思所说："最一般的抽象总只是产生在最丰富的具体的发展的地方，在那里，一种东西为许多东西所共有，为一切所共有。这样一来，它就不再只是在特殊形式上才能加以思考了。"① 以文学传播为例，在原始巫术时期，最初的文学一般，即简单范畴，如言志范畴、意象范畴，是通过巫术的原始诗乐舞方式，通过看与听而现场传播的；后来的文学书写，使诗从乐舞中得以独立，最初的表演性的巫术言志及意象一般性便进入书写的诗言志及诗意象一般性；书写由甲骨、竹板进入纸张印刷，书写的诗言志及诗意象一般性成为广泛交流、述情表意、知人论事、以意逆志的诗言志与诗意象的一般性。没有广泛交流的前提，就没有述情表意的言志与意象具体化。至于当下，电视、网络等大众传播手段，把文人专利的诗言志与诗意象充分地大众化、个人化，文人之志变为大众之志、个人之志，文人意象也充分个人化为大众性的幻象、梦象、异象及乐象。文学言志、表象的简单范畴在传播规定性的历史变化中不断地进行差异性的分化、具体化，与之相应，一系列较为具体的中介范畴，如抒情、比兴、形神、气韵、意境、兴趣等，以及当下电视视频、网络写作等也便陆续地抽象出来。

从上述思路出发，当下中国文学理论向具体提升的比较具体的中介范畴存在着三个问题：一是比较具体的范畴是简单范畴在历史展开中的复杂化、分化及具体化，它们是历史的简单关系向复杂的社会关系演进的思维体现。简单范畴在现当代文学理论的断裂性缺乏，使得由简入繁的历史

---

① 《马克思恩格斯选集》第 2 卷，人民出版社 1972 年版，第 107 页。

及逻辑演进过程无法系统性地坚持，由此提出的中介范畴往往是缺乏根据的中介范畴。二是当下文学理论中比较具体的中介范畴，很多是取于西方理论的中介范畴，这些范畴相对于西方社会生活与文学活动、西方生活理解与文学理解、西方生活现实与文学现实，它们被移植过来，往往未加转化地镶嵌到相应的中国理论文本的章节之中，直接构成文学理论的中介范畴，如存在主义范畴、女权主义范畴、结构主义范畴、新感性范畴、本质主义范畴、图像化范畴等。这类移来的比较具体的中介范畴，由于既没有历史根据，又没有中国已然展开的具体实践根据，导致缺乏体系性联系的理论板块化、拼凑化、观念化。三是比较具体的中介范畴，实际上是从历史具体及现实具体中提取的一般性范畴，它们体现着与现实的很密切的对应性，也正因为这种对应性，它们才能有效地进入现实具体，实现由抽象向具体的提升。而当下中国文学理论中既抽象着一般又敞开于现实的中介范畴，常常被观念性地封闭于现实具体之外。比如"文学的社会主义意识形态"这个比较具体的范畴，应该按照当下中国文学活动的意识形态状况进行建构，这样建构，社会主义意识形态的中西矛盾、传统与当下的纠结、大众与精英的互动与互化、社会主义生产活动与文学活动的互构关系等，便应是"文学的社会主义意识形态"这一中介范畴向现实具体敞开的要点。然而，现有的代表性阐释却把自己封闭在抽象的理论条文之中。① 而这样的理论条文，如马克思所说："所谓一切生产的一般条件，

---

① 文学的社会主义意识形态性在童庆炳主编的《文学理论教程》（修订版）中进行了集中阐释，这是目前各种文学理论教材中有代表性的阐释。阐释集中在公有制、按劳分配、以经济建设为中心、工人阶级领导的政治制度及指导思想五个方面，从理论条文说，这都是对的，但就比较具体的中介范畴而言，却没有向社会主义意识形态的现实具体敞开，它的向现实具体提升的作用，也就无从谈起。

不过是这些抽象要素，用这些要素不可能理解任何一个现实的历史的生产阶段。"①

（三）范畴抽象及范畴研究要在范畴的相互关联性中展开

马克思在《〈政治经济学批判〉导言》中谈到生产时指出，"在社会中进行生产的个人，——因而，这些个人的一定社会性质的生产，自然是出发点"②。西方文艺复兴的时代口号"自由、平等、博爱"，都是就个人而言，个人的独立性比其他事物或社会现象的独立性似乎要大得多。那么，如何对待产生的个人及个人的生产？马克思在《政治经济学批判》中坚持的一个重要的思维方法，就是从整体中把握相互关联的具体，为此，他抓住个人这个出发点。他指出，个人总是进行生产的个人，他们总是从属于更大的整体，先是家庭，后来是氏族公社。到18世纪的"市民社会"，个人成为通过社会的外在必然性实现其私人目的的社会动物，"人是最名副其实的社会动物，不仅是一种合群的动物，而且是只有在社会中才能独立的动物"③。被西方看重的独立的、个性的人尚且在社会关联之中，关联性地而不是孤立地把握一切具体，自然就不言而喻。

马克思从生产和消费的相关性谈生产与消费，即生产直接是消费，消费也直接是生产。它们每一方都直接是各自的对方。这种生产与消费的交互关系，又体现为互为媒介的关系，即生产媒介着消费，它创造出消费的材料，使消费获得对象；同时，消费也媒介着生产，消费替产品创造了主

---

① 《马克思恩格斯选集》第2卷，人民出版社1972年版，第91页。
② 《马克思恩格斯选集》第2卷，人民出版社1972年版，第86页。
③ 《马克思恩格斯选集》第2卷，人民出版社1972年版，第87页。

体，产品因此成为主体的产品。从消费来说，消费使产品现实化，又使生产通过生产动力与生产的观念形态实现为生产。与之相应，从生产来说，生产不仅为消费提供材料与对象，给予消费以规定性从而使之完成，它还为需要提供材料并为材料提供需要。为此，马克思说："艺术对象创造出懂得艺术和能够欣赏美的大众，——任何其他产品也都是这样。因此，生产不仅为主体生产对象，而且也为对象生产主体。"①

在"生产和分配"、"交换和流通"这类政治经济学的基本问题研究中，马克思同样运用着揭示相关范畴的关联性，并在关联性中思考相关范畴的方法。他由关联进入关联范畴的内部，把关联范畴的内部构成放到关联范畴的关联规定性中思考，又把这种合于关联性的范畴思考适时转入关联范畴关联性的进一步思考。在这个过程中，他更是经常地由关联范畴切入关联范畴对应的现实与历史具体，从现实与历史具体中，发现相互关联的一般，并将之抽象为关联范畴的关联性及范畴构成性研究。比如他针对将生产与分配割裂开来，进而把生产当作永恒真理，从分配与生产的资产阶级经济学家荒诞无稽的做法，从分配与生产关联性角度指出，分配不是外在于、独立于生产，而是密切地关联着生产，并且就在生产内部。生产方式决定新出现的分配方式，"虽然这种分配对于新的生产时期表现为前提，但它本身又是生产的产物，不仅是一般历史生产的产物，而且是一定历史生产的产物"②。

马克思坚持的这种关联范畴的关联性研究方法，即它们的相互规定、相互构成、互为彼此的方法，在中国当下文学理论中没有引起普遍重视。

---

① 《马克思恩格斯选集》第 2 卷，人民出版社 1972 年版，第 95 页。
② 《马克思恩格斯选集》第 2 卷，人民出版社 1972 年版，第 100 页。

对关联范畴割裂其关联性的研究，是文学理论并不少见的研究思路。比如割裂对象而研究主体、割裂内容而研究形式、割裂接受而研究文本、割裂传播而研究接受等，这是西方传统形而上学二元论的后遗症。其实，西方 20 世纪 60 年代以来已着手这种二元论的规模性的批判。中国当下代表性文学理论教材的体例划分，存在着僵化于横向的板块式分割的情况，如从文学性质到文学活动，常常被各分为一章，性质与活动的一体性关系，成为范畴分立的关系。而实际上，性质的活动与活动的性质，二者不仅是有机的，而且是依存的，割裂的结果是，唯有在有机关联中才能见出的性质与活动互为、互化、互为提升的关系属性被掩蔽了。文学创作与文学作品的分编式平列，不仅使创作研究成为非文本的研究，沦为不见文本整体性的心理研究；而且，文本研究又由于割裂了创作主体创作活动的有机整体性，而不可避免地陷入两个误区，一是文本中心论的误区，一是生硬的文学形式分类的误区。在生硬的形式分类中，文学作品在文学创作中与创作过程相互推动、变化流转的充满活力的东西便被剔除了。而缓解的方法，在当下代表性文学理论教材中是补缀式的，即在章节陈述的缝隙中，补缀一些彼此照应的例证或文字。但割裂所致的生机缺损却无法在补缀中找回，当然更谈不上生机盎然。①

解决这类问题的办法应该从马克思《政治经济学批判》中历史关联的范畴提取及整体性综合的研究方法中找到答案。马克思在研究中并没有就生产类型、生产手段、生产性质、生产活动、生产功能这类可以进行逻辑

---

① 这种割裂范畴关联性进而又进行补缀的做法，在陶东风主编的《文学理论基本问题》（北京大学出版社 2004 年版，第 18 页）中就曾尖锐地指出，这是"剪刀＋糨糊"的方法，即"把中外古今'相关'言说加以支解，在完全不顾其文本语境，更不用说社会历史语境的前提下拼凑起来"。这种割裂式的补缀情况，至今仍然很普遍地存在着。

类分的方面进行分类，而是在生产的历史延续性中，由伴随着生产、规定着生产、构成着生产的东西进行范畴提取，如生产、分配、交换、消费，这使得提取的范畴成为生产的历史关联性范畴。这是一种纵向分类的方法。就文学理论来说，历史纵向的范畴分类，如文学形态范畴、文学个性范畴、文学实践范畴、文学演进范畴、文学主体范畴等，它们共同地综合为历史性的文学活动，又在文学的现实活动中有机综合地展开，彼此相关联地发挥文学活动的整体性作用。马克思对这样的关联性分类解释说："我们得到的结论并不是说，生产、分配、交换、消费是同一的东西，而是说，它们构成一个总体的各个环节，一个统一体内部的差别。"①这里，总体、统一体、相连贯的环节及内部差异，是提取关联性范畴的要点所在。

（四）范畴与具体的现实对应性及范畴对应具体的中介性、变化性

文学理论不同于思辨哲学的地方：一是它所研究的对象不是哲学思辨的世界的一般情况及一般世界的构成情况及变化情况，而是现实具体的文学活动及具体文学活动的一般，它研究这种一般的构成与变化；二是它用以研究一般的文学或文学具体的一般的方法，主要是范畴转化的方法，即由简单范畴转化为比较具体的范畴再进而综合为具体，而不是思辨哲学的范畴推演的方法及被一定方法论限定的哲学目的性运作的方法；三是在文学理论，其研究过程是由简入繁、由一而多——这是文学理论研究的系统

---

① 《马克思恩格斯选集》第 2 卷，人民出版社 1972 年版，第 102 页。

性思路，具体问题的理论研究可以在比较具体的中介范畴展开，也可以通过某些中介范畴的分化与细化，进而向具体提升，但它总是要面向具体、贴近具体，并在具体中提升——思辨哲学与此不同，思辨哲学是对于一般的立论与论证，它的立论出发点往往就是它理论论证的结果，它是锁定在一般中的一般范畴的旋转，旋转指向上一级的范畴或下一级的范畴，支撑这种旋转的是思辨逻辑。

马克思的《政治经济学批判》之所以在理论构成性、具体性及方法性上可以对文学理论给予意义重大的引导，就在于前者在理论展开中自觉地使自己区别于思辨哲学，它坚持由现实具体提出问题，从简单范畴出发，经由比较具体的中介范畴，达到思维的具体综合。这里的要务就是在简单范畴或者在已然可以作为出发点的比较具体的范畴中面向具体分解出进一步的中介范畴。而当下中国文学理论的一个普遍性问题，便是比较具体的且又面向具体的中介范畴的匮乏。

这类比较具体的中介范畴该如何取得呢？马克思分析经济学在它产生时期走过的道路时说："十七世纪的经济学家总是从生动的整体，从人口、民族、国家、若干国家等等开始；但是他们最后总是从分析中找出一些有决定意义的抽象的一般的关系，如分工、货币、价值等等。这些个别要素一旦多少确定下来和抽象出来，从劳动、分工、需要、交换价值等等这些简单的东西上升到国家、国际交换和世界市场的各种经济学体系就开始出现了。"① 马克思这段话是为了说明至他写《政治经济学批判》那个时候，经济学经过一百多年的发展，已经从生动的具体中找到了一些相应的抽象范畴，因此可以从这些范畴出发，而不是再从生动

---

① 《马克思恩格斯选集》第 2 卷，人民出版社 1972 年版，第 103 页。

的具体出发去思考具体的问题。不过，马克思这段话更有一番深意，即讲明了抽象范畴，包括可用于进一步的具体综合的比较具体范畴的由来：（1）它们总是产生于生动的具体而非产生于概念或观念；（2）它们对所由开始的具体具有某种决定意义的关系；（3）这些关系不是个别的、偶然的，而是在其所由开始的具体中体现出普遍性或一般性的关系；（4）它们被确定与抽象出来而成为范畴；（5）这些范畴可以上升到具体的综合性研究中去，即便这些具体是这类范畴所由来的既有具体的新的发展。

当下中国文学理论之所以在比较具体的中介范畴方面出现匮乏，就是因为在上述五个要点中，忽略了某些要点。拿既有文学理论中多有争议的形象思维这个范畴来说，按照马克思从简单范畴上升到比较具体的范畴思路来看，形象思维是想象这一简单范畴的比较具体化。想象是自古以来所有文学活动的最具一般性的活动主体与活动对象的心理关系，形象思维则是在脑科学及思维科学达到一定水平时对想象的思维学研究，这使想象在思维中得到比较具体的限定，并获得限定性的进一步思考。中国 20 世纪中后叶的两次形象思维大讨论，正是在这一比较具体的范畴上展开。① 不过，就在这一范畴本该在更具体的方面作出引申，从而进一步切入文学活动具体的地方，向具体提升的讨论却结束了。形象思维通往具体的那些更为具体的环节——如形象思维的语境关系、情境关系、文体关系、接受关系、表述关系、语言转换关系，它们构成形象思维范畴向文学活动具体提

---

① 陶东风主编的《文学理论基本问题》（北京大学出版社 2004 年版，第 147 页）对形象思维的两次讨论进行了概括，其中涉及的讨论要点、讨论的历史原因、时代状况，代表了文论学界的普遍看法，该教材对此进行的展开式阐释，也有理论深度，可以参看。

升的递进式的比较具体的范畴的根据，以及这类可以提升为中介范畴的问题等——都已经随着大讨论来到了门口——当时，甚至有一些文章已涉及了这类问题，但是，由于讨论的重要参与者们缺少这种中介范畴意识，因此未能敏感地做出范畴提升的努力，在过后的反思中也未将之作为理论的缺失而予以反省。①

比较具体的范畴从对应的关系一般中抽象出来，它的一般规定性是随着它所对应的具体关系变动的，而不是一经抽象便作为恒常的尺度悬挂在变动的具体之上并不断地对后者施以制约。马克思说："具体总体作为思维总体、作为思维具体，事实上是思维的、理解的产物；但是，决不是处于直观和表象之外或驾于其上而思维着的、自我产生着的概念的产物，而是把直观和表象加工成概念这一过程的产物。"② 这段话强调比较具体的范畴的直观与表象的根据——毫无疑问，直观与表象是直接的对象性反应，它们保持着对于对象的感性的鲜活性，而不是被陈述所加工的事实，当然更不是道听途说的或在反省中思维出来的二手事实。这样的强调是在保持比较具体的中介范畴关联着具体的活动力，以及前者随后者而变化的活动。所以，马克思才选用"过程"这一紧随对象变化而

---

① 在形象思维问题上，有丰富文学读解经验及理论研究功底的童庆炳在其主编的《文学理论教程》（高等教育出版社 2008 年版）中设专章讨论文学构思问题，他没有采用形象思维这个范畴，而是沿用了构思这个说法。构思是形象思维的具体化，它沉入到创作具体中，但由于这类范畴缺乏更具一般性的上位范畴如形象思维的向下提领，则该教材的构思范畴没有达到这一范畴应有的一般性抽象的力度。当然也可以选用其他范畴称谓，但应具有与形象思维范畴的等位性。而陶东风主编的《文学理论基本问题》虽然对形象思维有精要阐释（第 151 页），但却止于形象思维的构成性分述，因此缺乏向具体提升的力度。这类问题一沉一浮，都说明比较具体的中介范畴的建构问题，是应该引起进一步关注的问题。

② 《马克思恩格斯选集》第 2 卷，人民出版社 1972 年版，第 104 页。

展开的概念。范畴运作的理论思维，无论那范畴怎样的比较具体，它也是思辨地理论地活跃着，而不可能实践地参与到具体中去。但这种不直接参与所造成的范畴与具体的隔阂，却可以通过一定的理论方法求得解决，即把理论思考或理论综合的具体，过程性地、经常地浮现在表象面前，通过思维中据实而变化的表象（表象是思维的具体形态），求得范畴对于具体的对应性转化。

在具体的转化过程中提取比较具体的范畴，又在具体的转化中思考与运用这类范畴，这是克服文学理论观念化的有效方法。当下中国文学理论常常在以下两个方面体现出不同程度的观念化倾向。

第一种倾向是非语境地套用西方观念与范畴的倾向。观念化与观念地思考与把握具体对象不是一回事。通过范畴去把握具体对象，亦即观念地把握对象，这是理论把握对象的基本方式。观念化的问题在于把观念从它所由来的具体中割裂出来，使之成为远离具体甚至无所具体的观念，进而在孤立确定的意义上运用这类观念。尽管它所运用的对象可能是具体现实的，但只要这类观念没有对应性的具体根据，并且这观念内容没有或无法把它所研究的具体经常作为前提浮现在观念所由生成的表象面前，这就是观念化。当下，中国文学理论对于西方理论中的一些观念或范畴，不顾这些西方观念或范畴得以产生的西方社会生活具体及文学活动具体与中国有某些对应性的具体的差异性，硬套到中国社会生活具体及文学活动具体中去，则这类观念就成为观念化的观念，这类范畴也就成为范畴化的范畴。这种观念化的做法确立在一个荒谬的前提下，即认为西方的社会生活及文学活动与中国的社会生活与文学活动在具体性上是等值的。当下文学理论研究中的一些热门话题，如后现代话题、大众文化话题、图像化话题、道德话题等，都不同程度地存在这种观念化倾向。①

第二种倾向是使文学理论疏离于文学活动的现实。本该作为前提经常浮现于表象的社会生活具体与文学活动具体，被既有的一套观念或范畴阻隔在观念既定的规定性之外。这些观念以自身的不变规定着具体现实的变化，由此导致的结果，并不是具体现实的手足无措，具体现实仍然具体现实地活跃与发展着，而是观念化或范畴化的观念与范畴，它们只能把自己封闭在理论城堡中，或者在观念化的西方理论中寻找理论乐趣，或者满足于理论的自娱自乐。

比较具体的范畴的承上启下、居里拥外的中介性，这是当下文学理论建构中已然引起重视并展开讨论的话题。巴赫金的交往对话理论、哈贝马斯的主体间性理论等先后被国内学者引入并展开讨论。但讨论没有深入到使多年来根深蒂固的二元论思维方法改变其决定性位置的程度，不少研究者仍然习惯于从二元分立乃至二元对立的角度思考问题。文学活动研究中创作与接受分立的做法、创作研究中风格与接受分立的做法、接受研究中接受与传播分立的做法、文学的美学研究中美与美感分立的做法、文学的生存论研究中人与环境分立的做法、文学理论中国特

---

① 如大众文化所引发的大众文学与精英文学的争论问题，近年来国内以陶东风为代表的一批学者，把争论的基点问题确定在西方的以阿多诺为代表的法兰克福学派和英国伯明翰学派的对立观点上，或此或彼或调和地阐述己见。但问题在于这种前提性的基点即大众文学与精英文学之间在中国很少存在导致西方争论的界限。中国的所谓精英文学自新中国成立以来一直就是某种意义上的大众文学，而中国大众文学也一直就是裹挟着、参与着、生成着精英文学的大众文学。它们的当下一体性在于都是于市场经济中成为当下状况，又都在当下状况中追求基于趣味的商业价值。而且，这趣味差异又绝非文化差异，而只是同一文化群体中人的感性生活状况的差异。所谓精英群体内部的这种差异，往往比所谓精英与大众的群体间的差异还要巨大。由于这种对应性的研究是套用西方而无关中国社会生活具体与文学活动具体的研究，因此多年来难以推进。

色研究中中国与世界分立的做法等，这些做法当下的普遍运用，证明着马克思在《〈政治经济学批判〉导言》中提出的范畴中介的研究方法，仍需要认真理解与接受。马克思早在巴赫金、哈贝马斯之前，已对这种方法多有阐释并运用自如了。比如在阐释生产与分配关系时，马克思首先发问："分配是否作为独立的领域，处于生产之旁和生产之外呢？"[①] 这实际上便是对分配的中介属性的发问。他对此解答说："在分配上出现的是地租、工资、利息和利润，而在生产中作为生产要素出现的是土地、劳动、资本。说到资本，一看就清楚，它被提出了两次：（1）当做生产要素；（2）当做收入源泉，当做决定一定的分配形式的东西。"[②] 分配作为中介，使资本既获得生产属性又获得分配属性。因此，他进而说："分配的结构完全决定于生产的结构，分配本身就是生产的产物，不仅就对象说是如此，而且就形式说也是如此。"[③]"在产品和生产者之间插进了分配，分配借社会规律决定生产者在产品世界中的份额，因而插在生产和消费之间。"[④] 根据这种中介范畴理解，马克思不仅提示了中介范畴对于中介各方的联系，而且指出中介范畴构入中介各方，就其构入来说，因此就是中介各方。

在文学理论中仍有很大理论份额的二元论，应该在中介范畴的设立中得到进一步解决。比如上面提到的文学活动审美属性研究中，一直存在的美与美感二元分立的情况，其实，从现实具体而言，它们是一体的。然而，分立性研究却造成了一种现实具体的假象，即在现实具体中美是美，

---

① 《马克思恩格斯选集》第 2 卷，人民出版社 1972 年版，第 97 页。
② 《马克思恩格斯选集》第 2 卷，人民出版社 1972 年版，第 97 页。
③ 《马克思恩格斯选集》第 2 卷，人民出版社 1972 年版，第 98 页。
④ 《马克思恩格斯选集》第 2 卷，人民出版社 1972 年版，第 97 页。

美感是美感。要解决这类二元分立的问题，就特别需要中介思维方式，即审美是活动性的，它是美与美感的中介。就此理解，审美不仅使美与美感联系起来，而且通过审美观赏、审美感应、审美趣味、审美评价等中介性活动，构入美和美感，并使美与美感相互构成。由此，生动的审美具体，亦即美的具体、美感的具体便综合起来——美因美感而美，美感因美而美感；美在美感之中并且就是美感，美感也在美之中并且就是美。

（五）逻辑方法是唯一适用的理论研究方法，但逻辑方法又实际上是摆脱了历史形式的历史研究方法

马克思在《政治经济学批判》及《〈政治经济学批判〉导言》中，提出了一个在政治经济学这类由具体出发，从抽象入手，经由比较具体范畴的逐步展开，进而实现具体综合的学科中进行理论研究的逻辑问题。如前所述，由于文学理论正属于这类由抽象上升为具体的理论学科，它的逻辑关系的处理，在马克思这里自然可以得到深刻引导。

马克思追溯政治经济学的简单范畴及比较具体范畴的一个重要方法是历史方法，他不断到历史中寻觅追溯的求证。不过，马克思的历史追溯又牢牢地立足于现实，即他所研究的身在其中的现代资产阶级社会。他认为经济范畴的逻辑次序不仅是由它们在历史上的先后次序决定的，更是由它们在现代资产阶级社会中的相互关系决定的。这是因为不同时代有不同的社会内部组织，有不同的观念认识，此前不同社会内部结构的决定次序，此前不同历史阶段的观念认识次序，对于后来的社会内部次序，都必须在当下的社会结构和观念认识中找到根据并予以调整。马克思说："问题不在于各种经济关系在不同社会形式的相继更替的序列中在历史上占有什么

地位，更不在于它们在'观念上'（蒲鲁东）（在历史运动中的一个模糊表象中）的次序，而在于它们在现代资产阶级社会内部的结构。"[①] 这个说法对于当下文学理论的逻辑引导意义不仅是使当下文学理论建构有了更坚实的逻辑基点即立足于当下，当下的对象性问题、当下的对象性状况、当下的理论问题、当下的理论研究状况，而且，更重要的是当下并不仅是一个时间性的问题限定，而且是产生出有待研究的问题的当下社会生活及文学活动结构。

对于这种形成次序的逻辑，在坚持立足现实社会结构的前提下，恩格斯在《卡尔·马克思〈政治经济学批判〉》中，对《政治经济学批判》的逻辑次序进行了阐发。恩格斯从黑格尔思维方式的历史意识中分析马克思思维逻辑的由来，他指出黑格尔的思维方式有巨大的历史感做基础，他的思想发展总是与世界历史的发展紧紧地平行着。因此，虽然黑格尔颠倒了实在与思维的关系，但实在的内容却到处渗透在他的哲学中。恩格斯在这里提出了两个线索的问题，即思维的逻辑线索与历史展开的线索。黑格尔逻辑思维线索虽然是颠倒的，但他在历史线索中获得的历史感，却在他颠倒的逻辑思维中有充分的体现。对历史线索与逻辑线索的关系，恩格斯进行概括说："逻辑的研究方式是唯一适用的方式。但是，实际上这种方式无非是历史的研究方式，不过摆脱了历史的形式以及起扰乱作用的偶然性而已。历史从哪里开始，思维进程也应当从哪里开始，而思想进程的进一步发展不过是历史过程在抽象的、理论上前后一贯的形式上的反映，这种反映是经过修正的，然而是按照现实的历史过程本身的规律修正的，这时，每一个要素可以在它完全成熟而具有典范形式

---

① 《马克思恩格斯选集》第 2 卷，人民出版社 1972 年版，第 110 页。

的发展点上加以考察。"①逻辑是摆脱了历史形式及各种偶然因素的历史抽象，这种抽象印证了头脑中的东西，包括思维逻辑，都不过是客观实在的反映。但这是一种规律性的反映，它使得头脑中的每一个成熟的思维要点，都可以在典范式的时间发展点上有所着落。这是一种把时间性与逻辑性结合起来形成思维次序的方法。这种时间性不仅体现为不同历史发展阶段的历史发展点，而且，体现为构成历史发展点的各种活动的展开次序。因此，它也为由简单范畴到中介范畴，由此类中介范畴到彼类中介范畴，其间的关联次序提供了逻辑展开的根据。

这种综合着历史线索的逻辑阐释，可以从中国文学理论体系建构的角度加以思考。

1. 中介范畴的关联逻辑

当下中国文学理论中，有一些可以转化提炼为中介范畴的范畴，分布于现有理论的板块结构中。现有理论板块，性质论、创造论、作品论、接受论等，在其历史的形成过程中，都与文学实践相关联。这种关联不是既定的逻辑形式，而是与实践的历史状况相关，在历史实践过程中，有些板块或板块间的中介范畴被突出了，有些弱化了，有些产生了，有些消失了，由此形成一定的关联次序。把逻辑形式与这种次序统合起来，才能求得关联性展示，而这种关联性及关联性展示，正是当下文学理论所欠缺的。文学理论忽视中国相关历史关系的差异性，套用挪用西方理论或者以西律中，与逻辑运作的这种欠缺有关。范畴关联在历史实践中的逻辑变化，如马克思分析产生一般的各种规定范畴的变化时所说，它们"本身就

---

① 《马克思恩格斯选集》第 2 卷，人民出版社 1972 年版，第 122 页。

是有许多组合部分的、分别有不同规定的东西。其中有些属于一切时代，另一些是几个时代共有的，[有些]规定是最新时代和最古时代共有的"①。这是他从历史关系差异性对逻辑关联的阐释。

2. 以文学实践的过程顺序为中介范畴的关联顺序

文学实践从目的提出，到方法运用，到过程展开，到过程性调整，再到目的达成，这既是物质性的活动过程，又是精神展开的逻辑过程。整个过程，有各种中介范畴联络其中。就接受而言，就可以凝练出一系列中介范畴，包括接受的期待视野、接受阅读、阅读理解、阅读状况、先在经验、阅读经验转换、经验增值、经验调整、接受反思等，这是在接受过程的先后联系中形成的范畴，接受过程的先后联系提供着它们相关联的逻辑根据。马克思在《政治经济学批判》中分析生产与消费关系时，生产与消费的过程顺序便被作为逻辑展开的顺序。

3. 问题性关联

无论是理论提出的问题还是实践提出的问题，问题的共同点都在于这是某种关联（在理论是范畴的逻辑关联，在实践是过程的内部关联与周围关联）的重要性在研究中或在实践中凸显出来，而这种重要性此前并没有体现出来因此是被忽略的。这种重要性的显现，是这种关联倘若不被求解，则被关联的各方面便会陷入矛盾或混乱。问题性关联，是与问题相关的各种关系根据其对于问题的相关程度而获得的次序。马克思称这类重要的问题关系与其他相关关系的关联为"一种普照的光，一切其他色彩都隐

---

① 《马克思恩格斯选集》第2卷，人民出版社1972年版，第88页。

没其中，它使它们的特点变了样"，这是一种"支配着其他一切关系的地位和影响"的关系①。这样，问题便以其关系关联性，把关联的各方面带入问题求解，相关理论或实践的中介范畴便在相应的关联中获得次序，从而被凝练、被阐释、被关联。

二、艺术生产不平衡关系理论的价值

马克思在《〈政治经济学批判〉导言》中提出的物质生产发展与艺术生产的不平衡关系的观点，一直被列为马克思主义文学理论的一个重要命题。它的重要性不仅在于马克思在这里特别明确地提出了"艺术生产"这个概念，从而使艺术活动有了社会生产的一般属性，并进而可以把文学艺术研究纳入马克思主义的经济基础与上层建筑，上层建筑与意识形态，文学艺术与社会、政治、宗教、道德、文化、哲学的庞大而且深刻的理论体系中来，而且这一命题的重要性更在于强调了艺术生产的特殊性，即艺术生产与物质生产是不成比例的，在这种不成比例的关系背后，隐藏着重要的艺术发展规律。马克思在谈政治经济学核心问题时，很具体地专门讨论了艺术的永久魅力问题、希腊神话问题、艺术范本问题。因此，这一命题无论是生产的一般性还是活动的特殊性，都为马克思主义文学理论研究提供了丰饶的问题场域，把文学研究带入广阔的社会生活，又把它推向文学自身的至高之处。这是马克思主义文学理论具有统合性的重要母题。然而，对这样一个重要命题，中国马克思主义文论界却长时间存在不同程度

---

① 《马克思恩格斯选集》第 2 卷，人民出版社 1972 年版，第 109 页。

的误读，这使它成为一个有待重读的重要理论问题。

（一）艺术生产对于艺术具有物质生产与精神生产双重属性

马克思在《〈政治经济学批判〉导言》中提出从一般入手而不是从具体入手去研究政治经济学，由简单范畴到比较具体的范畴，再到对象具体的研究思路。按照这个研究思路，艺术生产便属于对象具体，它由一系列简单范畴与比较具体范畴构成。简单范畴问题即艺术本质属性问题，留待后议。就比较具体范畴而言，它起码涉及两个须予以区分的方面，即艺术生产的精神属性与物质属性。对这种区分，既往研究常常忽略，对不平衡理论的误读与此有关。

对艺术生产的精神属性，马克思在《〈政治经济学批判〉导言》中首先进行了精神生产的一般性概括。他论及"交换价值"这一关系属性时——马克思与恩格斯对于精神生产所进行的归根结底的追问总是根连着人类的原始生活，提到作为范畴而被提出的交换价值乃是精神生产的产物时——说："正在理解着的思维是现实的人，因而，被理解了的世界本身才是现实的世界——范畴的运动表现为现实的生产行为（只可惜它从外界取得一种推动），而世界是这种生产行为的结果"①。这段话揭示了精神生产必不可少的三个要素：精神生产主体——对世界进行理解的思维着的现实的人；精神生产产品——被思维着的现实的人所理解的现实世界；精神生产行为——范畴的运动。而精神生产的实质便是对于世界的思维、理解。在这个基础上，马克思进一步进行精神生产的特征概括：首先，"具体总体

---

① 《马克思恩格斯选集》第 2 卷，人民出版社 1972 年版，第 104 页。

作为思维总体、作为思维具体，事实上是思维的、理解的产物；但是，决不是处于直观和表象之外或驾于其上而思维着的、自我产生着的概念的产物，而是把直观和表象加工成概念这一过程的产物"①。这是对精神生产行为即"范畴的运动"进行的运动性揭示，这是由直观和表象而及于概念的加工过程。其次，"整体，当它在头脑中作为被思维的整体而出现时，是思维着的头脑的产物，这个头脑用它所专有的方式掌握世界"②。这是对精神生产的整体性的强调，即精神生产是赋予对象某种整体性的生产，对于对象的不同整体性的赋予，构成精神生产不同的掌握世界的专有方式。再次，"范畴运动"的这种掌握世界的精神生产方式"不同于对世界的艺术的、宗教的、实践—精神的掌握的"③方式，这是对精神生产的大体分类，即哲学的（范畴运动）、艺术的、宗教的、实践—精神的各类生产均属于精神生产，它们得以分类的根据就是各有不同的赋予世界以相应整体性的专有方式。最后，"实在主体仍然是在头脑之外保持着它的独立性；只要这个头脑还仅仅是思辨地、理论地活动着。因此，就是在理论方法上，主体，即社会，也一定要经常作为前提浮现在表象面前"④，这是对精神生产与精神生产所面对对象的关系进行的强调，即赋予对象以某种整体性的精神生产，仅就其是精神生产而言，并没有现实实在地改变对象，对象仍然在精神之外，保持着它的实在性。从马克思以上所进行的精神生产的要素分析及特征概括来说，精神生产是明显地区别于物质生产的，物质实在的东西，在精神生产中，只是直观和表象这一初级阶段经常浮现的前提。

① 《马克思恩格斯选集》第 2 卷，人民出版社 1972 年版，第 104 页。
② 《马克思恩格斯选集》第 2 卷，人民出版社 1972 年版，第 104 页。
③ 《马克思恩格斯选集》第 2 卷，人民出版社 1972 年版，第 104 页。
④ 《马克思恩格斯选集》第 2 卷，人民出版社 1972 年版，第 104 页。

对于物质生产，马克思在《〈政治经济学批判〉导言》中进行了更为细致的分析与概括。马克思谈到生产一般性问题，作为生产一般性，它自然也是归属于生产的精神生产的一般性。对于生产的物质属性，马克思强调了几个要点：首先，生产的出发点——"在社会中进行生产的个人"。个人的生存需要使物质生产成为人类的第一个历史活动，如马克思和恩格斯在《费尔巴哈》中所说："为了生活，首先就需要衣、食、住以及其他东西"①。其次，生产的形式——这个人性的生存需要，必须群体性地进行，"我们越往前追溯历史，个人，也就是进行生产的个人，就显得越不独立，越从属于一个更大的整体"②。群体性生产，从一开始就是个人生存的形式，所说的生产关系，从一开始便是与生产活动共在的。再次，与生产共在的还有生产工具——这工具最初就是手，其他工具是历史延续中的手的延伸。此外，还有生产资料——这些在原始时代同时伴人而生的生产元素，在后来的发展中不断延续，各种复杂的社会关系便产生出来，"其中有些属于一切时代，另一些是几个时代共有的，[有些]规定是最新时代和最古时代共有的"③。伴随着对于不断复杂化的生产的认识，就有了关于生产的精神产品，即精神把握的生产一般。"如果没有生产一般，也就没有一般的生产"④，生产一般与一般的生产都是精神形态的东西，它们来自历史现实的物质生产的精神加工。而无论是物质生产还是精神生产，都是由简单向具体的综合过程，更多的变形、改组、派生乃至新生的东西不断地填充进来，"一切生产阶段所共同的、被思维当做一般规定而确定下

---

① 《马克思恩格斯选集》第 1 卷，人民出版社 1972 年版，第 32 页。
② 《马克思恩格斯选集》第 2 卷，人民出版社 1972 年版，第 87 页。
③ 《马克思恩格斯选集》第 2 卷，人民出版社 1972 年版，第 88 页。
④ 《马克思恩格斯选集》第 2 卷，人民出版社 1972 年版，第 88 页。

来的规定，是存在的，但是所谓一切生产的一般条件，不过是这些抽象要素，用这些要素不可能理解任何一个现实的历史的生产阶段"①。这便指明了精神生产所生产的生产一般性，并不能直接拿来理解现实的历史的生产阶段，这是一般与具体、精神生产与物质生产的不可取代性。从这个角度说，两种生产是具有本质差异性的生产。由这两种生产引申出来的生产属性与精神生产属性，也便是两种有重要差异性的属性。

对物质生产，马克思始终从历史变化的角度予以思考，也不断地把精神生产结合到物质生产的过程中去，同时又不断重申物质生产不以精神生产为转移的独立性。不过，从中能发现一个问题，即对物质生产对于精神生产的决定性关系，经典作家除了在原始发生的意义上以及归根结底的意义上之外，并没有作更多的阐释。作为精神生产行为而被强调的范畴运动，它的运动过程如何现实地、历史阶段性地被物质生产决定，在马克思这里并未予阐发。因此可以说，用决定论的说法去理解精神生产与物质生产的现实关系，认为后者对于前者是拥有一种大体平衡的决定性，并没有马克思的根据。有些研究常把支配关系理解为决定关系，把物质生产对于精神生产的现实支配关系理解为决定关系，这便造成二者关系的本原性与现实性的混淆。精神生产确实不同程度地受物质生产支配，这是因为直关现实生存的物质生产状况，总能以其直接性与切身性触发人们的精神活动。但支配不同于决定。支配，是让被支配者做什么，支配主体与支配对象间是一种不容回避的指示关系；决定，则是让被决定者成为什么，决定者与被决定者是一种生成关系。当一位将军支配一名士兵去做什么时，他并不能决定士兵的意识与命运。决定是本原性的，亦即归根结底的。

---

① 《马克思恩格斯选集》第 2 卷，人民出版社 1972 年版，第 91 页。

上述具有本质差异性的精神生产属性与物质生产属性，在艺术生产中综合地存在着，它们各具功能与条件。在物质生产属性中存在与提出的问题，以及对于问题的求解，与其精神生产属性可能大相径庭。就像物质性本质力量与精神性本质力量在人这里综合地存在着，并各有所异一样。

艺术生产的物质属性体现为实在性的生产，亦即物质生产，但这却不是艺术的精神生产。即是说，一个音乐家、舞蹈家、画家、诗人、小说家，当他们创作或加工艺术时，他们是在从事着精神生产，他们生产艺术是赋予世界以艺术整体性；而艺术的物质生产是把艺术作为消费对象以产品的样式提交出来，提交出来的过程，如印刷、摄录、传播，是非艺术的，因为它是非艺术的，又提交着艺术产品，因此它体现着艺术生产的物质属性。对于艺术的精神生产，马克思有着严格的标准，这就是在历史演进中凝聚下来的艺术标准。这类标准绝不是生产的物质标准，而是使艺术得以生产的人的本质力量的标准。对此，马克思在《1844年经济学哲学手稿》中以音乐作为艺术而得以生产与消费为例予以阐释："从主体方面来看：只有音乐才能激起人的音乐感；对于没有音乐感的耳朵说来，最美的音乐也毫无意义，不是对象，因为我的对象只能是我的一种本质力量的确证"[1]。艺术的本质力量，是艺术的标准，艺术家按此标准，使具体的音乐作品获得音乐的整体性；而音乐作为产品被消费，又在于那被欣赏的音乐是合于人的音乐的本质力量的艺术产品。这是人的本质力量见于艺术的艺术生产，而非通常说的提交艺术产品的物质生产，如生产某位小提琴家的音乐光盘的生产。

把艺术的精神生产等同于艺术的物质生产，就其实质而言，是把产品

---

[1] 《马克思恩格斯全集》第42卷，人民出版社1979年版，第125—126页。

等同于生产产品的过程。生产产品的过程，不仅在于生产产品，它还有大量产品之外的东西。对此马克思说："生产实际上有它的条件和前提，这些条件和前提构成生产的要素。这些要素最初可能表现为自然发生的东西，通过生产过程本身，它们就从自然发生的东西变成历史的东西了"①。这类条件性及前提性的东西是生产的要素，是在生产中由自然转为历史的东西，它们肯定会在艺术中留有痕迹，但它们本身却不就是艺术，"它们在生产内部被不断地改变"②。

此外，把艺术的精神生产与艺术的物质生产等同起来，是人的艺术的本质力量与人的非艺术的本质力量的混淆，亦即把精神生产与物质生产相混淆。如马克思所说，精神生产是赋予世界以思维的整体性的生产，而物质生产则是为了通过占有与分配进而满足某种欲求的生产。它不具有世界的整体性，只有片面化与个别化的物质性。其实，艺术的生产之所以是创造性的，不在于它是物质性的生产，而在于它更是恩格斯所说的更高的即更远离于物质经济基础的意识形态。

从物质生产的当下协调关系而言，不同时代的物质生产条件，综合地规定着那一时代的物质生产，构成生产的各个方面，都有一种共时互为的趋向。马克思说："生产不仅为需要提供材料，而且它也为材料提供需要……艺术对象创造出懂得艺术和能够欣赏美的大众，——任何其他产品也都是这样。因此，生产不仅为主体生产对象，而且也为对象生产主体。"③ 这一辩证的说法，显然是物质生产共时性的，这是一种相对应的互动、相对应的生产、相对应的互构。这的确是一种基本平衡的关系，但

---

① 《马克思恩格斯选集》第 2 卷，人民出版社 1972 年版，第 99 页。
② 《马克思恩格斯选集》第 2 卷，人民出版社 1972 年版，第 100 页。
③ 《马克思恩格斯选集》第 2 卷，人民出版社 1972 年版，第 95 页。

只是物质生产的平衡。打破这种大体平衡，倾斜这种大体平衡，共时对应性的互动关系就会成为延时性的阻滞关系。而当人陶醉于希腊神话时，就不是这种平衡关系了。艺术生产的物质生产属性与精神生产属性，在物质性与精神性、现实性与历史性、片断性与整体性方面，所体现的与其他物质生产的关系，则是一种矛盾的、非单一状况的关系。把这种差异性的属性构成的综合关系，理解为单一的决定与被决定的关系，由此而进行的不平衡理论的基本平衡的读解，是一种简单化的读解。

（二）艺术生产是总体性的社会实践活动

艺术生产的精神属性与物质属性相交织地发挥作用，又总体性地规定着艺术生产。从物质性角度理解艺术生产，它的精神属性便处于背景或场域状态，艺术生产便被强调为精神产品的物质生产，精神产品的精神运作作为问题而悬置。反之也是一样。不平衡理论的基本平衡的解释，只有在艺术生产的物质属性层面，即把艺术生产强调为总体性的社会实践活动时，才是正确的。

因为显然，作为一个具有相对独立性的生产门类的生产实践，总是与构成更大社会实践的其他门类的生产实践相关联，这类关联有共时性的，也有继时性的。前面谈到马克思所进行的物质生产结构的分析，便明确地揭示了这种关联性，如生产、生产工具、生产关系、生产资料，它们同时相互作用地活动着，又继时地延续着这种活动，其中哪一个环节与这种总体性社会生产实践不相适应，不成比例，都直接或间接地影响其他环节。而生产实践的物质生存属性又决定着生产实践必然地向前展开，因此，必然地调整为各环节的大体平衡，这是历史实践通过各方面力量的自我调节。

艺术生产，当它以体现着物质属性的生产，亦即以艺术为产品的总体性的社会实践活动，而进入与其他物质生产相互作用的关系时，不平衡中的基本平衡，便成为一个可以理论言说的话题。可是，正是在这样一个重要话题上，国内的一些研究存在不同程度的不明晰。其中的一种说法便是艺术生产中间论。这种说法认为，艺术生产是在社会存在与社会意识之间、经济基础与意识形态之间、主体与客体之间进行的由此及彼的中介①。这种说法的问题首先在于，艺术生产被置于无所着落的境地。按照中间论或中介为两端之间的第三种存在的说法，就上述中间论而言，艺术生产便既不是社会存在又不是社会意识，既不是经济基础又不是意识形态，既不是主体又不是客体，这样，它才能作为中间者，去中介它所中介的两端。倘若确是如此，艺术生产就只能是一个悬浮着的意识设定的范畴或概念了。接下来的问题是，倘若艺术生产只是中介性的，则它便被它所中介的两端所限定，它的功能便也是中介其两端的功能。

在《〈政治经济学批判〉导言》中，马克思谈到生产与分配、交换、消费的一般关系时提到了中间环节这种情况，他说："生产表现为起点，消费表现为终点，分配和交换表现为中间环节，这中间环节又是二重的，因为分配被规定为从社会出发的要素，交换被规定为从个人出发的要素。"② 显然，马克思在这里所谈的中间环节，就是分配与交换，它具有被生产与消费这两端所规定的属性与功能，但它既不是生产又不是消费，它们为所中介的两端而在。而且，马克思所指的这一中介，也并不是生

---

① 童庆炳、程正民、李春青、王一川：《马克思与现代美学》，高等教育出版社 2001 年版，第 70—71 页。

② 《马克思恩格斯选集》第 2 卷，人民出版社 1972 年版，第 91—92 页。

产——包括艺术生产，而只是所生产产品的分配与交换——包括艺术产品的生产与交换。其实，提出艺术生产中间论的学者，所强调的中介作用是就艺术产品的作用而谈的，因此，即便它是生产，也只能是其他生产的中介性生产，而这又与马克思所说的以各自整体性所专有的方式掌握对象的具有各自差异性的生产属性相悖了。从生产角度理解中间论者设立的艺术生产的中介功能，便只能是一种概念性的设定①。这种概念性的中间属性的提出，不仅使艺术生产被概念性地置入一个它无力承担的责任领域——作为生产，它只是众多生产中的一个门类的生产，甚至就其与其相关联的各个方面的生产而言，它并不是典型的或者代表性的生产，而只是一般意义上的生产。显然，当它作为一般意义上的生产而引入一些科学技术时，如印刷技术、影视技术、网络技术，它在消费者那里所引起的意识形态影响，要远大于其他生产引入某种科技所引起的意识形态影响，这证明它的精神属性的突出。因此，它是物质生产但又不是典型的物质生产。而中间论在强调艺术生产的并不特别具备的中间属性时，艺术生产的实体性的实践属性却又被隐匿或者淡化了，致使它的很多实践属性，难以在其生产的特殊性方面展开，比如艺术生产与科学技术的关系、与艺术消费的关系、与时代状况的关系、与民族文化的关系、与其他生产的关系等。这都是唯有从艺术生产的实践属性角度才能提出的问题，而且这类问题的求解，也须待进行实践论的求解。可是中间论的不切实际的中介功能强调，却又在这一强调中淡化了艺术生产的实践属性。

----

① 根据艺术生产中间论的看法，艺术生产是在社会存在与社会意识之间、经济基础与意识形态之间、主体与客体之间进行的由此及彼的中介。这种中间性显然不是生产的一般属性，而是艺术生产的产品——艺术的属性。艺术生产与艺术产品的功能性混淆，导致艺术生产作为生产的特殊属性，在研究中被忽略。

从艺术生产中间论的角度说，在实践运作中真正发挥经济基础与意识形态、主体与客体之间的中间作用的，对于文学而言，应该是它的文本产品。文本产品确实是创作与接受的主体与客体间的中介，但这种理解却又会引起文学实践活动向文学文本的萎缩，萎缩的典型表述便是文本中心论。艺术生产中间论的代表学者，在认识到文学的活动属性之后，却又无法使文学研究向文学的活动属性深入，而是在文本中心论中向文本回归，一个重要原因就是在中间论中实际被强调的并不是艺术生产实践，而是艺术生产的实践产品——文本。① 这是生产与产品的混淆。

对于生产的劳动属性或实践属性，马克思的研究方法是进入到实践关系体中，对之进行活动的构成性研究。对于生产与消费的构成性关系，马克思不仅说"生产直接也是消费。双重的消费，主体的和客体的"，同时，它也是生产资料的消费，"生产行为本身就它的一切要素来说也是消费行为"② ；而且，马克思接着说，"消费直接也是生产，正如自然界中的元素和化学物质的消费是植物的生产一样"③。这种被强调的生产属性，是在生产—产品—消费的活动过程中实现的，它不仅自为过程，而且自成体系。对此，马克思提出一个重要的在生产活动中生产与消费互为媒介的观点："生产媒介着消费，它创造出消费的材料，没有生产，消费就没有对象，但是消费也媒介着生产，因为正是消费替产品创造了主体，产品对这

---

① 中间论的主要倡导者童庆炳，已经深刻地认识到艺术生产的实践活动属性，但在他所主编的《文学理论教程》最后一次修订版（第四版）中，在提出了文学的活动性之后，却又回落到本文中心窠臼中去，与中间论中出现的把艺术功能混淆于它的艺术产品的功能，有着深层的一致性。

② 《马克思恩格斯选集》第2卷，人民出版社1972年版，第93页。

③ 《马克思恩格斯选集》第2卷，人民出版社1972年版，第93页。

个主体才是产品。"① 通常，提到马克思的《〈政治经济学批判〉导言》所强调提出的经济基础与上层建筑的物质形态与意识形态的关系，研究者们大多倾向于将之划入认识论的哲学范畴，其实，就马克思从资本主义社会发展的现实出发，经过物质生产与意识活动关系的辩证分析，进而落实到资本主义社会的现实具体的思考过程来说，这是一种实践论的哲学思考。对此，恩格斯在评价马克思的《政治经济学批判》时说，人们的社会存在决定着人们的意识，"这个事实不仅对于理论，而且对于实践都是最革命的结论"②。唯有从马克思主义实践论的角度，才能为他的唯物论的认识论找到现实实在的根据。

概括地说，就艺术生产的物质属性即实践活动属性而言，无论是艺术创作、艺术文本印刷制作、艺术传播、艺术接受、艺术批评，都是一个环环紧扣的艺术实践活动，每一个环节都关联着其他环节，并在与其他环节的关联中成为并实现为各自环节。在这个过程中，生产主体成为对象的主体、生产对象成为主体的对象，精神产品成为物质的实现，物质产品获得精神的属性。因此，结论是明确的，即艺术生产不是中间性的，这是一个与其他生产活动，包括各种精神生产活动相关联的自成体系的实在的实践活动，它通过它的实践成果——艺术产品，发挥着不可取代的意识形态作用。

（三）艺术生产与其他生产互为生产

在《〈政治经济学批判〉导言》中，马克思坚持并不断强调生产一体

---

① 《马克思恩格斯选集》第 2 卷，人民出版社 1972 年版，第 94 页。

② 《马克思恩格斯选集》第 2 卷，人民出版社 1972 年版，第 117 页。

性的观点，即把整个社会生产，包括不同部门的生产、历史生产与现实生产、精神生产与物质生产，都看作是彼此制约、彼此作用，从而生成为总体社会结构及历史结构的总体生产。唯有在彼此关联的总体生产中，马克思才提出发展平衡或不平衡的关系问题。

生产总体性问题，在近年来兴起的文学理论的实践论研究与文化论研究中，不断被强调与重视。这种强调与重视的针对性，即20世纪80年代至90年代，文学理论研究出现了整体性的收归文学自身的研究，而且，这种收归又不仅仅是收归孤立化的文学生产系统，如孤立化的文学创作、孤立化的文学接受、孤立化的文学批评，对之进行孤立化的自身研究，而是进一步向文本收归，以文本为文学本体，进行孤立的研究。这种研究倾向的余波至今犹存。因此，生产总体性问题便成为当下从马克思的不平衡理论研究艺术生产的重要问题。同时，生产总体性问题也是艺术生产物质属性的重要问题。

就马克思说的生产一般性而言，不同生产都受社会生产的总体性制约与规定，"生产也不只是特殊的生产，而始终是一定的社会体即社会的主体在或广或窄的由各生产部门组成的总体中活动着"[①]。因此，如前面谈到马克思所说的生产一般性时本书所指出的，生产，包括艺术生产，都在社会总体性的生产规定中展开，某一具体生产中的任何一个环节，都不仅是这一生产自身的环节，同时也是整个社会生产中见于整体结构的环节。

在《〈政治经济学批判〉导言》中，马克思从政治经济学方法的角度，不止一处谈到生产的互为生产问题。他从政治经济学的简单范畴与比较具体的范畴在历史发展中得以生成的对应性角度说："简单范畴是这样一些

---

① 《马克思恩格斯选集》第2卷，人民出版社1972年版，第89页。

关系的表现，在这些关系中，不发展的具体可以已经实现，而那些通过较具体的范畴在精神上表现出来的较多方面的联系和关系还没有产生；而比较发展的具体则把这个范畴当做一种从属关系保存下来。"① 这是从精神的社会生产掌握与社会生产引起精神相对应的范畴运动的历史过程，来阐释对应简单范畴的生产关系与对应比较复杂范畴的生产关系之间的相互作用。而这个作用，不是精神的自我规定，相反，精神的范畴及其由简单到复杂的运动，是生产关系在简单与复杂的相互作用中而形成的规定。因此，马克思进而说："比较简单的范畴可以表现一个比较不发展的整体的处于支配地位的关系，或者可以表现一个比较发展的整体的从属关系，后面这些关系，在整体向着以一个比较具体的范畴表现出来的方面发展之前，在历史上已经存在。"② 这里，马克思揭示了两种在历史发展中各种生产在社会生产整体性中互为生产的相互作用关系：一是生产的整体水平不够发展，但它却对构成整体的各种生产处于支配地位；二是生产的整体水平已比较发展，但它对构成整体的各种生产却处于从属地位。马克思以货币为例，货币在氏族公社时代，仅在一些整体发展水平不高的"片面发展的民族即商业民族中才处于支配地位"，而在整体发展水平很高的最文明的古代，即希腊人和罗马人那里，直到它们解体，也并没有取得支配地位，而只是一种从属关系。这讲的是整体规定之下各种生产相互作用的差异性。

对于互为生产的生产总体，马克思认为它有一个由简单到复杂的演进过程。在这个过程中，不仅各低级发展阶段都体现出向高级发展阶段优化

---

① 《马克思恩格斯选集》第 2 卷，人民出版社 1972 年版，第 105 页。
② 《马克思恩格斯选集》第 2 卷，人民出版社 1972 年版，第 105 页。

的趋向，并因此成为高级发展阶段的前提，而且高级发展阶段总是使此前互为生产社会形式的结构作为残片和因素，作为尚未克服的遗物，作为某些征兆性的东西，保留下来，组织到发展了的互为关系的生产总体中去。马克思从他所处的时代阐释说："资产阶级社会是历史上最发达的和最复杂的生产组织。因此，那些表现它的各种关系的范畴以及对于它的结构的理解，同时也能使我们透视一切已经覆灭的社会形式的结构和生产关系。"① 这是一个互为生产的生产总体体现为社会形式的结构的历史发展过程，这个过程更是互为生产的生产关系的总体性演进过程。

马克思在《政治经济学批判》及《〈政治经济学批判〉导言》中所强调的互为生产的生产总体意识，多年来在国内的艺术生产研究中并未引起充分重视，因此，才有把艺术生产等同于艺术创作的说法②，或者把艺术生产单独地抽象出来，进而概括其中介性的说法，也才有把艺术生产从其他生产中抽取出来，认为它与物质生产没有直接的关联性，而是必须通过一定的生活范式，才与物质生产相关联的说法。③ 固然，如马克思所说，

---

① 《马克思恩格斯选集》第2卷，人民出版社1972年版，第108页。

② 陆贵山、周忠厚主编：《马克思主义文艺学概论》，花山文艺出版社1999年版，第602页。

③ 赵炎秋：《生活范式与文学类型——艺术生产与物质生产不平衡原因再探》，《中外文化与文论》2009年第2期。赵炎秋这里提到的范式说来自美国科学哲学家托马斯·库恩，他讲的是科学范式。范式即展开科学研究的某种范例或模式，这类范例或模式为共同体成员运用与追随。（[美]托马斯·库恩：《科学革命的结构》（第四版）导读，金吾伦、胡新和译，北京大学出版社2012年版，第10页）范式具有整体敞开性，范式生成及改变是长时间多种力量综合作用的结果。这里，赵炎秋用生活范式解释艺术生产，艺术生产便成为远离物质生产，而与已然范式化的生活相关的东西，这与马克思从生产一般角度规定艺术生产是有所不同的。其实，就范式而言，艺术生产就在生活范式之中，并且就是一种代表性的生活范式与生产范式，它敏感地接受着来自物质生产的各种信息，并随时地将之加工为意识产品。

分工造成了不同生产的差异，造成了不同生产部门的差异，但差异不是孤立——割裂或者远离，而是总体结构中的关联差异、功能差异、状况差异。马克思之所以称精神活动及艺术活动为生产，是想把社会生活中各方面与生产相关的活动，统一到生产这一总体性中来。一些研究者千方百计地证明，马克思是如何把先前未被称为生产的人类活动纳入生产中来，却往往忽略了他何以把这些活动纳入生产。因此，对马克思艺术生产不同于其他生产的差异性主张，不应该理解为艺术生产是独立于其他生产的另外的生产。

马克思深刻地运用他的互为生产的生产总体理论，提出了世界文学的观点："各民族的精神产品成了公共的财产。民族的片面性和局限性日益成为不可能，于是由许多种民族的和地方的文学形成了一种世界的文学。"① 世界文学的生产，属于艺术生产，而艺术生产之所以由生产民族文学与地域文学，转而生产世界文学，既不是单纯的文学创作的事，也不是它疏离于其他物质生产经由生活范式才得以创造艺术的自身生产功能，而在于它直接就拥有并受制于与其他生产的相互生产的生产总体性。因此，马克思才从资产阶级时代不断变革的生产关系出发，从"开拓了世界市场，使国家的生产和消费都成为世界的了"这一生产状况出发，从工具生产关系与交往生产关系的变化出发，揭示了文学艺术生产水到渠成地体现出的世界文学性质。

互为生产的生产一体性问题之所以在这里特别提出来说，是因为不平衡理论的前提即在于此。在马克思看来，首先，就艺术生产自身而言，有重大意义的艺术形式的生产，与它置身其中的不发达阶段的总体生产是互

---

① 《马克思恩格斯选集》第 1 卷，人民出版社 1972 年版，第 255 页。

为生产的,即不发达阶段的艺术生产,是生产着有重大意义的艺术形式的生产,而生产着有重大意义的艺术形式的生产又构入那个不发达的总体生产,成为后者的组成部分。它们成为总体与局部的相互作用体,后者支配着前者,前者是后者的特殊生产形态,并因此生产出意义重大的艺术形式。对此,马克思表述说:"因此,在艺术本身的领域内,某些有重大意义的艺术形式只有在艺术发展的不发达阶段上才是可能的。"①其次,在一定时期的总体性艺术生产中,不同艺术种类的艺术生产相互作用地展开着各自的生产,建立着"艺术本身的领域内部的不同艺术种类的关系"②,并且,不同艺术种类的生产又都是被支配于总体性的生产,这种总体性因为不同社会的更大的社会生产总体性的不同而各有差异。对此,马克思说:因此,"埃及神话决不能成为希腊艺术的土壤和母胎"③。再次,艺术生产受更具总体性的社会生产支配,又以其特殊情况构成并影响社会生产的总体性,前者便总是在其中生产而且只能在其中生产的社会条件。基于艺术生产与社会生产互为生产的关系,社会生产的发展才引发马克思对繁荣的希腊艺术消失的必然性的反问——"阿基里斯能够同火药和弹丸并存吗?或者,《伊利亚特》能够同活字盘甚至印刷机并存吗?随着印刷机的出现,歌谣、传统和诗神缪斯岂不是必然要绝迹,因而史诗的必要条件岂不是要消失吗?"④

在交互作用的互为生产中研究政治经济学的基本范畴,包括国家形式和意识形式、生产关系和交往关系等,是马克思在不同论著中贯彻始终的重要研究方法,即抓住范畴内部的各构成方面的相互作用,进行历史的、

---

① 《马克思恩格斯选集》第 2 卷,人民出版社 1972 年版,第 113 页。
② 《马克思恩格斯选集》第 2 卷,人民出版社 1972 年版,第 113 页。
③ 《马克思恩格斯选集》第 2 卷,人民出版社 1972 年版,第 113 页。
④ 《马克思恩格斯选集》第 2 卷,人民出版社 1972 年版,第 114 页。

动态的以及立足当下的分析。这种研究方法源于黑格尔的辩证思维，但对之进行了"物质生活的生产方式制约着整个社会生活、政治生活和精神生活"①的过程性纠正，使颠倒的辩证法被颠倒过来。这种方法在后来的哈贝马斯等的主体间性方法论中被发挥，并在西方的后形而上学建构中起着重要作用。这便是侧重于艺术生产中物质生产属性的分析，就这一属性说艺术生产是以实践的方式或活动的方式，与其他生产处于互构互为的整体性中，并因此具有基本平衡的关系。

（四）从艺术生产的精神属性说，艺术生产与其他社会生产具有必然的发展不平衡关系

对马克思的物质生产发展同艺术生产的不平衡关系，国内马克思主义文学理论研究者的看法是大体相同的，即物质生产发展与艺术生产发展从总体上说是平衡的，不平衡只是平衡关系的特殊表现。尽管对这一共识各有不同的说法。有的把这种总体平衡关系表述为宏观平衡与微观不平衡的辩证统一关系②；有的表述为平衡关系居主导地位，不平衡关系是主导关系的特有表现③；有的研究认为不平衡是二者的某种不一致、不均等，不平衡理论的更为重要的意义是把艺术纳入物质生活矛盾中予以研究，其中体现着经济基础与上层建筑相融合的总体思想④；有的在坚持马克思经济

---

① 《马克思恩格斯选集》第 2 卷，人民出版社 1972 年版，第 82 页。

② 陆贵山、周忠厚主编：《马克思主义文艺学概论》，花山文艺出版社 1999 年版，第 304 页。

③ 王向峰主编：《文艺学新编》，辽宁大学出版社 1990 年版，第 92—95 页。

④ 马驰：《马克思主义美学传播史》，漓江出版社 2001 年版，第 40—41 页。

基础与上层建筑关系理论基本主张基础上，认为还应该注意"生活范式"这一中间环节，即是说，物质生产与艺术生产的总体平衡关系是通过"生活范式"体现的。① 从近年来对不平衡理论的理解，可以隐约看出一个领会马克思经济基础与上层建筑关系理论的思想趋向，即从机械论、庸俗论向辩证论与历史综合论的转化。这种转化与西方马克思主义的影响分不开，也与中国马克思主义文学理论研究的当代视野相关，各方面都越来越倾向于从更为深广的视域去理解经典作家，研究与思考经典作家提出的理论问题。

　　研究马克思须回归马克思，须从马克思提出问题的角度与方法思考他所提出的问题。从不平衡理论说，马克思对物质生产与艺术生产的关系已经说得非常清楚："关于艺术，大家知道，它的一定的繁盛时期决不是同社会的一般发展成比例的，因而也决不是同仿佛是社会组织的骨骼的物质基础的一般发展成比例的。"② 马克思在此前的物质生产与上层建筑的关系论中，所谈的都是一种决定与被决定的关系，此处却出现了不同生产关系之间的不平衡关系，因为这种不平衡关系例外于先前的决定关系，所以马克思才连用"两个决不是"予以强调，即"决不是同社会的一般发展成比例的""决不是同仿佛是社会组织的骨骼的物质基础的一般发展成比例的"。显然，"两个决不是"对于不平衡关系的强调，是不容置疑的。这里的问题在于，为什么坚持着马克思主义基本原理的不平衡理论的研究，却不顾马克思用"两个决不是"强调的不平衡说，而将之归于平衡呢？

---

　　① 赵炎秋：《生活范式与文学类型——艺术生产与物质生产不平衡原因再探》，《中外文化与文论》2009 年第 2 期。

　　② 《马克思恩格斯选集》第 2 卷，人民出版社 1972 年版，第 112—113 页。

　　此处的误读与机械论地理解《〈政治经济学批判〉导言》所奠定的理论基调相关，即社会的物质生产力总是制约着整个社会生活，"不是人们的意识决定人们的存在，相反，是人们的社会存在决定人们的意识"①。在这种决定与被决定关系中，艺术生产作为不同于物质生产的生产，便自然在被决定的位置上，也因此就自然与物质生产总体上处于平衡状况。然而，这是一种简单化的理解。如前所述，这是忽略了艺术生产作为比较具体范畴的双重属性，即物质属性与精神属性。

　　艺术生产的物质属性，使艺术生产与其他生产的关系确实是基本平衡的，并且被社会总体性的物质生产所规定，像前面已经阐释的那样。问题在于马克思所强调的不平衡关系，却主要是就艺术生产的精神属性而言，对此，马克思在不平衡理论中很清楚地说明了，这集中见于他对希腊艺术的阐释。关于希腊艺术及艺术生产，马克思讲了四个层次，其中，除第一个层次是概述艺术生产的物质属性外，后三个层次均是谈艺术生产的精神属性。

　　其一，古希腊代表性的艺术形式的不可复现性。例如史诗，"当艺术生产一旦作为艺术生产出现，它们就再不能以那种在世界史上划时代的、古典的形式创造出来"②。这一要点涉及两个内容：一是史诗这种艺术形式是艺术生产出现之前创造出来的。这个艺术生产之前的时代是什么时代？根据马克思的看法，生产总是一定社会发展阶段上的生产，而且，生产的一切时代有某些共同标志、共同规定，马克思称此为可以予以抽象的生产一般。这生产一般就生产说包括生产者、生产对象、生产资料、生产工

---

　　① 《马克思恩格斯选集》第 2 卷，人民出版社 1972 年版，第 82 页。
　　② 《马克思恩格斯选集》第 2 卷，人民出版社 1972 年版，第 113 页。

具、生产产品，以及一定的生产关系；就生产关系说，则包括生产与消费的关系、生产与分配的关系、交换与流通的关系；再往广度上说，则包括生产关系与交往关系、国家形式和意识形式同生产关系和交往关系的关系，以及法的关系、家庭的关系。对这些构成要素及构成关系，马克思在《〈政治经济学批判〉导言》中作为要点，进行了分节专述。史诗形式产生的艺术生产之前的时代，即构成生产一般的生产要素与生产关系尚未分化，尚未确定地出现的时代，这便是先民的原始时代。即是说，史诗这类艺术形式是原始时代的产物（当然，语言的进一步加工是后来的事）。二是史诗是世界史上划时代的、古典的艺术形式。这是对于史诗的人类史的至高评价。划时代，即开创了人类艺术的先河，人类艺术至此而出现；古典的，则是讲史诗艺术形式的古代人类史的典型性、典范性。而创造这种艺术形式的原始时代，显然是人类史中的不发达阶段。因此，马克思得出一个结论："在艺术本身的领域内，某些有重大意义的艺术形式只有在艺术发展的不发达阶段上才是可能的。"并进而把这个结论上升到或抽象到艺术生产与社会一般发展的关系上来。

其二，希腊神话是希腊艺术的武库与土地，它构成希腊人的幻想，希腊人最初的对于自然的观点与对于社会关系的观点的基础。这样的基础，这样的武库与土地，是发生在那个人类不发达阶段的原始时代的。这里也同样有两个内容：一是希腊神话与希腊神话艺术的关系，灿烂辉煌的希腊艺术是在希腊神话的土地上生长出来的；二是希腊神话对于希腊人精神世界的意义，包括后来的哲学、宗教、经济、政治等，其中的自然观点与社会观点都生发于希腊神话。这是从神话内容的角度对于上一个层次即艺术形式层次的强调。强调的结论落回到不平衡关系上来——在后来社会发展阶段出现的新的社会关系及科技发明中，随着相应自然力的实际上被支配，神话也就消失了。因此，神话的消失，神话时代的结束，是社会发展造成的，是此消彼长的关系。

其三，马克思揭示了见于神话的精神实质，亦即艺术实质。"任何神话都是用想象和借助想象征服自然力，支配自然力，把自然力加以形象化"①。这个实质便是想象，是对于征服自然力的想象，是这类想象的形象化。就神话的艺术实质而言，它与后来的排斥艺术想象，排斥对于自然的神话态度的社会发展，是难以相融的，是被否定的。这在后来的社会发展中，便造成了见于神话的艺术实质与社会发展的不平衡关系。马克思说："决不是这样一种社会发展，这种发展排斥一切神话地对待自然的态度和一切把自然神话化的态度；并因而要求艺术家具备一种与神话无关的幻想。"②

其四，艺术生产以其生产的艺术而必然地超越于社会发展。这便是马克思前面提到的"两个决不是"的根据——决不是同社会的一般发展成比例的，决不是同物质基础的一般发展成比例的。在不平衡这一点上，马克思的态度非常鲜明。这里有三个根据：第一，上面所分析的三个层次的逻辑关系，从形式到内容，再到实质，均证明神话之后的时代发展与前面的神话时代是不平衡的，这种不平衡是前者支配着后者的不平衡，支配的结果是后者在前者中衰落或消失。这是一种见于历史的必然的不平衡关系，即后来的社会生产总是必然地压抑与否定之前的艺术生产。第二，这是一个至关重要的根据，也是很多研究者忽略的根据，即马克思对于艺术生产的精神实质的揭示。马克思在《〈政治经济学批判〉导言》"政治经济学方

---

① 《马克思恩格斯选集》第 2 卷，人民出版社 1972 年版，第 113 页。
② 《马克思恩格斯选集》第 2 卷，人民出版社 1972 年版，第 113 页。

法"一节中强调了一个重要的研究方法，即由简单范畴到比较具体范畴再到具体研究对象的由抽象而具体、由简单而复杂的方法。马克思从人类的原始时代发现最初的生存关系、交往关系，如分配、占有，认为这类关系在不发展的具体中已经实现，但是在后来的发展阶段才能产生出更复杂的精神活动的社会关系则还没有形成。不过，这类简单原始的关系，却是后来社会发展的条件与土地，并且作为基本规定，以不断复杂化的样式在后来的发展中发挥作用。用这样的方法理解不平衡理论，则马克思对于希腊神话、史诗形式的原始追问及阐释，其用意就豁然开朗了。他不仅是说后来的社会发展否定了先前的艺术生产，更是说，那被否定的原始的武库与土地，并没有因此而消失，而是作为后来艺术生产的根据与规定，以比较具体的属性样式继续发挥着生成与生发作用。这是对于艺术生产的根本性的强调。这被强调的见于希腊神话的简单范畴，这不断地生成并规定后来艺术生产的简单范畴，就是对于征服自然力的想象和这想象的形象化。马克思对于艺术生产实质及艺术实质的根本性揭示无疑是深刻的。古希腊时代有那时的征服自然力的想象，有那个时代的想象形式化的手段与技巧。但社会发展过程是无止境的，这个过程便是马克思在《1844年经济学哲学手稿》中揭示的不断地自然人化与人化自然的过程，也是人的本质力量不断丰富与不断实现的过程。在任何一个时代，那个来自原始的艺术规定，都在不断具体化的过程中规定着艺术的征服自然的想象及想象的形象化。就此而言，艺术生产及艺术对于现实社会生活的超越关系就确定了下来——前者对于后者，必然是不平衡的，因为前者总是用形象化的征服自然的想象力超然于现实社会生活并引导着现实社会生活。这才是不平衡的本质所在。第三，马克思对于永久魅力的童年追问与解答，进一步验证着艺术生产及艺术对于现实生活的必然的不平衡关系，亦即永久的超越性。

马克思连用了四个富于感情色彩又极有人文色彩的反问："但是，儿童的天真不使他感到愉快吗？他自己不该努力在一个更高的阶梯上把自己的真实再现出来吗？在每一个时代，它的固有的性格不是在儿童的天性中纯真地复活着吗？为什么历史上的人类童年时代，在它发展得最完美的地方，不该作为永不复返的阶段而显示出永久的魅力呢？"① 这四句话无须回答而答案自明。反问，其实是揭示了一个道理，即希腊神话的实质是艺术的实质，希腊神话提供的艺术想象与形象化的关于艺术、艺术生产、社会生产的简单范畴，就像童年之于成年、基础之于阶梯、逝去之于复活、永不复返之于永久显示的现实地延续于任何一个时代，因此成为艺术生产、艺术之于社会生活的必然不平衡的超越之维。

概括地说，艺术生产是见于物的生产，这决定了它的物质生产属性，它总是并且必然是在现实物质生活的条件及场域中生产，因此它受生产一般性制约，与生产处于整体平衡的状况；但艺术生产的精神生产属性及艺术生产所生产的艺术，与物质生产是必然地不平衡的，它的征服自然的想象及形象化，在各个时代都超越于它所处时代的社会生产与社会生活，像原始时代的神话，以其想象而超越当时的生存活动一样，这就是总体平衡中的永不平衡。这一不平衡的本质属性，在 20 世纪西方启蒙现代性陷入重重困境时，被韦伯等西方学者所关注，提出了现代性的艺术救赎理论，亦即审美现代性理论。这一理论要点，即用艺术的永恒的超越性，救赎当下愈益理智化与理性化的社会生产与生活。因为在这些状况下，艺术变成了一个越来越自觉把握着独立价值的世界，这些价值本身是存在的。不论怎样解释，艺术都具有一种世俗救赎的功能，它提供了一种从日常生活的

---

① 《马克思恩格斯选集》第 2 卷，人民出版社 1972 年版，第 114 页。

千篇一律中解脱出来的救赎，尤其是从理论和实践的理性主义不断增强的压力中解脱出来的救赎。尽管对启蒙现代性与审美现代性的现实关系有很多争论，但马克思对于艺术永久魅力的不平衡理论的必然超越论，在韦伯等这里有了时代的呼应。

| 第十章 | 中国马克思主义文论的
问题意识及问题式建构

马克思主义文学理论是中国现当代主导性文学理论的奠基理论、生成理论以及主导性的构成理论。马克思主义文论在中国文论建构中的这一主导性地位的取得，并不仅仅是理论自身的事，这更是中国现当代历史实践的结晶。即这是中国现当代社会历史过程中，民族生存状况、政治状况、经济状况、文化状况、文学状况等的综合作用，以及由此形成的综合性历史选择。这使得马克思主义文论在现当代中国文论建构中所获得的主导地位，具有历史合理性。改革开放四十余年来，马克思主义文论在当下文论建构中所处地位及所进行的研究与建构，也同样经历着转型过程。这期间，多元化的文论建构，无论哪一元，都盘根错节地关联着马克思主义文论，它是文论多元建构随时在场的幽灵。概述马克思主义文论四十余年来的问题或状况，其意义不仅在马克思主义文论本身，更在于当下多元化的文论建构。

一、社会转型新时期马克思主义文论研究的历史性尴尬

20世纪初中国革命领袖们把经典马克思主义作为疗救国家与民族疾

患的理论经典引入中国。此后，虽然知晓并理解马克思主义的人并不多，但马克思主义在接受群体中却获得虔诚信仰与追随，甚至很多人前仆后继地为之付出生命作为代价。之后，随着中国共产党领导的革命事业日渐壮大，节节胜利，以马克思主义为信仰的人越来越多，马克思主义的理论地位在革命党人中无可置疑。与这一无可置疑相应，马克思主义构成部分的马克思主义文论，在中国革命文论建构中的主导地位同样无可置疑，尽管这种无可置疑在很长时间里建立在对经典马克思主义缺乏深刻理解的基础上。

新中国成立后，马克思主义曾一度被神化。被神化的马克思主义却并不是马克思主义的体系性的理论，而是实用选择性的及政治强化性的。这样的选择与强化，使马克思主义被断章取义，并经常作为教条而运用。其实这种情况在革命时期也出现过，对此，毛泽东曾以极为严肃的态度斥之为教条主义，并列入党的作风建设的必反之列。

被实用化与政治化的马克思主义随着"文化大革命"的爆发被推上极左政治的"圣坛"，成为极左政治的理论守护神。当"文化大革命"作为党和国家的巨大灾难被结束时，作为极左政治的理论守护神也就随之从"圣坛"跌落。在对于政治的社会性逆反心理中，马克思主义罩上被逆反的阴影。

在 20 世纪 70 年代末至 80 年代的几年时间里，马克思主义被小心翼翼地进行着拨乱反正的研究。从根本上说，大家都知道是马克思主义指导着中国共产党从小到大、从弱到强，战胜顽敌，赢得新中国成立；同时，大家也知道，就中国的民族生存状况及国情而言，中国历史地选择了中国共产党，中国共产党也赢得了中国历史的选择。这合于并体现出历史发展的必然性。因此，揭示并实现着这一必然性的马克思主义理所当然地受到中国共产党执政下的中国学术界的尊崇和研究。然则，历史并不是线性因果链，当"文化大革命"这样的政治灾难打着马克思主义旗号而殃及全国、殃及千家万户，并且以灾难而被终结时，作为旗号的马克思主义该怎样面对虔诚的追随者与研究者们？固然，动乱年代的马克思主义是被断章取义的马克思主义，是被歪曲的马克思主义甚至是被背叛的马克思主义，但这样的马克思主义在当时是被当作经典与权威而论证与坚持的，它曾经以不容置疑的权威性而号令全国、号令三军。为此，在拨乱反正中及在此后一段时间，它被不谈或少谈，被小心翼翼地绕过，这不是否弃而是畏惧。但对于它的学术淡漠也因此而来，这种淡漠导致深层研究的门前冷落鞍马稀。这种情况也见于对马克思主义的文论研究，中国社会科学院文学所丁国旗曾以亲身经历举例说："2007 年下半年，笔者应某全国核心刊物之约组织一期关于马克思主义文艺美学方面的稿子，但令人失望的是，我问过几位多年从事马克思主义文艺学或美学研究的学者，他们都委婉地拒绝了我的求稿约请，理由是他们已基本离开了该领域的研究，学术兴趣已移往别处。作为我国文艺领域的一直占据主导地位的马克思主义文艺理论，本该是一个大有可为的阵地，但可惜，目前研究队伍与实力已不如前，许多在此领域有成就的老先生正在陆续退出，而中青年学者却没有及时补上，出现断层现象。"①

马克思主义多年来一直被坚持为中国立党强国的思想理论基础，并一直通过各种政治渠道、传媒渠道、学术渠道、教育渠道传播与坚持。这样的基础性坚持与这样的被不同程度地淡漠的学术研究状况是不成比例的，这使马克思主义及其文论境遇尴尬。参差不齐的研究队伍，对于西方研究

---

① 丁国旗：《对马克思主义文艺学研究的一点思考》，《当代文坛》2008 年第 6 期。

成果的照搬套用，以及远离现实问题的思辨式研究，都使马克思主义及其文论陷入中国特色建构的困境与淡境。这与近年来马克思主义经典作家在西方学术界身价愈高相比，就更显得尴尬。

当然，称这种情况为尴尬并不是否定这些年来马克思主义文论研究的成就，仅 2008 年文艺学界就分别在北京和天津召开了三次全国规模的密切关系马克思主义文艺学的学术会议。近年来，各种名目的文学理论或美学会议，也都有关于马克思主义文艺学的论文宣读与展开讨论，21 世纪以来出版的马克思主义文艺学专著不下百部。这些研究实践与研究成果确实令人欣喜。这里所说的马克思主义文艺学研究状况的尴尬，是相对于马克思主义在中国无可取代的理论地位与对于它的理论研究规模和研究力度之间存在很大不对应性或者反差而言的，其中的原因需要认真思考。

探究这种尴尬境遇的原因，就研究群体而言该是一种对于马克思主义及其文论的虚幻想象效应。即概念化的马克思主义与它在中国一度被某些研究者们融合为一个马克思主义的幻影，他们又进而被这一幻影所影响或左右。而这种虚幻想象效应从 20 世纪 70 年代末以来又经过了四次强化：第一次强化是在拨乱反正过程中面对一度走向极致的教条主义的强化，这次强化使在"文革"期间耳熟能详的马克思主义经典话语因其被教条化并带来严重后果而形成普遍性的理论冷淡与排斥。第二次强化是进入 80 年代普遍出现的逆反心理，这主要是对于此前极左政治化的社会性逆反心理。第三次强化来自西论的大量引入，叔本华、尼采、柏格森、弗洛伊德、胡塞尔、海德格尔等这些先前曾被封闭于中国国家意识形态之外的思想家及其著述，作为新鲜而且强大的思想理论力量，很快形成国内学术界关注、读解、研究、转用的热点，这使得正处于理论淡漠及逆反中的马克思主义雪上加霜，学界的理论热情因此被大量分流。第四次强化是改革开放国策的进一步实施，中国特色社会主义道路更现实而有效地在国人面前、在思想理论界面前展开，于是，马克思主义中国化与当下化问题被尖锐地提出来，而问题被这样提出本身就隐含着一种批判力量，即先前被作为普遍真理而接受的经典马克思主义须接受当下实践检验并在实践中进行思想理论创新，马克思主义理论话语的权威性因此也受到检验。而这四次强化又不仅是先后排列、递次发生，它们一经发生便都与后来的强化原因相互作用，同时共存，转化到新的强化原因中去。这导致很长的一段时期马克思主义及其文论的研究热潮仍然难以掀起，进一步的反思有待展开。"我们试图建构的当代形态的马克思主义理论体系并没有形成，许多过去已经探讨的问题，认为已经说清的问题，现在发现有些并没有说清，具有中国特色的马克思主义文艺理论也还主要是一个空架子，缺乏实际的内容，马克思主义理论的中国化仍然是任重而道远。"[①] 这类评价，道出了以马克思主义为立党强国思想理论基础的国家学术界，包括文论界，在马克思主义及其文论方面的研究境况。

二、新时期以来马克思主义文论的问题式建构

如上所述，大规模社会转型三十余年了，马克思主义及其文论研究处于不温不火的境遇。这体现在理论建构中，表现为体系性研究成果凤毛麟角，范畴或命题研究虽间或有之但系统性深入尚待努力，问题性阐发的文

[①] 丁国旗：《马克思主义文艺理论研究 30 年》，载钱中文等编：《新中国文论 60 年》，知识产权出版社 2010 年版，第 104 页。

章不少但缺乏理论体系支持多属零散之作。而在研究状况上，类似于西方马克思主义的批判式语境当然谈不上，研究中的对话与争论也很少见，政治语境仍涵盖学术语境。在理论与实践的转换关系上，则是缺乏相互关联的紧密性及灵活有效的转换机制，常止于理论对号与表面化的实践验证，有力度的理论提升及创新和鞭辟入里的实践剖析以及实践引导成果尚不多见。

不过尽管如此，新时期以来有理论价值的马克思主义文艺学研究工作仍在推进，这一推进集中体现于马克思主义文艺学的理论基点研究。这一基点的核心问题，是如何理解和处理马克思主义文艺学与马克思主义哲学的关系问题。这一关系问题之所以会在20世纪80年代以后马克思主义文艺学研究中实际上成为重心，概括地说主要是因为：其一，历史地接受马克思主义文艺学的中国文艺学界，是为了革命目的而传播与研究马克思主义文艺学的，而且他们是通过对于马克思主义思想理论的接受才进而传播与研究马克思主义文艺学的，马克思主义思想理论的哲学根基辩证唯物论，成为马克思主义文艺学最初被奠定的理论基础；其二，在前几十年中被不断强化的马克思主义文艺学的政治功能，总是从辩证唯物论的马克思主义哲学角度获得理论阐发与坚持，并因此形成其理论形态；其三，在"文化大革命"的极左政治论时代，文艺学的极左政治论的强行实施，鲜明地打着辩证唯物论的马克思主义哲学旗号；其四，由于上述三点原因，马克思主义文艺学与马克思主义哲学的关系问题成为一个不断产生重大问题，但又一直未予深入思考并有力解决的问题，对这一问题淡化、回避，成为马克思主义文艺学建构的普遍性态度。这更导致问题的复杂化。而马克思主义文艺学的众多问题，从历史到当下，又都与这一问题密切相关，这使得马克思主义文艺学与马克思主义哲学的关系问题成为一个巨大的、活跃的母题。近年来，文艺学界开始直面这一重要问题，并就此展开不同程度的思考。下面，就近年来对这一问题的求解情况作一概述。

（一）马克思主义文艺学与哲学关系思考的体系性实质

马克思主义文艺学经过几代学者的上百年建构，已形成一套特色鲜明的理论命题、理论范畴及阐发这类命题与范畴的理论话语。当下，文艺学虽正在进行多元化建构，但马克思主义文艺学的那套命题、范畴及话语，仍在很大程度上为各方面建构所共享与共用。于是，一个重要的理论问题便不断在马克思主义文艺学的理论建构及其共享共用中以一种随时在场的困扰性发挥作用，这个问题便是马克思主义文艺学的体系性问题。

众所周知，马克思主义经典作家没有为后人提供系统的文论文本，他们的文论研究是基于他们深厚的文学修养，或是进行于特定的文学文本批评，或是阐发于对他们来说更为迫切也更具有当时的时代重要性及理论重要性的非文论问题的论证之中，而且，即便是特定的文学文本批评，也主要不是出于文学或文论需要，而是出于他们认为更重要的其他理论需要。这种情况决定着后来的马克思主义文论或文艺学的研究者与建构者们，总免不了要在体系性问题上思考与论辩——除非他们压根不想或不懂得体系性地展开各自的思考与论辩。

而当研究者与建构者们不断地与体系性问题相遇时，经典作家并没有提供系统的文论文本这一现实，就引发了后来的旷日持久的马克思主义文论或文艺学的体系性寻觅与确认。寻觅与确认当然不能进行于马克思主义经典作家的各种理论文本之外。而在他们的理论文本之中，那些政治学、经济学、社会学等的论述，其领域所属当然与文学及文论很远，而贯穿于其中的哲学思想，即马克思主义哲学——尽管经典作家同样没有专论性的哲学文本，但作为哲学思想，它在经典作家理论文本中的生成性、依凭性及贯通性则是可以系统把握的。这种情况使得不断寻觅与确认马克思主义文论或文艺学体系性的研究者或建构者们，很自然地便把探寻目光集中于马克思主义哲学，因此可以看到后来的马克思主义文论建构中融入了很多马克思主义哲学的思考与阐发。但随之而来的困难在于，马克思主义哲学，不仅它自身的体系性是尚待阐释的因此是开放性的，而且，哲学思想体系如何在具有明显的学科领域差异性的文学及文艺学领域获得体系性转换——文学及文学的领域规定性规定着它们的理论建构必要合于其领域规定性——这是一个难以绕开的理论难题。这一理论难题，随着社会转型所引发的文学及文艺学的学科领域性变化，面临新的语境及理论问题的促迫。由于这类促迫对于马克思主义文论或文艺学的研究者与建构者而言，其实是落入他们研究与建构其中的马克思主义文论或文艺学的体系性中的，如文学意识形态论、文学功能论、文学创作方法论、文学生产论等，它们都在马克思主义思想体系中被构成、被提出并规定，由此引发的马克思主义文艺学与哲学关系的思考，就其实质而言，便是体系性的。

马克思主义哲学概述着马克思主义经典作家对于世界、对于人、对于人与世界关系的理解，以及达到这样理解的途径、方法。马克思主义文艺学以文学及文学历史实践为研究对象，它当然离不开对于世界、人及人与世界关系的理解，这规定着马克思主义哲学与文艺学的内在联系，马克思主义哲学是文艺学的理论基础。

在如此紧密的二者关系问题上，曾历史性地出现错位情况。错位的原因主要是对于马克思主义哲学的简单化、实用化、庸俗化理解，即从马克思主义那里简单化地抽取出基本理论命题，将之与当时中国的历史实践进行简单、直接的对照，得出简单化、绝对化的结论。如坚持唯物论就是坚持革命，而不坚持唯物论就是反对革命等。由此，唯物论的认识论便被提到马克思主义哲学的冠名高度同时也成为革命的标牌。对辩证法的理解与强调也是这样，掌握与解释世界、改造世界的方法，被简单化为分析革命形势、坚定革命信心的方法。后来，随着革命胜利，精神敌人的革命设定已意义淡化，但代表着历史进步的物质力量的人民群众，在唯物论的认识论中仍延续着唯物即革命的思维，而经济基础与上层建筑包括艺术的关系，也常常被理解为直接对应的矛盾关系，同时辩证地面对矛盾的通变态度，又使辩证法成为处理社会矛盾，在居安思危中不断唤起复辟警觉的基本方法。如此理解的辩证唯物论的认识论被提升到政治哲学的至上高度，并不断用强大的政治手段予以强化。

这反映在文艺学上，唯物论的认识论就成为不容置疑的理论立场，辩证展开的历史唯物主义也就成为文艺学体系建构、读解与批评文学作品的方法论根据。由此导致在很长时间里，马克思主义文艺学不过是简单化的马克思主义哲学的简单图解。这里的问题在于，尽管马克思主义文艺学离不开马克思主义哲学根基，但根基性关系却并不是直接对照与套用的关系，更何况此前对马克思主义哲学的简单化、实用化、庸俗化理解又并非真的切合马克思主义的哲学精髓。

这种历史状况在当下仍然不同程度地延续着。于是对马克思主义哲学与文艺学关系的思考便逐渐成为文艺学界近年来的重要思考。问题的复杂性在于，在这一思考中，此前读解的辩证唯物论的认识论往往仍被坚持为各种思考的根基。

（二）认识论文论转化为审美反映论文论

尽管马克思主义文论研究者愈来愈认识到，先前所坚持的认识论文论，忽略或者压抑了文学活动的能动性，但出于对马克思主义的延续性理解，此前读解的唯物论的认识论立场又一定要坚持，于是就有了由认识论文论向审美反映论文论的转变。这一转变的实质是文艺学对简单化的哲学认识论的突围。在这一转变性思考中有代表性的论述当属钱中文对于审美反映的创造性本质的阐发。钱中文坚持精神世界归根结底是物质世界的认识或反映这一马克思主义认识论的基本观点，他从马克思主义哲学命题在文艺学领域的具体化与特征化角度，揭示哲学认识论在文学及文艺学的特殊形态，提出"审美反映"这一重要概念，并以此代替被简单化地套入文艺学的哲学认识论或反映论。他认为审美反映论是对生活从审美角度所作的特征性发现、选择与提炼，同时，也是审美主体对于这一发现、选择与提炼的特殊的审美心理反映。这已不仅是以审美为特征的认识，而且是伴随着感情体验、想象生发、意志坚持及与之相关的综合评价。在审美反映论的基础上，钱中文又将审美反映纳入意识形态思考，指出文学审美意识形态的逻辑起点不是意识形态，而是"审美意识"。针对学界对审美意识形态的"审美加意识形态"质疑，他阐释说："提出审美意识形态说，试图从发生学、人类学的观点，揭示文学的原生点及其在历史发展生成中的自然形态；讨论人类审美意识的形成和发展，历史地生成口头语言形式的审美意识形式——前文学，随后融入蕴涵了文化精神的语言文字结构，进而历史地生成为现代意义上的文学审美意只形态"①。显然，这是旨在为文

① 《钱中文文集》第二卷，上海辞书出版社 2005 年版，第 395 页。

学的审美反映确认一个历史综合的通达视野，并进一步贯彻马克思主义哲学认识论的精神活动是物质活动的能动反映这一理论基点。在审美与意识形态的融通中，钱中文强调了三个要点：文学是社会生活的审美反映，文学的审美反映是融合着人的生存整体的综合反映，以及这一反映乃是随着社会演进而展开的历史反映。由此，钱中文用审美反映论通融了此前简单化的认识论，使文学活动的主观能动性在其审美特征中获得理论提法的合法性。

　　类似观点，在童庆炳主编的《文学理论教程》（第四版）中也被提出并阐释。这部教材认为马克思主义认识论或反映论从根本上确定了文学是生活的反映这一理论基点，该教程在哲学认识论的根本性与文学审美的特殊性之间，探寻调和、通融的路径。该教程提出文学反映的特殊性，即"艺术地掌握"世界，提出"把文学艺术看成是'审美意识形态'意味着文学艺术是社会意识形态的变体，它既具有意识形态的性质，又具有审美的性质，是两者的有机结合"[1]。由此，审美意识形态便在文学认识论与文学特征论之间获得理论属性，甚至这也是钱中文提出审美意识形态论的初衷。在该教程中，审美意识形态的提法是基于对意识形态的一种理解，即意识形态只有在各种表现中才会现实地存在，正是这各种表现使意识形态可以区分为哲学意识的意识形态、政治意识的意识形态、审美意识的意识形态，文学在审美意识中实现自己的意识形态属性。

　　董学文则对审美意识形态提出不同看法，他认为文学的意识形态属性是马克思主义唯物史观见于文学的本质属性，这一属性规定着文学的思想

----

① 　童庆炳主编：《文学理论教程》（第四版），高等教育出版社 2008 年版，第 16 页。

价值、精神价值与社会价值。审美意识形态说法，对意识形态内涵做了十分笼统的理解，由此形成文化哲学基础上而非唯物史观基础上的意识形态话语。这种意识形态话语把通常说的意识等同于意识形态，从而使原来意义的意识形态对于文学的规定性失去了理论意义和实践意义。于是，在由意识形态向着意识的概念式替代中，文学与经济基础和社会性质的关系遭遇到消解。就此，董学文认为，这实际上是要不要坚持唯物史观原理，要不要在唯物史观学说基础上认识文学本质与意识形态关系的问题。董学文的提法就其理论实质而言，是不同意审美意识形态论的提出者试图在认识论与审美论间求得调和、通融的做法，他坚持了意识形态的马克思主义哲学理解，把钱中文、童庆炳等作为前提简要带过的问题，即意识形态属性问题作了突出与强调，这在对意识形态须予进一步理解的当下，有其理论意义。

应该说，关于审美意识形态的论说及争论，是马克思主义文艺学理论建构中，在坚持马克思主义学说基础上所发生的联系文学状况的阐发、发挥及不同理解。体系性的转化就是体系的建构，没有转化也就没有马克思主义文艺学的建构。前些年出现的简单化问题，主要就在于缺乏对于马克思主义理论，尤其是对于马克思主义哲学的联系实际的转化。转化亦即应用，这里的关键还是如何进行马克思主义哲学向马克思主义文艺学转化的由普遍到特殊的问题。这正如马克思所说："一旦它们的特殊性被确定了，它们也就被解释明白了。"① 意识形态是马克思主义哲学中经济基础与上层建筑关系结构体系的上层环节。这一点各方面在理解上并无二致。但文艺学的研究文学的意识形态属性，需要结合文学状况进行文艺学的学科领域

---

① 《马克思恩格斯选集》第 2 卷，人民出版社 1972 年版，第 113 页。

细化，就像对于人的哲学研究须在人的社会学研究中细化为不同民族、不同地域、时代、性别、社会分工乃至家庭的研究一样，这是一个由一般向特殊的不同层次的转化问题。就文学实践层面运作而言，无论创作或接受，意识形态都具体化或特殊化为不同的创作意识与接受意识，意识形态的意识化，是由哲学向文艺学、理论向实践转化的必然途径。当然，意识形态的意识化与意识的意识形态化不是一回事。意识有意识形态的、反意识形态的及非意识形态的区分。把意识等同于意识形态，确实是明显的概念不清。不过，这种等同过错，在现在看到的论说及争论中并不明显，或者说，并未见出。审美意识形态论的更为深刻的争论与探索要点，恐怕还是在于如何解决马克思主义哲学与文艺学的体系性关系，以及如何文艺学地理解哲学认识论及其与文学特征的关系。

（三）对文艺学的马克思主义哲学根基予以开放式理解

与上述强调马克思主义哲学认识论在其文艺学中须具体化、特性化的提法有所不同的另外提法，是通过把马克思主义哲学理解为开放创新的思想体系，进而指认辩证唯物论的认识论只是这一思想体系大厦的基石，它上面还有不同的层次，这是一个与时俱进的生成体系，它为后继研究者提供了广阔的开掘创新空间。陆贵山的研究在这方面有代表性。他指出："马克思主义作为与时俱进、开放创新的思想体系，对文学艺术问题的探讨带有明显的多学科和跨学科研究的性质，为全面地完整地考察文学的产生、存在和发展，提供了先进的理论工具和思想武器。"[①] 这就使马克思主

---

① 陆贵山：《文艺理论与文艺思潮》，中国人民大学出版社 2007 年版，第 41 页。

义思想体系与文艺学的关系，成为体与用的关系，前者是体后者为用，体本身博大精深，多元开放，用则对之取之不尽用之不竭。循着这样的思路，陆贵山对马克思主义思想体系与时俱进地进行探索与开掘，宏观地提出应以恩格斯提出的"史学观点"、"人学观点"和"美学观点"作为理论根据，"把文艺的本质理解为社会——历史本质、人学本质和审美本质的辩证统一"①。陆贵山在马克思主义史学思想、人学思想及美学思想的开掘中，提出一套根基于马克思主义哲学的文艺学研究思路。

陆贵山参与了审美意识形态问题的讨论，他在总体上肯定审美意识形态是在马克思主义的社会结构理论中探索文艺学的理论支点，认为这"体现了新时期以来一些文艺理论家对重构和更新文艺观念所作出的有价值的学术探索"②。但他又对审美意识形态论提出质疑，质疑的基本思路围绕文艺与审美及审美与意识形态的关系问题展开。陆贵山的基本观点是文艺中包括审美但又不完全归结为审美，因此只从审美视域阐释文艺，这是审美学派的一家之言。对于审美与意识形态的关系，陆贵山认为不妨把文学界定为特殊的意识形态而不仅是审美意识形态，这样就可以既包括审美又不局限于审美。再者，陆贵山强调认为，审美是感性的而意识形态却是理性的。

（四）用马克思主义哲学研究文艺学问题

在马克思主义哲学与文艺学的关系上还有一种思路较有影响，就是

---

① 陆贵山：《文艺理论与文艺思潮》，中国人民大学出版社 2007 年版，自序第 4 页。
② 《陆贵山论集·文艺理论卷》，中国人民大学出版社 2011 年版，第 786 页。

用马克思主义的哲学方法研究文艺学问题。如曾庆元，他在阐释什么是马克思主义的文艺学时，明确指出："马克思主义文艺学是以马克思主义哲学即辩证唯物主义和历史唯物主义为元方法（即哲学方法），用以观察人类的一切文艺活动，了解并发现文艺活动的规律，科学解释文艺现象，并能正确指导文艺实践的科学理论体系。"①这种提法面临的一个困难，即方法转换，哲学方法如何研究非哲学的文艺学。曾庆元注意到这个困难，为此他提出两个需注意的问题：一是马克思主义哲学是马克思主义文艺学的出发点和归宿，前者的意义是指导后者认识和把握文艺活动的规律；二是在坚持前者对于后者指导的同时，不能把哲学方法等同于文艺学方法，前者包括后者但不能代替后者。对哲学及其方法如何转化为文艺学及其方法，曾庆元没有作进一步的理论阐释，但在他接下来谈到的"中国当代马克思主义文艺学的建设与发展"这一问题中，可以看到他理解与解决这一问题的思路，即把马克思主义哲学的基本观点或重要命题，作为建构文艺学的逻辑基点，在这一基点上，运用马克思主义最初使这一基点得以生成的方法，结合文艺学实际，进行文艺学理论建构，再在这类思路的不同分点上，转入文艺学不同层次的理论论述。循着这一思路，他把20世纪60年代以来马克思主义文艺学的理论建构分为三种类型，即以马克思主义哲学的"认识论"为理论基点建构的文艺学，以"生产论"为理论基点建构的文艺学，以"掌握论"为理论基点建构的文艺学。至于这类基本命题在马克思主义哲学中的体系性联系是什么，为什么可以单独抽出来作为文艺学理论建构的逻辑基点，马克思主义哲学中

---

①　曾庆元：《对中国当代马克思主义文艺学建设的回顾与反思》，载童庆炳等主编：《新中国文学理论50年》，安徽大学出版社2000年版，第71页。

还有另外的一些重要命题，是否也可以同样抽出来用作文艺学的逻辑基点，以及基于一个命题便可生出一套理论是否会误入本质主义泥潭，命题之外的文艺学问题能否进入到如此生成的体系中来等等，曾庆元未作进一步解答。

由马克思主义文艺学与马克思主义哲学关系问题所引发的思考，如前所述，由于在很大程度上仍是前些年对马克思主义哲学理解的延续，而前些年对马克思主义哲学的理解又常常是简单化、实用化的理解，这导致上面所评介的思考，都主要是一些带有补救性或纠偏性的思考，而且这样的补救与纠偏，又不同程度地延续先前的简单化等倾向。

三、马克思主义文艺学的理论新构

大规模社会转型四十多年，在更为开阔的理论视野中，在转型的社会实践中，以及在中国特色的时代强调中，马克思主义文艺学在一些重要理论问题上取得进展，为它进一步的系统建构奠定了基础。这里从提出问题的角度，对于文艺学的理论新建予以概述。

（一）马克思主义文艺学体系性问题

体系性问题在上面论及时下成为重点的马克思主义文艺学与哲学关系问题的实质时已经谈到，这里再作一些具体评介。

这个问题在过去很长一段时间曾被热烈争论，争论的由来是如何理解马克思主义文艺学体系。正方，即肯定马克思主义文论自成体系的一方，对于体系的理解主要是，对同一对象从不同角度、不同语境提出的看法、评价、理论观点之间，有内在系统性与相互间的有机整体性，能够形成统一的理论逻辑把握。持这种观点的学者主要有董学文、朱立元、童庆炳、陆贵山、李衍柱等。反方意见认为，体系须是论说自身所具有的体系，而且这体系须见于系统的论说之中，即是说，这应是文艺学论说的自身逻辑结构，而不是论说主体在其主导思想领域——这主导思想领域并不是文艺学领域——的论述中所体现出的思想结构或认知结构。持此体系理解的学者认为马克思主义经典作家对于文艺问题的看法，多是些零散片断的论述、评价或话语，无法称为文论体系，它们的体系性主要是后来的研究者根据马克思主义的思想体系进行的阐发。

正方与反方所持理解方法的差异在于：正方到马克思主义经典作家的文论之外寻求文论体系性，他们找到了经典作家的思想体系，因此进行了系统性确认；反方则到经典作家文论中寻找其结构性逻辑体系，他们没有找到，因此进行了非系统性确认。这一争论并没有在关于系统的理论深度上展开，但以正方优势告一段落。正方优势的获得乃是捍卫性的——如此重要的马克思主义文论怎么能没有体系，而只是"断简残章"呢？不过，捍卫乃是一种政治态度或伦理态度，并不能直接确认为通常意义上的学术态度。

其实，马克思主义文论的学术价值并不在于经典作家关于文学的论述是不是拥有体系性。因为按照正方的体系性理解，那是一种见于思想主体的思想体系的文论分享，即是说，有这一思想体系的人，无论他们对什么事物进行思考，那思考都自然是他思想体系的思考，或者说，是合于他思想体系的思考。这是不言自明的事。无论是认知心理学认知结构的稳定性，还是人格心理学人格结构的统一性，都可以证明这一点。不用说经典作家这样的伟大人物，就是一般常人，他们对于不同事物、人物的判断，也都可以在他们的认知结构与人格结构中找到延续的、反复操作的同一性。但这只是常识，并没有更深刻的理论意义。而按照反方观点，"断简残章"间找不到属于"断简残章"的逻辑结构，便认为"断简残章"没有体系，这显然是片面说法。这是因为思想表述的一个突出特点是问题性表述，问题激发思想，使思想得以凝聚，而问题的提出，包括理论问题的提出，却总是当下性与实践延续性的，是此一时与彼一时，此一条件与彼一条件相互作用的过程，它们并不受逻辑结构制约。如经典作家对当时德国工人党纲领的意见，对欧根·杜林在科学中实施变革的理论批判，对《新莱茵报》的评论，对美国工人运动的评说，回复《前进报》编辑的信，对德法农民问题的思考等等，这都是问题性的，这些问题间并没有逻辑结构关系，但如果把这些非体系性的问题式思考从经典作家的思想体系中去除，那么，经典作家思想体系中最富活力的部分也就不复存在了。

体系之争的关键在于，争论马克思主义文论有没有体系想要做什么，如果仅止于一种认定，一种按照体系概念的分类，或者一种否定，一种缺乏论证逻辑结构的指认，这对于马克思主义文论研究究竟有怎样的意义？正方，如果不能从并无系统专著的经典作家文论中提炼出逻辑结构，找出其范畴关系，在"断简残章"的跳跃中发掘思维方法的特征独具的连贯性并理论地发现其现实延伸的巨大张力和现实意义，其进一步的建构价值是什么？反方，如果不能从"断简残章"的非体系中找到理论的体系建构的契机，不能从中寻觅到进一步开掘的从体系中解束出的深刻的自由因素，不能从新的问题或研究中发现这些非体系的"断简残章"阐发现实问题的灵活的生发性及深刻的思想统一性，那么，其研究也只是表面性的。无论是正方还是反方，如果不突破简单的认定性研究，便只能使各自的研究止步于更深刻的理论探索面前。

（二）审美意识形态问题

这个问题前面论及马克思主义哲学与文艺学关系问题时已就不同看法作过评介，这里再就审美意识形态的特殊性作一些特征性阐释。

意识形态理论是马克思主义的重要内容，同时也是文艺学的基础理论。20 世纪 80 年代出版的各种文艺学教材，意识形态性均被列为文学的本质属性。它生发于马克思主义经济基础与上层建筑的关系理论，意识形态是上层建筑中距经济基础较远的部分，它的更深层的哲学基础则是马克思主义认识论。文学的意识形态本质是国内文艺学界的长期共识。但随着文艺学研究的深入，一个问题被提出来，即意识形态性是哲学、道德、宗教和艺术的共有本质属性，那么，使艺术成为艺术、使文学成为文学的特殊性又何在？钱中文综合了当时美学与文学的研究成果，参考苏联关于艺术本质的讨论，认为把审美性与意识形态性结合起来探讨文学第一层次本质，既坚持了文学的意识形态性这一一般本质，又突出了它的审美特殊性。于是就有了审美意识形态这一说法。

童庆炳、王元骧、朱立元、王向峰等也对审美意识形态论进行了深入研究。在多方面研究与论证中，审美意识形态作为文艺学的一个核心命题被确认，并在童庆炳主编的《文学理论教程》中被专章阐释。

审美意识形态论的建构是对于马克思主义文艺学的马克思主义基本理论的坚持，同时又是结合中国文学实际情况及文艺学建构实际情况，所作的马克思主义文论中国化的努力。这里深蕴着中国特有的文艺与政治、文艺与伦理、文艺与社会文化以及文艺与社会生活实践的关系。文学政治工具论被否定后，文学自律性突出出来，其审美属性因此受到重视。但任何社会领域的自律都是相对的，它不可能割断与社会生活的整体性联系，也不可能割断与社会生活其他领域的联系。这种相互作用的关联性通过意识形态体现出来，并通过意识形态渗透到各生活领域。因此，审美意识形态论既体现了文学自律的理论成果，又延续了文学与社会生活各领域密切关联的历史规定性。

此外，审美意识形态论是对于马克思主义意识形态论的创新，它触及意识形态的现实生活形态。在现实生活中意识形态根据它所渗入的不同生活领域的不同情况而表现出领域特殊性，成为合于领域特殊性的特殊意识形态。意识形态不是悬浮空中的稳定不变的概念，也不是柏拉图式的可以随时把影子投向世间的天国里的理式。意识形态不是悬浮空中的稳定不变的概念，它需要现实具体化。它的现实具体化，也就是意识化，它总要见诸意识。意识是意识形态的社会形态及日常形态，同时意识形态又规定着个体及群体意识的形成与演变。这种理解也合于通常所说的意识的特点，作为生活反映的意识总是具体生活的意识，生活千变万化、千差万别，决定着生成于生活的意识的差异性。因此，在理解与掌握意识、意识形态普遍性的同时，也要理解与掌握意识、意识形态的特殊性及其相互转化的特殊性。审美意识形态论从普遍性与特殊性上为意识形态论的进一步思考提供了新的理论思路。

再有，这也是对马克思主义审美论的一个理论发展，此前审美研究，研究审美共性、审美社会性、审美实践性、审美规律性等，大家都面临一个美感及审美交流的通融性问题，即一定文化圈、社会圈、社会群体圈，均有一种在审美中可供融通的类似于整体性场域式的东西。而融通也好、场域也好，其实都是通过无所不渗的意识形态在发挥作用。即使是非意识形态领域，如自然科学领域，也会不同程度地受到意识形态的影响。审美意识形态论，把意识形态属性与审美相结合，系统性地求解了马克思主义审美论的有机整体融通论的难题。

不过，审美意识形态论也同时面临着如何深入的难题。这是因为既然审美意识形态问题被文艺学提出，而且是在当下社会变革时期提出，它就不可能被作为一个内涵既定的概念去简单化地处理，而须深入到当下意识形态的变化中去，对经济改革带来的经济基础的巨大变化及由此变化引发的意识形态的重要变化，予以审美意识形态的研究，并把相应的文学及文艺学演变纳入变化着的意识形态中去进行考察。毫无疑问，当下社会生活及理论建构的很多重要问题，都发生在意识形态的变化之中，尽管一些理论研究会谈到这类问题，但谈到这类问题与意识形态地研究和论述这类问题不是一回事。在意识形态包括审美意识形态正发生重要变化的历史时期，意识形态论及审美意识形态论不能使自己所研究的核心概念蜕变为仅仅是一个空洞的称谓。

（三）马克思主义文论的时代性与民族性建构

马克思主义文论的突出特点，是用马克思主义的基本理论及方法研究文学及文论，探索文学的本质、特征、规律及文论建构状况，使之系统化、体系化。中国当下正值大规模社会转型时期，文学及文论状况较前出现了很大变化，大量新问题有待求解，这为马克思主义文艺学的时代性与民族性建构提供了广阔空间。

四十余年来，马克思主义文艺学的时代性与民族性建构在如下方面取得了进展。

1. 文学的人学研究

人的问题在近年来的社会转型中成为突出的社会问题。这首先表现为人与社会现代化的关系问题。随着现代化进程进一步展开，20 世纪初现代性启蒙中便尖锐提出但并未进一步解决的人的问题，以新的矛盾形态反映出来，其中包括：人与传统伦理的关系——在传统伦理中人是充分的伦理之人，亦即被伦理所"食"之人；人与西方个性人的关系——西方历时多年的现代性的自由、平等启蒙，在复杂的历史演进中使人被片面化为个性人，亦即被个性所"食"之人；人与科技的关系——基于科技发展的工具理性不断使人为科技所役，人在不断发展的科技中不断沉沦，人为科技所使用，人成为科技所"食"之人；人与物的关系，尤其是市场经济的快速繁荣，使人失身于物，甚至于失身于物的幻象，因此人为物所奴役，成为为物所"食"之人。以上四种形态近年来愈加复杂地纠葛在一起，使人的生存充满矛盾与压抑。

文学如何表现人，如何表现处于复杂矛盾纠葛中的人，文学在这样的表现中对人产生的意义是什么，这类问题成为文艺学亟待求解的人学问题。马克思主义文艺学在这方面进行了探索。

陆贵山从马克思主义人学角度立论，他基于马克思主义关于人的六个方面的经典论述，引申出关于人的六种本质性关系，并进而搭建马克思主义文艺人学的框架体系。他对这一框架体系概述说："人和文的质不是单纯质，而是系统质。人论和文论的系统质存在于所归属的家国之中，即所栖身的多维的、多极的、多层的、多面的、多向的和有机的、有序的、既和谐又对峙、既统一又倾斜、既悖立又互补的网络系统之中。"① 他把这样的构成人并由人构成的网络系统分为母元网络系统和关系网络系统两个层次②。陆贵山运用马克思主义人学理论建构的马克思主义文艺学人学框架体系开阔恢宏，既是对马克思主义哲学研究的创新，又是从中国社会变革及文学发展现实出发，对马克思主义文艺学的创新。

这段时间里，钱谷融、王蒙、刘锡诚、钱中文、杜书瀛等先后对文学的人学问题进行探讨，主要集中在文学作品，即文学作品必须以人为对象，以人性为基础。如钱谷融认为，在文学领域，"一切都是为了人，一切都是从人出发的"，"一切都决定于作家怎样描写人、对待人"③。钱中文从人物性格及典型构成要素谈人性共同形态的重要性，指出："在生活中，人性是以现实的人所固有的各种具体的生活形态表现出来的，在文学中，我们可能把它称为人性的共同形态的反映，既然人性的共同形态是现实的人的特征和现实关系的组成部分，那么对它们进行合情合理的描写，则是文学审美反映生活的完整和丰富的必然要求。"④ 杜书瀛主要从文学创作论谈人学在文学中的特殊体现，强调了文学中人的对立统一性质，审美对象与审美主体、感性与理性、本质与现象的对立统一，是这种性质的具体化。⑤

社会转型期间发生的人文精神讨论与马克思主义文艺学的人学研究在人的问题上有着深刻联系，这既是研究者对于人的理解的深化，又是对于马克思主义人学理解与现实理论转化的深入。同时，在文艺学人文精神

---

① 陆贵山：《文艺理论与文艺思潮》，中国人民大学出版社 2007 年版，第 56 页。
② 陆贵山：《文艺理论与文艺思潮》，中国人民大学出版社 2007 年版，第 56—57 页。
③ 钱谷融：《〈论"文学是人学"〉一文的自我批判提纲》，《文艺研究》1980 年第 3 期。
④ 《钱中文文集》第一卷，黑龙江教育出版社 2012 年版，第 101 页。
⑤ 杜书瀛：《文学原理——创作论》，人民文学出版社 2001 年版。

讨论中，又体现出研究者们对于当下社会转型期人的命运及生存状况的关怀。

2. 现实主义与典型研究

新时期马克思主义文艺学的现实主义及典型研究走过一个由冷而热又由热而冷的曲线过程。

现实主义在 20 世纪 70 年代末至 80 年代初被冷淡的原因几乎已是众所周知，那就是现实主义在"文革"期间被极左政治扭曲运用。至于现实主义研究的由冷而热，则在于对政治化的现实主义的批判，以及现实主义真实性的重新解释。重新解释在 80 年代文科教材建设中得到井喷式的突进，就这一突进的哲学根基而言，当时的文艺学理论研究仍坚守着马克思主义认识论的理论基础，由这一基础，现实主义有了强大的生命力。这一时期的探索，延续十多年时间，问题集中在现实主义内涵及特征、现实主义的马克思主义哲学基础、真实性，以及现实主义批评标准等几个方面。在这段研究中形成较大影响的学者包括蔡仪、李泽厚、蒋孔阳、童庆炳、杜书瀛、钱中文、王向峰、陈望衡、狄其骢、吴元迈、何西来、朱立元等。这一热烈研究在以下几点有所深入：其一，把现实主义更明确地纳入历史范畴，认为不同历史时期历史状况有不同的现实主义；其二，对现实主义的批判功能加以强调和阐发；其三，对现实主义的真实性进行了不同层次的划分，即现象真实与本质真实、生活真实与艺术真实；其四，拓宽了现实主义哲学思路，从认识论拓展为实践论、本体论，以及后来的生态论；其五，对于现实主义创作方法，包括观察与提炼生活的方法、性格分析的方法、细节表现的方法、典型化的方法、表现倾向性的方法等均有所深入。现实主义研究热潮延续到 20 世纪末，借新写实主义又有了一段回热，这一回热，到 2006 年仍然被朱立元等感受到，并对之前景作出乐观评价①。

现实主义研究热情近几年来又由热趋冷，以至于在一些代表性教材中，曾经被集中阐发的现实主义，或者被悄然删去，或者被归入别的论题，或者寥寥数语一带而过，可以称此为现实主义的文艺学淡出。应该说，现实主义在马克思主义文艺学中淡出，是一个须予认真思考与对待的重要问题。这是因为，从经典马克思主义的思想体系而言——如前所述，尽管对马克思主义文艺学的体系性问题多有争论，但对经典马克思主义的严密的思想体系性，学界是有共识的——辩证唯物论是其根基，由此合乎逻辑地生发出经典马克思主义的认识论、实践论、历史论、发展论、经济基础与上层建筑关系论，以及文学艺术论。这是一棵枝叶繁茂的理论之树，枝杈错综勾连，又一以贯之，而经典马克思主义文学艺术论的现实主义论说，占据着经典马克思主义思想体系见于文学艺术论的枢纽位置，它是上面所说认识论、实践论、历史论、发展论、经济基础与上层建筑相互关系论等在文学艺术论中交错凝聚的枢纽性范畴。这一范畴的文论枢纽性，可以概述为四个方面：其一，现实主义论是马克思主义文学本质论的原则性体现，它求解着文学之所以是文学这个根本性问题，文学理论的其他问题都由此生发并获得各自的理论序位，即它原则性地体现着文学是社会生活的反映，文学是社会生活的形象反映及文学是语言的艺术这类本质属性。其二，文学在社会生活中的地位与作用，即文学功用论或功能论，这是文学意识形态本质论通过现实主义对于文学的社会实践性延伸，在延

---

① 朱立元主编：《新时期以来文学理论和批评发展概况的调查报告》，春风文艺出版社 2006 年版，第 59 页。

伸中意识形态本质论现实社会化，文学则因之而功能化。其三，从文学发展论角度看，文学意识形态本质论及社会功能论建立在辩证唯物论的哲学基础上，通过现实主义对于历史必然性所作的形象揭示，勾勒着文学发展的历史脉络。其四，就文学批评论而言，现实主义是文学理论的实践层面，它使文学的基本主张实践化为可供批评的标准，又使各种理论观点在批评理解与批评阐释中化为作品的分析批评过程。基于上述四个方面，现实主义的经典马克思主义思想体系见于文学艺术论的枢纽意义，是没有理由不被思想体系坚持的，除非对这思想体系本身予以否定。

尽管现实主义作为创作方法与原则，在具体阐发与运用中，出现过简单化、绝对化或本质主义的失误，但那是失误的问题，而不是马克思主义现实主义论的问题。而且，在世界文学史中，现实主义经典作品，如莎士比亚、巴尔扎克、托尔斯泰的作品，其经典价值已凝聚为深刻的历史价值。而就当下文学实践来说，文学商品属性的被膨胀，文学娱乐功能的被夸大，使得现实主义问题成为亟待在新的时代状况下深入研究甚至重新研究的理论问题。然而，它却被文艺学研究淡出了。究其原因，除对马克思主义思想体系性缺乏深刻理解与有力坚持外，从根本上说，还是文学精英意识在大众的市场压力之下的消解。

3. 文学的艺术生产论研究

马克思在《1844 年经济学哲学手稿》中指出：艺术等的特殊生产方式，都"受生产的普遍规律的支配"[①]。这一论述，因中国当下社会转型、市场经济繁荣对文学商品属性的强力激活，而获得实践性关注，并通过实践性

---

① 《马克思恩格斯全集》第 42 卷，人民出版社 1979 年版，第 121 页。

关注转入理论的深入研究。在这一研究中，文学领域的精英群体获得了自慰性解释，后起的文学新秀也因此有了自证的根据。当然，经典作家的艺术生产说不是就文学艺术的实用功利价值之商品属性而言，它的核心意蕴是揭示艺术生产像各种其他生产一样，离不开社会对于生产的需求。这突破了文学价值就文学自身进行评价的俗套，将之纳入文学与接受需求关系体中。这又使得接受美学在马克思主义文艺学研究中引起关注有了理论根据。

对马克思主义文艺学艺术生产论较早进行系统的理论思考的是何国瑞主编的《艺术生产原理》，该论著以马克思"人是生产的动物"为立论根据，向艺术生产论展开，把人类的历史实践活动概括为物质生产、人口生产、精神生产三个方面。其艺术生产理论的核心是认为文艺在人与环境的永恒矛盾中发挥心理调节作用，提出文艺的接受本质是人们的"心欲"，亦即对于思想、感情的需求。《艺术生产原理》对艺术生产与消费的过程进行了较为系统的阐释，并在文学理论与文艺活动间找到了"生产"这一接洽点。

王向峰对于艺术生产论的探索集中于他对《巴黎手稿》的研究成果《〈手稿〉的美学解读》中。他的思考围绕物质生产与精神生产的关系展开，认为"任何时代的精神生产，都不可能离开该时代的物质生产"[①]。他分别从"物质生产条件对艺术生产的形态制约"、"社会分工对艺术的推动作用"、"生产关系对艺术生产态势的影响"三个方面进行艺术生产论的论述。进而，王向峰对艺术生产的主体特殊性与对象特殊性进行阐发，认为主体特殊性集中表现为三个方面，即"主体的精神自由"、"审美综合心理的效

---

① 王向峰：《〈手稿〉的美学解读》，辽宁大学出版社 2003 年版，第 53 页。

用"、"艺术生产需要才华、感悟与艺术传达力"。① 而对象特殊性则有三个标志，即要将物质存在对象转化为形象形式，要在对象中"突出强烈情感"，要使"对象本身传达出人的精神"②。

陆贵山对艺术生产论的阐释，围绕"生产不仅为主体生产对象，而且也为对象生产主体"这一马克思经典论述展开，确认在这种特殊的精神生产中马克思所提出的"语言和劳动一起，成为两个最主要的推动力"这一论断。③

应该说，这一时期艺术生产论的研究，虽则引发于社会转型期文学实践现实，但其深度研究并没有在现实实践展开中有更大推进，更多的还是对马克思艺术生产论的理论理解与阐发，即还主要是"解读"性的。

4. 全球化与文学民族性研究

全球化进程随着改革开放深入而现实地展开。如何理解全球化的马克思文艺学的建构意义，以及如何在全球化中坚持中国特色的马克思主义文艺学的民族性研究，这成为时代课题。

对这一课题，童庆炳、陶东风、南帆、陆贵山、朱立元、周宪、姚文放等都作过有深度的研究。

童庆炳在他主编的《文学理论教程》（第四版）中设专题阐发在全球化语境中中国文学理论的中国特色问题；陶东风在他主编的《文学理论基本问题》（北京大学出版社 2004 年版）中就全球化中文学与民族身份问题进行专论；南帆、刘小新、练暑生所著的《文学理论》（北京大学出

---

① 王向峰：《〈手稿〉的美学解读》，辽宁大学出版社 2003 年版，第 103—104 页。
② 王向峰：《〈手稿〉的美学解读》，辽宁大学出版社 2003 年版，第 105 页。
③ 《陆贵山文集·马列文论卷》，中国人民大学出版社 2011 年版，第 104 页。

社 2008 年版），专章论述文学与民族关系问题；陆贵山在专著《文艺理论与文艺思潮》（中国人民大学出版社 2007 年版）中，就全球化与文学的民族性立论；姚文放在专著《当代性与文学传统的重建》（人民文学出版社 2004 年版）中，不仅基于全球化语境集中阐发文学传统重建问题，而且专章分析全球化语境中的文学传统这一理论话题。

在上述这些研究与论述中，大家都从不同角度引申（直接或间接的）马克思"民族的片面性和局限性日益成为不可能，于是由许多种民族的和地方的文学形成了一种世界的文学"[①] 这一见解，普遍认为全球化作为世界发展的历史进程已通过改革开放国策不容回避地在中国展开，形成无所不在的语境并无所不在地规定各种社会实践活动与理论活动。在这一语境中，既要积极主动地接受这一进程，将之作为发展契机，又要意识到其中的危机，保证国家与民族的自主发展。这一语境见于马克思主义文艺学，即文学及其文论如何继承与发扬民族传统，在全球化进程中形成中国特色。对于这一问题的共识，如姚文放所说："必须承认这一事实，全球化已是当今世界不可回避、不可遏止、不可逆转的趋势。……这是当今文学所处的一个总体语境，也是考察当今文学的一个基本前提。"[②] 而由此带来的理论意识的转换，即由先前对于西方理论包括马克思主义理论的简单化理解、崇仰性追随及削足适履式地套用，转换为对于西方理论包括马克思主义理论的语境性理解以及中国文论的主体性接受。这一理论意识的转换，又在经典马克思主义实践论中获得坚实的理论根据。

除以上列举的五个要点，近年来马克思主义文艺学在文艺学基础理论

[①]　《马克思恩格斯选集》第 1 卷，人民出版社 1972 年版，第 255 页。

[②]　姚文放：《当代性与文学传统的重建》，人民文学出版社 2004 年版，第 362 页。

方面也有所探究，如文学政治论、文学伦理论、文学形式论、文学历史论、文学批评论等。这类研究的全方位展开，使境遇尴尬的马克思主义文艺学有了活力并表现出活力。这证明马克思主义文艺学的基本理论及其研究方法充满可以激发的力量，这里的问题是怎样对之进一步激发与深入。

责任编辑：汪　逸
封面设计：王欢欢

图书在版编目（CIP）数据

中国马克思主义文论特色性研究／高楠　著 . — 北京：人民出版社，
2025.1

ISBN 978－7－01－020206－8

I. ①中…　 II. ①高…　 III. ①马克思主义－文艺理论－研究－中国
IV. ① A811.691

中国版本图书馆 CIP 数据核字（2018）第 287405 号

中国马克思主义文论特色性研究

ZHONGGUO MAKESIZHUYI WENLUN TESEXING YANJIU

高　楠　著

人民出版社 出版发行
（100706　北京市东城区隆福寺街 99 号）

北京建宏印刷有限公司印刷　新华书店经销

2025 年 1 月第 1 版　2025 年 1 月北京第 1 次印刷
开本：710 毫米 ×1000 毫米 1/16　印张：29.75
字数：381 千字

ISBN 978－7－01－020206－8　定价：98.00 元

邮购地址 100706　北京市东城区隆福寺街 99 号
人民东方图书销售中心　电话（010）65250042　65289539